Ayaan Hirsi Ali
BEUTE

AYAAN HIRSI ALI

Beute

Warum muslimische Einwanderung
westliche Frauenrechte bedroht

Aus dem Englischen von
Karsten Petersen und Werner Roller

C. Bertelsmann

Die Originalausgabe erschien 2021
unter dem Titel *Prey. Immigration, Islam, and the Erosion of Women's Rights*
bei HarperCollins Publishers, New York.

Penguin Random House Verlagsgruppe FSC® N001967

1. Auflage
Copyright © der Originalausgabe 2021 Ayaan Hirsi Ali
Copyright © der deutschsprachigen Ausgabe 2021
C. Bertelsmann in der Penguin Random House Verlagsgruppe GmbH,
Neumarkter Straße 28, 81673 München

Umschlaggestaltung: Favoritbuero, München
Umschlagabbildung: © Westend61/Getty Images;
© Mahdi Ibrahim/EyeEm/Getty Images
Satz: GGP Media GmbH, Pößneck
Druck und Bindung: GGP Media GmbH, Pößneck
Printed in Germany
ISBN 978-3-570-10428-6

www.cbertelsmann.de

Dieses Buch ist auch als E-Book erhältlich

Für Niall

Dies ist eine Triggerwarnung, die für das gesamte Buch gilt.
Wenn Sie es lesen, sollten Sie getriggert sein.

Inhaltsverzeichnis

Einleitung 11

Teil I   Die unsicheren Straßen

Kapitel 1: Die Uhr geht rückwärts 19
Kapitel 2: Die fünfte Welle 30
Kapitel 3: Sexuelle Gewalt in Zahlen 47
Kapitel 4: Taharrush dschama'i (das Vergewaltigungs-Spiel)
kommt nach Europa 78
Kapitel 5: Wie Frauenrechte ausgehöhlt werden 93
Kapitel 6: Sind die Gesetze unzureichend? 116

**Teil II   Die europäische Politik gibt die Verantwortung
für die Sicherheit von Frauen auf**

Kapitel 7: Handlungen haben Folgen 131
Kapitel 8: Die zerbrochenen Fenster der liberalen Justiz 153
Kapitel 9: Das Lehrbuch des Nichtwahrhabenwollens 173
Kapitel 10: Die feministische Zwickmühle 186

Teil III Kampf der Kulturen, zweite Runde

Kapitel 11: Das Anstandsgebot   197
Kapitel 12: Kulturschock   224
Kapitel 13: Warum Integration nicht stattgefunden hat   244
Kapitel 14: Die Integrationsindustrie und ihr Versagen   278
Kapitel 15: Grooming Gangs   291

Teil IV Lösungen – vorgeschobene und echte

Kapitel 16: »Für dich, der du mit einem Kind verheiratet bist«   303
Kapitel 17: Das Problem Populismus   334
Kapitel 18: Eine neue Integrationsstrategie   345

Schlusswort: Auf dem Weg nach Gilead   361
Dank   368
Anmerkungen   371
Namens- und Sachregister   415

Einleitung

In diesem Buch geht es um Massenmigration, sexuelle Gewalt und die Rechte von Frauen in Europa. Es geht um ein kolossales Versagen der europäischen Politik. Und es geht um Lösungen für das Problem, scheinbare und reale.

In Europa hat sich die Debatte über Einwanderung, Integration und Islam in den letzten Jahren intensiviert – eine Antwort gewissermaßen auf Terroranschläge, große und kleine; auf die Prediger des radikalen Islam in manchen Moscheen und islamischen Zentren; auf das Wiedererstarken rechtsextremer und populistischer Parteien und die Ankunft einer großen Zahl von Zuwanderern aus dem Nahen und Mittleren Osten, Afrika und Südasien vor allem (aber nicht nur) in den Jahren 2015 und 2016. Immer noch versuchen viele Migranten, über das Mittelmeer oder auf anderen Wegen nach Europa zu gelangen, auch wenn der Zustrom in den beiden letzten Jahren nachgelassen hat. Eine Folge von alledem ist ein Wandel in der gesellschaftlichen Stellung von Frauen in Europa. Jener Wandel aber ist Thema dieses Buches.

Die zunehmende Zahl von Männern, die aus Ländern mit einer muslimischen Bevölkerungsmehrheit stammen, hat ein Problem sichtbar gemacht: ihre Einstellung gegenüber Frauen. Nicht alle muslimischen Männer verachten Frauen und bringen dies auch zum Ausdruck, manche allerdings schon. In Ländern wie Frankreich,

Deutschland, Großbritannien, Schweden und anderen mit einer erheblichen Zahl von muslimischen Einwanderern haben wir erlebt, wie manche dieser Männer – und manchmal auch ihre Kinder – Freiheiten für Frauen ablehnen. Einige Jahrzehnte lang hat sich die Diskussion darauf konzentriert, wie diese Männer ihre eigenen Verwandten behandelten: Frauen, Schwestern, Cousinen, Nichten und andere. Über Formen von Gewalt, die im Namen der Ehre ausgeübt werden – auch Morde, Misshandlungen und Freiheitsberaubungen –, wissen wir inzwischen Bescheid oder sollten es zumindest. In Europa wie auch im Rest der Welt hat es eines enormen Aktivismus und einiger spektakulärer Beispiele bedurft, um diese Probleme ans Licht zu bringen und die zahllosen Fälle zu enthüllen, in denen Scharia-Gerichte Kinderhochzeiten, Zwangsehen, Polygamie, die Misshandlung von Ehefrauen und ungerechte Scheidungsurteile abgesegnet haben. Überlebende wurden der Lüge bezichtigt; Menschen, die den Opfern beistanden, beschuldigte man verschiedener Formen der religiösen Intoleranz. Selbst die Feststellung, dass muslimischen Frauen im Namen der Kultur und Religion ihre Rechte vorenthalten wurden, und das oft von der eigenen Familie, erwies sich als schwierig. Die Opfer wurden häufig einfach ignoriert.

Männer, die Frauen verachten, beschränken diese Verachtung jedoch nicht auf Frauen, mit denen sie Herkunft und kulturelle Prägung teilen. Manche muslimischen Männer empfinden diese Verachtung für alle Frauen – einschließlich der europäischen Frauen, die wie selbstverständlich davon ausgegangen waren, ein Niveau der Emanzipation erreicht zu haben, das sie von muslimischen Frauen unterschied. Und dieses Problem betrifft nicht nur die Neuankömmlinge, die sich in Europa um Asyl bemühen; unter den Männern, von denen in diesem Buch die Rede ist, befinden sich auch einige, die in Europa geboren und aufgewachsen sind, Söhne, ja sogar Enkel von Einwanderern.

Dies führt zu einer grundsätzlichen Frage: Warum konzentriert sich dieses Buch nur auf muslimische Männer und nicht auf alle Männer, wenn doch sexuelle Gewalt und die für Frauen empfundene Verachtung Universalphänomene sind? Schließlich begingen sowjetische Soldaten, als die Rote Armee gegen Ende des Zweiten Weltkriegs 1944 und 1945 auf deutsches Staatsgebiet vordrang, sehr viel mehr Verbrechen, als in diesem Buch beschrieben werden, und vergewaltigten in einer halborganisierten Vergeltungskampagne zahllose deutsche Frauen. Im jugoslawischen Bürgerkrieg in den 1990er-Jahren erlitten muslimische Frauen in Bosnien sexuelle Gewalt durch serbische Milizionäre, die als Vergewaltiger auftraten. Männer, die in jüngster Zeit aus Kuba, Argentinien, Serbien und dem Südsudan – um nur vier Länder mit einem sehr kleinen muslimischen Bevölkerungsanteil zu nennen – nach Europa, Nordamerika und Australien gekommen sind, machten sich auf vielerlei Art sexuellen Fehlverhaltens schuldig. Die weltweit führenden Menschenhändlerringe, die von sexueller Ausbeutung leben, werden heute von nichtmuslimischen kriminellen Banden geführt, die in verschiedenen Teilen Asiens, Russlands und Mittel- und Südamerikas aktiv sind. Außerdem sieht es ganz danach aus, dass die Konsumenten der schmutzigsten Produkte der Sex-»Industrie« – ganz besonders der Kinderpornografie – vor allem aus westlichen Ländern kommen. Wären mehrere Millionen mehrheitlich junger Männer aus jedem beliebigen Teil der Welt nach Europa gekommen, hätte das so gut wie sicher zu einer Zunahme von gegen Frauen gerichteten Sexualverbrechen geführt.

In diesem Buch konzentriere ich mich dennoch auf die Einstellung und das Verhalten muslimischer Männer, und zwar aus drei Gründen:

1. Es geht um das Ausmaß der Migration aus Ländern mit muslimischer Bevölkerungsmehrheit nach Europa, darum, dass

diese vermutlich anhält und die muslimische Bevölkerung in Europa weiter wächst.

2. Es geht um ihre politische Bedeutung. Erwiesenes sexuelles Fehlverhalten vonseiten einiger muslimischer Einwanderer ist in der Hand von Populisten und anderen rechtsextremen Gruppen und Parteien schlicht und einfach ein äußerst wirkungsvolles Instrument zur Dämonisierung aller muslimischen Einwanderer. Wenn wir dieses Problem aus der Tabuzone herausführen, werden diese Aspekte die Diskussion nicht mehr monopolisieren können.

3. Eine offene und freimütige Diskussion fordert auch die Islamisten heraus, die zwar das Problem einräumen, aber eine Abhilfe vorschlagen, die für alle Frauen einen Rückschlag bedeuten würde.

Ich bin mir der mit diesem Unterfangen verbundenen Schwierigkeiten sehr wohl bewusst. Im Zeitalter der Identitätspolitik, in dem von uns erwartet wird, uns in einer halbwegs historischen Matrix von Opferrollen zu bewegen, ist eine Auseinandersetzung mit der Gewalt, die muslimische Männer gegen europäische Frauen ausüben, unmodern. Sie wird zusätzlich erschwert, wenn das Thema zu den bevorzugten Arbeitsgebieten von russischen Agenten der Desinformation und von »Alt-Right«-Trollen gehört. Die Regierung des russischen Präsidenten Wladimir Putin betreibt eine Kampagne zur Destabilisierung der liberalen Demokratie in Europa und in den Vereinigten Staaten. Die Russen verbreiten direkt oder indirekt, über glaubwürdige wie auch über bösartige Websites im Westen, Falschmeldungen – beispielsweise die Behauptung, die Täter bei einem Fall von Gruppenvergewaltigung in Spanien seien Araber gewesen, während sie in Wirklichkeit Kubaner, Argentinier und Spanier waren. Rechtsextreme Gruppen sind, auch ohne russische Hilfe, bei der

Übertreibung oder vollständigen Erfindung von Anti-Einwanderer-Geschichten äußerst effektiv. Wer seriös über negative Aspekte der Einwanderung schreiben will, kann so gut wie sicher sein, sich damit den Vorwurf einzuhandeln, die »Alt-Right«-Bewegung und ihre Komplizen zu legitimieren. Doch ich bin der Überzeugung, dass ein Buch wie dieses hier sehr viel wirksamere Argumente gegen solche Leute liefern kann als eine Strategie des Abstreitens und Verleugnens, die offensichtlich von vielen liberalen und progressiven Kräften bevorzugt wird. Nur indem klargestellt wird, was in Europa in den letzten Jahren falsch gemacht wurde, lässt sich ein wahrhaft glaubwürdiges Plädoyer für die effektive Integration von Einwanderern entwickeln. Denn das – und nicht der Ausschluss und die Repatriierung, die von den Populisten der Rechten bevorzugt werden – ist der einzig gangbare, fortschrittliche Weg.

Wenn das Problem wirklich so ernst ist, wie ich behaupte, mögen Sie an dieser Stelle vielleicht fragen, warum hat es dann so lange gedauert, bis es öffentlich zur Sprache gebracht wird? Ein Teil der Antwort besteht darin, dass in den westlichen Ländern alles, was mit Einwanderung und Islam zu tun hat, nur unter großen Schwierigkeiten besprochen wird – wenn überhaupt. Ein anderer Teil der Antwort ist, dass dieses Thema ebenso sehr mit Schichtzugehörigkeit verbunden ist wie mit Religion oder ethnischer Herkunft. Der größte Teil der Verbrechen an und des Fehlverhaltens gegenüber Frauen geschieht in ärmeren Gegenden. Die Frauen, die es sich leisten konnten, in ein sicheres Viertel zu ziehen, haben dies, gemeinsam mit ihren Familien, auch getan. Diejenigen Frauen, die in den ärmeren Wohnquartieren zurückbleiben, sind nicht so gut dran. Und aus irgendwelchen Gründen weckt ihre Notlage – im Zeitalter von #MeToo – sehr viel weniger Mitgefühl als das Schicksal von Hollywoodschauspielerinnen, die sexuellen Belästigungen durch ihre lüsternen Produzenten ausgesetzt sind.

In meinem eigenen Leben habe ich – wenn auch in milder Form – sexuelle Diskriminierung, Belästigung und Gewalt erlebt, die in Ländern mit muslimischer Bevölkerungsmehrheit wie Somalia und Saudi-Arabien üblich ist, ebenso wie in einigen muslimischen Gemeinschaften in westlichen Ländern. Und ich musste auch bei mehr als einer Gelegenheit die unerwünschte Aufmerksamkeit von in sexuellen Dingen übermäßig forsch auftretenden westlichen Männern abwehren. Ich kann Ihnen sagen, welches Problem das schlimmere ist. Tatsächlich – dass ich Ihnen genau das sage, ist ein großer Teil des Zieles, den dieses Buch verfolgt.

TEIL I
Unsichere Straßen

KAPITEL 1

Die Uhr geht rückwärts

Wir im Westen sind es gewohnt, überall um uns herum Frauen zu sehen. Wir sehen sie als Kolleginnen im Büro, sie sitzen neben uns im Bus, sie sind Gäste in Restaurants, joggen auf den Bürgersteigen und arbeiten in Geschäften. Wir sehen auch mehr Frauen als je zuvor in Führungspositionen als Regierungschefinnen, Ministerinnen, Kanzlerinnen, Direktorinnen und Chefinnen. Frauen, die in den 1990er-Jahren und danach in westlichen Ländern geboren wurden, betrachten dies als gegebene Tatsache. Sie denken nicht darüber nach, dass der Gang zur Schule oder der Aufenthalt in einem Café ein Triumph des Liberalismus ist. In manchen Teilen großer und mittelgroßer westlicher Städte allerdings macht man in diesen Tagen vielleicht eine seltsame Beobachtung: Es sind einfach keine Frauen unterwegs – oder nur sehr wenige.

Bei einem Gang durch bestimmte Viertel von Brüssel, London, Paris oder Stockholm fällt einem plötzlich auf, dass da nur Männer sind. Die Verkäufer, Kellner und Gäste in Cafés sind allesamt Männer. In nahe gelegenen Parks sieht man nur Männer und Jungen, die Fußball spielen. In den Höfen und Klubräumen von Wohnblocks trifft man redende, lachende, rauchende Männer. Auf einem Kontinent, den Jahr für Jahr Millionen von Touristen besuchen, um den weiblichen Körper als Kunstobjekt oder als Träger der neuesten Mode zu erleben, mutet das ein bisschen merkwürdig an. Was ist mit den Frauen passiert? Warum sitzen sie nicht mehr in den Cafés und plaudern nicht mehr draußen auf der Straße?

Die Antwort lautet: Manche Frauen haben sich aus diesen Vierteln zurückgezogen, andere wurden vertrieben, und wieder andere sind zu Hause und unsichtbar. Wenn mehr und mehr Frauen diesen öffentlich zugänglichen Orten in solchen Vierteln fernbleiben, sind die wenigen, die noch verbleiben, exponiert und ziehen die Aufmerksamkeit von Männern auf sich, die dort wohnen. Es besteht keine offizielle Segregation, aber ein Gefühl des Unbehagens und der Schutzlosigkeit reicht aus, um jede Frau, die alleine unterwegs ist, frösteln zu lassen und ihr den Gedanken nahezulegen: »Hier werde ich nicht mehr entlanggehen.«

Frauen werden in solchen Gegenden aus dem öffentlichen Raum hinausbelästigt. Manche Männer rufen ihnen zu: »He, Schätzchen, gib mir deine Telefonnummer« oder »hübscher Arsch« oder »Was machst du hier?«. Unabhängig vom Alter und vom Aussehen, in ihrer Eigenschaft als Frauen und vor allem, wenn sie allein sind, erleben sie die gleiche Behandlung. Ein hartnäckiger Bedränger geht einer Frau unter Umständen hinterher, berührt sie und stellt sich ihr in den Weg. Macht eine Frau einen schutzlosen Eindruck, gehen manche Männer weiter: Sie wählen sie als Zielobjekt, umzingeln sie und schüchtern sie ein, begrapschen sie, zerren an ihrer Kleidung, und manchmal tun sie Schlimmeres.

Solche Vorfälle kommen immer häufiger vor. Frauen und Mädchen aus ganz Europa berichten von Belästigungen beim Einkaufen, in Schulen und an Universitäten, in Schwimmbädern, in Nachtklubtoiletten, in Parks, bei Festivals, auf Parkplätzen. Sie sagen, dass

Wohnstraßen und öffentliche Plätze nicht mehr sicher seien. Und ihre Angreifer belästigen sie völlig schamlos in aller Öffentlichkeit.

Belastbare Daten zu diesem Phänomen zu finden, ist bekanntermaßen schwierig. Meine Forschungsassistentinnen und ich haben zwei Jahre mit der Durchsicht der verfügbaren Quellen verbracht – Kriminalstatistiken, Gerichts-, Polizei- und Regierungsberichte, akademische Quellen –, und keine davon liefert ein umfassendes Bild. Wir wissen, dass nur ein kleiner Teil der von sexueller Gewalt betroffenen Frauen solche Taten auch anzeigt, und noch weniger Frauen melden sexuelle Belästigungen, die von den meisten Betroffenen achselzuckend als Teil ihres Alltagslebens hingenommen werden. Es ist frustrierend, dass relevante Alltagserfahrungen ganz normaler Frauen nur selten öffentlich wahrgenommen werden, über gelegentliche isolierte Posts in den sozialen Medien hinaus.

Bei Gesprächen mit europäischen Frauen bin ich jedoch zu der Einsicht gelangt, dass das Problem viel tiefer und weiter reicht als die Geschichten, die es bis in die Nachrichten schaffen. Die Aussagen dieser Frauen haben mich davon überzeugt, dass wir in manchen Stadtteilen Europas eine stillschweigende, aber bedeutsame Erosion von Frauenrechten erleben. Wenn sich dieser Trend fortsetzt, wird er immer mehr Orte in Europa erfassen. Gegenwärtig zeichnen sich bei den betroffenen Stadtvierteln zwei Gemeinsamkeiten ab: ein niedriges Durchschnittseinkommen und eine große Zahl von Einwanderern aus Ländern mit muslimischer Bevölkerungsmehrheit.

Ein Wandel für Frauen in Europa

Als Somalierin, die 1992 in die Niederlande kam, war ich schockiert, als ich junge Frauen alleine in öffentlichen Verkehrsmitteln und in Bars und Restaurants sah. Ich war mit dem Wissen aufgewachsen, dass das Verlassen des Hauses, ohne Kopf und Körper zu bedecken oder ohne einen männlichen Verwandten als Begleiter an meiner Seite, mich zu einem Zielobjekt für Belästigungen und Angriffe machen würde. Aber in Holland waren Frauen abends und nachts auch ohne männliche Beschützer zu Fuß in den Straßen unterwegs, bedeckten ihr Haar nicht und trugen die Kleidung, die ihnen gefiel.

Natürlich gab es auch Ausnahmen. Auch in Holland kam es zu sexueller Gewalt, zu Vergewaltigungen und gelegentlich sogar zu Morden an Frauen. Aber Fälle dieser Art waren meist so außergewöhnlich, dass sie wochenlang ein Thema für die nationale Berichterstattung blieben. Während ich mich an das Leben in einer westlichen Großstadt gewöhnte, lernte ich, dass die gesellschaftliche Stellung der Frau sich hier radikal vom Alltag in der Welt unterschied, aus der ich kam. Heute, fast drei Jahrzehnte später, lässt sich das nicht mehr mit derselben Gewissheit sagen. Eine wachsende Zahl von Frauen in Europa sorgt sich um die eigene Sicherheit. Fälle von Vergewaltigung, gewalttätigen Attacken, Grapscherei und sexueller Belästigung an öffentlich zugänglichen Orten scheinen zugenommen zu haben.

Es ist kein Geheimnis – obwohl es als unhöflich oder politisch unkorrekt gilt, darauf hinzuweisen –, dass junge Einwanderer aus dem Nahen und Mittleren Osten, Südasien und verschiedenen Teilen Afrikas unter den Tätern überrepräsentiert sind. Sie sind oft in Gruppen unterwegs und machen dadurch immer mehr Viertel in europäischen Städten für Frauen, die sich dort bewegen wollen, unsicherer.

Dass Frauen schon immer unter der Bedrohung durch sexuelle Gewalt gelitten haben, ist eine Binsenweisheit. Aber zumindest in den vergangenen vier Jahrzehnten war sie in Europa die Ausnahme und nicht die Regel. In den 1990er-Jahren dachte ich, dass sich die Verhältnisse in den Entwicklungsländern immer mehr an den in

Europa erreichten Zustand annähern würden. Damals hätten nur wenige Menschen vorhergesagt, dass Teile Europas allmählich die Haltungen und Glaubensvorstellungen von Kulturen übernehmen würden, die Frauenrechte ausdrücklich gering schätzen. Aber ich glaube, dass genau dies derzeit geschieht. Wir erleben einen Angriff auf die Rechte, die europäische Frauen eigentlich als selbstverständlich vorausgesetzt hatten. Und ich halte es für keinen Zufall, dass dieser Angriff auf eine starke Zunahme der Einwandererzahlen folgte.

Seit 2009 sind rund drei Millionen Menschen illegal nach Europa gekommen, und die meisten von ihnen haben einen Asylantrag gestellt.[1] Etwa die Hälfte von ihnen kam 2015, und etwa zwei Drittel der Neuankömmlinge waren männlichen Geschlechts. 80 Prozent der Asylbewerber waren jünger als 35 Jahre. In den letzten Jahren war ein Drittel jünger als 18 Jahre (oder behauptete dies).

Die überwältigende Mehrheit dieser jungen Männer kam aus Ländern, in denen Frauen nicht als gleichberechtigt oder nahezu gleichberechtigt gelten, wie dies in Europa der Fall ist. In einigen der Herkunftsländer werden zum Beispiel Jungen und Mädchen in den Familien ab dem siebten Geburtstag voneinander getrennt. Ein Umgang mit dem anderen Geschlecht ist unerwünscht, und Sexualerziehung ist ein Tabu. Die jungen Männer kommen aus einem kulturellen Umfeld, das Frauen keine Gleichberechtigung zugesteht und sie davon abhält, einer bezahlten Arbeit nachzugehen, alleine zu leben und ihre eigenen Ambitionen zu verfolgen.

Dies ist natürlich kein gänzlich neues Phänomen. Migranten aus muslimischen Ländern kamen bereits seit Beginn der 1960er-Jahre nach Westeuropa. In dieser Anfangsphase der Zuwanderung wurden sie jedoch im öffentlichen Bewusstsein kaum einmal mit Gewalt gegen Frauen in Verbindung gebracht. Das lag daran, dass nur wenige Europäer mitbekamen, wie Frauen und Mädchen in den Zuwandererfamilien behandelt wurden. Menschen wie ich versuchten, die Aufmerksamkeit der Öffentlichkeit auf Probleme wie Gewalt im Namen der Ehre, genitale Verstümmelung von Frauen und Zwangsheiraten zu lenken, unter denen viele Frauen und Mädchen zu leiden hatten. Aber man ging davon aus, dass sich diese von der Herkunftskultur geprägten Verhaltensweisen aufgrund der Ausweitung der Freiheiten, wie sie Frauen in westlichen Ländern genossen, auf Migrantengemeinden innerhalb von einer oder zwei Generationen verlieren würden. Für allzu viele Frauen in jenen Gemeinden hat sich diese Hoffnung schlicht und einfach nicht erfüllt.

Dieses Buch entstand, weil ich herausfinden wollte, warum Frauen sich in manchen Wohnvierteln aus dem öffentlichen Leben zurückzogen. Ich hegte den Verdacht, dass Frauen den Zugang zum öffentlichen Raum um ihrer persönlichen Sicherheit willen preisgaben. So sieht nämlich das Leben vieler Frauen aus, die in Ländern mit muslimischer Bevölkerungsmehrheit leben. Dies ist auch der Grund dafür, warum viele Frauen in Einwanderergemeinden während der letzten fünf Jahrzehnte ihre althergebrachte Lebensweise auch im Westen fortgesetzt haben: Sie bleiben für einen wesentlichen Teil ihres Alltagslebens auf die eigene Wohnung beschränkt, und sobald sie diese verlassen, werden sie durch ein Netzwerk, bestehend aus Familienmitgliedern und Angehörigen der örtlichen Zuwanderergemeinde, überwacht. Es schien nur logisch zu sein, danach zu fragen, in welchem Umfang eine zunehmende Zahl von Männern, die aus Gesellschaften stammen, in denen diese Dynamik zwischen Männern und Frauen besteht, ihre Wertvorstellungen anderen Frauen in ihrer näheren Umgebung aufzwingen könnte.

In den Jahren unmittelbar vor der »Flüchtlingskrise« von 2015 in Europa waren mir gelegentliche Berichte in den Medien über sexuelle Angriffe aufgefallen. Jedes dieser Beispiele war als isolierter Einzelfall dargestellt worden. Auf den ersten Blick ergab sich daraus auch noch kein Gesamtbild. Im Allgemeinen richtete sich der Angriff gegen eine Frau, die abends auf dem Nachhauseweg von einem Unbekannten attackiert wurde. In manchen Fällen stellte sich später dann heraus, dass der Täter ein Zuwanderer war, oder er war vielleicht in Europa geboren und in einer unzureichend integrierten Einwanderergemeinde aufgewachsen. Aber die Fälle schienen nicht zahlreich genug zu sein, um daraus ein Muster ableiten zu können.

Ab dem Spätjahr 2015 änderte sich dies allerdings. Berichte über solche sexuellen Angriffe, über Vergewaltigungen und Fälle von sexueller Belästigung nahmen stetig zu. Als ich mir dieses Phänomen genauer ansah, wurde mir klar, dass die Zunahme von Sexualverbrechen in den Ländern Westeuropas zu beobachten war, die ihre Grenzen für eine bis dahin noch nie dagewesene Zahl von Migranten und Asylbewerbern aus in hohem Maß patriarchalisch strukturierten und muslimisch dominierten Gesellschaften geöffnet hatten. Allein im Jahr 2015 kamen fast zwei Millionen Menschen – in großer Mehrheit Männer – aus Syrien, Afghanistan, dem Irak, Pakistan, Nigeria und anderen Ländern mit mehrheitlich muslimischer Bevölkerung nach Westeuropa. Die Sprachgrenzen zwischen den verschiedenen europäischen Gesellschaften und die zuweilen engstirnige Fokussierung auf die nationalen Belange ihrer medialen Berichterstattung hatten jedoch zur Folge, dass die Menschen in geografisch so nahe beieinanderliegenden Gesellschaften wie Schweden, Deutschland, Frankreich und Österreich nicht erkannten, dass das, was von Frauen im eigenen Land berichtet wurde, auch anderswo geschah.

Es ist mir wichtig, unmissverständlich festzustellen, dass meine Argumentation keinerlei ethnische Komponente enthält. Ein bestimmter Prozentsatz von Männern jedweder ethnischen Herkunft wird Frauen vergewaltigen und belästigen. Nach Auskunft der Weltgesundheitsorganisation (WHO) haben 35 Prozent der Frauen weltweit »entweder körperliche und/oder sexuelle Gewalt durch einen Intimpartner oder Nichtpartner erlebt«.[2] Weltweit erlebten 7,2 Prozent der Frauen sexuelle Gewalt durch eine Person, die nicht ihr Partner war. Aber die prozentuellen Anteile sind in Europa deutlich niedriger als in anderen Teilen der Welt. In manchen Gesellschaften werden Männer dazu erzogen, die körperliche Selbstbestimmung von Frauen zu respektieren, während anderswo ein aggressiv-übergriffiges Verhalten nicht mit derselben Strenge verurteilt wird.

Bevor Sie Einspruch erheben ...

Lassen Sie mich gleich vorweg klarstellen: Ein Muslim oder ein Zuwanderer aus der muslimischen Welt zu sein, macht Sie nicht pauschal zu einer Bedrohung für Frauen. Vergewaltigung, sexuelle Gewalt und sexuelle Belästigung scheinen Universalphänomene zu sein. In zahlreichen Phasen gesellschaftlicher Unordnung scheinen Bevölkerungsverschiebungen großen Ausmaßes mit einer Zunahme sexueller Gewalt gegen Frauen verbunden gewesen zu sein. Mit grausigen Episoden dieser Art ließe sich mühelos ein ganzes Buch füllen, und dabei würde schnell offenkundig werden, dass solche Dinge in einem breiten Spektrum geografisch und kulturell unterschiedlichster Umfelder vorkommen. Wie bereits festgestellt, lässt sich nichts, was nach 2015 geschah, auch nur im Entferntesten mit den entsetzlichen Massenvergewaltigungen vergleichen, die gegen Ende des Zweiten Weltkriegs von Soldaten der Roten Armee an deutschen Frauen verübt wurden.

Es geht in diesem Buch nicht darum, männliche Migranten aus der muslimischen Welt zu dämonisieren. Vielmehr soll es dazu beitragen, das Wesen und die Bedeutung der sexuellen Gewalt, die in so vielen Teilen Europas in der jüngsten Vergangenheit aufgetreten ist, besser zu verstehen. Während ich für dieses Buch recherchierte, warf die #MeToo-Bewegung ein Schlaglicht auf sexuellen Missbrauch und

Ausbeutung in den Kreisen der gehobenen Gesellschaft Nordamerikas. Ich wiederum fragte mich, warum auf die oft viel schwerer wiegenden Verbrechen gegen Frauen in ärmeren Wohngegenden Europas nicht ein ebenso grelles Licht geworfen wurde.

Bei meiner Arbeit bin ich immer wieder angesehenen Persönlichkeiten und Kommentatoren begegnet – auch einigen, die sich als Feministinnen bezeichnen –, die bereit sind, wegzuschauen, wenn Einwandererfrauen von den eigenen Männern belästigt oder missbraucht werden. Jetzt sieht es ganz danach aus, als würden sich diese Leute abermals derselben Doppelmoral bedienen, wenn es um die Belästigung und den Missbrauch von Frauen aus dem eigenen Kulturkreis geht. In einigen Fällen habe ich sogar gehört, wie europäische Opfer sexueller Gewalt Entschuldigungen zugunsten ihrer Angreifer vorbrachten. Aus Angst, des Rassismus bezichtigt zu werden, schlagen diese Frauen einen apologetischen Tonfall im Namen derer an, die sie angegriffen haben, einige entschuldigten sich sogar dafür, diese Männer vor Gericht gebracht zu haben.

Die Behörden untertreiben die Häufigkeit der Angriffe auf und der Belästigung von Frauen. Politiker spielen die Bedrohung im Interesse der politischen Zweckdienlichkeit herunter und ermuntern die Polizei dazu, es ihnen gleichzutun. Kriminelles Verhalten wird entschuldigt. Richter verhängen gegen die Täter nur milde Strafen. Und die Medien üben bei ihrer Berichterstattung Selbstzensur – alles in Ordnung, heißt es dann, weil man keine ethnischen und religiösen Spannungen schüren und rechtsgerichteten Populisten auch keine Munition liefern will.[3]

Diese Verschwörung des Beschweigens – zumindest jedoch des Untertreibens – hatte vorhersagbare Nutznießer: Das waren keine anderen als die rechtsextremen Populisten im Stil des Front National (des heutigen Rassemblement National) in Frankreich, der Partij voor de Vrijheid (Partei für die Freiheit, PVV) in den Niederlanden, der Alternative für Deutschland und all der anderen Parteien, deren zentrales politisches Versprechen die Beschränkung der Einwanderung und vor allem der Zuwanderung von Muslimen ist.

Ich war selbst einmal eine Asylbewerberin. Und ich bin eine zweimalige Einwanderin, zuerst in den Niederlanden und dann in den Vereinigten Staaten. Durch die Flucht nach Holland entging ich einer Zwangsheirat und bekam die Chance, mein Leben auf eine Art zu gestalten, wie es niemals möglich gewesen wäre, wenn ich in der somalischen Gesellschaft geblieben wäre, in die ich hineingeboren war. Das Letzte, was ich sehen möchte, sind deshalb weitere Hindernisse, die denjenigen in den Weg gelegt werden, die religiöser Unterdrückung, Bürgerkrieg und wirtschaftlichem Zusammenbruch entkommen und sich ein besseres Leben aufbauen wollen, indem sie die Freiheiten nutzen, die westliche Länder ihnen bieten. Ich schreibe dieses Buch nicht zur Unterstützung der Befürworter geschlossener Grenzen, sondern will liberale Europäer davon überzeugen, dass das Leugnen und Bestreiten eine aussichtslose Strategie ist, die das Gegenteil des Angestrebten bewirkt. Wenn ich dabei auch noch einige Populisten davon überzeugen kann, der Integration eine Chance zu geben – umso besser.

Viele Autoren haben bereits über den Kampf der Kulturen zwischen dem Islam und dem Westen geschrieben. Sie betrachten die Wirtschaft, Demografie, Sprache und Religion, die gesellschaftlichen Werte und die Geopolitik. Einige erwähnen auch die Rechte der Frauen als Beispiel. Aber ich bin der Ansicht, dass die Frauen es verdienen, im Mittelpunkt der Diskussion zu stehen. Kein anderes Kriterium unterscheidet die heutigen westlichen Gesellschaften so eindeutig von den muslimischen Gesellschaften wie die unterschiedliche Behandlung, die Frauen zuteil wird. In diesem Buch konzentriere ich mich deshalb auf die negativen Auswirkungen der Einwanderung aus muslimischen Gesellschaften auf die Rechte der Frauen, auf das, was wir in Zukunft erwarten können, wenn diese Entwicklung sich fortsetzt, und darauf, was wir anders machen sollten, wenn wir eine gefährliche Gegenreaktion vermeiden wollen.

Die Vorstellung, dass Frauen Männern gleichgestellt sind, ist eine historische Anomalie. Sie ist nur in den westlichen Ländern aufgetreten und auch dort erst in der jüngeren Vergangenheit. (Die Propagandabehauptungen zur sexuellen Gleichberechtigung in kommunistischen Regimen täuschten über eine Wirklichkeit hinweg, die völlig anders aussah.) Wenn wir die Perspektive erweitern und den gesamten Planeten in den Blick nehmen, sehen wir, dass nach wie vor nur ein kleiner Teil der Frauen die wunderbaren Rechte und Freiheiten genießt, die im Westen erreicht worden sind. Aber diese Rechte sind zerbrechlich und stets in Gefahr, von Männern ausgehöhlt zu werden, die unabhängige Frauen – Frauen, die den Männern gleichberechtigt sind – als Beute betrachten.

KAPITEL 2

Die fünfte Welle

Eine neue Völkerwanderung

Westeuropa hat seit 1945 mehrere Wellen der Massenmigration erlebt.[1] Die erste Welle war mit einem Exodus von Menschen in Richtung Westen verbunden, der vom Zweiten Weltkrieg und der damit einhergehenden Verschiebung der Grenzen von 1945 bis 1956 ausgelöst wurde. Zu den »Displaced Persons« zählten jüdische Holocaustüberlebende; dazu kamen aus ihrer Heimat vertriebene Deutsche aus Ostpreußen, Pommern, Schlesien und dem Sudetenland; Esten, Letten und Litauer; antikommunistisch eingestellte Russen und Ukrainer; ehemalige Zwangsarbeiter aus einer Reihe von europäischen Ländern und eine große Zahl von demobilisierten Soldaten. Die zweite Welle umfasste die Migration von Gastarbeitern und ihren Familien aus ehemaligen europäischen Kolonien, von den *Pieds-noirs* und *Harkis,* die aus dem kurz zuvor unabhängig gewordenen Algerien flohen, bis zur »Windrush«-Generation, die in Großbritannien auf bessere Chancen für den eigenen wirtschaftlichen Erfolg hoffte. In einer dritten Welle versuchte das »Wirtschaftswunder«-Deutschland, dem Arbeitskräftemangel im eigenen Land in den 1960er-Jahren durch die Anwerbung von »Gastarbeitern« aus

Italien, Spanien, Griechenland, Jugoslawien und der Türkei zu begegnen. Im Verlauf der wirtschaftlichen Rezession der 1970er-Jahre, in der die Nachfrage nach Arbeitskräften zurückging, während die Ressentiments gegen Einwanderer zunahmen, wurde deutlich, dass die Mehrheit der mutmaßlichen Gäste nicht die Absicht hatte, in ihre Heimatländer zurückzukehren. Eine ganz erhebliche Zahl von Migrantengemeinden aus Ländern mit muslimischer Bevölkerungsmehrheit – Algerier in Frankreich, Pakistaner und Bangladeschis in Großbritannien, Türken in der Bundesrepublik Deutschland – hatte inzwischen tiefe Wurzeln geschlagen.

Die vierte Welle war ein starker Anstieg der Massmigration, der sich aus dem Zerfall der kommunistischen Regime in Ost- und Mitteleuropa, aus der gewaltsamen Auflösung Jugoslawiens und aus der Umsetzung einer neuen paneuropäischen Politik (zu der beispielsweise die Schengener Abkommen von 1985 und 1990 gehörten) an den Binnengrenzen zwischen Mitgliedsstaaten der Europäischen Union (EU) ergab. Zu den Neuankömmlingen in dieser Zeit zählten Muslime aus Bosnien und Somalia, Ländern, in denen Bürgerkriege wüteten. Diese Neuankömmlinge – ich gehörte dazu – suchten Asyl oder eine Zuflucht. Nicht alle, ja nur enttäuschend wenige von ihnen fanden einen Zugang zu den Arbeitsmärkten der Länder, die sie aufnahmen.

Die fünfte Welle war die zahlenmäßig größte im gesamten Zeitraum seit 1945. Nach Angaben von Frontex, der Grenzschutzagentur der EU, kam es in den letzten zehn Jahren zu rund 3,5 Millionen illegalen Grenzübertritten in das Gebiet der EU.[2] Eurostat, das Statistische Amt der EU, verzeichnete knapp 5,8 Millionen Erstanträge auf Asyl.[3] Drei Viertel der illegalen Einreisen und zwei Drittel der Asylanträge erfolgten in der Zeit von 2015 – dem Spitzenjahr – bis 2018.

Jede dieser Wellen erreichte die Küsten eines sich entwickelnden und vergrößernden Europa. Was mit den Römischen Verträgen von 1957 begann, mit denen eine sechs Mitgliedsstaaten umfassende

Gemeinschaft ins Leben gerufen wurde, die sich in erster Linie auf den Abbau von Handelshindernissen konzentrierte, ist heute eine 27 Mitglieder zählende Europäische Union geworden mit föderalen und konföderativen Elementen und Verbindungen zu Nicht-EU-Staaten wie den vier Mitgliedern der Europäischen Freihandelsassoziation EFTA: Island, Norwegen, Schweiz, Liechtenstein.

Eine Reihe von internationalen Abkommen, EU-internen Verträgen zwischen Mitgliedsstaaten und Direktiven aus Brüssel umreißt die Verantwortung und die Zuständigkeiten europäischer Regierungen im Umgang mit Migranten und Flüchtlingen:

- Die Genfer Flüchtlingskonvention von 1951 und das ergänzende Protokoll über die Rechtsstellung der Flüchtlinge von 1967 enthielten eine rechtsgültige Definition des Wortes Flüchtling und die Verpflichtungen souveräner Staaten im Umgang mit Flüchtlingen. Der Artikel 33 der Flüchtlingskonvention legte den unabdingbaren Rechtsgrundsatz der *Nichtzurückweisung* (frz.: non-refoulement)* fest, der es untersagt, einen Flüchtling »über die Grenzen von Gebieten« auszuweisen oder zurückzuweisen, in denen ihm ein ordentliches Gerichtsverfahren möglicherweise verweigert wird oder Verfolgung, Folter oder Tod drohen.
- Das Schengener Abkommen von 1985 (Schengen I) sah den gegenseitigen Verzicht auf Grenzkontrollen für eine Reihe von europäischen Staaten vor (ursprünglichen waren es fünf, derzeit sind es 26) und schuf die Voraussetzungen für eine gemeinsame Reisevisum-Politik der EU-Mitgliedsstaaten.
- Das Dubliner Übereinkommen von 1990 (später ersetzt durch die Dublin-II- und Dublin-III-Verordnung; 2003,

---

* Eine peremptorische Norm des Völkerrechts, die nicht eingeschränkt werden darf.

2013) legte fest, dass Asylbewerber ihr Verfahren in dem Land, in dem sie in das EU-Gebiet einreisen, durchlaufen müssen.

- Der Vertrag von Amsterdam (1997) übertrug nationale rechtliche Zuständigkeiten für die Einwanderungs-Gesetzgebung und die Außen- und Sicherheitspolitik auf die Europäische Union.

- Der Vertrag von Lissabon (2007) schuf eine rechtsverbindliche Charta der Grundrechte der Europäischen Union. Zu dieser Charta gehört, neben anderen Punkten, auch das Recht auf Asyl.

- Außerdem müssen wir sorgfältig unterscheiden zwischen:

  ○ *Rechtlich anerkannten oder legalen Einwanderern:* Nicht-EU-Bürger mit einer seit mehr als zwölf Monaten gültigen Aufenthaltserlaubnis in einem europäischen Land. Asylbewerber, die als Flüchtlinge anerkannt wurden, und Asylbewerber, die subsidiären Schutz genießen, gehören zu dieser Kategorie.

  ○ *Asylbewerbern:* Nicht-EU-Bürger, die in einem EU-Mitgliedstaat nach den Bestimmungen des Dubliner Übereinkommens einen Asylantrag gestellt haben. Personen, die zu dieser Kategorie zählen, sind für einen befristeten Zeitraum vor der Abschiebung geschützt, solange ihr Asylantrag noch bearbeitet wird. Anerkannte Asylbewerber erhalten den Flüchtlingsstatus und das Recht, auf dem Gebiet der Europäischen Union leben und dabei Wohn- und Arbeitsort frei wählen zu können.

  ○ *Rechtlich nicht anerkannten oder illegalen Einwanderern:* Nicht-EU-Bürger, die sich ohne gültige Aufenthaltserlaubnis im jeweiligen Land aufhalten. Personen, deren Visum abgelaufen ist, die sich der Abschiebung entzogen haben,

ohne gültige Papiere in ein EU-Mitgliedsland eingereist
sind oder auf einen abschließenden Bescheid in ihrem
Asylverfahren warten, fallen unter diese Kategorie. Da
viele europäische Staaten nach wie vor am Abstammungsprinzip (Jus sanguinis) als Grundlage für die Verleihung
der Staatsbürgerschaft festhalten, werden in Europa geborene Kinder illegaler Einwanderer nicht automatisch zu
EU-Bürgern, im Unterschied zu Staaten wie den USA, in
denen das Geburtsortsprinzip (Jus soli) gilt. Einwanderer,
die ihre Aufenthaltserlaubnis mit falschen Angaben zur
Person erlangt haben, fallen rechtlich nicht unter diese
Kategorie.

Die Zahl illegal in die Staaten der Europäischen Union einreisender
Migranten und Asylbewerber stieg im Zeitraum nach 2008 stark an
und erreichte im Jahr 2015, in dem eine Reihe von Faktoren zusam-
menkam, einen Höchstwert.

   Die Verschärfung des Bürgerkriegs in Syrien war der wichtigste
unmittelbare Grund für den Zustrom von Migranten. Der Beginn
des direkten militärischen Engagements Russlands verschob das stra-
tegische Gleichgewicht in einem vielschichtigen Konflikt, der bis zu
diesem Zeitpunkt für den amtierenden syrischen Staatspräsidenten
Baschar al-Assad ungünstig verlaufen war. Im Osten Syriens waren
die Machtentfaltung des sogenannten Islamischen Staates im Zusammenwirken mit den vielfältigen Konflikten zwischen kurdischen
Streitkräften, Hisbollah, »gemäßigten« syrischen Aufständischen,
vom Iran unterstützten schiitischen Milizen und mit der Türkei verbundenen Kräften mächtige »Push-Faktoren«, die ganz normale
Menschen aus Syrien und dem Irak dazu veranlassten, die riskante
Reise nach Europa zu wagen, das Sicherheit versprach. Zu dem
Flüchtlingsstrom aus dem Nahen Osten kam 2011 noch der Sturz

des Regimes von Muammar al-Gaddafi in Libyen. Mit ihm fiel ein Faktor, der bis dato die Migrations- und Menschenhandelsrouten behindert hatte, die ihren Ursprung in Afrika südlich der Sahara haben.

Die amtlichen Zahlenangaben zu dieser jüngsten »Völkerwanderung« müssen mit Vorsicht gelesen werden. Die Daten zu »illegalen Grenzübertritten« berücksichtigen alle Einreiseversuche, so dass manche Personen vielfach registriert wurden. Nicht alle Personen, die illegal in Mitgliedsländer der EU einreisen, stellen anschließend auch einen Asylantrag. Ein Teil der Migranten, die bei »illegalen Grenzübertritten« mitgezählt werden, wird nahezu unmittelbar in das eigene Heimatland oder in ein Transitland zurückgeschickt (zum Beispiel in die Türkei). Andere versuchen, dem amtlichen »Radar« zu entgehen, und ziehen es vor, keinen Asylantrag zu stellen. Bei wieder anderen besteht ein zeitlicher Abstand zwischen der Erfassung ihrer illegalen Einreise in die Europäische Union und dem Zeitpunkt, an dem sie ihren Asylantrag stellen. Migranten reichen diesen Antrag oft erst dann ein, wenn sie in ihrem angestrebten Bestimmungsland angelangt sind. Manche Migranten reisen legal in die Europäische Union ein und stellen einen Asylantrag, sobald sie in Europa sind.

Die Dublin-III-Verordnung der Europäischen Union verlangt von Asylbewerbern, dass sie den Antrag im ersten sicheren Land stellen, das sie erreichen. Wird dieser jedoch in einem Land abgelehnt, kann sich der abgewiesene Antragsteller die offenen Grenzen im Schengen-Raum zunutze machen und es in einem Nachbarland erneut versuchen. Um Zugang zu staatlicher Unterstützung zu bekommen – dazu zählen etwa eine Wohnung, medizinische Versorgung und Sozialhilfeleistungen –, muss jeder Migrant ein aktives Asylverfahren betreiben. Nachdem Italien alle Sozialhilfeleistungen für abgelehnte Asylbewerber gestrichen hatte, reisten deshalb viele Migranten über

die Schweiz und Österreich nach Deutschland weiter.[4] Eine ganz erhebliche Zahl stellte zwei oder drei Anträge. Das deutsche Bundesamt für Migration und Flüchtlinge (BAMF) erklärt, ein Drittel der
Asylanträge in Deutschland machten die »Dublin-Fälle« aus.[5]
Deutschland verzeichnete allein in der ersten Jahreshälfte 2018
30 000 Asylbewerber, die zuvor bereits in Italien, Frankreich oder
Griechenland einen Antrag gestellt hatten.[6] Auch viele Asylbewerber
in den Niederlanden und Schweden hatten sich zuvor bereits in
Deutschland, Italien oder Frankreich um Asyl bemüht.[7]

Die französische Demografin Michèle Tribalat folgte – ausschließlich auf der Basis des Eurostat-Datenmaterials – den Wegen der Asylbewerber. Tribalat stellte fest, dass ihre Zahl in Frankreich anstieg,
während sie in Deutschland und Schweden zurückging. Frankreich
wurde bis 2018 häufig zur nachrangigen Anlaufstelle. Durchschnitt-
lich 30 Prozent der Asylsuchenden in Frankreich haben bereits einen Asylantrag in einem anderen EU-Staat gestellt.[8] Die französische Einwanderungs- und Integrationsbehörde (Office Français de
l'Immigration et de l'Intégration, OFII) erkannte, dass Frankreich
Asylbewerber, die in anderen Rechtssystemen gescheitert waren, anzog, weil es auch den im eigenen Land abgelehnten Antragstellern
Sozialleistungen gewährte. Afghanen haben in Frankreich eine größere Chance auf Anerkennung als in anderen Ländern, und es gibt
weniger Einschränkungen für eine Familienzusammenführung.[9]

Eine verlässliche Schätzung des Nettozustroms von Menschen
nach Europa im Verlauf des letzten Jahrzehnts ist deshalb alles andere
als einfach. Die Frontex-Zahl von 3,5 Millionen illegalen Grenzübertritten in den Jahren von 2009 bis 2018 ist keineswegs zuverlässiger
als die Eurostat-Zahl von 5,8 Millionen Erstanträgen auf Asyl, weil
beide Gesamtzahlen auch Mehrfachzählungen von Einzelpersonen
enthalten.

Die Zahl der Asylanträge stieg ab 2009 an und liegt nach wie vor weit über dem langjährigen Mittelwert. Aber 2015 war mit 1,8 Millionen verzeichneten illegalen Grenzübertritten, mehr als der Hälfte der für den Zehnjahres-Zeitraum von 2009 bis 2018 belegten Gesamtzahl, ein Ausnahmejahr. Europäische Abkommen mit der Türkei und Libyen haben die Zahl der illegalen Grenzübertritte wieder auf das vor 2015 übliche Maß gesenkt, und die Zahlen für das erste Halbjahr 2019 zeigten einen weiteren Rückgang von 30 Prozent im Vergleich zum Vorjahreswert. Für das gesamte Jahr 2019 wird mit rund 100 000 Neuankömmlingen gerechnet.* Die Zahl der neuen Asylanträge geht nicht so schnell zurück, weil die Behörden immer noch mit der Bearbeitung von Anträgen aus dem enormen Zustrom von 2015 beschäftigt sind.

Weil Frontex erst ab 2018 das Geschlecht und das Alter illegal einreisender Personen erfasste, ist die Analyse von Asylanträgen die einzige Möglichkeit, bei diesen Fragen zu Schätzwerten zu kommen. Die Statistik zeigt ein klares Übergewicht von Männern gegenüber Frauen. 67 Prozent der Asylbewerber der letzten zehn Jahre waren Männer. Rund 80 Prozent der Asylbewerber waren jünger als 35 Jahre. Der Anteil der unter 18-Jährigen stieg von 25 Prozent im Jahr 2009 auf 32 Prozent im Jahr 2018. In Deutschland, dem Land, das die größte Zahl von Asylbewerbern anzog, waren 60,5 Prozent der Antragsteller 15 bis 39 Jahre alt, und der Anteil der Männer übertraf in dieser Altersgruppe den der Frauen in einem Verhältnis von 2,81 zu 1.[10]

Woher kommen die Migranten? Länder, die unter Krieg und Terrorismus zu leiden haben – insbesondere Syrien, Afghanistan und der Irak –, sind die wichtigsten Herkunftsgebiete der illegal Einreisenden (vgl. Tab. 1). Ein erhebliches Kontingent kommt jedoch aus Pakistan und Nigeria.

---

* Tatsächlich wurden insgesamt 140 000 illegale Grenzübertritte gezählt.

Tab. 1: Illegal in die EU einreisende Personen (2009–2018), Hauptherkunftsländer

	Afghanistan	Irak	Nigeria	Pakistan	Syrien
2009	14 539	4168	1824	1592	613
2010	25 918	3625	559	3878	861
2011	22 994	1361	6893	15 375	1616
2012	13 169	1213	826	4877	7903
2013	9494	537	3386	5047	25 546
2014	22 132	2079	8706	4115	78 886
2015	267 485	101 155	23 605	43 310	594 059
2016	54 366	32 044	37 811	17 973	88 551
2017	7576	10 158	18 310	10 015	19 452
2018	12 666	10 025	1611	1017	14 378
Gesamtzahl	450 339	166 365	103 531	107 199	831 865

Quelle: Zahlen entnommen aus Frontex, https://frontex.europa.eu/along-eu-borders/migratory-map.

Wie viele der Migranten sind Muslime? Frontex sammelt keine Daten zur Religion oder zu kulturellen Merkmalen von Migranten, aber die Agentur gibt Auskunft über die Staatsangehörigkeit. Aus der Statistik ergibt sich, dass eine eindeutige Mehrheit der Neuankömmlinge des letzten Jahrzehnts muslimischen Glaubens war, da sie aus Herkunftsländern mit einer muslimischen Bevölkerungsmehrheit stammten, die von knapp über 50 Prozent (Nigeria) bis zu 92 und 99 Prozent ausmacht (Afghanistan, Irak, Pakistan und Syrien, ebenso wie Algerien, Libyen und Tunesien).[11] Insgesamt wurden in Europa in den Jahren von 2015 bis 2018 ca. 2,4 Millionen Asylanträge von Menschen aus neun Ländern mit muslimischer Bevölkerungsmehrheit gestellt.[12] Eine gewisse Zahl unter den 2,4 Millionen gehörte zweifellos nichtmuslimischen Minderheiten an, oder sie waren keine strenggläubigen Muslime, aber es kann sich dabei nur um einen kleinen Teil handeln. Wenn wir davon ausgehen, dass auch Muslime aus Ländern mit einer muslimischen Bevölkerungsminderheit nach Europa kamen, können wir möglicherweise die Gesamtzahlen in der folgenden Tabelle als einen angemessenen Platzhalter für die muslimische Migration betrachten.

Tab. 2: In EU-Ländern gestellte Asylanträge von Personen aus ausgewählten Ländern mit muslimischer Bevölkerungsmehrheit

	2015	2016	2017	2018	2015–2018
Syrien	368 357	339 246	105 077	83 720	896 400
Afghanistan	181 423	186 604	47 905	45 920	461 852
Irak	124 969	130 100	51 696	44 735	351 500
Pakistan	48 015	49 916	31 857	29 045	158 833
Nigeria	31 243	47 777	41 017	25 880	145 917
Iran	26 574	41 396	18 467	25 085	111 522
Eritrea	34 132	34 469	25 116	15 585	109 302
Bangladesch	18 867	17 245	20 838	15 145	72 095
Somalia	21 048	20 062	14 085	12 905	68 100
Gesamtzahl	854 628	866 815	356 058	298 020	2 375 521

Quelle: Zahlen entnommen aus Eurostat, https://ec.europa.eu/eurostat/databrowser/, abgerufen am 23. Juli 2018.

Eine andere Methode, die zu einer ähnlichen Schlussfolgerung führt, ist die Feststellung, dass neun der zehn Herkunftsländer, die die höchsten Zahlen von Asylbewerbern hervorbringen, Länder mit muslimischer Bevölkerungsmehrheit sind.

Tab. 3: Wichtigste Herkunftsländer von Asylbewerbern in der Europäischen Union, 2015–2018

Syrien	896 400
Afghanistan	461 852
Irak	351 500
Pakistan	158 833
Albanien	148 380
Nigeria	145 917
Iran	111 522
Eritrea	109 302
Russland	82 055
Bangladesch	72 095
Somalia	68 100
Ukraine	54 895
Türkei	54 725
Guinea	52 710
Georgien	46 495
Venezuela	42 440
Elfenbeinküste	40 350
Mali	35 775

Quelle: Entnommen aus Eurostat, https://ec.europa.eu/eurostat/databrowser/, abgerufen am 23. Juli 2018.

Der Umfang des Zustroms von Migranten nach Europa ist gut dokumentiert, aber wo diese Menschen letztlich landeten, ist nicht so gut belegt. Wir können mit den Ländern beginnen, in denen Asylbewerber ihren Erstantrag stellten.

Tab. 4: Zahl der Asylbewerber in den wichtigsten Bestimmungsländern, 2009–2018

Deutschland	2 169 860
Frankreich	729 880
Italien	571 835
Schweden	504 105
Großbritannien	327 490
Österreich	273 035
Belgien	255 230
Griechenland	252 670
Schweiz	227 960
Niederlande	204 625
Spanien	143 020

Quelle: Entnommen aus Eurostat, https://ec.europa.eu/eurostat/databrowser/, abgerufen am 3. September 2019.

Das ist allerdings nur der Beginn eines komplexen Prozesses. Rund ein Drittel der Asylsuchenden in Frankreich haben bereits einen Antrag in einem EU-Staat gestellt und sollen zurückgeschickt werden in das Land, in dem sie diesen ersten Antrag eingereicht haben.

Europaweit wurden 61 Prozent der Asylbewerber, die 2015 und 2016 einen Antrag stellten, als Flüchtlinge anerkannt.[13] Weitere Menschen erhielten möglicherweise einen befristeten Schutz, der mit einer Aufenthaltserlaubnis, aber auch mit Einschränkungen verbunden war, zu denen etwa geringere Sozialleistungen und die Verweigerung einer Arbeitserlaubnis bis zur Klärung des Aufenthaltsstatus gehörten. Eine dritte Kategorie, der »humanitäre Status«, umfasst Migranten, deren Asylantrag abgelehnt wurde, ohne dass es zu einer Abschiebung kam. Im Jahr 2015 hielten sich nach Schätzungen 2,2 Millionen Migranten illegal in Europa auf, von denen eine halbe Million zur Ausreise aufgefordert worden war. Im darauffolgenden Jahr sank die Zahl der illegal eingereisten Migranten auf 984 000 Personen, von denen die Hälfte ausgewiesen worden war.[14] Nach amtlichen Angaben folgte in den Jahren 2015 und 2016 weniger als die Hälfte der zur Ausreise aufgeforderten Personen dieser Anweisung. Nach Eurostat-Angaben ging die Zahl der illegalen Einwanderer in der Europäischen Union bis 2018 auf 601 500 Personen zurück, von denen mehr als die Hälfte in Deutschland (134 125), Frankreich (105 880) und Griechenland (93 365) lebte. Den größten Anteil an abgelehnten Asylbewerbern, die sich 2018 nach wie vor in Europa aufhielten, stellten Iraker, Albaner, Syrer und Pakistanis.

Das Pew Research Center in Washington stellte jedoch in einer im November 2019 veröffentlichten Studie fest, dass sich 2017 in Europa mindestens 3,9 Millionen und bis zu 4,8 Millionen illegale Einwanderer ohne Papiere aufhielten, im Vergleich zu 3,0 bis 3,7 Millionen Personen in dieser Kategorie noch im Jahr 2014, was einer Zunahme der Zahl illegaler Einwanderer von rund einer Million entsprach.[15] Der Anteil der illegalen Einwanderer an der Gesamtbevölkerung der EU- und EFTA-Länder lag somit bei unter 1 Prozent. Von den 24 Millionen Nicht-EU-Bürgern, die 2017 in Europa lebten, machten die illegalen Einwanderer etwa ein Fünftel aus, und eine Mehrheit dieses Fünftels (12 bis 16 Prozent der Gesamtzahl der EU-Ausländer) hatte gar keinen schwebenden Asylantrag. Aber die Pew-Daten berücksichtigen offensichtlich nicht, wessen Asylantrag positiv beschieden worden war oder wer auf irgendeinem anderen Weg ein Bleiberecht in einem europäischen Land erhalten hatte. Der Begriff »Neuankömmling« ist angemessen, obwohl er eindeutig nicht für Gemeinschaften gilt, die bereits im Verlauf von früheren Migrationswellen entstanden sind. Im Jahr 2017 hatten rund 56 Prozent der illegalen Einwanderer in Europa weniger als fünf Jahre in ihrem jeweiligen Aufenthaltsland gelebt.[16]

Heute leben rund 70 Prozent der illegalen Einwanderer in Europa in Deutschland, Großbritannien, Italien und Frankreich. Das Pew Center schätzt die Zahl der illegalen Einwanderer auf 1,0 bis 1,2 Millionen in Deutschland, 800 000 bis 1,2 Millionen in Großbritannien, 500 000 bis 700 000 in Italien und auf 300 000 bis 400 000 in Frankreich.[17] Die Zahl der illegalen Einwanderer verdoppelte sich in den Jahren von 2014 bis 2016 annähernd.

Die Gruppe der illegalen Einwanderer ist in Großbritannien nach absoluten Zahlen zwar groß, dennoch erlebte das Land 2015 keinen so großen Zustrom wie Deutschland, und zwar aus dem einfachen Grund, weil es sehr viel schwieriger ist, Großbritannien auf dem Seeweg zu erreichen, wenn man aus Nordafrika und dem Nahen Osten kommt. Im Gegensatz dazu hat Italien – ebenso wie Griechenland – seit 2014 einen anhaltenden Zustrom illegaler Einwanderer erlebt. Einschränkungen des freien Grenzverkehrs, wie sie in Frankreich, in der Schweiz und in Österreich praktiziert wurden, hatten eine gewisse abschreckende Wirkung auf Migranten und hielten sie davon ab, ihr Glück in nördlicher Richtung über die Alpenrouten zu versuchen, was Italien zu so etwas wie einer letzten Zufluchtsstätte für erfolglose Asylbewerber machte. Frankreich weist im Vergleich zu seiner Einwohnerzahl einen niedrigen Anteil illegaler Einwanderer auf, weil es dort einem Teil der illegal ins Land gekommenen Migranten eher gelang, eine Aufenthaltserlaubnis zu bekommen.

Tab. 5: Illegal in die Europäische Union gelangte Bürger von Drittstaaten,
nach Staatsangehörigkeit

	2014	2015	2016	2017	2018
Albanien	32 195	50 125	36 130	40 175	34 810
Afghanistan	48 550	409 250	151 760	35 395	30 980
Syrien	118 865	858 940	212 965	39 315	31 115
Iran	8 465	44 780	33 475	13 090	16 235
Irak	10 275	185 285	92 945	36 375	36 475
Nigeria	16 410	20 400	20 535	19 380	16 520
Pakistan	24 005	81 850	46 525	33 575	24 895
Eritrea	50 795	41 570	23 260	17 870	13 090
Bangladesch	10 145	21 575	10 370	8 520	7 975
Guinea	3 115	4 810	6 675	10 440	17 290

Quelle: Entnommen aus Eurostat, https://ec.europa.eu/eurostat/databrowser/,
abgerufen am 6. Juni 2019.

Der Zustrom von Asylbewerbern hat zwar in den letzten Jahren die
Schlagzeilen beherrscht, dabei wird aber leicht übersehen, dass sich
auch die alltägliche Migration aus muslimischen Ländern stetig fort-
setzte. In den Jahren von 2010 bis 2016 kamen 2,5 Millionen Mus-
lime außerhalb des Asylsystems nach Europa. Sie reisten ein, um eine
Arbeit oder ein Studium aufzunehmen, oder es handelte sich um
einen Familiennachzug. Die häufigsten Bestimmungsländer waren
Großbritannien, Frankreich und Italien, während Asylbewerber eher
nach Deutschland strebten. Insgesamt machten Muslime in den
Jahren von 2010 bis 2016 mehr als die Hälfte der Migration nach
Europa aus. Ihr Zuzug vergrößerte die muslimische Bevölkerung
Europas von 19,5 Millionen (3,8 Prozent) im Jahr 2010 auf 25,8 Mil-
lionen (4,9 Prozent) im Jahr 2016.[18]
Für eine historische Einordnung der jüngsten Migrationswelle

bietet es sich an, das Geschehen in Deutschland etwas genauer zu betrachten. Der jüngste Zustrom von Asylbewerbern übertraf den Exodus von Bürgerinnen und Bürgern der Deutschen Demokratischen Republik in die Bundesrepublik Deutschland in den Jahren 1989 und 1990 (als Folge der deutschen Wiedervereinigung), der fast 600 000 Menschen umfasste, etwa 3,7 Prozent der DDR-Bevölkerung (ohne Ostberlin).

Der jüngste Zustrom war zwar kleiner als die Zahl jener mehreren Millionen Deutschen, die aus den östlichen Gebieten des ehemaligen Deutschen Reiches und ehemals von der Wehrmacht besetzten Gebieten in der Zeit von 1944 bis 1946 flüchteten und vertrieben wurden und sich ganz mehrheitlich in der Bundesrepublik Deutschland niederließen. Doch sie waren Deutsche – ebenso wie die Menschen, die nach dem Fall der Berliner Mauer und der Öffnung der innerdeutschen Grenze von Osten nach Westen gingen. Die heutigen Neuankömmlinge in Deutschland sind ganz mehrheitlich Muslime und kommen aus ganz Nordafrika, dem Nahen und Mittleren Osten, Südasien und auch vom Balkan. Die in diesem Zusammenhang bedeutsame Parallele ist das »Gastarbeiter«-Programm der 1960er-Jahre mit der Türkei, durch das in einem Zeitraum von etwas mehr als einem Jahrzehnt (1961–1973) insgesamt 2,6 Millionen Türkinnen und Türken in die Bundesrepublik Deutschland kamen, und zwar eigentlich für eine zeitlich begrenzte Beschäftigung in einem der boomenden Industriezweige des Landes. Zunächst hatte man Arbeitskräfte aus anderen europäischen Ländern angeworben, dann wurde das Programm auf die Türkei erweitert. Innerhalb kurzer Zeit wurden die Türken zur größten Gruppe von »Gastarbeitern« im Land. Als das Programm im wirtschaftlich schwierigen Jahr 1973 beendet wurde, blieb die Mehrzahl von ihnen im Land. Heute liegt die Zahl der Einwohner Deutschlands mit türkischer Herkunft (das heißt: mit mindestens einem türkischen Elternteil) nach der

Volkszählung von 2011 bei rund drei Millionen oder rund 3,7 Prozent der Gesamteinwohnerzahl.

So sah die fünfte Welle der Einwanderung nach Europa in der jüngeren Vergangenheit aus. Was waren ihre Konsequenzen?

KAPITEL 3

Sexuelle Gewalt in Zahlen

Eine Welt der Gewalt gegen Frauen

Gewalt gegen Frauen ist ein weltweites Problem. Der ehemalige UN-Generalsekretär Ban Ki-moon sagte dazu: »Es gibt eine universelle Wahrheit, die für alle Länder, Kulturen und Gemeinschaften gilt: Gewalt gegen Frauen ist niemals akzeptabel, niemals entschuldbar und niemals tolerierbar.« Der erste umfassende Bericht der Weltgesundheitsorganisation (WHO) zu diesem Thema hielt 2013 fest, dass Gewalt gegen Frauen nicht nur ein grundlegender Verstoß gegen die Menschenrechte, sondern auch ein schwerwiegendes Problem für das öffentliche Gesundheitswesen ist.[1] Und dieses Problem besteht immer noch fort, überall auf der Welt.

Der WHO-Bericht definierte »Gewalt gegen Frauen« als Gewalt, die von einem Intimpartner oder Fremden ausgeht, als körperliche Misshandlung, Vergewaltigung, sexuellen Angriff, Verstümmelung weiblicher Genitalien, sogenannte Ehrenmorde und Menschenhandel. Der Bericht stützte sich bei der Einschätzung der Gewalt, die von Intimpartnern an Frauen verübt wurde, massiv auf persönliche Berichte von Betroffenen und Haushaltsstudien. Zur Bewertung der Gewalt, die nicht von Intimpartnern ausging, wurden externe Quellen wie Polizeiberichte und frühere wissenschaftliche Untersuchungen mit herangezogen. Die Verfasser des Berichts räumten jedoch ein, dass »Definitionen bei den einzelnen Studien variieren können, und nicht alle Erscheinungsformen sexueller Gewalt sind gut dokumentiert«.[2] Wie bereits erwähnt, haben nach Schätzungen der WHO 35 Prozent der Frauen weltweit »Gewalt entweder durch einen Intimpartner und/oder durch eine Person erlebt, die kein Partner war«.[3] Die große Mehrzahl dieser Gewaltakte wurde von Intimpartnern oder von Personen begangen, die dem Opfer anderweitig bekannt waren. (Weltweit haben 7,2 Prozent der Frauen einen sexuellen Angriff durch eine Person erlebt, die nicht ihr Partner war.) Frauen, die körperlich oder sexuell misshandelt wurden, haben in der Folge oft unter schwerwiegenden gesundheitlichen Problemen zu leiden. Sie haben eine um 16 Prozent erhöhte Wahrscheinlichkeit, Babys mit geringem Geburtsgewicht zur Welt zu bringen, in manchen Regionen ist die Wahrscheinlichkeit einer Ansteckung mit Aids um das Eineinhalbfache erhöht, Depressionen treten bei ihnen fast doppelt so häufig auf, und Abtreibungen oder Alkoholmissbrauch kommen bei ihnen mehr als doppelt so häufig vor. Sexuelle Gewalt kann zu psychischen Problemen wie Angstzuständen, posttraumatischen Belastungsstörungen, Essstörungen, Drogenmissbrauch und Selbstmordgedanken führen. Zu den körperlichen Problemen zählen Verletzungen des Stütz- und Bewegungsapparats, der Genitalien und Weichteile und chronische und zermürbende Darmbeschwerden und Beckenschmerzen.[4]

Der WHO-Bericht hob einerseits die weltweite Verbreitung von Gewalt gegen Frauen hervor, offenbarte gleichzeitig aber auffällige regionale Unterschiede (vgl. Tab. 6), allerdings ist das Fehlen von Daten zur nicht von Partnern ausgehenden Gewalt in der »östlichen Mittelmeerregion« ein auffälliger Mangel, denn dies ist die Region, aus der die Mehrzahl der in den letzten Jahren nach Europa gelangten Migranten stammte.

Tab. 6: Regionale Prävalenz von Gewalt gegen Frauen ab einem Alter von 15 Jahren

WHO-Region	Lebenszeit-Prävalenz, Quote der von Intimpartnern verübten Gewalt (in %) [Konfidenzintervall = 95 %]	Lebenszeit-Prävalenz, Quote der von Nicht-Intimpartnern verübten Gewalt (in %) [Konfidenzintervall = 95 %]	Einzugsbereich/Berichtsgebiet
Afrika	36,6	11,9	Mit berücksichtigt sind Madagaskar, die Komoren und Mauritius. Nicht berücksichtigt sind Marokko, Tunesien, Libyen, Ägypten, Sudan, Südsudan und Somalia. Aus der Westsahara liegen keine Daten vor.
Nord- und Südamerika	29,8	10,7	Nordamerika, Südamerika, Mittelamerika und Karibik
Östlicher Mittelmeerraum	37,0	Keine Daten verfügbar	Marokko, Tunesien, Libyen, Ägypten, Sudan, Südsudan, Somalia, Israel, Palästinensische Gebiete, Libanon, Syrien, Jordanien, Saudi-Arabien, Jemen, Oman, Bahrain, Katar, Vereinigte Arabische Emirate, Kuwait, Irak, Iran und Pakistan. Aus Afghanistan liegen keine Daten vor.
Europa	25,4	5,2	Geografisches Europa (westlich des Urals), alle Staaten der GUS, Zypern und die Türkei
Hohes Einkommen	23,2	12,6	Vereinigte Staaten, Kanada, Großbritannien, Irland, Norwegen, Dänemark, Färöer-Inseln, Schweden, Finnland, Estland, Deutschland, Niederlande, Belgien, Luxemburg, Frankreich, Portugal, Spanien, Andorra, Italien, Malta, Schweiz, Österreich, Polen, Tschechien, Slowakei, Slowenien, Kroatien, Japan, Südkorea, Australien und Neuseeland

Südostasien	37,7	4,9	Indien, Sri Lanka, Bangladesch, Nepal, Bhutan, Burma, Thailand, Indonesien und Ost-Timor
Westpazifik	24,6	6,8	Mongolei, China, Vietnam, Laos, Kambodscha, Malaysia, Philippinen, Taiwan, Südkorea, Japan, Papua-Neuguinea, Australien, Neuseeland und kleinere Inseln Ozeaniens. Aus Nordkorea liegen keine Daten vor.
Weltweiter Durchschnittswert	30,0	7,2	

Quelle: Weltgesundheitsorganisation (WHO), Global and Regional Estimates of Violence Against Women: Prevalence and Health Effects of Intimate Partner Violence and Non-Partner Sexual Violence, Genf: WHO 2013, Abb. 2 und Tab. 4.

Die höchsten Quoten der von Intimpartnern ausgehenden Gewalt finden sich in Südostasien (37,7 Prozent), der östlichen Mittelmeerregion (37,0 Prozent) und Afrika (36,6 Prozent). Im Gegensatz dazu lag die Quote für Europa bei 25,4 Prozent, und die Gesamtquote für Länder mit hohen Durchschnittseinkommen blieb sogar noch darunter (23,2 Prozent). Der WHO-Bericht mutmaßte, dass die niedrigeren Gewaltquoten in den Industrieländern ein stärkeres soziales Ansehen der Frauen widerspiegelten, da Frauen hier eine wirtschaftlich bedeutsamere Rolle spielten, für Frauen vorteilhafte soziale Normen herrschten und Strafen für Verstöße auch durchgesetzt würden. Irritierend ist dabei jedoch, dass die Quote der von Nichtintimpartnern begangenen Gewalttaten in den Ländern mit hohem Durchschnittseinkommen mit 12,6 Prozent sogar noch höher liegt als in Afrika (11,9 Prozent), und das trotz der allgemein bekannten Häufung von Vergewaltigungen in afrikanischen Konfliktgebieten. Die Quote für Europa lag mit 5,2 Prozent unter dem weltweiten Durchschnittswert, wenn auch etwas über den Angaben für Südostasien (4,9 Prozent).

Solche durch wissenschaftliche Studien gewonnenen Daten bilden ein wichtiges Korrektiv zu amtlichen Zahlenangaben zur sexuellen Gewalt, die meist aus den Akten und Unterlagen der jeweiligen nationalen Strafjustiz entnommen sind. Doch auch diese Untersuchungen kommen an ihre Grenzen. Viel hängt davon ab, wie Fragen formuliert sind, und natürlich kommt es auch auf den Kontext an, in dem sie gestellt werden. Einem Bericht, der als Teil des EU-Index zur Geschlechtergleichstellung veröffentlicht wurde, ist zu entnehmen, dass 33 Prozent der befragten Frauen angaben, seit dem 15. Lebensjahr körperliche und/oder sexuelle Gewalt erlebt zu haben, und das ist eine Quote, die zu den in Tabelle 6 wiedergegebenen WHO-Daten passt.[5] Unter diesen Frauen befanden sich allerdings 13,4 Prozent, die niemals mit irgendjemandem über dieses Thema gesprochen hatten. Außerdem erklärten 55 Prozent, dass sie sexuelle Belästigung erlebt hätten. Doch wer könnte sagen, dass alle für diese Untersuchung befragten Personen uneingeschränkt offen und ehrlich antworteten? Wenn mehr als jede zehnte befragte Frau niemals zuvor mit irgendjemandem über ihre Erfahrungen mit sexueller Gewalt gesprochen hatte, wie viele blieben dann nach wie vor stumm?

Nimmt sexuelle Gewalt insgesamt zu?

Es ist eine wohlbekannte Tatsache, dass die amtlichen Verbrechensstatistiken nur einen Bruchteil der tatsächlichen sexuellen Gewalttaten erfassen. Dennoch können wir aus ihnen Informationen gewinnen, auch wenn das nicht einfach ist. Polizeiakten sind die wichtigste Datenquelle für nationale und regionale Statistiken, aber weil zu viele Fälle von sexueller Gewalt bei der Polizei nicht gemeldet werden, müssen diese Akten noch durch andere Quellen ergänzt werden, etwa durch die im vorhergehenden Abschnitt zitierten internationalen

Untersuchungen und die nationalen Studien, die im Folgenden erörtert werden. Außerdem sollte berücksichtigt werden, dass es bei der
Sammlung und Veröffentlichung von Daten zu erheblichen Zeitver-
zögerungen kommt. Eurostat veröffentlicht beispielsweise Daten zur
Verbrechensstatistik erst 18 Monate nach deren Aufzeichnung durch
die Polizei. Die Daten für das Jahr 2017 wurden in den meisten Ländern erst veröffentlicht, als dieses Buch bereits geschrieben wurde.

Eine besondere Herausforderung ist der Vergleich von Statistiken
einzelner Länder untereinander. Die Rechtssysteme arbeiten mit unterschiedlichen Definitionen von Verbrechen wie etwa sexuellen Angriffen, und diese Definitionen verändern sich im Lauf der Zeit oft
ebenso wie die Berichtsmethoden. Die Eurostat-Definition von sexueller Gewalt umfasst »unerwünschte sexuelle Handlungen, Versuche,
zu sexuellen Handlungen zu kommen, oder Kontakt oder Kommunikation mit unerwünschter sexueller Aufmerksamkeit ohne gültiges
Einverständnis oder mit einem Einverständnis, das ein Ergebnis von
Einschüchterung, Gewalt, Betrug, Nötigung und Zwang, Drohung,
Täuschung, Verwendung von Drogen oder Alkohol oder Missbrauch
von Macht oder eines Zustandes von Verletzbarkeit ist«. Sie berücksichtigt nicht »Handlungen des Missbrauchs einer Position der Verletzbarkeit, der Macht oder des Vertrauens oder den Einsatz oder
die Androhung von Gewalt, um finanziell, gesellschaftlich oder politisch von der Prostitution oder sexuellen Handlungen einer Person
zu profitieren, Nötigung, mit Prostitution und Pornografie verbundene Straftaten und andere Verstöße gegen die öffentliche Ordnung,
sexuelle Verhaltensmuster wie Inzest, wenn es dabei nicht zu Vergewaltigung und Exhibitionismus kommt, Übergriffe und Drohungen,
Sklaverei und Ausbeutung ohne verletzende Handlungen sexueller
Natur, Menschenhandel zum Zweck der sexuellen Ausbeutung, Belästigung und Stalking«.[6] Frankreich, Spanien, Griechenland, Dänemark und Schweden berücksichtigen jedoch den Aspekt der sexuel-

len Belästigung in ihren amtlichen Statistiken zu sexueller Gewalt. Selbst der Vergleich von Statistiken eines einzelnen Landes ist von einem Jahr zum anderen schwierig, weil sich gesetzliche Bestimmungen, Polizeimethoden und das Verhalten der Menschen in der Öffentlichkeit rasch verändern.

Was sagen uns die amtlichen europäischen Statistiken? Die wichtigsten Zahlen zur sexuellen Gewalt zeigen, dass mit sexueller Gewalt verbundene Delikte in den fünf Jahren von 2008 bis 2013 leicht zugenommen haben, und zwar um 3,9 Prozent.[7] Aus Tabelle 7 ergibt sich jedoch, dass es nach 2015 in mehreren Regionen und Ländern eine ganz erhebliche Steigerung gab (Großbritannien, Dänemark und Schweden), was mit Sicherheit nicht ganz und gar mit Formalien zu erklären ist. Kann eine Verdopplung der Zahl mit sexueller Gewalt verbundener Straftaten innerhalb eines Zeitraums von nur drei Jahren – wie das scheinbar in England geschah – einzig und allein dem Faktor Bürokratie zugeschrieben werden?

Tab. 7: Sexuelle Gewalt in Europa (2014–2016) in einigen ausgewählten Ländern

	Absolute Zahlen				Pro 100 000				2014–2017	
	2014	2015	2016	2017	2014	2015	2016	2017	Veränderung der Quote	Prozentuale Veränderung in absoluten Zahlen
Österreich	3564	3479	4391		41,9	40,6	50,5			
(konsistente Daten)		(-2,4%)	(+26,2%)							
Belgien	6897	6742	7273	7177	61,7	60,0	64,3	63,22	1,5	4%
(Zahlen von 2019)*		(-2,3%)	(+7,8%)	(-1,3%)						
Dänemark	2368	2611	3793	4795	42,1	46,1	66,5	83,4	41,3	102%
(Zahlen von 2019)**		(+10,2%)	(+45,2%)	(+26,4%)						
England und Wales	78 787	95 853	110 037	134 292	137,8	166,3	189,3	229,3	91,5	70%
(Zahlen von 2019)**		(+21,6%)	(+14,8%)	(22%)						

	Absolute Zahlen				Pro 100 000				2014–2017	
	2014	2015	2016	2017	2014	2015	2016	2017	Veränderung der Quote	Prozentuale Veränderung in absoluten Zahlen
Frankreich	30 959	33 283			47,0	50,1				
(Zahlen von 2018)		(+7,5%)								
Frankreich			37 595	41 751			56,4	62,5		
(Zahlen von 2019)			(+12,9%)	(+11,1%)						
Deutschland	34 959	34 265	37 166	34 815	43,3	42,2	45,2	42,19	-1,1	
(konsistente Daten)		(-2,0%)	(+8,5%)	(-6,7%)						
Ungarn	773	1686	600	588	7,8	17,1	6,1	6,0	-1,8	
		(+218%)	(-281%)	(-2,0%)						
Italien	4754	4511	4513	5115	7,8	7,4	7,4	8,4	0,6	8%
(Zahlen von 2019)***		(-5,3%)	(+0,04%)	(+13,3%)						
Spanien	9468	9869			20,4	21,3				
(Zahlen von 2018)		(+4,2%)								
Spanien			10 844	11 692			23,4	25,1		
(Zahlen von 2019)			(+9,8%)	(+7,8%)						
Schweden	16 910	15 237	17 681	18 874	175,3	156,3	179,5	188,83	13,5	12%
(konsistente Daten)****		(-10,9%)	(+16,0%)	(+6,7%)						

*   Die statistischen Zahlen zur sexuellen Gewalt in Belgien wurden 2019 nach unten korrigiert, aber bei Vergewaltigungen und sexuellen Angriffen revidierte man sie nach oben.

**   In Dänemark, Frankreich, England und Wales wurden 2018 die im Vorjahr gewonnenen Zahlen über alle drei Kategorien der Polizeistatistik hinweg (sexuelle Gewalt, Vergewaltigung und sexuelle Angriffe) nach oben korrigiert.
In Dänemark besteht ein Zusammenhang zwischen der Zunahme von 2015 bis 2016 und Veränderungen in der Aufzeichnungspraxis der Polizei.

***   In Italien wurden die Zahlen zur sexuellen Gewalt von 2018 bis 2019 nach oben korrigiert, allerdings waren keine Daten zu Vergewaltigungen und sexuellen Angriffen verfügbar.

****   Die Daten beziehen sich auf Berichte über: Vergewaltigungen (einschließlich versuchter Vergewaltigung), sexuelle Nötigung, Ausbeutung, Missbrauch usw., sexuelle Belästigung (ohne Fälle von Exhibitionismus).
Zahlenangaben zu sexueller Gewalt enthalten üblicherweise Fälle von Vergewaltigung und sexuellen Angriffen, aber nicht von sexueller Belästigung (Dänemark, Griechenland, Spanien, Frankreich und Schweden nehmen auch Belästigungen in ihre Statistiken auf).

Quelle: Entnommen aus Eurostat, http://appsso.eurostat.ec.europa.eu/nui/submitViewTableAction.do.

Wenn wir berücksichtigen, dass Unterschiede bei den Verbrechens-
raten zwischen einzelnen Ländern sich in erster Linie aus unterschiedlichen Gesetzen und deren Durchsetzung ergeben, sollten wir
uns stärker auf den Wandel konzentrieren, der sich im Lauf der Zeit
innerhalb eines Landes vollzieht. Bei den spezifischen Verbrechen der
Vergewaltigung und des sexuellen Angriffs stößt man abermals auf
Unterschiede bei den Definitionen, die von einem Ort zum anderen
variieren. Um nur ein Beispiel zu geben: Manche Länder unterschieden zwischen Vergewaltigung unter Einsatz körperlicher Gewalt und
Vergewaltigung ohne solche Gewalt. Die Tabelle 8 sagt uns nicht,
dass die Wahrscheinlichkeit, vergewaltigt zu werden, in England und
Wales neunmal so hoch ist wie in Deutschland. Sie sagt uns, dass die
Häufigkeit von Vergewaltigungen oder sexuellen Angriffen in den
Jahren von 2014 bis 2017 in jedem europäischen Land, für das
Daten verfügbar sind, anstieg und dass sie in einigen Ländern – am
deutlichsten in Dänemark und England – enorm zunahm, im Fall
Dänemarks etwa auf das Doppelte.

Die nationalen Kriminalitätsstatistiken einzelner Länder liefern
hier ein detaillierteres Bild. Die Quote der Sexualdelikte blieb in
Dänemark in den Jahren von 2010 bis 2014 stabil oder ging leicht
zurück und nahm danach stetig zu. Wohl wahr, das dänische Parlament erweiterte 2013 die Definition des Tatbestands der Vergewaltigung, aber von 2014 bis 2017 stieg die Häufigkeit von Vergewaltigungen (auf der Grundlage der neuen Definition) auf mehr als
das Doppelte.[8] Auch die Gesamtzahl der in Dänemark angezeigten
Sexualverbrechen verdoppelte sich in den Jahren von 2015 bis 2017.

England und Wales erlebten zwischen 2015 und 2017 eine Zunahme der Vergewaltigungen um 48 Prozent und eine Zunahme der
sexuellen Angriffe um 35 Prozent.[9] Forschungsdaten zeigen, dass mehr
als ein Drittel der Frauen in Großbritannien sich vor Belästigung in
öffentlichen Verkehrsmitteln fürchtet, und 23 Prozent sind bereits

einmal begrapscht worden bzw. waren mit unerwünschter sexueller Annäherung konfrontiert.[10]

Tab. 8: Vergewaltigungen und sexuelle Angriffe in Europa (2014–2017) in einigen ausgewählten Ländern (pro 100 000 Personen)

	Vergewaltigungen				Sexuelle Angriffe			
	2014	2015	2016	2017	2014	2015	2016	2017
Österreich*	13,68	13,18	14,17		24,91	23,43	32,46	
(konsistente Daten)						(-5,9 %)	(+38,5 %)	
Belgien	28,51	28,59	29,49	30,14	33,17	31,4	34,81	33,09
(Zahlen von 2019)						(-5,3 %)	(+10,9 %)	(-4,9 %)
Dänemark	14,87	18,57	29,42	31,36	27,21	27,56	37,04	52,05
(Zahlen von 2019)						(+1,3 %)	(+34,4 %)	(+40,5 %)
England und Wales	51,40	62,81	71,37	92,08	61,07	71,74	79,15	95,05
(Zahlen von 2019)						(+17,5 %)	(+10,3 %)	(+20,1 %)
Frankreich	18,44	19,28			28,51	30,78		
(Zahlen von 2018)						(+8,0 %)		
Frankreich			22,31	25,17			34,11	37,33
(Zahlen von 2019)							k. A.	(+9,4 %)
Deutschland**	9,09	8,65	9,64	10,07	34,19	33,55	35,59	32,12
(konsistente Daten)						(-1,9 %)	(+6,1 %)	(-9,5 %)
Ungarn	3,22	3,86	6,08	6,00	2,3	2,45		
Italien					7,00	6,58		
(Zahlen von 2019)								
Spanien	2,66	2,65	2,69	2,98	17,69	18,6	16,1	17,36
(konsistente Daten)						(+5,1 %)	(-13,4 %)	(+7,8 %)
Schweden***	65,26	56,88	64,06	69,72	105,89	95,61	111,32	115,11
(konsistente Daten)						(-9,7 %)	(+16,4 %)	(+3,4 %)

*   Das den für 2016 gemeldeten Zahlen zugrunde liegende Gesetz wurde geändert, was die erhebliche Steigerung im Vergleich zu den vorhergehenden Jahren erklärt.

** Die aktuellen Änderungen im deutschen Strafrecht in Bezug auf den Tatbestand der Vergewaltigung und andere Sexualdelikte werden erst in den Folgejahren Berücksichtigung finden.

*** Sexuelle Nötigung, Ausbeutung, Missbrauch usw., sexuelle Belästigung (ohne Fälle von Exhibitionismus).
Vergewaltigung: Sexuelle Penetration ohne eindeutiges Einverständnis oder mit einem Einverständnis als Ergebnis von Einschüchterung, Gewalt, Betrug, Nötigung, Drohung, Täuschung, Verwendung von Drogen oder Alkohol, des Missbrauchs von Macht oder einer Position der Verletzbarkeit oder des Gewährens oder Erhaltens von Vergünstigungen (es bestehen länderspezifische Unterschiede, wenn etwa Straftatbestände wie sexueller Missbrauch von Jugendlichen, Vergewaltigung ohne Einsatz körperlicher Gewalt oder sexuelle Penetration mit körperlicher Gewalt berücksichtigt werden).
Sexueller Angriff: Sexuelle Gewalt, die nicht zur Vergewaltigung führt. Hierzu zählen eine unerwünschte sexuelle Handlung, ein Versuch, zu einer sexuellen Handlung zu gelangen, oder ein Kontakt oder eine Kommunikation mit unerwünschter sexueller Aufmerksamkeit, die nicht zur Vergewaltigung führt. Außerdem zählen hierzu ein sexueller Angriff mit oder ohne körperlichen Kontakt, einschließlich eines durch Drogen erleichterten sexuellen Angriffs, ein Angriff auf eine Ehepartnerin/einen Ehepartner gegen deren/dessen Willen, ein sexueller Angriff auf eine hilflose Person, unerwünschtes Begrapschen oder Streicheln, Belästigung und Bedrohung sexueller Art.

Quelle: Entnommen aus Eurostat, http://appsso.eurostat.ec.europa.eu/nui/ submitViewTableAction.do.

Auch die statistischen Daten aus Frankreich lassen auf eine Zunahme der sexuellen Gewalt schließen. Das französische Innenministerium berichtete über eine Zunahme der Vergewaltigungen um 17 Prozent von 2017 bis 2018 und einen Anstieg anderer Formen der sexuellen Gewalt – einschließlich der Fälle von Belästigung – um 20 Prozent.[11] Das Ministerium ließ durchblicken, dies könne durch ein gestiegenes Bewusstsein für und den Widerstand gegen sexuelle Belästigung unter dem Einfluss der #MeToo-Bewegung erklärt werden. Eine französische Studie nannte eine geschätzte Zahl von drei Millionen Frauen, die eine unerwünschte sexuelle Annäherung in der Öffentlichkeit erlebt hatten.[12] Die Interpol-Zahlen zu sexuellen Angriffen in Frankreich – sie erfassen Nötigung, Begrapschen, Belästigung und Exhibitionismus – nahmen nach 2014 stetig zu, von 28,5 Fällen sexueller Angriffe pro 100 000 Personen auf 32,4 Fälle für dieselbe Bezugsgröße nur zwei Jahre später.[13] Die aktuellsten Zahlen der Nationalen Beobachtungsstelle für Straftaten und die Strafjustiz (Observatoire National de la Délinquance et des Réponses Pénales, ONDRP) zeigen, dass in den Jahren 2014 und 2015 220 000 Frauen in öffentlichen Verkehrsmitteln sexuellen Belästigungen ausgesetzt waren. Das Spektrum der Delikte reichte von Küssen und Exhibitionismus bis zu Begrapschen und Vergewaltigung.[14]

In Deutschland kam es nach 2015 zu einer verblüffenden Zunahme der Vergewaltigungsfälle. Die Zahl der Opfer von Vergewaltigungen und sexuellen Nötigungen hatte in den Jahren von 2000 bis 2015 zwischen 7000 und 9000 pro Jahr gelegen, ohne dass ein Trend erkennbar gewesen wäre. Im Jahr 2016 wurden 8102 Fälle erfasst, aber 2017 waren es 11 444 – eine Zunahme um 41 Prozent.[15] Nach der vom Bundeskriminalamt herausgegebenen polizeilichen Kriminalstatistik für Deutschland (vgl. Tab. 10) war in den Jahren 2014 bis 2018 ein erheblicher Anstieg von Straftaten gegen die »sexuelle Selbstbestimmung« zu verzeichnen, von knapp 47 000 auf fast 64 000. Zur größten Steigerung kam es 2017 (plus 18 Prozent) und 2018 (plus 14 Prozent).

Schwedens Kriminalstatistik zeigt schließlich, dass die Zahl der gegen Frauen gerichteten Sexualverbrechen in den Jahren von 2005 bis 2011 relativ konstant blieb, danach jedoch zunahm und sich von 2014 bis 2016 verdoppelte.[16] Es trifft zwar zu, dass die Definition des Tatbestandes der Vergewaltigung nach 2013 geändert wurde (sie erlebte zahlreiche Änderungen, zuletzt im Jahr 2019), aber diese Tatsache allein erklärt die anschließende Zunahme nicht. Im Jahr 2016 wurden insgesamt 20 300 Sexualdelikte angezeigt, was einer Zunahme um 12 Prozent im Vergleich zum Vorjahr entsprach.[17] Auch die Quote der Fälle von sexueller Belästigung stieg in den Jahren nach 2014 an. Im Jahr 2015 gaben 4,7 Prozent der schwedischen Frauen an, sie seien belästigt worden; im darauffolgenden Jahr lag der Anteil bei 5,5 Prozent.[18] Mehr als die Hälfte der 2016 in Schweden begangenen Sexualdelikte spielte sich unter freiem Himmel ab, was ungewöhnlich ist und auf einen relativ niedrigen Grad an häuslicher sexueller Gewalt schließen lässt.[19]

Erkenntnisse aus Studien

Ein wesentlicher Mangel der statistischen Zahlen zur sexuellen Gewalt ist, dass die amtlichen Statistiken im Allgemeinen sämtliche Arten von Tätern zusammenpacken. Sie unterscheiden nicht zwischen sexueller Gewalt, die von Personen ausging, die den Opfern bekannt waren, und unvorhersehbaren Angriffen von Fremden. Feministinnen haben sich seit den 1990er-Jahren auf das stärker verbreitete Phänomen der Vergewaltigung durch eine dem Opfer bekannte Person konzentriert, das heißt: durch einen Ehemann, Partner, ein Familienmitglied, einen Freund oder Bekannten des Opfers.[20] Es ist allerdings wichtig, zu wissen, wie viele Vergewaltigungen von Tätern begangen werden, die dem Opfer unbekannt sind. In Großbritannien liegt ihr Anteil bei Vergewaltigungen nach Schätzungen bei 13 Prozent; in Deutschland sind es 20, in Dänemark 32 Prozent.[21] Für die Vereinigten Staaten wird dagegen eine Quote von 22 Prozent angegeben. Hier ist das Ungleichgewicht zwischen amtlichen Quellen und den aus Eigenberichten gewonnenen Daten besonders auffällig. Der Nationale Rat für Verbrechensvorbeugung in Schweden (Brottsförebyggande Rådet, oder kurz: Brå) sagt, nur 12 Prozent der Vergewaltigungen seien von Fremden verübt worden, aber sein Nationaler Sicherheitsbericht, der mit unterschiedlichen Definitionen von Fremden und Bekannten arbeitet, spricht von 35 Prozent.[22] Es scheint einzuleuchten, dass Frauen bei der Polizei eher ein von einem Fremden begangenes Sexualdelikt anzeigen als die Tat eines Bekannten, dem sie vielleicht ein Strafverfahren ersparen wollen.

Neuere Forschungsergebnisse in Deutschland liefern eine erhellende Grundlage zum Thema Gewalt gegen Frauen in Deutschland. Hier wird berichtet, wie Frauen die Gewalt selbst wahrnehmen. Das Bundesministerium für Familie, Senioren, Frauen und Jugend

(BMFSFJ) veröffentlichte 2004 den Bericht *Lebenssituation, Sicherheit und Gesundheit von Frauen in Deutschland: Eine repräsentative Untersuchung zu Gewalt gegen Frauen in Deutschland.* Wie der WHO-Bericht beruhte auch diese Studie auf einer großen ($n > 10\,000$) repräsentativen Stichprobe, standardisierten Interviews und Fragebögen zum Selbstausfüllen. Die Hauptuntersuchung bestand aus 10 264 Interviews, die von Februar bis Oktober 2003 mit Frauen im Alter von 16 bis 85 Jahren in ganz Deutschland geführt wurden. Die Studie, in der sich die bereits im Wandel begriffene demografische Zusammensetzung der Bevölkerung des Landes widerspiegelte, umfasste mit von sprachkundigem wissenschaftlichem Personal in russischer und türkischer Sprache geführten Befragungen auch in Deutschland lebende Einwanderinnen. Traditionell marginalisierte Frauen wie Prostituierte, Insassinnen von Gefängnissen und Asylbewerberinnen wurden bei dieser Untersuchung ebenfalls berücksichtigt.

Lebenssituation, Sicherheit und Gesundheit von Frauen teilte die gegen Frauen ausgeübte Gewalt in vier zentrale Formen auf: körperliche Gewalt, sexuelle Gewalt, sexuelle Belästigung und psychische Gewalt. Die Kategorie der körperlichen Gewalt ist die mit Abstand am häufigsten anzutreffende Form, sie umfasst Handlungen, die von leichten Ohrfeigen bis zum Verprügeln, Würgen und dem Einsatz von Waffengewalt reichen. Die Kategorie der sexuellen Gewalt wurde mit Absicht auf einen engeren Gewaltbegriff eingeschränkt, der ausschließlich strafrechtlich relevante Formen wie Vergewaltigung, versuchte Vergewaltigung und unterschiedliche Formen sexueller Nötigung »unter Anwendung von körperlichem Zwang oder Drohungen« umfasste. Unter der Kategorie der psychischen Gewalt wurden Handlungen erfasst, die von aggressivem Anschreien bis zu Drohungen und »Psychoterror« reichten.[23]

Nach einer großzügig gefassten Definition von körperlicher Gewalt in dieser Studie hatten 37 Prozent aller interviewten Personen seit dem Erreichen des 16. Lebensjahrs mindestens eine Form physischer oder sexueller Gewalt erlebt. Nach einer engeren Definition sexueller Gewalt traf dies auf 13 Prozent der befragten Frauen zu. Insgesamt 42 Prozent der Interviewten hatten zumindest einen Fall von psychischer Gewalt erlebt, während 58 Prozent über zumindest eine Form sexueller Belästigung berichteten. Zwei Fünftel (40 Prozent) der Befragten hatten entweder körperliche oder sexuelle Gewalt oder beides erlebt, doch wenn die Beispiele für solche Vorfälle auf gegenwärtige oder frühere Partner beschränkt blieben, sank der Anteil auf 25 Prozent. Partner und ehemalige Partner wurden in etwa der Hälfte der Fälle von körperlicher und sexueller Gewalt als Täter bezeichnet.[24] Personen, die dem Opfer unbekannt gewesen waren, machten 19,5 Prozent der Täter in Fällen körperlicher und 14,5 Prozent in Fällen sexueller Gewalt aus.

Bei diesen Zahlen zur Häufigkeit bestimmter Formen von Gewalt handelte es sich nach der Einschätzung der Autorinnen des Berichts »eher um Mindestwerte«.[25] Sie stuften das Ausmaß der körperlichen Gewalt gegen Frauen in Deutschland im europäischen Vergleich als hoch ein, denn die in anderen europäischen Ländern aus ähnlich angelegten Studien gewonnenen Zahlen lagen bei 14 bis 30 Prozent. In Sachen sexueller Gewalt dagegen lag Deutschland irgendwo zwischen Island (5 Prozent) und Schweden (34 Prozent). Es versteht sich von selbst, dass die bei dieser Studie ermittelten Daten ein viel höheres Maß an Gewalt gegen Frauen nahelegen, als die amtliche deutsche Kriminalstatistik hergibt.

Es gibt noch eine Reihe weiterer beachtenswerter Punkte. Zunächst einmal war der Ort, an dem Gewalt gegen Frauen ausgeübt wurde, in vielen Fällen das eigene Zuhause, weil rund die Hälfte der Täter im eigenen Haushalt lebende Partner waren. Dagegen hielten die Autorinnen fest: »Öffentliche Orte (wie Straßen, Parks etc.), die für Frauen oft typische ›Angstorte‹ darstellen, wurden demgegenüber mit 26 % bei körperlicher und 20 % bei sexueller Gewalt deutlich seltener als Tatorte genannt.«[26] Zweitens waren Prostituierte, Frauen in Haft und Flüchtlingsfrauen ($n = 65$) in einem deutlich höheren Ausmaß von körperlicher und sexueller Gewalt betroffen als die deutschen Frauen in der repräsentativen Hauptuntersuchung. Unter den Einwanderinnen berichteten die türkischen ($n = 397$) und die osteuropäischen Frauen ($n = 862$) mit etwa der gleichen Häufigkeit über Fälle von psychischer Gewalt und sexueller Belästigung wie in Deutschland geborene Frauen. Die Häufigkeit körperlicher Gewalt lag jedoch bei beiden Gruppen von Einwanderinnen höher. Die türkischen Frauen »gaben bei sexueller Gewalt eine geringere und die osteuropäischen Migrantinnen eine höhere Betroffenheit an (…)«.[27]

Andererseits berichteten sie über ein erstaunlich hohes Ausmaß an körperlicher Gewalt, die vom Partner ausging – etwa 38 Prozent im Vergleich zu 25 Prozent bei der allgemeinen weiblichen deutschen Bevölkerung –, einschließlich schwererer Formen und Ausprägungen körperlicher Gewalt am extremen Ende des Spektrums, unter anderem Prügeln, Würgen, Bedrohung mit einer Waffe und Morddrohungen.[28] Mit anderen Worten: Bereits vor der großen »Völkerwanderung« von 2009 bis 2018 bot die Gewalt, die unter der muslimischen Bevölkerung in Deutschland gegen Frauen ausgeübt wurde, Anlass zur Sorge.

Seit der Veröffentlichung von *Lebenssituation, Sicherheit und Gesundheit von Frauen in Deutschland* ist keine landesweit repräsentative Studie, die der Vorläuferin in Umfang und methodischer Präzision vergleichbar wäre, mehr erschienen. Deshalb besteht in diesem Bereich eine erhebliche Lücke, die nicht kleiner werden wird, bis eine neue Untersuchung mit ähnlicher Methodik veröffentlicht wird. Am ehesten mit der Studie vergleichbar ist wohl die Arbeit von Deborah F. Hellmann, Max W. Kinninger und Sören Kliem aus dem Jahr 2018 auf der Grundlage von Daten, die das Kriminologische Forschungsinstitut Niedersachsen (KFN) 2011 erhoben hat.[29] Die KFN-Daten entstammten einer repräsentativen Stichprobe von deutschen Frauen (*n* = 11 428), deren Altersspektrum allerdings auf 21 bis 40 Jahre eingegrenzt war. Die Autoren stellten fest, dass die Quote der Gewalt gegen Frauen, über die in der KFN-Studie von 2011 berichtet worden war, erheblich unter den in der Studie des Bundesministeriums ermittelten Werten lag: Die Lebenszeit-Prävalenz für das Erleiden sexueller Gewalt lag bei 5,4 Prozent. Außerdem fanden sie heraus, dass »körperliche und sexuelle Gewalt während der Kindheit ebenso wie eine Scheidung, Trennung oder Witwenschaft« die »informativste Konstellation von Risiko-Markern« seien, »durch die die Fünf-Jahres-Prävalenzrate erlittener sexueller Gewalt bis auf 17,0 % erhöht wird«.[30]

Kurz gesagt: Deutschland war, wie alle anderen europäischen Länder, bereits vor dem starken Zustrom von Migranten und Asylbewerbern, der um das Jahr 2015 herum einsetzte, keineswegs frei von Gewalt gegen Frauen. Die entscheidende Frage lautet: In welchem Umfang führte dieser Zustrom zu einer Zunahme der Fälle von Gewalt gegen Frauen?

Korrelation oder Kausalität?

Rechtsgerichtete Populisten haben in den letzten Jahren wiederholt behauptet, dass die Zuwanderung zu einer Zunahme von Gewaltverbrechen – und vor allem von Sexualverbrechen – geführt habe. Wir wissen außerdem, dass russische Akteure einen »Informationskrieg« führen und dabei bestrebt waren, diese Behauptung zu unterstützen: Im Jahr 2016 platzierten rund 300 aus Russland stammende Instagram-Posts das Wort »rapefugee« an prominenter Stelle.[31] Ein

Bericht des *Spiegels* zeigte 2018 jedoch deutlich, dass Websites wie Rapefugees.net und Truth24.net die Verantwortung von Migranten für Sexualverbrechen systematisch übertrieben.[32] Bei etwa einem Drittel der 291 Fälle aus dem Jahr 2016, zu denen das Nachrichtenmagazin recherchierte – in 95 Fällen, um ganz genau zu sein –, waren die Tatverdächtigen oder die Täter wirklich Flüchtlinge. Bei weiteren 29 Prozent der Fälle wurden die Angreifer nicht ermittelt. In den übrigen Fällen handelte es sich um Ausländer mit ungeklärtem Aufenthaltsstatus, um EU-Bürger oder, in 22 Fällen, um deutsche Staatsangehörige. Die Website Rapefugees.net führte 205 der 291 Straftaten als Fälle von Vergewaltigung, während die Ermittler in nur 59 Fällen von einer Vergewaltigung ausgingen. In 47 Fällen entschieden die Strafverfolgungsbehörden, dass der festgestellte Tatbestand die für eine Bewertung als Verbrechen erforderlichen Kriterien nicht erfüllte. Insgesamt 18 Flüchtlinge wurden wegen Vergewaltigung verurteilt, und die Gerichte verurteilten außerdem (oder bestätigten in der Revision die Urteile gegen) 51 Flüchtlinge wegen sexuellen Missbrauchs oder sexueller Gewalt in mehr als der Hälfte der Fälle. Weitere 18 ausländische Staatsangehörige wurden verurteilt. Bei ihnen handelte es sich nicht um Flüchtlinge, ihr aufenthaltsrechtlicher Status aber blieb ungeklärt. Zu dieser Gruppe gehörten Türken, Afghanen, Serben, ein Aserbaidschaner und ein ukrainischer Tourist. Eine Reihe von Straftaten, für die Flüchtlinge verurteilt wurden, ereignete sich in Flüchtlingslagern und richtete sich gegen andere Flüchtlinge.[33]

Doch die Tatsache, dass populistische Websites ein Problem überzeichnen, bedeutet nicht, dass dieses Problem ein reines Fantasieprodukt ist. Beatrix von Storch, stellvertretende Bundessprecherin der Alternative für Deutschland (AfD), behauptete, im Jahr 2017 hätten illegal nach Deutschland eingereiste Migranten 447 Tötungsdelikte und Morde verübt. Nach Angaben des Bundesinnenministeriums begingen illegal eingereiste Migranten im Jahr 2017 zwar nur 27 Morde oder Mordversuche. Aber wenn alle Asylbewerber und Flüchtlinge mitgezählt wurden, lag die Zahl der Opfer von Mord- oder Totschlagsdelikten tatsächlich bei 447.

Wir haben gesehen, dass es in Europa zu einem Anstieg von illegalen Grenzübertritten und Asylanträgen gekommen ist, vor allem in den Jahren 2015 und 2016, und wir haben außerdem gesehen, dass die Mehrheit der Menschen, die kamen, junge Männer waren und dass relativ wenige von ihnen auch nach der Ablehnung ihrer Asylanträge Europa wieder verließen. Wir haben auch gesehen, dass es in einer Reihe von Ländern, in die ein erheblicher Anteil der Migranten einreiste, zu einer Zunahme von Sexualverbrechen kam. Aber gibt es eine kausale Verbindung zwischen der zunehmenden Migration und der Zunahme bei Sexualverbrechen? Oder ist das nur rechtsextreme Propaganda?

In den meisten europäischen Ländern gibt die Polizeistatistik keine Auskunft über den Migrationsstatus, die ethnische Zugehörigkeit oder die Religion von Straftätern. Wir kennen vielleicht ihr Alter und gelegentlich auch Einzelheiten über ihre psychische Verfassung, aber selbst ihre Motive finden in der Regel keinen Eingang in die amtliche Statistik. In den Ländern, die Daten zum Migrationsstatus erheben – und die diese Informationen auch zur Verfügung stellen –, sehen wir jedoch Belege für einen kausalen Zusammenhang zwischen zunehmender Migration und zunehmender sexueller Gewalt.

Das österreichische Innenministerium veröffentlicht den Migrationsstatus von Tatverdächtigen in seiner Kriminalstatistik. Bei den Sexualdelikten war seit 2009 eine Zunahme von 11,8 Prozent zu verzeichnen. Mehr als die Hälfte der Verdächtigen (55 Prozent) bei den 2018 erfassten 936 Fällen von Vergewaltigung waren keine österreichischen Staatsbürger. Asylbewerber waren 2017 in Österreich in

11 Prozent aller erfassten Fälle von Vergewaltigung und sexueller Belästigung tatverdächtig, obwohl sie weniger als 1 Prozent der Gesamtbevölkerung ausmachten.[34] Die noch allgemeiner gehaltene Kategorie der »Ausländer« – die auch alle anderen Bewohner des Landes umfasst, die nicht österreichische Staatsbürger sind und die insgesamt rund 19 Prozent der österreichischen Bevölkerung ausmachen – stellte fast ein Drittel der Tatverdächtigen in Fällen von Vergewaltigung und sexueller Belästigung.[35]

Statistics Denmark, Dänemarks nationale Statistikbehörde, registriert Gerichtsurteile auch nach dem Kriterium, ob die Täter nichtwestlicher Abstammung oder Herkunft waren. Die Tatsachen sind verblüffend: Auf »nichtwestliche« Einwanderer und ihre Nachkommen entfällt ein hoher Anteil der Verurteilungen wegen Sexualdelikten – etwa zwei Fünftel der Verurteilungen wegen Vergewaltigung und ein Viertel bis ein Drittel der Strafzumessungen wegen Begrapschens –, obwohl sie weniger als 13 Prozent der Bevölkerung ausmachen.[36]

Tab. 9: Anteil der Sexualdelikte in Dänemark, die von »nichtwestlichen Einwanderern und ihren Nachkommen« begangen wurden

	2014	2015	2016	2017	2018
Prozentsatz der Verurteilungen wegen Vergewaltigung	47 %	32 %	42 %	45 %	39 %
Prozentsatz der Verurteilungen wegen Begrapschens	21 %	26 %	28 %	35 %	18 %
Prozentsatz aller Sexualdelikte	14 %	14 %	16 %	21 %	11 %

Quelle: »STRAFNA4: Persons Guilty in Crimes Aged 15-79 Years by Type of Offence and Country of Origin«, Statistics Denmark, https://www.statbank.dk/statbank5a/SelectVarVal/Define.asp?MainTable=STRAFNA4&PLanguage=1&PXSId=0&wsid=cflist.

Auch im Nachbarland Schweden werden Daten zum Migrationsstatus von Straftätern gesammelt. Sie wurden jedoch seit mehr als
einem Jahrzehnt nicht mehr öffentlich bekanntgegeben. Ein 1996
veröffentlichter Datenbestand enthielt die Information, dass bei Personen mit Migrationshintergrund eine 4,5-mal höhere Wahrscheinlichkeit besteht, dass sie eine Vergewaltigung begehen, als bei gebürtigen Schweden.[37] Die aktuellste im staatlichen Auftrag erarbeitete
Studie aus dem Jahr 2005 stellte fest, dass bei Einwanderern eine
fünfmal so hohe Wahrscheinlichkeit besteht, dass sie eines Sexualdelikts verdächtigt werden, wie bei gebürtigen Schweden.[38] Als Schwedens Justizminister sich 2015 bei diesem Thema Nachfragen ausgesetzt sah, verweigerte er die Veröffentlichung aktualisierter Daten.[39]
Zur Undurchsichtigkeit in Schweden trägt außerdem bei, dass Gerichtsakten nicht systematisch veröffentlicht werden, so dass Informationen über Verurteilungen nur durch die Anforderung der Akten
zu einem bestimmten Fall beim zuständigen Gericht zu beschaffen
sind. Der Nationale Rat für Verbrechensvorbeugung in Schweden
hat vor kurzem den Migrationsstatus der *Opfer* von Sexualdelikten
aktualisiert. Nach den Ergebnissen seines 2017 veröffentlichten
Untersuchungsberichts zur Entwicklung der Kriminalität bestand
bei Personen, die in Schweden als Kinder von Migranteneltern geboren worden waren, eine (um 4,4 Prozent) deutlich erhöhte Wahrscheinlichkeit, zum Opfer eines Sexualverbrechens zu werden, als bei
Personen mit nur einem Migranten-Elternteil (1,5 Prozent) oder
zwei gebürtigen Schweden als Eltern (2,5 Prozent). Wir werden später noch auf das Phänomen von Straftaten, bei denen es um »Migrant gegen Migrant« geht, zurückkommen. Der Soziologe Göran
Adamson veröffentlichte kurz vor der Drucklegung dieses Buches
eine privat finanzierte Studie über Sexualstraftäter, die auf von Brå
erhobenen Daten basierte. Er kam zu dem Ergebnis, dass die Überrepräsentation von Migranten der ersten Generation bei Sexual-

delikten zurückgegangen war, doch bei Migranten in zweiter Generation blieb sie stabil, und Ausländer ohne gültige Papiere wurden
dabei ebenfalls erfasst. Der Anteil der Einwanderer bei den Tätern
von Vergewaltigungen schien zurückzugehen, was jedoch auch das
Ergebnis von Änderungen bei der juristischen Definition des Tatbestands der Vergewaltigung sein kann. Brå hat, als Reaktion auf öffentlichen Druck, angekündigt, dass neue Daten erhoben und 2021
auch veröffentlicht würden.

Die mangelnde Transparenz hinsichtlich der Täter von Sexualverbrechen bewog eine schwedische Zeitung dazu, eigene Recherchen
anzustellen. Sie sah sich 58 Fälle von Gruppenvergewaltigung, über
die in den Jahren von 2012 bis 2017 vor schwedischen Gerichten
verhandelt wurde, näher an.[40] Das Blatt stellte fest, dass 70 Prozent
der 112 in diesen Verfahren verurteilten Männer jünger als 20 Jahre,
drei Viertel von ihnen im Ausland geboren und 41 Prozent davon
Asylbewerber waren.[41] Das öffentlich-rechtliche Fernsehen Schwedens sendete eine Dokumentation über den Anteil von Einwanderern an verurteilten Straftätern bei Sexualverbrechen. Dieser Film beruhte auf in der Zeit von 2012 bis 2017 ergangenen Gerichtsurteilen.
58 Prozent der Täter waren im Ausland geboren. Von 129 wegen
Vergewaltigung verurteilten Tätern waren 110 im Ausland geboren.
Von 94 Tätern bei Gruppenvergewaltigungen waren 70 nicht in Europa geboren.[42]

Nach einer ganzen Serie sexueller Angriffe beim »We Are Sthlm«-
Musikfestival 2015 räumte der für Kulturveranstaltungen verant-
wortliche leitende Mitarbeiter der Stockholmer Stadtverwaltung ein:
»In den Fällen, in denen wir Verdächtige festnehmen konnten, hatten diese Personen einen ausländischen Hintergrund, es waren vor
kurzem ins Land gekommene Flüchtlinge im Alter von 17 bis 20 Jahren, die ohne ihre Familien nach Schweden gekommen waren.«[43]
Die schwedische Tageszeitung *Expressen* stellte Berichte über Belästi-

gungen beim oben genannten Festival zusammen und enthüllte dabei, dass 15 von 16 Tätern aus dem Nahen oder Mittleren Osten, Südasien oder Afrika stammten.[44]

Das französische Innenministerium räumt ein, dass Ausländer unter den Sexualstraftätern überrepräsentiert sind. Sie machen zwar nur 7 Prozent der Bevölkerung aus, aber unter den Tatverdächtigen bei Sexualverbrechen liegt ihr Anteil bei 14 Prozent. Im Jahr 2018 waren 9 Prozent der wegen Sexualdelikten verurteilten Straftäter afrikanischer Herkunft.[45]

Zahlen des Bundeskriminalamts (BKA) in Deutschland zeigen, dass seit 2014 der Anteil nichtdeutscher Verdächtiger in der Kriminalstatistik auf mehr als 30 Prozent angestiegen ist, auch wenn bei dieser Zählung Verstöße gegen das Aufenthalts-, Asyl- und Freizügigkeitsgesetz und Unregelmäßigkeiten in der Verwaltung nicht mitgezählt werden.[46] Der Ausländeranteil unter den Verdächtigen stieg bei Fällen von sexueller Gewalt von 18 Prozent im Jahr 2014 auf 29 Prozent im Jahr 2018. Die neue Kategorie »Vergewaltigung, sexuelle Nötigung und sexueller Übergriff im besonders schweren Fall einschließlich mit Todesfolge« wurde 2016 eingeführt. In jenem Jahr und in den beiden darauffolgenden Jahren waren die Tatverdächtigen in knapp 40 Prozent aller Fälle keine deutschen Staatsbürger. Und obwohl die jährliche Zahl der Fälle sexuellen Missbrauchs bei rund 22 000 konstant blieb, stieg der Anteil der nichtdeutschen Tatverdächtigen von 15 Prozent im Jahr 2014 auf 23 Prozent in den Jahren 2016, 2017 und 2018.

Tab. 10: Sexualdelikte in Deutschland, schwerste Kategorien und nichtdeutsche Täter, 2014–2018

Straftat oder Straftat-Kategorie	2014		2015		2016		2017		2018	
	Erfasste Fälle	Nicht-deutsche Verdäch-tige (%)	Erfasste Fälle	Nicht-deutsche Verdäch-tige (%)	Erfasste Fälle	Nicht-deutsche Verdäch-tige (%)	Erfasste Fälle	Nicht-deutsche Verdäch-tige (%)	Erfasste Fälle	Nicht-deutsche Verdäch-tige (%)
Sexualmord	18	5,9	13	9,1	9	57,1	8	9,1	8	20,0
Straftaten gegen die sexuelle Selbstbestim-mung, Gesamtzahl	46 982	18,4	46 081	20,5	47 401	25,9	56 047	28,7	63 782	29,4
Vergewaltigung, sexuelle Nötigung und sexueller Übergriff im besonders schweren Fall einschl. mit Todesfolge					7919	38,8	11 282	37,0	9234	38,5
Sexueller Über-griff und sexuelle Nötigung – besonders schwere Fälle									1119	34,5
Sexueller Über-griff, sexuelle Nötigung und Vergewaltigung mit Todesfolge									9	37,5
Sexuelle Belästigung							9619	45,9	13 742	43,5
Aus Gruppen heraus begangene Straftaten									47	66,7
Sexueller Missbrauch	22 422	15,2	21 860	18,0	22 674	23,2	20 601	22,8	21 454	23,2

Quelle: Entnommen aus BKA, https://www.bka.de/DE/AktuelleInformationen/ StatistikenLagebilder/PolizeilicheKriminalstatistik/pks_node.html.

Es trifft zwar zu, dass der Begriff »Nichtdeutsche« ein breites Spektrum von Kategorien umfasst, zum Beispiel auch Staatsangehörige anderer EU-Mitgliedsländer. Aber wir können hier präziser sein. In der Polizeilichen Kriminalstatistik in Deutschland wurde bis 2016 die Kategorie »Zuwanderer« als Bezeichnung für Verdächtige verwendet, die einen Asylantrag gestellt hatten, deren Asylantrag abgelehnt worden war oder die sich illegal in Deutschland aufhielten. Diese Definition wurde 2017 erweitert und umfasste jetzt auch anerkannte Asylbewerber, die zuvor unter einer allgemeineren Kategorie mitgezählt worden waren. Andere amtliche deutsche Statistiken verwenden den Begriff »Zuwanderer« nicht; sie führen als Bezeichnung für Asylbewerber die Kategorie »Schutzsuchende«, ob nun über ihren Antrag bereits entschieden wurde, ob sie subsidiären Schutz genießen oder bereits zur Ausreise aufgefordert worden sind. Das bedeutet, dass die Zahlen vor und nach 2017 mit den aktuellsten Zahlen nicht exakt vergleichbar sind, da sich der Migrationsstatus von Asylbewerbern unterdessen vielleicht verändert hat. Für meine Zwecke spielt der Bearbeitungsstand des Asylantrags jedoch keine Rolle. Hier kommt es nur darauf an, dass sich der Anteil derjenigen, die eines Sexualdelikts verdächtigt oder wegen eines solchen Vergehens verurteilt wurden und Asylbewerber waren, eindeutig erhöht hat. Asylbewerber machten seit 2015 zwar nur 1 oder 2 Prozent der deutschen Bevölkerung aus, doch in der Kriminalstatistik waren sie bei den Sexualdelikten überrepräsentiert und stellten im Jahr 2018 fast 12 Prozent der Tatverdächtigen.

Bei besonders schweren Sexualdelikten, etwa bei Vergewaltigungen, liegt der Anteil sogar noch höher, im Jahr 2018 kamen 16,4 Prozent der Täter aus dem Kreis der Zuwanderer (vgl. Tab. 12).

Tab. 11: Der Anteil von Zuwanderern an der Gesamtzahl der Sexualstraftäter in Deutschland, 2013–2018

	2013	2014	2015	2016	2017	2018
Zahl (Anteil) der aufgeklärten Sexualdelikte (einschließlich der Versuche), die von Zuwanderern begangen wurden (die hier als Asylbewerber, abgelehnte Asylbewerber und illegale Einwanderer definiert werden)*	599 (1,6 %)	949 (2,6 %)	1683 (4,6 %)	3404 (9,1 %)	5258 (11,9 %)	6046 (11,8 %)
Zahl (Anteil) der Zuwanderer, die wegen Sexualdelikten verdächtigt werden*	Keine Angaben verfügbar	879 (2,7 %)	1548 (4,8 %)	3329 (9,9 %)	4852 (12,2 %)	5626 (12,4 %)
Anteil der Schutzsuchenden an der deutschen Bevölkerung**	0,76 %	0,92 %	1,28 %	1,94 %	2,04 %	

Hinweis: Die Definition eines Einwanderers in dieser Statistik wurde 2017 abgeändert, um auch anerkannte Asylbewerber mit aufzunehmen. Zu jenem Zeitpunkt wurde auch die Definition von Sexualdelikten erweitert, zu denen jetzt auch die sexuelle Belästigung zählt.

Quellen: *PKS, »Polizeiliche Kriminalstatistik 2017 und 2018: Ausgewählte Zahlen im Überblick.«

** »Schutzsuchende nach Schutzstatus«, Statistisches Bundesamt, »Schutzsuchende: Ergebnisse des Ausländerzentralregisters«, Fachserie 1, Reihe 2.4, S. 28.

Tab. 12: Anteil von Zuwanderern an den Tätern bei schweren Sexualstraftaten in Deutschland, 2017–2019

	2017	2018	2019
Vergewaltigung, sexuelle Nötigung und sexueller Übergriff im besonders schweren Fall einschl. mit Todesfolge	11 282	9234	9426
Verdächtige insgesamt	9414	8047	8189
Verdächtige, die Zuwanderer waren	1495 (15,9 %)	1316 (16,4 %)	1242 (15,2 %)

Quelle: PKS, »Polizeiliche Kriminalstatistik 2019: Ausgewählte Zahlen im Überblick«, S. 14, Kategorie 111000, sowie PKS-Berichte aus früheren Jahren.

Das Bundeskriminalamt in Wiesbaden veröffentlichte 2017 einen Bericht unter dem Titel *Bundeslagebild Kriminalität im Kontext von Zuwanderung 2017*. Ihm war zu entnehmen, dass Asylbewerber in allen Kategorien von Straftaten insgesamt 8,5 Prozent der Tatverdächtigen ausmachten.[47] Bei den Sexualdelikten war dieser Anteil geringfügig höher, die *Zuwanderer* stellten dort 9 Prozent der Tatverdächtigen.[48] In Tabelle 13 sehen wir die Staatsangehörigkeiten der tatverdächtigen *Zuwanderer* im Lauf der Jahre. Hier wird unmittelbar deutlich, dass Personen aus Syrien, Afghanistan und dem Irak einen Großteil der Gesamtzahl ausmachen.

Tab. 13: Staatsangehörigkeiten von Zuwanderern, die wegen Sexualstraftaten verdächtigt wurden

	2014	2015	2016	2017	2018
Syrien	47	171	716	1203	1271
Afghanistan	95	189	679	1031	1180
Irak	57	97	313	475	572
Pakistan	57	101	172	228	209
Eritrea			77	157	203
Iran		37	159	172	178
Nigeria			64	119	173
Somalia			69	125	162
Marokko		51	110	125	115
Algerien		60	120		
Gambia				78	102
Kosovo	20				
Albanien	8				
Serbien	48				

Quelle: PKS, »Polizeiliche Kriminalstatistik 2017 – Bedeutung, Inhalt, Aussagekraft«, Bundeskriminalamt, 8. Mai 2018, https://www.bka.de/DE/AktuelleInformationen/StatistikenLagebilder/ PolizeilicheKriminalstatistik/PKS2017/pks2017_node.html.

Aus regionalen Daten ergibt sich ein ähnliches Bild. Der bayerische Innenminister Joachim Herrmann (CSU) gab im September 2017 kurz vor der Bundestagswahl bekannt, dass die Zahl der Vergewaltigungen sowie der Fälle von schwerem sexuellem Missbrauch in Bayern in der ersten Jahreshälfte um 48 Prozent zugenommen habe. Insgesamt konnten 126 der 685 Straftaten Zuwanderern zugeordnet werden (einschließlich der anerkannten Asylbewerber), 91 Prozent mehr als im Vergleichszeitraum des Vorjahres.[49] In Niedersachsen – dem Bundesland, das die viertgrößte Zahl von Asylbewerbern in Deutschland aufnahm –, stiegen die Gewaltverbrechen von 2014 bis 2016 um 10,4 Prozent, wie eine vom Bundesministerium für Familie, Senioren, Frauen und Jugend in Auftrag gegebene Studie der Zürcher Hochschule für Angewandte Wissenschaften feststellte. Dies bedeutete eine Umkehrung des Rückgangs von Gewaltverbrechen, der seit 2007 zu verzeichnen gewesen war. Im gleichen Zeitraum hatte sich die Zahl der registrierten Flüchtlinge in Niedersachsen mehr als verdoppelt. Am Jahresende 2016 waren rund 750 000 der acht Millionen Einwohner Niedersachsens keine deutschen Staatsbürger, und rund 170 000 Personen aus dieser Dreiviertelmillion hatten einen Asylantrag gestellt. Die Zahl der Vergewaltigungsfälle in Niedersachsen, bei denen Asylbewerber als Tatverdächtige geführt wurden, verfünffachte sich von 2014 bis 2016, während die Zahl der eines solchen Verbrechens Verdächtigen aus anderen Bevölkerungsgruppen abnahm: bei den verdächtigten Deutschen um 11,5 Prozent und bei den Nichtdeutschen (das heißt: bei anderen ausländischen Staatsangehörigen, die keinen Asylantrag gestellt hatten) um 13,5 Prozent. Mehr als 92 Prozent der Zunahme bei den Gewaltverbrechen war einer kleinen, aber gewalttätigen Minderheit unter den Neuankömmlingen zuzuordnen, bei denen junge (14 bis 30 Jahre alte) Männer aus Marokko, Algerien und Tunesien im Täterkreis auffällig überrepräsentiert waren. (Afghanen, Iraker und Syrer seien unterrepräsentiert, spekulierten die Autoren, weil sie eine vermeintlich größere Chance auf Anerkennung ihres Asylantrags hätten.) Bei neun von zehn Morden und bei drei Vierteln der Fälle von schwerer Körperverletzung waren die Opfer andere Migranten. Aber in 70 Prozent der Fälle von Raub und bei 58,6 Prozent der Fälle von Vergewaltigung und sexuellen Angriffen waren die Opfer Deutsche.[50]

Die letzte Statistik ist vielleicht die verblüffendste. Die aktuellste wissenschaftliche Untersuchung zu diesem Thema – sie erschien 2019 beim Institut zur Zukunft der Arbeit (IZA) in Bonn – bezweifelt einen Zusammenhang zwischen der starken Zunahme der Migration und zunehmender sexueller Gewalt. »Unsere Ergebnisse«, schrieben die Autoren Yue Huang und Michael Kvasnicka, »stützen die Ansicht nicht, dass Deutsche in zunehmender Zahl Straftaten von Flüchtlingen ausgesetzt seien, wenn man ihren Anteil an den Opfern von Verbrechen betrachtet, die von tatverdächtigen Flüchtlingen begangen wurden.«[51] Huang und Kvasnicka konzentrierten sich auf die »Anteile der durch Straftaten von Flüchtlingen oder Ausländern geschädigten deutschen Staatsbürger« und suchten dabei gezielt nach Straftaten, die von Ausländern ausgingen und gegen Ausländer gerichtet waren, Straftaten, die von und an Deutschen begangen wurden, und Straftaten von Deutschen, die auf Ausländer zielten. Sie stützten ihre Untersuchung auf Statistiken, die auf Landkreisebene zur regionalen Verteilung von Flüchtlingen geführt wurden; auf die Verteilung der Geschlechter, die Altersstruktur und die Art ihrer Unterbringung; Informationen, die sich aus der Statistik zu den Leistungen zugunsten von Asylbewerbern ermitteln ließen; schließlich auf eine besondere Auswahl von Daten aus der Kriminalstatistik des Bundeskriminalamts. Eine dezentrale Unterbringung der Flüchtlinge führte tendenziell zu einer Verringerung der Quote der Straftaten, stellten sie fest, während Veränderungen im Männer- und Frauenanteil wirkungslos blieben. Sie »fanden (…) keinerlei

Beleg für eine systematische Verbindung zwischen dem Ausmaß der Zuwanderung von Flüchtlingen (…) und dem Risiko für Deutsche, zum Opfer eines Verbrechens zu werden, bei dem Flüchtlinge die Tatverdächtigen sind«.[52] Kurz gesagt: »Der Zustrom von Flüchtlingen hat keine statistisch signifikanten Auswirkungen auf die Quote der Viktimisierung.«[53] Dieses Hauptergebnis, folgerten sie, »gilt nicht nur für die Gesamtzahl der in der Kriminalstatistik der Polizei erfassten Straftaten, bei denen Opfer benannt werden, sondern auch für Unterkategorien solcher Straftaten, etwa für Raub (Wirtschaftskriminalität), Körperverletzung (Gewaltkriminalität) und Vergewaltigung und sexuelle Nötigung (Sexualverbrechen)«.[54]

Doch es gibt einige bedeutsame Schwierigkeiten mit Huangs und Kvasnickas Vorgehensweise. Sie selbst räumten ein: »Bezieht man Nichtlinearitäten mit ein, (…) erhöht sich die Quote von Straftaten auf Kreisebene bei einer Erhöhung des Zustroms von Flüchtlingen um eine Standardabweichung um (…) 1,67 % im Vergleich zum Ausgangsniveau von 2014, und der Grad der Viktimisierung steigt auf Kreisebene um (…) 2,27 % gegenüber dem Wert von 2014.«[55] Die größte Schwäche ihrer Untersuchung ist jedoch, dass sie sich weitgehend auf die Veränderungen in den Jahren 2014 und 2015 konzentriert, während (wie wir gesehen haben) der tatsächliche Anstieg der sexuellen Gewalt 2017 erfolgte. Ihre wichtigste Zielgröße war, um es genau zu sagen, »die Veränderung von 2014 bis 2015 bei der Zahl der Deutschen, die auf Kreisebene Opfer von Straftaten mit mindestens einem tatverdächtigen Flüchtling wurden«.[56] Auf der Grundlage ihrer Regressionen behaupteten sie, »dass es (…) keinen Hinweis darauf gibt, dass Deutsche einem höheren Risiko, zum Opfer eines von Flüchtlingen verübten Verbrechens zu werden, ausgesetzt wurden, als Flüchtlinge sich im Anschluss an die Flüchtlingskrise von 2015 in größerer Zahl in dem Landkreis niederließen, in dem sie ihren Wohnsitz hatten«. Aber die Flüchtlingskrise *begann erst* in der zweiten Jahreshälfte 2015 – genau datiert: Ende August, als Bundeskanzlerin Angela Merkel Flüchtlinge in großer Zahl aufnahm (vgl. Kapitel 7). Die Veränderungen in der Kriminalitätsrate von 2014 bis 2015 sagen uns deshalb so gut wie nichts über das, was »im Anschluss an die Flüchtlingskrise von 2015« geschah.[57] Selbst die Hinzufügung der Daten von 2016 auf den letzten Seiten des Diskussionspapiers gibt keine zufriedenstellende Antwort auf die Tatsache, dass 2017 und 2018 offensichtlich die Jahre mit einer Höchstzahl von Gewaltverbrechen – und besonders von Sexualverbrechen – waren, die von Flüchtlingen begangen wurden.

Ein Witz, der seinen Ursprung im viktorianischen England hat, stellt fest, dass es »Lügen, verdammte Lügen und Statistiken« (»lies, damned lies, and statistics«) gibt. Wie wir in diesem Kapitel gesehen haben, sind die Statistiken zur Einwanderung, zu Verbrechen – vor allem zu Sexualverbrechen – und zur Rolle von Einwanderern in der Verbrechensbilanz mit zu vielen Schwierigkeiten behaftet, um sich bei irgendeiner politischen Auseinandersetzung ausschließlich auf sie zu stützen. Dennoch sehen wir hier einen Anscheinsbeweis für die Einschätzung, dass der starke Anstieg der Zuwanderung nach Europa um das Jahr 2015 herum zu einer erheblichen Zunahme der sexuellen Gewalt in den Ländern führte, die die größte Zahl von Migranten aufnahmen. Aber wie kam es dazu? Was passierte da?

KAPITEL 4

Taharrush dschama'i (das Vergewaltigungs-Spiel) kommt nach Europa

Auf den folgenden Seiten gebe ich kurze Zusammenfassungen einiger Einzelfälle von sexueller Gewalt und sexueller Belästigung, auf die ich bei den Recherchen für dieses Buch gestoßen bin. Über all diese Fälle berichtete auf lokaler Ebene die Polizei, und manchmal taten das auch die Medien; die meisten, wenn auch keineswegs alle, endeten mit einem Gerichtsverfahren und einem Urteil. Diese individuellen Tragödien sollen eher als Stichprobe dienen, nicht als definitive Liste zu sexueller Gewalt und Belästigung. Das volle Ausmaß dieses Problems werden wir wohl nie in Erfahrung bringen, wie ich später noch erklären werde.

Ich sehe mir ein Land nach dem anderen an und beginne in Deutschland, wo in den Jahren von 2015 bis 2018 die größte Zahl von Asylbewerbern aufgenommen wurde, und wende mich anschließend Italien, Frankreich, Schweden, Österreich, Ungarn und Dänemark zu.

Ich selbst oder meine Forschungsassistentinnen reisten im Verlauf der Recherchen für dieses Buch in jedes dieser Länder, um einen eigenen Eindruck davon zu gewinnen, in welchem Umfang in den verschiedenen Medien veröffentlichte Berichte sich erhärten ließen. Wir sammelten auch eigene Erfahrungen mit dem Phänomen der Belästigung. Unsere Übersetzerin wurde bei einer Reise nach München von einem großen afrikanischen Mann begrapscht, als sie eine Straße überquerte. Der Mann griff nach ihrem Oberschenkel und drückte zu, als sie an ihm vorbeiging. Sie sagte später, die Berührung habe sich eher besitzergreifend als sexuell motiviert angefühlt. Der Mann hatte sie auf diese Art wissen lassen, dass sie sich im öffentlichen Raum nur zu seinen Bedingungen bewegen konnte. Sie kam mehr oder weniger unversehrt davon, für die unglücklichen Frauen, über deren Erlebnisse im Folgenden berichtet wird, galt das allerdings nicht. Es ist eine quälende Lektüre, aber ich bitte Sie dringend, sich nicht davon abzuwenden, wie es so viele Menschen getan haben.

Eine Auswahl von Fällen

Im Dezember 2016 wurde eine 45 Jahre alte Frau, die im Englischen Garten in München joggte, von hinten angegriffen. Sie wurde mit ihrem Stirnband so heftig gewürgt, dass sie am Hals verletzt wurde und ohnmächtig zusammenbrach. Der Angreifer vergewaltigte sie und ließ sie dann in einem Gebüsch liegen. Die Polizei ermittelte den Täter durch einen Zufallstreffer bei einem Speicheltest an seinem Arbeitsplatz anhand seiner DNA. Dieses DNA-Muster führte außerdem zu einem weiteren Fall in Rosenheim, bei dem eine 29-jährige Joggerin vergewaltigt worden war. Der Täter war ein 28-jähriger Asylbewerber, der als Emrah T. bereits gerichtsbekannt war. Der Mann hatte sich ursprünglich als Syrer ausgegeben, war in Wirklichkeit aber ein türkischer Staatsbürger kurdischer Herkunft und hatte 2015 mit seinem kleinen Sohn und seiner schwangeren Ehefrau einen Asylantrag gestellt.[1]

Im September 2017 wurde eine Frau, die in Riedering bei Rosenheim in der Nähe des Simssees joggte, zu Boden geworfen und belästigt. Sie war 23 Jahre alt, und der Angreifer war ein 34-jähriger Nigerianer, der bereits seit dem Vortag auf der Jagd nach Joggerinnen gewesen war. Bei der Gerichtsverhandlung kam zur Sprache, dass der Mann zuvor bereits mehrere Straftaten begangen und nach der Ablehnung seines Asylantrags in einer unweit vom Tatort gelegenen Asylbewerberunterkunft gewohnt hatte. Er wurde zu einer fünfjährigen Haftstrafe verurteilt.

Im Juli 2017 wurde eine 39 Jahre alte Frau, die am Ufer der Loisach in Garmisch-Partenkirchen spazieren ging, von einem 20-jährigen Asylbewerber aus dem Irak von hinten überfallen und im Intimbereich berührt.[2]

Zwei deutsche Frauen wurden 2017 bei separaten Vorfällen verfolgt, nachdem sie sich nach Besuchen bei Bekannten in einer Asylbewerberunterkunft an ihrem jeweiligen Wohnort verabschiedet und auf den Heimweg gemacht hatten. Im ersten Fall handelte es sich um eine 43 Jahre alte Frau aus Bamberg.[3] Sie wurde von einem 17-jährigen somalischen Bewohner der Unterkunft, der ihr bis zu einer nahegelegenen Fußgängerunterführung gefolgt war, geschlagen und vergewaltigt.[4] Das zweite Opfer war ein 16-jähriges Mädchen auf dem Nachhauseweg von einer Asylbewerberunterkunft in Höhenkirchen-Siegertsbrunn bei München. Drei afghanische Männer im Alter von 17 bis 27 Jahren – einer von ihnen war ein abgelehnter Asylbewerber – folgten ihr auf dem Weg zum nahegelegenen Bahnhof und vergewaltigten sie.[5]

Der opportunistische Charakter dieser Angriffe ist verblüffend. Vier Asylbewerber aus Eritrea vergewaltigten ebenfalls im Jahr 2017

eine 56 Jahre alte Frau in Dessau. Sie sammelte Pfandflaschen hinter
einer Schule. Ganz in der Nähe saß das Täterquartett beisammen
und trank. Die Männer lockten die Frau mit dem Versprechen, man
werde ihr Pfandflaschen überlassen, aber stattdessen zerschlugen sie
eine der Flaschen, verletzten sie mit dem Flaschentorso im Gesicht
und vergewaltigten sie gemeinsam. Das Opfer musste nach dem Verbrechen mehrere Tage im Krankenhaus bleiben. Bei ihrer Gerichtsverhandlung zeigten die Männer keinerlei Reue. Zwei der Täter versuchten, das Strafmaß durch die Behauptung zu verringern, sie seien
noch minderjährig, aber das Gericht wies ihre Schuldfähigkeit als
volljährige Erwachsene über 18 Jahren nach.

Die Hamburger Polizei berichtete im Januar 2019 über einen ähnlichen, scheinbar spontan erfolgten Übergriff. Eine 29-jährige Frau
wurde von einem »Schwarzafrikaner« im Alter von 20 bis 30 Jahren
an einem Sonntagmorgen sexuell attackiert. Der Mann packte sein
Opfer von hinten, zog die Frau zwischen zwei geparkte Autos und
berührte sie unsittlich.[6]

Ein 19 Jahre alter Somalier drang im August 2018 in ein Alters-
heim in Halle ein. Er griff eine der Bewohnerinnen, eine 74 Jahre
alte Frau, sexuell an, »weil er Sex haben wollte«. Er warf sein Opfer
aufs Bett, schlug und würgte die Frau und zog seine Hose herunter,
um sie zu vergewaltigen, aber es gelang ihr, um Hilfe zu rufen. Der
Mann wurde wenige Tage später nach einem Einbruch verhaftet und
erhielt eine Jugendstrafe von sieben Jahren.[7]

Die 18-jährige Franziska W. verließ im Oktober 2018 eine Disko-
thek in Freiburg gemeinsam mit einem Asylbewerber aus Syrien, den
sie dort kennengelernt hatte.[8] Was sie nicht wusste: Die Polizei suchte
den Mann wegen Drogendelikten und als Tatverdächtigen bei einer
Gruppenvergewaltigung. Majid H. war zu diesem Zeitpunkt 21 Jahre
alt. Offenbar setzte er die junge Frau unter Drogen, zog sie hinter ein
Gebüsch und vergewaltigte sie. Dann rief er seine Freunde an und

lud sie ein, es ihm gleichzutun. Wie der Staatsanwalt beim späteren Prozess vortrug, sagte Majid seinen Freunden, dass »draußen im Gebüsch eine Frau liege, die Sex wolle«. Im Verlauf mehrerer Stunden betätigten sich elf Männer – acht Syrer, ein Iraker, ein Algerier und ein Deutscher – im Alter von 19 bis 29 Jahren entweder als Vergewaltiger oder als Aufpasser für die Täter.[9] Majid bekam eine Gefängnisstrafe von fünfeinhalb Jahren. Andere aus der Gruppe wurden zu 14 Monaten bis viereinhalb Jahren Gefängnis verurteilt.

Die deutschen Medien neigen zu isolierter Berichterstattung über solche Verbrechen, jeder Angriff wird so zu einem einzelnen atomisierten Augenblick tragischer Gewalt. Nachdem ich dieses Thema über Jahre hinweg beobachtet habe, glaube ich allerdings nicht, dass diese Verbrechen isolierte Einzelerscheinungen sind. Man bedenke nur die schlimmsten Fälle, über die daher auch am häufigsten berichtet wird: die Morde.

Vier junge deutsche Frauen – zwei von ihnen waren noch Jugendliche – wurden in den Jahren 2016 bis 2018 von Asylbewerbern ermordet. Der erste Fall war die brutale Vergewaltigung und Ermordung der 19-jährigen Medizinstudentin Maria Ladenburger durch Hussein Khavari. Maria war 2016 auf dem Heimweg von einer Party in Freiburg, als Khavari sie von ihrem Fahrrad stieß, sie biss, würgte und vergewaltigte und am Ufer der Dreisam liegen ließ, wo sie ertrank. Khavari war ein Jahr zuvor nach Deutschland gekommen und hatte sich bei seiner Ankunft als unbegleiteter Minderjähriger aus Afghanistan ausgegeben; er war bei einer deutschen Pflegefamilie untergebracht und zur Schule geschickt worden. Die Ermittlungen ergaben später, dass er bereits über 20 Jahre alt war und vermutlich aus dem Iran stammte. Er war vor seiner Ankunft in Deutschland bereits in Griechenland wegen eines Mordversuchs zu zehn Jahren Haft verurteilt, aber 20 Monate nach diesem Urteil unter Auflagen amnestiert worden und nach Deutschland geflohen. Griechische Polizisten sagten in seinem Prozess in Deutschland aus, er habe nach der Tat keinerlei Reue gezeigt. Auf ihre Frage, warum er sein Opfer über das Geländer einer zehn Meter hohen Kaimauer geworfen habe, habe Khavari erwidert: »Das ist doch nur eine Frau.«[10] Er erhielt eine lebenslange Haftstrafe.[11]

Der Leichnam von Susanna Maria Feldmann wurde im Juni 2018 an einem Bahngleis in der Nähe des Wiesbadener Stadtteils Erbenheim gefunden. Das 14-jährige Mädchen war vergewaltigt und erwürgt worden. Der Mann, der für diesen Mord verurteilt wurde, war Ali Baschar, ein 21-jähriger Iraker, der in einer Asylbewerberunterkunft in der Nähe des Fundortes der Leiche wohnte. Der Asylantrag von Baschars Familie war bereits abgelehnt worden, weil man sie als Migranten aus wirtschaftlichen Gründen und nicht als Flüchtlinge eingestuft hatte. Doch die deutschen Behörden hatten sie nicht abgeschoben. Der Richter hielt in seinem Urteil fest, dass Baschar im Nordirak in einer Familie aufgewachsen sei, in der strikte Regeln zum Verhältnis der Geschlechter herrschten, und »in Deutschland habe er die Möglichkeit zum Zugang zu Frauen, auch zu sexuellen Kontakten, gehabt und gezielt nach sehr jungen, noch unsicheren Mädchen gesucht«.[12] Baschar wurde, wie vor ihm schon Khavari, früher begangener Straftaten verdächtigt, unter anderem eines bewaffneten Raubes und der Beteiligung an der Gruppenvergewaltigung einer Elfjährigen in der Asylbewerberunterkunft, in der er lebte. Sein mutmaßlicher Komplize war ein 35-jähriger Türke, der in unmittelbarer Nachbarschaft ebenfalls in einer Asylbewerberunterkunft lebte.

Sechs Monate vor Susanna Feldmanns Ermordung erstach ein 15 Jahre alter afghanischer Asylbewerber namens Abdul D. seine ehemalige Freundin Mia V. in einem Drogeriemarkt. Der Mord geschah in der unweit der französischen Grenze gelegenen rheinlandpfälzischen Kleinstadt Kandel. Weil Abdul sich als minderjährig ausgab, wurde sein Fall unter Ausschluss der Öffentlichkeit verhandelt. Nach dem Jugendstrafrecht erhielt er eine Haftstrafe von acht Jahren und sechs Monaten.

Ahmad S. kam 2015 nach Deutschland und gab sich als minderjähriger Asylbewerber aus Afghanistan aus. Sein Antrag wurde abgelehnt, aber er wohnte weiterhin in einer Asylbewerberunterkunft in Flensburg. Im März 2018 erstach er seine 17-jährige ehemalige Freundin Mireille, weil sie eine neue Beziehung eingegangen war. Der Richter, der Ahmad für diesen Mord zu einer lebenslangen Haftstrafe verurteilte, sagte: »Er hat Mireille nicht mehr als eigenständige Persönlichkeit anerkannt, in seinen Augen war sie seins.«[13] Ein Sachverständigengutachten gab in diesem Verfahren das Alter des Angeklagten mit 29 Jahren an, und Polizisten sagten aus, er sei ein Kranführer aus dem Iran, der zuvor in einen anderen Mordfall verwickelt gewesen, aber von dieser Anklage freigesprochen worden sei.

Dies sind natürlich Extremfälle. Verblüffend ist jedoch, dass hier, wie bei den Vergewaltigungsfällen, die ich zuvor schilderte, unbestreitbare Ähnlichkeiten zu erkennen sind. Die Orte mögen verschieden sein, aber die Lebensumstände der in diese Fälle verwickelten Männer gleichen sich: die Ankunft in Deutschland mit der Welle von Migranten, der Asylantrag als Voraussetzung für eine Aufenthaltserlaubnis, eine Vorgeschichte mit Gewaltverbrechen und ein Umgehen der Versuche von Behörden, geltendes Recht durchzusetzen und sie aus dem Land zu entfernen. Jetzt leben sie in deutschen Gefängnissen, außer einem, der sich in seiner Zelle erhängt hat.

Deutschland nahm im Verlauf der Flüchtlingskrise zwar die größte Zahl von Zuwanderern auf, aber seine Nachbarländer im grenzkontrollfreien Schengen-Raum erlebten dasselbe Phänomen mit neu ins Land gekommenen jungen Männern, die arglosen Frauen nachstellten, auch wenn die Täter in Italien eher Neuankömmlinge aus Afrika als aus dem Nahen und Mittleren Osten sind.

Ein 27-jähriger Nigerianer, der in einem Asylaufnahmezentrum in Bagnoli bei Neapel lebte, attackierte im März 2017 eine 41 Jahre alte Frau sexuell. Ein 20-jähriger Somalier, der eben erst seinen von den italienischen Behörden ausgestellten Bescheid über subsidiären Schutz erhalten hatte, vergewaltigte 2018 eine 68-jährige Frau, die sich am Strand sonnte.[14]

Auch in Italien erschienen Berichte über von Migranten verübte Gruppenvergewaltigungen. Im August 2017 wurden vier Einwanderer aus Westafrika, Nigeria und Marokko im Alter von 15 bis 20 Jahren wegen einer an einer polnischen Touristin verübten Gruppenvergewaltigung verurteilt. Zuvor hatten sie ihren Ehemann am Strand in Rimini zusammengeschlagen. Vier Monate später wurde ein 16-jähriges Mädchen in einem Dorf bei Avezzano, etwa 80 Kilometer von Rom entfernt, von zwei Migranten aus Marokko vergewaltigt.[15] Im darauffolgenden Jahr wurde die 16-jährige Desirée Mariottini in der Nähe des Bahnhofs Termini in Rom von mehreren Männern vergewaltigt und getötet. Ein Senegalese, ein Ghanaer und zwei Nigerianer stehen unter Verdacht.[16]

Im Gefolge der Flüchtlingswelle gab es auch in Frankreich ähnliche Fälle. Eine 38-jährige Paschtu-Dolmetscherin, die für einen Journalisten übersetzte, wurde 2016 von einer Gruppe afghanischer Männer in dem als »Dschungel von Calais« bekannten Migrantenlager mit einem Messer bedroht und vergewaltigt.[17] Eine Frau, die 2017 von ihrem Arbeitsplatz in einem Hotel in Calais nach Hause ging, wurde von 22-jährigen Migranten aus Eritrea in ein Wäldchen gezerrt, mit einem Messer bedroht und vergewaltigt.[18] Ein 28-jähriger Migrant aus Marokko, dessen Asylantrag zuvor in Deutschland wie auch in den Niederlanden abgelehnt worden war, wurde im Juli 2018 wegen eines sexuellen Angriffs auf ein elfjähriges Mädchen in einem Lebensmittelgeschäft in Croiselles in Frankreich zu einer Gefängnisstrafe von sechs Monaten verurteilt.[19] Ein 26 Jahre alter Sudanese attackierte 2017 auf einer Straße in Sin-le-Noble bei Lille am helllichten Tag zwei 14-jährige Mädchen sexuell.[20]

Unter den zahlreichen ähnlich gelagerten Fällen in Schweden ragen zwei aufgrund der schwachen Reaktion der Behörden besonders heraus. In einem Fall folgte ein 17-jähriger Somalier namens Mohomed einem 13-jährigen Mädchen in eine Toilette eines Einkaufszentrums in Borlänge.[21] Von den Hilfeschreien des Mädchens unbeindruckt, zwang er es auf einen Umkleidetisch und vergewaltigte es. Wenige Tage später bezeichnete er sein Opfer als »fette, ekelhafte Hure« und drohte, er werde ihm »den Hals abschneiden« und »auf den Kopf springen«, falls er bei der Polizei angezeigt werde. Ähnliche Drohungen hatte er gegenüber einem anderen Mädchen ausgesprochen, das er zuvor attackiert hatte, er hatte dieses Mädchen bespuckt und mit dem Tod bedroht. Mohomed wurde im Juni 2018 wegen mehrerer Straftaten verurteilt, unter anderem wegen Diebstahls, Beleidigung, sexueller Belästigung und Vergewaltigung eines Kindes. Das schwedische Gericht sah in seinem Fall jedoch »keinen besonderen Anlass« für eine Inhaftierung, da er minderjährig sei, und verurteilte ihn lediglich zu 150 gemeinnützigen Arbeitsstunden und einer geringen Geldstrafe zugunsten seiner Opfer. Die Polizei hielt in ihrem Bericht fest, der junge Mann habe sich damit gebrüstet, über dem Gesetz zu stehen.

Der Fall von Arif Moradi veranschaulicht ebenfalls deutlich – auch wenn er mit weniger Gewalttätigkeit verbunden war –, mit welcher Milde und Nachsicht man junge Migranten, die wegen Sexualstraftaten verurteilt wurden, in Schweden behandelt. Der Afghane Moradi kam 2014 nach Schweden, er war einer von insgesamt 7044 unbegleiteten Minderjährigen, die in jenem Jahr auf Asyl in Schweden hofften. Sein Antrag wurde 2016 abgelehnt, und die schwedische Regierung wies ihn an, das Land zu verlassen. Während er auf seine Berufungsverhandlung wartete, nahm Moradi an einem christlichen Jugendlager in Söderköping teil, wo er ein 14-jähriges Mädchen sexuell attackierte. Der Fall wurde vor dem Bezirksgericht Norrköping verhandelt, und bei dieser Verhandlung stellte sich heraus, dass die Lagerleitung Moradi gestattet hatte, in einem Raum mit jungen Mädchen zu übernachten. Er hatte eines der Mädchen belästigt und ungeachtet aller Proteste 30 Minuten lang begrapscht, bis sein Opfer weinend aus dem Raum gelaufen war. Dem Verhandlungsprotokoll zufolge hatten die Verantwortlichen die Klagen des Mädchens nicht ernst genommen, aber Moradi wurde dennoch wegen sexueller Belästigung zu 21 Tagen Haft und einer Geldstrafe von 7000 Kronen (680 Euro) verurteilt.

Vier Monate nach seiner Verurteilung wurde vor dem schwedischen Migrationsgericht über seine Berufung im Asylverfahren entschieden. Das Gericht gewährte ihm eine Aufenthaltserlaubnis von drei Jahren und den Flüchtlingsstatus, der auch mit seinem Übertritt zum Christentum begründet wurde. Das Gericht war über Moradis Verurteilung wegen der sexuellen Attacke auf die 14-Jährige unterrichtet, beschloss aber, dies bei der Entscheidung über die Aufenthaltserlaubnis nicht zu berücksichtigen.

Als Moradis schwedische Freunde von der erfolgreichen Berufung erfuhren, gratulierten sie ihm mit erfreuten und lobenden Posts und Herzchen-Emojis auf Facebook; diese Nachrichten sind inzwischen gelöscht, aber ich habe sie mit Screenshots für die Nachwelt festgehalten. Das las sich so:

»Willkommen zurück bei uns«

»Hi, willkommen zurück in der Freiheit, Arif 💚⚙️😊📑«

»Bestes, bestes Vorbild Moradi Arif 💚«

»Fantastisch! Willkommen bei uns 💚«

»Heißgeliebter Freund 💚💚💚💚«
»Keinen Tag zu früh«
»Endlich 💚💚💚«

Ein letztes schwedisches Fallbeispiel zeigt, wie langsam die Mühlen in Europa zuweilen mahlen können. Eine schwedische Frau wurde im August 2015 von drei Männern vergewaltigt, als sie ein Gasthaus in der Nähe von Strängnäs verließ. Zwei der Täter, die in einer nahegelegenen Asylbewerberunterkunft lebten, wurden noch im Dezember jenes Jahres verurteilt. Aber der dritte Mann wurde erst im November 2019 festgenommen.[22]

Auch österreichische Frauen hatten unter Sexualverbrechen zu leiden. Im September 2015 wurde eine 72-jährige Frau, die im südöstlich von Wien gelegenen Schwechat mit ihrem Hund am Flussufer spazieren ging, zu Boden geworfen und vergewaltigt.[23] Im Jahr 2018 lockte ein 19-jähriger Afghane namens Ziyaoddin O., der drei Jahre zuvor als Asylbewerber nach Österreich gekommen war, eine 20-jährige Albanerin in einen Wald, wo er sie vergewaltigte und ihr drohte, sie umzubringen. Als er wegen dieser Vergewaltigung angeklagt wurde, stellte sich heraus, dass er, wie so viele andere, wegen eines früheren Sexualdelikts vorbestraft war.[24]

Die Donauinsel ist ein beliebtes Wiener Freizeitparadies. Es gibt dort zahlreiche Restaurants und viele Orte, an denen man sich niederlassen und die Flusslandschaft genießen kann. Ein Wiener Polizeisprecher berichtete 2017, dass eine Mutter, die dort mit dem Kinderwagen unterwegs war, von einem 17-jährigen afghanischen Asylbewerber von hinten am Hals gepackt wurde. Der Angreifer stieß die Frau zu Boden und warf sich auf sie, aber als er sie zu küssen versuchte, wehrte sie ihn durch einen Biss in die Nase ab. Die Polizei stellte den Täter schließlich mit Hilfe von Beobachtungskameras und Spürhunden.[25]

»Sie respektieren nicht dieselben Dinge, die wir respektieren«, sagte ein Rechtsanwalt, der einen Afghanen in einem Verfahren wegen einer 2016 verübten Vergewaltigung einer türkischen Studentin in einem österreichischen Park verteidigte.[26] Zu den »Dingen«, die die Täter offensichtlich nicht respektieren, zählen auch die Rechte von Frauen auf körperliche Unversehrtheit und sexuelle Selbstbestimmung.

Ähnliche Geschichten findet man auch in anderen europäischen Ländern. Um das Ganze abzukürzen, will ich nur noch zwei weitere Fälle anführen. In Ungarn wurde ein 18 Jahre alter Afghane wegen drei sexuellen Übergriffen im Jahr 2018 angeklagt, zu denen die Vergewaltigung einer Frau in der Toilette eines Fast-Food-Restaurants an einem Sonntagmorgen zählte.[27] Ebenfalls 2018 folgte ein 17 Jahre alter Afghane einem 14-jährigen Mädchen in Esbjerg in Dänemark in die Toilette eines Einkaufszentrums und vergewaltigte es. Später behauptete er, das Mädchen habe den Angriff provoziert und »Satan« habe ihn verführt.[28]

Eine Typologie sexueller Gewalt

Das oben Berichtete ist nur eine Auswahl aus der sehr viel längeren Liste sexueller Übergriffe, die ich zusammengestellt habe. Ich möchte an dieser Stelle einige vorläufige Verallgemeinerungen anbieten, die auf meiner gesamten Stichprobe beruhen.

Zunächst einmal gibt es ein breites Spektrum hinsichtlich der Schwere der vorliegenden Straftaten. Einige der Vorfälle, die ich untersucht habe, bewegen sich am unteren Ende der Skala sexueller Gewalt: das Zurufen von Obszönitäten und sexuellen Beschimpfungen, das Angaffen und Hinterherpfeifen. Ein solches Benehmen ist anstößig, aber nur in wenigen Ländern strafbar. Zur nächsten Stufe der

Nötigung gehören das Verfolgen von Opfern, das Nachstellen (Stalking) und das Ignorieren von Versuchen, den Tätern auszuweichen oder sie zurückzuweisen. Manche Täter entblößten sich vor arglosen Frauen, versuchten aber nicht, sie anzufassen. Manche Fälle waren eindeutige sexuelle Angriffe: Die Männer berührten die Brüste und Genitalien von Frauen, schoben ihre Hände unter ihre Unterwäsche und begrapschten sie gewaltsam. In anderen Fällen kam es zu noch stärker von Gewalt geprägten Handlungen, zu Schlägen mit der offenen Hand, Fausthieben, Ziehen an den Haaren, Würgen, Tritten und zum Einsatz brutaler Gewalt, um das Opfer bewegungsunfähig zu machen. Wie wir im vorhergehenden Abschnitt gesehen haben, führte das in manchen Fällen zur Vergewaltigung eines Opfers, zu einigen Fällen von Gruppenvergewaltigung, und am extremsten Ende des Spektrums wurden einige Frauen ermordet, nachdem sie zuvor vergewaltigt worden waren.

Sie mögen jetzt die berechtigte Frage stellen, inwiefern sich diese Fälle – wenn überhaupt – unterscheiden, schließlich gibt es Belästigung, Angriffe, Vergewaltigung und Sexualmorde in allen Gesellschaften, auch dort, wo es kaum Einwanderer gibt. Also habe ich nach Gemeinsamkeiten zwischen den Tätern gesucht.

Die Täter waren, abgesehen von der Tatsache, dass sie Migranten aus Ländern mit muslimischer Bevölkerungsmehrheit waren, mehrheitlich sehr junge Männer. Manche von ihnen handelten auf eigene Faust, andere gingen in Paaren oder als nach Absprache agierende Gruppen auf die Jagd. Bei vielen Tätern wurde später festgestellt, dass sie eine Vorgeschichte als Kleinkriminelle hatten, etwa in Diebstahls-, Drogen- und Verkehrsdelikte oder andere Straftaten verwickelt waren. Ein auffälliger Unterschied zwischen diesen und herkömmlichen Fällen von sexueller Gewalt war, dass die Täter mehrheitlich »Fremde« in dem Sinn waren, dass sie zuvor keinerlei Umgang mit ihren Opfern gehabt hatten oder nur flüchtige Bekannte waren. In den meisten Fällen von Gewalt gegen Frauen haben die Beschuldigten, wie wir bereits gesehen haben, eine bereits bestehende Beziehung zu ihren Opfern.

Ein weiteres auffälliges Merkmal der Daten ist das vollkommene Fehlen irgendeines Musters bei den Charakteristika der Opfer: beim Alter, Aussehen oder irgendwelchen anderen Attributen. Zwölfjährige Mädchen sahen sich ebenso Übergriffen ausgesetzt wie Teenager, erwachsene Frauen und Mütter, die Babys im Kinderwagen bei sich hatten, aber auch ältere Frauen über 70 und 80 Jahre. Es werden Frauen und Mädchen angegriffen, die Partykleider tragen, Trainingsanzüge und Sportschuhe, Badekleidung, Schuluniformen, Wintermäntel und Hidschabs; ihre Kleidung scheint keine Rolle zu spielen. Es stimmt nicht, wenn man sagt, diese Männer hätten es auf weiße oder europäische Frauen abgesehen gehabt, denn manche Opfer in meiner Stichprobe waren selbst Einwanderinnen oder Nachkommen von Migranten. Die Täter scheinen sehr viel opportunistischer vorgegangen zu sein und jede Frau ins Visier genommen zu haben, die wie eine leichte Beute wirkte, weil sie alleine, betrunken, handlungsunfähig oder auf irgendeine andere Art schutzlos und verwundbar war.

Auch beim Timing der Attacken, die sich zu ganz verschiedenen Tages- und Nachtzeiten ereigneten, ist kein eindeutiges Muster erkennbar. Im Sommer, wenn sich Frauen häufiger im Freien aufhalten, ereigneten sich mehr Fälle. Aber auch Winterwetter stellte für manche Täter kein Hindernis dar. Außerdem versuchte ich, die Tatorte zu klassifizieren, aber auch hier ist kein festes Muster zu erkennen. Sexuelle Angriffe ereigneten sich in Groß- und Kleinstädten, in Zügen und Omnibussen, in Umsteigebahnhöfen, auf offener Straße und in Fußgängerunterführungen, in Gebüschen und Wäldchen, zwischen geparkten Autos, in Schulen, Einkaufszentren, Parks, in Erholungsgebieten, an Flussufern und auf Joggingstrecken, in Toiletten, hinter Gebäuden, bei Konzerten, in Altersheimen und Asylbewerberunterkünften und an Arbeitsplätzen. Die einzige offensichtliche Gemeinsamkeit besteht darin, dass nahezu alle Angriffe dieser Art an öffentlichen Orten und nicht in privaten Wohnräumen von Frauen erfolgten. Aber es gab keinen typischen öffentlich zugänglichen Ort, an dem eine größere Wahrscheinlichkeit für einen Angriff bestanden hätte.

KAPITEL 5

Wie Frauenrechte ausgehöhlt werden

Die Zunahme sexueller Belästigung

Die verschiedenen Sexualverbrechen, die in den vorhergehenden Kapiteln geschildert wurden, sind eindeutig der schlimmste Ausdruck einer von manchen Männern gepflegten Einstellung, der zufolge Frauen zur sexuellen Befriedigung zur Verfügung zu stehen haben, ob sie nun einverstanden sind oder nicht. Diese Einstellung manifestiert sich unter Umständen auch auf eine Weise, die in den meisten Ländern in der Regel nicht unter Strafe gestellt waren. In jüngster Zeit ändert sich das hier und da.

Ich behauptete jetzt *nicht,* sexuelle Belästigung sei eine Verfehlung, die ausschließlich unter Einwanderern aus muslimischen Ländern anzutreffen sei. Ganz im Gegenteil. Ein Teil meiner Motivation für dieses Buch war das Bestreben, die sich wandelnde Einstellung von Frauen gegenüber sexueller Belästigung zu erklären, die inzwischen weltweit mit der #MeToo-Bewegung verbunden ist. Mir ist es ein Rätsel, dass in den Vereinigten Staaten und anderen westlichen Ländern zahllose Druckseiten und üppige Sendezeit den Missetaten von ein paar hundert prominenten Personen in der Unterhaltungsindustrie, in der Politik, im Bildungswesen und in der Finanzbranche gewidmet wurden, aber sehr viel weniger über die wesentlich zahlreicheren Fälle von Vergewaltigungen, sexuellen Angriffen und Belästigungen geschrieben wurde, die von in jüngster Zeit nach Europa gekommenen Migranten verübt wurden.

Eine Schlüsselfrage ist dabei, inwieweit der Zunahme von Fällen sexueller Belästigung und sexueller Gewalt eine veränderte Einstellung von Frauen zu diesen Dingen zugrunde liegt. In Großbritannien bat man die Öffentlichkeit 2018 um anonyme Stellungnahmen für eine Untersuchung der Regierung zum Thema sexuelle Belästigung. Britische Frauen schilderten daraufhin detailliert ihre Erfahrungen hinsichtlich unerwünschter Interaktionen mit Männern. Ihre Berichte machten deutlich, dass Belästigungen in allen Bereichen und Schichten der britischen Gesellschaft vorkommen. Eine Mutter von zwei Kindern traf mit ihrem Beitrag den Nagel auf den Kopf:

(…) Meiner Erfahrung nach könnte ich auch schmuddelige Kleidung tragen und würde dennoch angegangen werden. Es geht nicht um die Kleidung oder das Make-up; es geht um die Tatsache, dass ich ganz offensichtlich weiblichen Geschlechts bin und mich in einem Umfeld bewege, das als Männern vorbehaltener Raum wahrgenommen wird. (…) Es geht nicht einmal darum, einen Sexualpartner auf sich aufmerksam zu machen; darum geht es nie, weil die Männer so respektlos und aggressiv sind. Es geht darum, Macht und Dominanz über das auszuüben, was sie als »schwächeres« Geschlecht wahrnehmen, das nährt Egos und ein Gefühl der Berechtigung, und es hilft ihnen, wenn Frauen zu Sexualobjekten herabgewürdigt werden, die zur Befriedigung der Männer erschaffen wurden.[1]

Diese Art von offener Diskussion über sexuelle Belästigung war eine der anregendsten gesellschaftlichen Veränderungen des vergangenen

Jahrzehnts. Sie mag teilweise durch ein relativ neues kulturelles Milieu zu erklären sein, in dem Frauen sich bestärkt fühlen, an die Öffentlichkeit zu gehen und das Wort zu ergreifen. Soziale Medien bieten Plattformen, auf denen Frauen ihre Erfahrungen austauschen können, auch wenn ihr nichtverifiziertes Format zu Zweifeln an den Aussagen einiger Frauen führen kann. Ein weiterer Grund, warum wir mehr über sexuelle Belästigungen erfahren, ist, dass erstmals in der Geschichte eine kritische Masse von Frauen in Machtpositionen gelangt und außerdem bereit ist, solche Klagen ernst zu nehmen – selbst wenn, wie wir noch sehen werden, auch Politikerinnen ihren Teil dazu beigetragen haben, dass die Konsequenzen der großen »Völkerwanderung« für Frauen unterschätzt werden.

Auch Frauen in Frankreich berichten über ein hohes Maß an sexueller Belästigung auf den Straßen und in öffentlichen Verkehrsmitteln. Pariserinnen beklagen sich über Männer, die in der Metro ihre Genitalien an ihnen reiben und ihnen in Supermärkten folgen, um sie zu begrapschen.[2] Ein Vorfall im 19. Arrondissement in Paris wurde 2018 auf Video festgehalten. Marie Laguerre sagte zu einem Mann, der sie mit anzüglichen Bemerkungen und suggestivem Zischen belästigt hatte, als sie an ihm vorbeiging, er solle seinen Mund halten. Daraufhin warf ihr der wütende Mann einen Aschenbecher ins Gesicht. Marie verbreitete das Video über die sozialen Medien, und die Polizei ermittelte den Namen des Mannes, der später vor Gericht kam. Zwar berichteten Medien in aller Welt über diesen Fall, aber nur wenige von ihnen lieferten die Information mit, dass der Mann ein tunesischer Einwanderer war, der seit seiner Kindheit in Paris gelebt hatte.[3]

Nach der massenhaften sexuellen Belästigung von Frauen in einer Reihe von deutschen Städten in der Silvesternacht 2015 (siehe unten) verabschiedete die deutsche Regierung neue gesetzliche Bestimmungen gegen sexuelle Belästigung und aus Gruppen heraus begangene Straftaten.[4] Ein Verhalten dieser Art war vor diesen Ereignissen nicht strafbar. Auch in Belgien (2014) und Frankreich (2017) wurden neue Gesetze gegen sexuelle Belästigung und Belästigung auf offener Straße verabschiedet. Aber geschah das, weil es zuvor noch keine Belästigung in einem solchen Ausmaß gegeben hatte? Oder war der Grund eine umwälzende Veränderung bei der Einstellung von Frauen zu solchen Vorfällen?

In Schweden besteht ganz gewiss eine erhöhte Wachsamkeit gegenüber sexueller Nötigung am Arbeitsplatz durch Vorgesetzte, was scheinbar der #MeToo-Bewegung zuzuschreiben ist. Aber die Behörden waren nicht auf Belästigung am Arbeitsplatz vorbereitet, die von Männern ausging, die als Antragsteller mit der schwedischen Bürokratie zu tun hatten. In einem 2017 erarbeiteten Report der schwedischen Migrationsbehörde (Migrationsverket) berichteten weibliche Angestellte dieser Institution über 15 Fälle von sexueller Belästigung durch Asylbewerber, deren Anträge sie verwalteten. Über 279 Fälle von Bedrohungen durch Antragsteller wurden innerhalb eines Jahres in der Zeit vom 1. September 2015 bis Ende August 2016 zu Protokoll gegeben.[5] In einigen Fällen wurden Mitarbeiterinnen gezielt angegangen, als sie das Büro verließen, und auf ihrem abendlichen Nachhauseweg dann belästigt und mit Vergewaltigung oder Mord bedroht.[6] Auch Bibliothekarinnen wurden von »aufsässigen« jungen männlichen Migranten, die sie als Symbole des schwedischen Staates betrachteten, gezielt angegangen.[7]

Wie bereits oben festgestellt, sind die Ziele der Belästigung, die von Migranten ausgeht, nicht immer weiße Frauen. Asylbewerberinnen sind zwar nur eine Minderheit unter den Migranten, aber auch sie sahen sich Belästigungen und sexuellen Angriffen ausgesetzt.[8] Neunjährige Mädchen berichteten über Vorfälle, bei denen sie in Küchen und Fluren, ja sogar in ihren Betten in Flüchtlingsunterkünften begrapscht, angezischt und sexuell belästigt wurden. Aus

Furcht vor Racheakten oder aus mangelndem Vertrauen zu den Behörden berichten jedoch nur wenige Asylbewerberinnen über erlittene Misshandlungen.[9]

Im Rückblick auf meine eigene Zeit in einer Asylbewerberunterkunft in Lunteren in Holland erinnere ich mich an ein erschreckendes Erlebnis aus dem Jahr 1992. Ein somalischer Mann versuchte, mich anzugreifen, als ich auf dem Gelände der Unterkunft Fahrrad fuhr. Er sagte, ich hätte auf einem Fahrrad gesessen und dabei die Beine auseinanderbewegt, also hätte ich »es herausgefordert«. Die Leiterin der Einrichtung frage ihn, ob sie es dann auch herausfordere, weil sie, wie die meisten niederländischen Frauen, täglich Fahrrad fahre. Die unmissverständliche Antwort des Mannes war ein »Ja«. Dieser Vorfall liegt fast 30 Jahre zurück.

Silvesternacht

Sexuelle Gewalt im öffentlichen Raum – und ganz besonders die Variante, die von in Gruppen auftretenden Männern begangen wird – wurde im größten Teil Europas bis in die allerjüngste Zeit als eine Anomalie betrachtet. Die Quoten von Vergewaltigungen und sexuellen Angriffen waren seit Jahrzehnten rückläufig. Es war allgemein anerkannt, dass sich der größte Teil der sexuellen Gewalt in festen Beziehungen abspielte. Die Europäer, die in Gesellschaften aufwuchsen, in denen Gewalt eine Seltenheit und die Gleichheit zwischen den Geschlechtern weiter vorangekommen war als jemals zuvor, waren auf das, was auf sie zukam, nicht vorbereitet.

Ein Tag der Positionsbestimmung kam am Abend des 31. Dezember 2015 in Köln. Rund 1500 Männer, viele von ihnen erst kurz zuvor ins Land gekommene Asylbewerber arabischer und nordafrikanischer Herkunft, versammelten sich im Bereich zwischen dem

Hauptbahnhof und dem Kölner Dom, um das neue Jahr in einer
Form zu begrüßen, die man in Deutschland Silvesternacht nennt –
am Namenstag von Silvester I., einem Papst des 4. Jahrhunderts. Die
Männer waren betrunken, zügellos und – wie schon bald deutlich
wurde – vom Polizeiaufgebot der Stadt nicht zu bändigen. Sie taten
sich zusammen, um auf der Domplatte anwesende Frauen einzukrei-
sen, sexuell zu belästigen und zu attackieren, oft stahlen sie dabei die
Portemonnaies und Mobiltelefone der bedrängten Frauen. 661 Fälle
von sexueller Gewalt wurden in der Folge angezeigt.[10]

Alice Schwarzer, eine der führenden deutschen Feministinnen und
selbst Kölnerin, und die *Emma*-Redakteurin Alexandra Eul recherchierten zu den Ereignissen an Silvester und interviewten viele der
Frauen, die an jenem Abend angegriffen worden waren. Diese Frauen
berichteten, dass sie von ihren Ehemännern und Partnern getrennt
und in einen von jungen Migranten gebildeten »Höllenkreis« ge-
schubst worden seien. Die Männer begrapschten Frauen und Mädchen – Alter, Aussehen oder Begleitumstände spielten keine Rolle –,
fassten ihnen an die Brüste und zwischen die Beine. Eine Frau erzählte, dass verschiedene Männer versucht hätten, mit Fingern in
ihre Vagina einzudringen. Nur die dicke Winterstrumpfhose, die sie
getragen habe, habe dies verhindert. Einige Frauen wurden von
Männergruppen bis zu 30 Minuten lang festgehalten und unablässig
attackiert. Als sie schließlich wieder freigegeben wurden, sagten einige der Opfer, habe die Polizei absichtlich weggesehen. Zahlreiche
Frauen berichteten über Traumata und Angstzustände, die auch viele
Monate nach den Vorfällen noch anhielten. Doch diejenigen, die öffentlich über das berichtet hatten, was ihnen widerfahren war, wurden daraufhin als »Rassistinnen« bezeichnet, weil sie auf die ethnische Herkunft oder den Migrantenstatus der Täter verwiesen hatten.
Mittlerweile nutzen sie oft ein Pseudonym, wenn sie über ihre Erfahrungen berichten.[11]

Die Reaktion der Behörden war irritierend. Die Kölner Polizei gab am Neujahrstag 2016 eine Pressemitteilung heraus, in der es hieß, der Silvesterabend sei »weitgehend friedlich« verlaufen. Nur eine Vielzahl von Berichten in den sozialen Netzwerken ließ den Behörden – und den Medien – keine andere Wahl, als öffentlich über die Angriffe zu sprechen und Informationen über das Ausmaß und die Schwere der Straftaten zu veröffentlichen, außerdem machten sie jetzt Angaben zur Herkunft der Täter. Innerhalb einer Woche wurde die ursprüngliche Pressemitteilung der Polizei zurückgezogen, und der Kölner Polizeichef musste gehen. Später sickerte dann durch, dass die Polizei auf das massive Ausmaß der an jenem Abend aufgetretenen sexuellen Gewalt nicht vorbereitet und deshalb auch nicht imstande gewesen war, Recht und Gesetz durchzusetzen und der Gewalt ein Ende zu bereiten.

Am Silvesterabend kam es auch in Hamburg, Stuttgart, Düsseldorf und Bielefeld zu ähnlichen Angriffen von Seiten arabischer und nordafrikanischer Migranten, wenn auch in kleinerem Ausmaß.[12] Bundeskanzlerin Angela Merkel äußerte sich folgendermaßen zu den Vorfällen: »Die Ereignisse der Silvesternacht haben schlaglichtartig nochmal die Herausforderung, vor der wir stehen, deutlich gemacht. In einer neuen Seite, die wir bisher so nicht betrachtet hatten.«[13] Für manche war diese »neue Seite« weniger überraschend. Auf die *Emma*-Frage, ob es vorab irgendwelche Warnsignale gegeben habe, erklärte »Helin« (ein Pseudonym, das eine Frau türkischer Herkunft in Stuttgart verwendete), die Stimmung in der Stadt sei bereits Monate vor dem Silvesterabend »komisch« geworden. Ihr seien Gruppen von arabischen und afrikanischen Männern aufgefallen, die, oft in betrunkenem Zustand, in den Straßen herumgelungert hätten. Diese Männer belästigten sie und andere Frauen regelmäßig, riefen schlüpfrige Bemerkungen und versuchten, sie anzufassen. Schon bald vermied sie es, zu Fuß alleine unterwegs zu sein.

Ich empfinde die Behauptungen der deutschen Behörden und der Polizei, man sei von diesen Attacken »überrascht worden«, als kaum hinnehmbar, denn die Taktik, derer sich die jungen Männer bedienten, war in Deutschland nichts Neues mehr. Nur fünf Monate später, im Mai 2016, berichteten deutsche Frauen und Mädchen, dass sie beim »Karneval der Kulturen«, einem Straßenfest in Berlin, von Gruppen von Migranten eingekreist, begrapscht und bestohlen worden seien.[14] Ebenfalls im Mai 2016 geschah jungen Mädchen bei einem Musikfestival in Darmstadt Ähnliches, Gruppen von etwa zehn Männern hatten sie eingekreist und begrapscht. Die Polizei nahm später drei Tatverdächtige fest, zwei von ihnen waren Asylbewerber aus Pakistan.[15] Zwei Monate später, im Juli 2016, verhaftete die Polizei in Bremen sechs Verdächtige, mehrheitlich Flüchtlinge aus Afghanistan, weil sie bei der »Breminale«, einem Open-Air-Festival in Bremen, als Gruppe auftretend und in ähnlicher Form sexuelle Belästigung ausgeübt hatten.[16] Im gleichen Monat nahm die Polizei auf der dänischen Insel Langeland drei Asylbewerber fest, die dort bei einem Festival neun Frauen und Mädchen begrapscht hatten, darunter eine 16-jährige Jugendliche. Kurz gesagt: Bis zum Dezember 2016 kamen bei öffentlichen Veranstaltungen dann genügend Übergriffe dieser Art zusammen, um die Aufmerksamkeit der deutschen Polizei zu gewinnen.

Nur kurze Zeit nach den Vorfällen in Köln gestand die schwedische Polizei einen Fall von Vertuschung im eigenen Land ein. Ein Mob von 50 jungen männlichen Asylbewerbern, nach Angaben der Polizei handelte es sich mehrheitlich um Afghanen und Marokkaner, hatte Frauen beim »We Are Sthlm«-Sommerfestival 2015 auf ähnliche Art und Weise angegriffen. Die Polizei hatte festgestellt, dass sie nicht genügend Einsatzkräfte vor Ort hatte, um die Täter im Verlauf der Veranstaltung an einer Rückkehr und der Begehung neuer Straftaten zu hindern. Die Polizei gab eine Pressemitteilung heraus, in der

davon die Rede war, bei diesem Festival habe es »relativ wenige Straftaten« gegeben, und verschwieg dabei die Tatsache, dass 38 gegen
junge Mädchen verübte Sexualdelikte angezeigt worden waren, deren
jüngste Opfer erst 14 Jahre alt waren. Sechs Monate später legte die
schwedische Polizei dann die Tatsachen auf den Tisch – aus Furcht
vor einer ähnlich heftigen Reaktion, wie es sie nach den Kölner Ereignissen gegeben hatte.[17] Bezeichnenderweise sagte Peter Ågren, der
Polizeichef von Södermalm, einer der Gründe für die Vertuschung
sei gewesen, dass man habe verhindern wollen, dass Rassismus »den
Schwedendemokraten« – Schwedens weit rechts stehender populistischer Partei – »in die Karten spielt«.[18]

Wir werden im Teil II auf diese unter den Kräften, die in Europa
für Recht und Ordnung zuständig sind, bemerkenswert weit verbreitete Mentalität des »Nichts sehen, nichts hören, nichts sagen« zurückkommen und ihre zutiefst nachteiligen unbeabsichtigten Konsequenzen untersuchen.

Die Stimmung auf den Straßen ändert sich

Ich bin nicht die einzige Frau, die sich sorgt, dass die hart erkämpften Fortschritte, die Frauen in liberalen Gesellschaften erreicht haben, von Einwanderern aus Gesellschaften, in denen Frauen keine
Rechte dieser Art genießen, ausgehöhlt werden. Diese Sorge teilt beispielsweise auch Nicola Frank, eine 39 Jahre alte Redakteurin und
Mutter, die in Oldenburg lebt. Als ich mit Nicola sprach, saß sie neben ihrem Ehemann Stefan in ihrem schönen Wohnzimmer, und der
kleine Sohn der beiden spielte auf dem Fußboden.[19] Beide wirkten
auf mich wie der Inbegriff moderner Europäer: Der Ehemann beteiligte sich an der Kindererziehung und unterstützte die Berufstätig-
keit seiner Frau. Nicola trug einen blauen Pullover und eine Bluse

mit Blumenmuster, ihr rotbraunes Haar war zu einem Chignon hochgesteckt. Ich fragte sie, was sich in ihrem Leben verändert habe.

»Als junges Mädchen machte ich mir niemals Sorgen über Belästigungen oder mangelnde Sicherheit in meinem Lebensumfeld. Im Jahr 2015 änderte sich das für mich. Es ist ein neuartiges Phänomen, dass Frauen hier bei Tag nicht sicher sind. Auf der ganzen Welt ist es ein Problem, dass Frauen zu bestimmten Abend- und Nachtzeiten nicht sicher sind. Aber dass ich hier bei Tageslicht belästigt werde und anzügliche sexuelle Bemerkungen zu hören bekomme, das ist mir früher nicht passiert. Alle deutschen Städte, die ich kenne, haben sich verändert. Zwei junge Burschen belästigten mich, als ich diesen Sommer in meiner Heimatstadt Bonn zu Besuch war. Sie waren sehr jung, bestimmt unter 25, und eindeutig Einwanderer. In einer solchen Situation würde ich normalerweise eine eindeutige Reaktion zeigen – vielleicht sogar eine aggressive –, aber ich hatte meinen zweijährigen Sohn dabei, also wollte ich sie nicht weiter reizen und zeigte ihnen nur den Finger. Sie lachten, wandten sich dann einer anderen Frau zu, die in unmittelbarer Nähe unterwegs war, und belästigten sie.«

»Benehmen sich jetzt alle Männer in Deutschland so?«, fragte ich.

Nicolas Miene veränderte sich, wirkte angespannt; die Antwort auf diese Frage war ihr sichtlich unangenehm. »Leider nein. Aus meiner Sicht muss ich sagen, dass das eine Konsequenz der Migration ist. Es fällt schwer, das auszusprechen. Es gibt ein Problem mit der Kultur und der Einstellung arabischer Männer gegenüber Frauen.«

Sie legte die Stirn in noch tiefere Falten und wand sich auf ihrem Sessel, was jetzt kam, war ihr noch unangenehmer. »Bis vor wenigen Jahren war ich eine echte Linke hier in Deutschland. Meine politische Ansicht war, dass wir immer tolerant sein und andere Kulturen respektieren sollten. Auf dem Gymnasium arbeitete ich in antirassistischen Gruppen mit.«

Sie rieb sich die Stirn. »Ich wagte es nicht, das offen auszusprechen und mit meinen linken Freunden über diese Dinge zu reden. Ich wollte nicht als Rassistin beschimpft werden. Ich spreche nicht viel über dieses Thema. Ich habe Freunde mit einer linken Gesinnung, und die sind nicht bereit, darüber zu reden. Ich gehe zum Beispiel mit meinem Sohn in eine Krabbelgruppe hier in Oldenburg, und eines Tages machte ich eine Bemerkung über einen grauenhaften Mord, der gegen Ende des Ramadan im Mai passierte. Es gab eine Auseinandersetzung zwischen zwei Männern in der Innenstadt, zwischen einem Araber und einem Kurden. Der Streit spielte sich vor vielen Leuten ab, auch Kinder waren dabei. Der Araber zog plötzlich ein Messer und schlitzte dem Kurden den Hals und die Brust auf. Der Mann starb auf offener Straße. In der Krabbelgruppe sagte ich: ›So etwas wäre hier noch vor zehn Jahren nicht passiert.‹ Und die anderen Eltern erwiderten, dass so etwas immer wieder passiere und dass es kein von Migration und einer bestimmten Kultur verursachtes Problem sei. Das Gespräch war ihnen unangenehm, also hielt ich mich zurück, und seitdem vermieden wir das Thema Migration und Gewalt in unserer Stadt.«

Nicola fühlte sich – wie auch ihre Freunde – unwohl, wenn sie den Migrantenstatus der Männer, die sie belästigt hatten, ansprach. Ich hatte das Gefühl, dass sie sich fast wünschte, die Quälgeister wären hellhäutige Deutsche gewesen. Dann wäre es einfacher gewesen, das Problem zu adressieren und zu diskutieren.

Ich fragte: »Hat sich Ihr Tagesablauf deswegen verändert?«

Nicola nickte. »Wenn ich jetzt in der Innenstadt Einkäufe zu erledigen habe, mache ich Umwege. Ich verschiebe morgendliche Spaziergänge mit meinem Sohn um eine Stunde, damit ich nicht im Dunkeln gehen muss; das gilt für Winter und Sommer. Ich gehe nicht mehr durch den großen Stadtpark. Zu bestimmten Tageszeiten kaufe ich in bestimmten Supermärkten in bestimmten Gegenden der

Stadt nicht ein. Früher ging ich gerne am Kanal spazieren, aber nach einem unangenehmen Vorfall vor einigen Wochen gehe ich nicht mehr dorthin.«

»Was passierte da?«

»Es ist eine ähnliche Geschichte. Zwei junge Männer mit arabischem Aussehen sprachen mich in gebrochenem Deutsch mit den Worten ›du Fotze‹ an. Es war am Sonntagmorgen, ich war mit einem leichten Kinderwagen unterwegs, und sie gingen mir einige Zeit lang nach. Es waren auch Jogger, Radfahrer und andere Fußgänger unterwegs. Ich war nicht die einzige Frau, die so etwas auszuhalten hatte. (…) Es ist offensichtlich, dass diese Männer sich vor nichts fürchten und keinerlei Respekt haben. Bei einer anderen Gelegenheit saß ich in einem Bus, es war neun Uhr morgens an einem Werktag. Ich wurde zur Augenzeugin des Fehlverhaltens zweier junger Männer mit arabischem Aussehen. Nachdem sie ausgestiegen waren, gab es eine Diskussion zwischen uns Fahrgästen und dem Busfahrer, der es nicht gewagt hatte, die beiden zum Aussteigen aufzufordern. Er erklärte, wenn er das getan hätte, könnten die beiden sich bei seinem Arbeitgeber über eine ›rassistische‹ Behandlung beschweren. Ich stieg zusammen mit einer weiteren Frau aus; sie zitterte, als sie sich eine Zigarette anzündete, und sagte, einer der Männer habe hinter ihr gesessen und während der ganzen Fahrt mit ihrem Haar gespielt.«

Nicola blieb während unseres Gesprächs durchweg sachlich. Sie machte keinen zornigen oder aufbrausenden Eindruck. Sie forderte nicht schimpfend die Schließung der Landesgrenzen. Ihre Beschreibung, wie plötzlich sich ihr Alltagsleben verändert hatte, klang einfach nur traurig.

Sie sagte: »Ich bin auf der Hut und musste viele Gewohnheiten ändern oder ganz fallenlassen. Ich habe in der Tasche immer ein Pfefferspray dabei. Früher bin ich nicht so durch Oldenburg gegangen, und ich kenne die Stadt seit 20 Jahren.«

Wie wir bereits gesehen haben, ist Niedersachsen, das Bundesland, in dem Nicola lebt, eine der wenigen Regionen in Europa, in denen die Verbindung zwischen Einwanderung und Verbrechen sehr genau untersucht wurde.[20] Nicolas Schilderung bestätigt eine zentrale Schlussfolgerung der Untersuchung in Bezug auf »Gewalt legitimierende Männlichkeitsnormen«, die von Migranten aus ihren Herkunftsländern mitgebracht wurden.

Für Frauen, die in diesem gesellschaftlichen Klima leben, ist es gefährlich geworden, sich alleine im öffentlichen Raum zu bewegen. Nicolas Beobachtungen überraschen mich nicht. Männern aus dem Weg gehen, auf der Hut sein, möglichst keine Aufmerksamkeit auf sich selbst lenken: So sieht der Alltag von Frauen in Afrika und im Nahen und Mittleren Osten aus. Meine Schwester und ich hüllten uns als heranwachsende Mädchen in Mogadischu und Nairobi in Hidschabs und entzogen uns so den Blicken der Öffentlichkeit. Heute müssen sich Frauen in Europa Gedanken machen, wie sie sich am besten so kleiden, dass sie der Aufmerksamkeit einer zunehmenden Zahl von herumstreunenden Männern, die nach Frauen Ausschau halten, entgehen.

Die schwedische Journalistin Paulina Neuding, deren Berichterstattung sich auf mutige Art und Weise den negativen gesellschaftlichen Konsequenzen der Einwanderung widmete, erklärte mir: »Die Menschen hier in Schweden ändern ihre Lebensführung. Es gab zahlreiche Berichte zu Übergriffen von Gruppen in öffentlichen Schwimmbädern, und viele dieser Einrichtungen mussten Sicherheitspersonal und zweisprachige ›Moderatoren‹ einstellen oder Überwachungskameras installieren. Das größte Schwimmbad in Stockholm führte nach Berichten zu Angriffen sogar unterschiedliche Zeitfenster für die Whirlpools im Haus ein. Aber das sind eng begrenzte Räume. Was bedeutet das für die Bewegungsfreiheit von Frauen an Orten, an denen es keine ›Moderatoren‹ oder Kameras gibt? In dem Stockholmer Vorort, in dem ich aufwuchs, ging ich gern in Richtung des Waldes spazieren oder fuhr mit Freunden Fahrrad, um anschließend im See zu baden. Aber würden Sie heute ein Mädchen im Teenageralter alleine zum See gehen lassen, wenn Schwimmbäder als Reaktion auf Angriffe zu so drastischen Maßnahmen greifen müssen?«[21] In einem ihrer Artikel stellte Neuding die naive Reaktion der schwedischen Behörden auf die schwindende Präsenz von Frauen im Stockholmer Vorort Rinkeby bloß. Der Bezirksrat hatte einige Sitzbänke auf dem zentralen Platz Rinkebys pink anstreichen lassen, in der Absicht, diese Sitzgelegenheiten für Frauen zu reservieren. Man hoffte, Frauen würden dadurch ermutigt, auf diesen Platz zurückzukehren. Die Bänke waren schon bald wieder entfernt worden, nachdem sich herausgestellt hatte, dass nur Männer dort saßen.

»Die Straße gehört nicht dir. So fühlt sich das an. Ich fühle mich nicht frei.«[22]

Die Klagen von Frauen über eine Zunahme der sexuellen Belästigung sind nicht auf Deutschland und Schweden beschränkt. Der Pariser Stadtbezirk La Chapelle-Pajol wurde 2017 zu einer umkämpften »No-go-Zone«. Eine Petition mit dem Titel »Frauen: Eine bedrohte Spezies im Herzen von Paris« erhielt daraufhin 20 000 Unterschriften. Zuvor war ein Zustrom von Migranten aus dem als »Dschungel« bekannten Flüchtlingslager in Calais verzeichnet worden.[23] Einheimische Frauen berichteten, dass La Chapelle-Pajol im Zeitraum von nur einem Jahr einen vollständigen Wandlungsprozess durchgemacht habe. Die 38-jährige Aurélie sagte der Zeitung *Le Parisien,* sie erkenne das Viertel nicht mehr wieder, in dem sie 15 Jahre lang gelebt habe:

Einfach nur hier unterwegs zu sein, ist schon problematisch geworden. Das Café in unmittelbarer Nähe meiner Wohnung, früher ein nettes Bistro, hat sich in einen reinen Männertreffpunkt verwandelt und ist immer proppenvoll. Ich bekomme einiges zu hören, wenn ich dort vorbeikomme, vor allem, weil das Publikum sehr viel trinkt. Vor ein paar Tagen löste der simple Vorgang, dass ich ans Fenster meiner Wohnung ging, eine Flut von Beleidigungen aus, und ich musste mich in meiner Wohnung einsperren. Noch vor einiger Zeit nahm ich von der Metro-Haltestelle Stalingrad aus auch spät abends noch den Weg über den Boulevard de la Chapelle. (…) Heutzutage ist das undenkbar.[24]

Dieses Gefühl, dass Frauen in manchen Pariser Straßen nicht mehr sicher sind, hielten Aziza Sayah und Naida Remadna, die Gründerinnen der Brigade des Mères, einer Organisation, die mit Müttern zusammenarbeitet, um die Radikalisierung ihrer Kinder zu verhindern, filmisch fest.[25] Mit versteckter Kamera dokumentierten die beiden Frauen einen Dialog in Seine-Saint-Denis, einem Vorort-Département mit hohem Migrantenanteil nordöstlich von Paris. Als die beiden Frauen ein Café betraten, wurden sie gefragt, warum sie in dieses Lokal gekommen seien:

Off-Kommentar: In dieser Bar für Männer sind die Leute nicht sehr freundlich.

Inhaber: Es ist am besten, draußen zu warten.

Nadia: Warum?

Inhaber: Dies ist ein Ort für Männer.

Nadia: Das ist kein Problem. Wir leben in einer Welt, in der es Männer und Frauen gibt. Sind Sie verrückt?

Inhaber: Nein, Sie sind verrückt.

Off-Kommentar: Der Barkeeper war nicht in Diskussionslaune. Die anderen Männer waren geschockt, als sie Frauen sahen.

Nadia: Wir werden uns diskret in eine Ecke setzen.

Mann im Café: Dies ist ein Ort für Männer.

Mann im Café: Wir sind hier in Sevran, nicht in Paris.

Nadia: Auch in Sevran sind wir immer noch in Frankreich!

Mann im Café: Sie sind hier im 93.! [Eine Anspielung auf die Ordnungsnummer des Départements Seine-Saint-Denis]

Nadia: Na und?

Mann im Café: Sie sind nicht in Paris! Die Mentalität ist anders! Sie ist wie in der Heimat.

Ja, tatsächlich »wie in der Heimat«. Ich konnte nicht glauben, dass Frauen auf den Straßen eines Vorortes von Paris unerwünscht waren. Ihre Erfahrungen glichen meinen eigenen so sehr – aber nicht meinen Erfahrungen in Europa, sondern meinem Jahrzehnte zurückliegenden Leben in Nairobi oder Mogadischu. Der Mann im Pariser Vorortcafé hatte recht: Das 93. Département mag geografisch in Frankreich liegen, aber in dieser Hinsicht befindet es sich in Nordafrika.

Auch Teile von Brüssel haben sich mittlerweile einen Ruf als »No-go-Zonen« für Frauen erworben. In den Straßencafés von Koekelberg – nicht weit von Molenbeek entfernt – sieht man Männer aus der Türkei und Marokko, die dort sitzen und entspannt miteinander plaudern. Sie lassen sich vom Verkehr und den lärmenden Bussen, die dort fahren, nicht aus der Ruhe bringen. Aber sie unterbrechen das Ziehen an der Zigarette und das Nippen an der Teetasse, sobald eine Frau vorbeigeht. Viele von ihnen grinsen süffisant, und alle Augen sind auf die Fußgängerin gerichtet. In den nahegelegenen Parks spielen junge afrikanische Männer Fußball, und gelegentlich eilt auf den gepflasterten Gehwegen eine von Kopf bis Fuß in

Schwarz gehüllte muslimische Frau vorbei und trägt ihre Lebensmitteleinkäufe nach Hause. Ansonsten fallen Frauen größtenteils dadurch auf, dass sie abwesend sind.

In Sofie Peeters' Film *Femme de la Rue* (2012) folgt eine versteckte Kamera der Regisseurin auf ihrem Spaziergang durch die Brüsseler Innenstadt, bei dem sie ein knielanges, kurzärmeliges Kleid und Lederstiefel mit flachen Absätzen trägt.[26] Für europäische Verhältnisse ist sie nicht auffällig gekleidet. Aber vorbeikommende Männer werfen ihr wiederholt anzügliche Blicke zu. Wir sehen Sofie lesend auf einer Parkbank sitzen, während acht junge Männer sie unentwegt anstarren, als wäre sie ein Eisbär, der sich in diesen Park verlaufen hat. Sofie macht in gar keiner Weise besonders auf sich aufmerksam; sie liest einfach nur ein Buch. Auf ihrem Spaziergang durch die Straßen der Stadt nähert sich ihr ein Mann nach dem anderen, und die Kommentare dieser Männer reichen von schmierigen Komplimenten bis zu Beleidigungen und Drohungen: »Sie sind hübsch, Fräulein.« – »Wie geht es Ihnen?« – »Gehen wir zusammen auf einen Drink? Bei mir zu Hause, natürlich. Oder in einem Hotel. Im Bett. Du weißt schon, das ist keine große Sache.« – »Sie sind sexy. Sie machen mich scharf.« Sie kommt an einem Café vorbei. Davor sitzen Männer. Sie machen Geräusche, die wie Peitschenknallen klingen, und übertriebene Kusslaute. Jemand ruft laut: »Hübscher Arsch!«, und die anderen Männer lachen. Sie geht weiter. Ein Bursche ruft ihr »Schlampe« hinterher. Ein anderer macht sich, beiläufig im Vorübergehen und über die Schulter hinweg, mit dem Wort »Hure« bemerkbar. Das ist es, was die Männer in ihrem Stadtviertel wahrnehmen; für sie ist eine Frau, die nicht von Kopf bis Fuß verhüllt ist, eine »Schlampe«, die es »herausfordert«. Diese Wahrnehmung gilt für alle Frauen, nicht nur für die Frauen in ihrer eigenen Gemeinschaft. Für sie gibt es keine kulturelle Entschuldigung für das äußere Erscheinungsbild europäischer Frauen.

Sofies Film zeigt, wie ihre Nachbarinnen gemeinsame Strategien entwickeln, um das Ausmaß der Belästigungen zu minimieren. Sie vermeiden jeden Augenkontakt, sie ändern ihren Bekleidungsstil, tragen in der Öffentlichkeit keine Röcke mehr, suchen und finden neue Wege zu Läden und den Haltestellen öffentlicher Verkehrsmittel, sie hören Musik, um jede Art von Kommentar auszuschließen. Am Ende des Films zieht eine von Sofies Nachbarinnen weg, weil sie es satt hat, sich jeden Tag, sobald sie das Haus verlässt, sexistischen Kommentaren auszusetzen, etwa in der Art von: »Wenn ich könnte, würde ich ihn dir in den Arsch stecken!«

»Als der Film im Fernsehen gezeigt wurde, schlug er wie eine Bombe ein«, sagte Sofie, als ich 2018 mit ihr sprach. »Die Typen in meinem Dokumentarfilm waren mehrheitlich Marokkaner, Tunesier und Algerier, weil Brüssel eine sehr stark multikulturell geprägte Szene hat. Manche Leute nahmen den Film als rassistisch wahr, weil wir nur diese Typen sehen, die als Belästiger auftreten.«[27] Aber Sofie betonte, ihre Motivation sei nicht, gegen Einwanderer Stimmung zu machen, sondern für Frauenrechte einzutreten. Sie erklärte, sie habe einfach nur das gefilmt, was sich auf den Straßen ihres Stadtviertels abgespielt habe, und nicht versucht, irgendeine besondere Gruppe ins Visier zu nehmen. »Ich bin überhaupt nicht rassistisch. Wenn mich irgendetwas beeinflusst hat, dann war das die #MeToo-Bewegung, die gezeigt hat, dass sexuelle Belästigung allgegenwärtig ist. Sie ist nicht ausschließlich auf eine bestimmte Kultur, soziale Schicht oder Herkunft beschränkt. Aber das bedeutet nicht, dass die Kultur bei stereotypen Ansichten und sexistischem Verhalten keinerlei Rolle spielt.« Auch Sofie zog schließlich aus Brüssel weg. Sie hatte genug von der sexuellen Belästigung, die ihr Alltagsleben überschattete, wie auch von den Drohungen, die sie wegen des Films erhielt.

Am Verhalten der Männer, das Sofie in ihrem Film dokumentierte, ist nichts Rätselhaftes. Wie wir noch sehen werden, kommen sie aus einer nach Geschlechtern getrennten Gesellschaft. Dass Frauen sich in der Öffentlichkeit frei bewegen, wird verabscheut. Und sie sehen keinen Grund, ihre Ansichten zu ändern, nur weil sie jetzt in Westeuropa leben. Hicham Chaib, ein mittlerweile verstorbener Sprecher einer Salafisten-Gruppe, die sich Sharia4Belgium nennt, veröffentlichte als Reaktion auf Sofies Film ein Video, in dem er erklärte, Sofie gehe »halbnackt auf der Straße spazieren und kleidet sich wie eine billige Prostituierte. Ihr Gesicht hat sie wie ein Clown bemalt. All dies hat sie getan, um die Aufmerksamkeit der Männer auf sich zu ziehen.«[28] Chaib verurteilte nicht die Belästigung und schämte sich auch nicht für das Verhalten der Männer; er gab Sofie die Schuld. Obwohl er, wie sich noch herausstellen sollte, extreme politische Ansichten vertrat – im darauffolgenden Jahr ging er nach Syrien, um für den »Islamischen Staat« zu kämpfen –, ist seine Einstellung gegenüber Frauen typisch für viele Männer aus diesem Teil der Welt.

Spießrutenlaufen in öffentlichen Verkehrsmitteln

Als ich in Holland lebte, versuchte ich mich regelmäßig körperlich kleiner zu machen, wenn somalische oder andere afrikanische Männer im Zug neben mir saßen. Sie verhielten sich auf eine besitzergreifende Art, als gehörte ich zu ihrem persönlichen Eigentum und hätte deshalb obszöne Bemerkungen zu ertragen. Heute sehe ich, dass nicht nur junge Frauen aus Somalia sich selbst aus dem Stadtbild entfernen. Auch europäische Frauen bekommen es mit einem erhöhten Maß an sexueller Gewalt und Belästigung in öffentlichen Verkehrsmitteln zu tun, und sie entwickeln Mechanismen der Bewältigung. Diese ähneln Strategien, die Frauen in Afrika und im Nahen und Mittleren Osten schon seit langem anwenden.

Viele europäische Bahnhöfe wurden während des größten Zustroms nach Europa in den Jahren 2015 und 2016 zu provisorischen
Unterkünften für Migranten – hier gab es kostenloses Wi-Fi und
Schutz vor Kälte und Regen. Der Bahnhof von Linz in Oberöster-
reich wurde von der Boulevardpresse als »No-go-Zone« bezeichnet,
und die Bereitschaftspolizei setzte dort zusätzliche Beamte ein. Ein
Vater schrieb in einem an den oberösterreichischen Landeshaupt-
mann und an die Polizei gerichteten offenen Brief: »Meine Tochter
ist 16 und hat Angst, wenn sie am Abend durch den Linzer Bahnhof
muss.«[29] Zwei Jahre später waren die Migranten in alle Windrichtun-
gen zerstreut und mit ihnen auch die provisorischen Hilfsdienste
für Migranten, die in den Spitzenmonaten der Flüchtlingskrise ein-
gerichtet worden waren. Es gibt keine Banden von beschäftigungs-
losen Männern mehr, die Vorbeigehende belästigen. Einige junge
Afrikaner rauchen Zigaretten im gegenüber dem Bahnhofseingang
gelegenen Park, aber sie bleiben für sich und beobachten ruhig die
vorbeieilenden Pendler. Die recht gelangweilt dreinblickenden Sicher-
heitsleute sagen, wenn man sie fragt, es gebe jetzt weniger Migranten
und weniger Ärger als vorher.

Von deutschen Bahnhöfen lässt sich das nicht sagen. Eltern begleiten 2018 nach wie vor ihre Töchter zum Bahnhof von Sigmaringen
und holen sie dort auch wieder ab, um sie vor Belästigungen durch
junge männliche Asylbewerber, die in einer nahegelegenen Auf-
nahmestelle für Flüchtlinge in der Kreisstadt wohnen, zu schützen.[30]
Der muslimischen Reformerin und Frauenrechtsaktivistin Seyran
Ateş ist aufgefallen, dass Frauen und Mädchen bestimmte U- und
S-Bahn-Linien in Berlin meiden. Junge Frauen haben ihr berichtet,
dass sie dort, wo viele junge muslimische Männer unterwegs sind,
nur ungern alleine die Bahn benutzen. Manchmal wählen sie Umwege, weil sie sonst belästigt würden. Auf bestimmten Bahnlinien
kommt es fast täglich zu sexuellen Übergriffen.[31] Ateş sagt, dass sich

die Situation für Frauen verschlechtere. Die Mitteldeutsche Regio-
bahn reagierte 2016 auf eine Serie von sexuellen Übergriffen nicht
mit dem durchgehenden Einsatz von Sicherheitsdiensten, sondern
mit der Einführung von Abteilen nur für Frauen auf ihrer Linie von
Leipzig nach Chemnitz.[32]

Die öffentlichen Verkehrsmittel in Deutschland verlieren ihren
Ruf, sicher zu sein, Ähnliches gilt für Jahrmärkte und Kirmesfeste.
Die Polizei der Kreisstadt Steinfurt im Münsterland berichtete über
einen Fall, der fast komisch anmutet. Eine Gruppe von zehn Einwanderern belästigte und begrapschte Mädchen im Teenageralter, als
diese bei einer Dorfkirmes Autoscooter fuhren.[33] Es mutet absurd an,
dass Frauen selbst bei einer Autoscooter-Fahrt in Deutschland nicht
mehr sicher sind.

Verräterische Anzeichen für das Tempo, mit dem die Verschlech-
terung der gesellschaftlichen Beziehungen voranschreitet, sind die
kleinen Verhaltensänderungen, mit denen sich viele Frauen behelfen.
Durch eine 2017 an der Stanford University vorgenommene Untersuchung zur »Ungleichheit von Aktivitäten« (»activity inequality«),
bei der Smartphone-Daten von mehr als 700 000 Menschen analy-
siert wurden, stellte sich heraus, dass die Frauen in allen 111 Ländern, aus denen Daten zur Verfügung standen, weniger zu Fuß
unterwegs waren als die Männer.[34] Zwar gibt es vielfältige Gründe,
die Menschen dazu veranlassen, nicht zu Fuß zu gehen, aber das Ungleichgewicht zwischen den Geschlechtern ist bei diesem Thema verblüffend. Wenig überraschend war, dass in arabischen Ländern die
größte Ungleichheit zwischen Männern und Frauen bei den zu Fuß
zurückgelegten Strecken festgestellt wurde, aber in jüngster Zeit waren auch in Europa die Unterschiede zwischen den Geschlechtern
stärker ausgeprägt. Ein 2014 veröffentlichter Bericht der Agentur
der Europäischen Union für Grundrechte in Wien zur Gewalt gegen
Frauen stellte fest, dass nahezu die Hälfte der bei dieser Untersuchung

berücksichtigten Frauen ihren Aktionsradius aus Furcht vor geschlechterbezogener Gewalt eingeschränkt hatte.[35] Der »Better Life Index« der Organisation für wirtschaftliche Zusammenarbeit und Entwicklung (OECD) von 2017 enthielt die Feststellung, dass etwa ein Viertel der deutschen und schwedischen Frauen sich bei einem abendlichen Gang nach Hause zu Fuß nicht sicher fühlte.[36] Belästigungen auf offener Straße sind natürlich kein neuartiges Phänomen; auch in Europa geborene und aufgewachsene Männer sind zu so etwas fähig. Aber eine bloße Änderung ihres Verhaltens erklärt einfach nicht das Tempo, mit dem Frauen in Europa ein Gefühl der Bedrohung entwickelt und, als Reaktion darauf, ihr eigenes Verhalten umgestellt haben.

Soziologen haben einen Fachausdruck für die Beschreibung der Strategien, die Frauen anwenden, um Sextätern in der Öffentlichkeit aus dem Weg zu gehen: Sie sprechen von »safety work« (»Sicherungsarbeit«).[37] Aber dieser Begriff scheint mir viel zu neutral zu sein, um das heimtückisch-schleichende Geschehen angemessen auszudrücken.

Unter diesen Umständen ist es keine Überraschung, dass viele europäische Frauen von sich aus aktiv werden. Als die Flüchtlingskrise Ende 2015 ihren Höhepunkt erreichte, stiegen die Verkaufszahlen für Schusswaffen stark an. Die Zahl der ausgestellten Waffenscheine für Handfeuerwaffen verdoppelte sich in Graz, und in Wien vervierfachte sie sich sogar.[38] Auch andere Unternehmenszweige machen sich die neuerlichen Sorgen der Frauen um die eigene Sicherheit zunutze. »No-go-Zonen«- und Belästigungs-Karten-Apps sind jetzt verfügbar. Meine Rechercheurin war überrascht, als sie in Berliner Apotheken frei verkäufliches Pfefferspray entdeckte, griffbereit in Regalen zwischen Haarklemmen und Frauenzeitschriften.[39] Die möglicherweise bizarrste Ausdrucksform dieses neuen Sicherheitsbewusstseins ist das Auftauchen von Anti-Vergewaltigungs-Unterwäsche und Jogging-Shorts. Das Start-up-Unternehmen AR Wear finanziert per Crowdfunding die Entwicklung von Frauenunterhosen, die an der Hüfte und an den Oberschenkeln verschlossen werden können.[40] Nach der massenhaft ausgeübten sexuellen Gewalt am Silvesterabend in Köln 2015 – und nachdem sie selbst beim Joggen nur knapp einer Gruppenvergewaltigung entgangen war – kreierte die deutsche Unternehmerin Sandra Seilz »Safe Shorts«, die man ab einem Preis von 89 Euro kaufen kann.[41] Safe Shorts werden durch schnittfeste Kordeln fest mit dem Körper verbunden und enthalten auch eine 140-Dezibel-Sirene, die losgeht, sobald sich jemand an den Shorts zu schaffen macht. Frauen können sich außerdem für etwa den gleichen Preis mit einer holländischen Neuentwicklung ausstatten, einem Armband, das einen stinktierähnlichen Geruch absondert, sobald es aktiviert wird.

Aber das ist nicht die einzige Sache, die bei dieser Geschichte stinkt.

KAPITEL 6

Sind die Gesetze unzureichend?

Es gibt in Europa genug Leute, die gerne die Augen vor der gesellschaftlichen Wirklichkeit verschließen. Teilweise ist das dadurch zu erklären, dass sexuelle Gewalt – wie wir bereits gesehen haben – oft nicht zur Anzeige gebracht wird. Aber es trifft auch zu, dass es den meisten europäischen Regierungen nicht ins politische Konzept passt, das Vorhandensein dieser besonderen Krise öffentlich einzuräumen. So bleiben viele Belege im Verwaltungsapparat liegen und werden unter Aktenstapeln begraben. Bei den Recherchen für dieses Buch hatte ich durchaus mit Hindernissen dieser Art zu tun.

Nach amtlichen Schätzungen – einschließlich der Polizeistatistiken – werden in Schweden 80 bis 90 Prozent der Sexualdelikte nicht bei der Polizei angezeigt.[1] In Deutschland gilt dies für etwa 90 Prozent der Sexualdelikte.[2] Das britische Innenministerium schätzt, dass 82 Prozent der sexuellen Angriffe und 80 Prozent der Vergewaltigungen nicht angezeigt werden.[3] In Kanada werden 90 Prozent und in Australien 81 Prozent der Sexualdelikte niemals bei der Polizei aktenkundig.[4] Und bei der Mehrheit der angezeigten Fälle wird die Strafverfolgung an irgendeinem Punkt der Ermittlungen noch vor einer

Verurteilung eingestellt.[5] Aufgrund dieser Tatsachen können wir davon ausgehen, dass die amtlichen Statistiken zu sexueller Gewalt das tatsächliche Problem ganz erheblich untertreiben. Das Ausmaß der angezeigten sexuellen Gewalt gibt selbst nach den großzügigsten Schätzungen nur etwa ein Fünftel des tatsächlichen Geschehens wieder.

Das mag allen Menschen, die mit dem Thema nicht vertraut sind, skandalös vorkommen, aber es gibt zahllose Gründe für einen derart dramatischen Mangel an Strafanzeigen. Einer der stärksten abschreckenden Faktoren, die Frauen von der Anzeige einer Straftat abhalten, ist, das dies oft zwecklos ist. Von den 10 bis 20 Prozent der Sexualdelikte, die bei der Polizei angezeigt werden, führen die meisten nicht zu einer Verurteilung. Die Polizei tut sich schwer mit der Identifizierung und Verhaftung von Sexualstraftätern. Auch Opfer haben oft Mühe mit der Identifizierung der Angreifer. In Schweden wurden 2017 39 Prozent der angezeigten Fälle von Vergewaltigung eingestellt, ohne dass ein Verdächtiger ermittelt worden wäre, und in Großbritannien nahm die Polizei im darauffolgenden Jahr nur in 43 Prozent der Vergewaltigungsfälle einen Tatverdächtigen fest.[6]

Die Hindernisse für eine Anzeige und Strafverfolgung von Belästigung sind selbst nach relativ aktuellen Gesetzesreformen, mit denen sexuelle Belästigung auf offener Straße unter Strafe gestellt werden, ganz erheblich. Nicht eine Frau, die ich kenne, wird den Wunsch haben, sich längere Zeit in der Nähe eines Mannes aufzuhalten, der sie gerade eben als Hure beschimpft oder ihr an den Hintern gefasst hat. Und selbst wenn sie ihn auf der nächsten Polizeiwache anzeigt: Wie hilfreich wird die Polizei dann sein? Und wie wahrscheinlich ist es, dass sich sofort Polizisten auf den Weg machen, um den Straftäter festzunehmen? Die personellen Ressourcen der Polizei sind ein weiterer bedeutsamer Faktor. Whistleblower in den Reihen der schwedischen Polizei räumen ein, dass die zunehmenden Fälle von

Tötungsdelikten und anderen Gewaltverbrechen Ressourcen von den
Ermittlungen zu Vergewaltigungen abgezogen haben.[7]

Es ist also kein Wunder, dass die Mehrzahl der Frauen Übergriffe
erst gar nicht anzeigt. Ein bezeichnendes Beispiel ist eine Französin,
die sich 2018 in Nantes an einer Siegesfeier zur Fußballweltmeister-
schaft beteiligte. Als sie noch an Ort und Stelle bei Polizisten anzeigte, dass ein Mann gegen ihr Bein masturbiert habe, erwiderten
die Polizisten, sie seien nur für Terrorangriffe zuständig. Die Frau
verzichtete auf eine weitere Verfolgung des Vorfalls, weil sie wusste,
dass selbst hilfsbereite Polizisten den Täter nicht erwischen würden.[8]

Von der winzigen Minderheit von Fällen, die der Polizei in Verbindung mit einem identifizierten Tatverdächtigen gemeldet werden,
kommen viele nicht vor Gericht. Manchmal entscheidet die Polizei
selbst, dass der Vorwurf des Opfers zu schwach ist, um vor Gericht
Bestand zu haben, und verfolgt den Fall deshalb nicht weiter.[9] Bei
Untersuchungen in Großbritannien zu Beginn der 2000er-Jahre
wurde festgestellt, dass die Polizei schwierige und zeitaufwendige Vergewaltigungsfälle aussortiert hatte, um ihre Verhaftungsbilanz auf-
zubessern.[10] Und selbst wenn es zu einer Strafverfolgung kommt, ist
eine Verurteilung ohne physischen Nachweis und zuverlässige Zeu-
genaussagen nur schwer zu erreichen. Bei den meisten sexuellen Angriffen gibt es keine Zuschauer. Wenn Zeugen fehlen, steht die Aussage des Opfers gegen die Aussage des Täters. Es gab immer wieder
Fälle, in denen Opfer ihre Beschuldigungen zurücknahmen, sei es
nun aus Angst vor Repressalien oder aufgrund von Leid und Frustration über den Eingriff in die Privatsphäre durch ein Strafverfahren,
bei dem man wiederholt zur detaillierten Wiedergabe der erlittenen
Straftat aufgefordert wird. Die Zahl der unaufgeklärten Sexualverbrechen ist deshalb deprimierend hoch.

Insgesamt machten 1304 Menschen eine Anzeige nach den Ereignissen der Kölner Silvesternacht, darunter 661 Frauen, die Opfer

sexueller Gewalt geworden waren.[11] Im Frühling 2019 hatte die Kölner Staatsanwaltschaft gegen 290 Personen ermittelt und 52 angeklagt, darunter hauptsächlich Algerier (17), Marokkaner (16) und Iraker (7). Sechs von 43 Fällen wurden fallengelassen, weil man den Aufenthaltsort der Verdächtigen nicht ausfindig machen konnte. Es wurden 32 Verurteilungen ausgesprochen, vor allem wegen Diebstahls. Nur drei Männer wurden für Sexualstraftaten verurteilt, zum Beispiel für sexuelle Nötigung, zwei davon erhielten Bewährungsstrafen. Die drei – ein Iraker, ein Afghane und ein Libyer – konnten nur verurteilt werden, weil sie Selfies von sich und ihren Opfer gemacht hatten.[12]

Der Bruchteil der Fälle, der vor Gericht landet, wird üblicherweise von einem Einzelrichter verhandelt (ein Verfahren vor einem Geschworenengericht ist in den kontinentaleuropäischen Rechtssystemen nicht vorgesehen). In einem Fall dieser Art ging es 2016 um eine 24-jährige deutsche Frau und einen 35 Jahre alten Marokkaner, dessen Name in Gerichtsberichten mit »Adil B.« angegeben wird. Die Frau hatte mit zwei Freundinnen auf dem Hamburger Weihnachtsmarkt etwas getrunken, bevor das Trio in der Bar »99 Cent« in St. Pauli weiterfeierte. In dieser Bar machte Adil B. der Gruppe Avancen und küsste das spätere Opfer einmal. Die Frau wandte ihm daraufhin den Rücken zu, und alle drei ignorierten ihn. Später folgte er der Frau auf die Damentoilette an der Rückseite der Bar. Sie sagte vor Gericht aus, der Mann habe sie dort in eine Kabine gedrängt und vergewaltigt. Sie habe geweint und dem Mann mehr als einmal gesagt, dass sie keinen Sex mit ihm haben wolle. Sobald sie sich habe befreien können, sei sie mit herunterhängender Hose zu ihren Freundinnen gelaufen und habe gesagt, sie sei zum Sex gezwungen worden. Die Frau hatte weinend auf dem Fußboden der Bar gesessen, das Make-up war ihr übers Gesicht gelaufen, und sie war völlig verzweifelt gewesen. Bei der Anzeige des Vorfalls hatte sie der Polizei in der

Bar Adil B. als Täter benannt, sich anschließend in einem Krankenhaus ärztlich untersuchen lassen und eine auf Video aufgezeichnete Aussage gemacht.

Als der Fall sechs Monate später vor dem Hamburger Landgericht verhandelt wurde, sah es der Richter jedoch als nicht erwiesen an, dass die Frau ihren »entgegengesetzten Willen« deutlich genug ausgedrückt habe, und stellte fest, dass der Sex deshalb einvernehmlich geschehen sei. Der Deutsche Bundestag hatte 2016 das Sexualstrafrecht verschärft. Die neue Definition eines sexuellen Übergriffs beruht seither auf dem Grundsatz des »Nein heißt Nein« und nicht mehr auf einer erwiesenen Nötigung des Opfers (§ 177 des Strafgesetzbuchs). Aber die neue Definition nützte der jungen Frau nichts, ebenso wenig wie die Tatsache, dass Adil B. sich illegal in Deutschland aufhielt, nachdem sein Asylantrag acht Monate zuvor abgelehnt worden war. Der Angeklagte wurde freigesprochen und erhielt eine Entschädigung für die sechs Monate, die er mit dem Warten auf den Prozesstermin in Untersuchungshaft verbracht hatte. Fälle wie dieser gehen letztlich in die amtliche Statistik ein, aber nicht als Fälle von Vergewaltigung, da Adil B. für unschuldig befunden wurde.

Sorgen um die Privatsphäre

Die Regierungen der westeuropäischen Länder sammeln enorme Datenmengen zu allen Gesichtspunkten, die die eigene Bevölkerung betreffen, denn die Zentralregierung ist dort bei der Bereitstellung öffentlicher Dienstleistungen stärker engagiert, als dies etwa in den Vereinigten Staaten der Fall ist. Über vielfältige Programme im Wohnungsbau, Gesundheitswesen, auf dem Arbeitsmarkt, im Bildungswesen und bei der Verwaltung der Staatsangehörigkeit sammeln die Regierungen eine Fülle von Daten über die soziale Einbindung von

Migranten. Sie ziehen jedoch einen Trennstrich bei der Nutzung dieser Informationen, wenn es um Straftaten geht. Datenschutzbestimmungen werden herangezogen, um zu verhindern, dass Daten zur Straftatenbilanz nach Migrationsstatus oder ethnischer Herkunft aufgeschlüsselt werden. Die Bürokraten, die sich gegen die Veröffentlichung dieser Daten stellen, befürchten, dass die Öffentlichkeit, der sie dienen, alle Asylbewerber mit der Minderheit von Rechtsbrechern in einen Topf werfen könnte. Sie zweifeln an der Fähigkeit der Bevölkerung, den Unterschied zwischen Kriminellen und gesetzestreuen Einwanderern zu erkennen.

Das schafft Probleme, nicht zuletzt für Sozialwissenschaftler. Der niederländische Soziologe und Migrationsforscher Ruud Koopmans, der an der Humboldt-Universität lehrt, stellte fest, dass seine empirischen Arbeitsergebnisse selektiv bearbeitet wurden, wenn die Medien darüber berichteten oder Politiker ihn zitierten. »Meine Forschungsergebnisse wurden politisiert«, sagte er mir in seinem Büro in der Berliner Stadtmitte. »Die Forschung war nicht mehr nur bloße Information, die bei der Lösung gesellschaftlicher Probleme mithelfen sollte, die Forschung selbst wurde zum Problem.«[13] Koopmans ist zwar Sozialdemokrat, aber seine Arbeit über den Zusammenhang zwischen kultureller Herkunft und den Ergebnissen von Integration wurde als »weit rechts« stehend abgetan. Wie viele andere Forscher stellte auch Koopmans fest, dass die Aufzeichnung von Vorfällen der Diskriminierung von Minderheiten als einzige akzeptable Form der Sammlung und Nutzung von Daten zu ethnischer Zugehörigkeit oder kultureller Herkunft galt.[14] Dieses Thema tauchte in meinen Gesprächen mit Wissenschaftlern in Deutschland, Schweden, den Niederlanden und Frankreich wiederholt auf.

Die Politologin Valerie Hudson war entsetzt über den Widerwillen der schwedischen Regierung, sich die Migrationsdaten für das eigene Land in Bezug zu sexueller Gewalt genauer anzusehen. »[Dieses

Thema] hat das Potenzial, jeglichen Fortschritt zunichtezumachen, den wir für die Frauen erreicht haben«, sagte sie mir. »Frauen sind nicht weniger wichtig als Migranten, warum können wir also diese Fragen nicht stellen? Es fühlt sich an wie *Alice im Wunderland,* wenn eine Gesellschaft sich weigert, ihre Wissenschaftler eine Frage anhand ihres eigenen Datenmaterials beantworten zu lassen.«[15]

Als meine Forschungsassistentinnen und ich versuchten, an Daten zur Kriminalstatistik in Deutschland für das Jahr 2018 zu kommen, hatten wir genau dieses Gefühl: Wir waren ins Kaninchenloch gefallen. Ohne öffentlich verfügbare Informationen zu Prozessen an Amts- und Landgerichten war es außerordentlich schwierig, Einsicht in Gerichtsdokumente und Urteilsbegründungen zu erhalten.[16] Nach monatelangen Bemühungen, an die Aktenzeichen der Fälle zu kommen, für die wir uns interessierten, weigerten sich unkooperative Gerichtsangestellte und Pressestellen, die entsprechenden Gerichtsakten zur Verfügung zu stellen. Wir verschafften uns Unterstützung durch Journalisten, die Anträge auf Akteneinsicht in unserem Namen stellten, aber auch sie erlebten, dass ihre Anfragen von deutschen Gerichtspressestellen ignoriert oder abgelehnt wurden. Wir beantragten die Akteneinsicht außerdem formell über akademische Kanäle, aber auch hier kam keinerlei Reaktion von den Türhütern der deutschen Rechtspflege.

Von diesen Erfahrungen zunehmend frustriert, versuchten wir, einen aktuell noch verhandelten Fall aufzuspüren, und suchten an Gerichten in Bayern. Einem Zeitungsbericht entnahmen wir, dass just an diesem Tag ein als »Emrah T.« bekannter türkischer Asylbewerber wegen der Ende 2016 begangenen brutalen Vergewaltigung einer 45-jährigen Frau, die im Englischen Garten gejoggt hatte, vor dem Landgericht München stehen sollte.[17] Zu unserem Pech werden Sitzungspläne mit Verhandlungsterminen an bayerischen Gerichten, im Unterschied zur Praxis in anderen Ländern, nicht vorab online veröffentlicht. Die einzige Möglichkeit, herauszufinden, vor welchem der Münchener Landgerichte der Fall an jenem Tag verhandelt werden sollte, war, persönlich im Gerichtsgebäude vorstellig zu werden.

Mein Rechercheteam fuhr an jenem Morgen zu drei Gerichtsgebäuden in München, auf der Suche nach der Sitzungsliste, auf der auch der Gerichtssaal benannt wurde, in dem die Verhandlung gegen Emrah T. stattfinden sollte. Pressesprecher in Abwehrhaltung versuchten uns an jeder Wegbiegung umzulenken, und die diensthabenden Polizisten waren ebenfalls keine Hilfe. Im Münchener Justizpalast, dem größten Gerichtsgebäude der Stadt, hielt der Pförtner in Eingangsnähe eine Mappe an das Glasfenster seiner Loge. Es war die Liste mit den Verhandlungsterminen jenes Tages, das einzige verfügbare Exemplar. Mühsam studierten wir die etwa 30 Seiten des Ausdrucks durch das dicke Sicherheitsglas, während Rechtsanwälte und Polizisten das Haus betraten und an uns vorbeieilten. Wir hatten kein Glück. Dasselbe erlebten wir im zweiten Gerichtsgebäude. Dann versuchten wir es bei dem dritten Gerichtsgebäude, in dem an jenem Tag hauptsächlich Strafverfahren anstanden. Sobald wir die Sicherheitskontrolle, die wahrhaft Flughafenniveau hatte, hinter uns hatten, fragten wir nach einem Mitarbeiter des Hauses, der uns eine Sitzungsliste vorlegen könnte – ohne Erfolg. Der einzige verfügbare Ansprechpartner war ein Polizist, der uns auf eine dunkle Ecke des Eingangsbereichs verwies, wo eine Plastikmappe mit einer Schnur an einem Tresen befestigt war. Die Mappe enthielt das einzige Exemplar der Sitzungsliste für diesen Tag. Wir reihten uns in eine kurze Warteschlange von Interessenten ein, die die Seiten nach Namen, Verfahrensnummern, Sitzungssälen und Sitzungsterminen absuchten. Der Ausdruck enthielt die Namen der Angeklagten, die Bezeichnung der Straftat, derer sie angeklagt wurden, und den Verhandlungstermin. Fälle mit jugendlichen Straftätern waren aufgeführt, aber mit Einschränkungen versehen. Die Vernehmungen und die Niederschriften dieser Verhandlungen waren niemals öffentlich. Am Ende eines jeden Verhandlungstages werden die gedruckten Sitzungslisten vernichtet. Emrah T. war auf keiner der Listen aufgeführt, die wir zu sehen bekamen.

Wir beschlossen, an jenem Nachmittag als Zuschauerinnen zwei Verhandlungen zu beobachten. In einem Fall ging es um eine Vergewaltigung, im anderen um einen Angriff. Im Vergewaltigungsfall wurde die Öffentlichkeit während der Anwesenheit von Zeugen ausgeschlossen, deshalb erfuhren wir nur wenig über den Tathergang. Im Fall des tätlichen Angriffs war die Öffentlichkeit auch während der Aussagen zugelassen. Der Angeklagte war ein 32-jähriger Asylbewerber. Er trug Jeans, ein hell gemustertes T-Shirt und auffällige Sneakers und übergab dem Richter als Ausweisdokument seine Aufenthaltsgestattung. Der Angeklagte bediente sich der Hilfe eines Arabisch-Dolmetschers und erklärte, dass er sich zwar seit drei Jahren in Deutschland aufhalte, aber nach wie vor sprachliche Unterstützung benötige. Der Staatsanwalt trug vor, dass der Angeklagte im Jahr 2015 in einem Münchener Nachtklub nach einem Vorfall, an dem drei Frauen und drei Männer beteiligt gewesen seien, Lokalverbot erhalten habe. Als der Angeklagte 2017 dann versucht habe, sich wieder Zutritt zu diesem Klub zu verschaffen, habe der Kläger die Polizei angerufen, und während er noch telefoniert habe, habe ihm der Angeklagte von hinten einen Schlag auf den Kopf versetzt. Unmittelbar vor dem Gerichtssaal hatten wir – kurz bevor der Fall aufgerufen worden war – beobachtet, wie sich Kläger und Angeklagter unterhielten, und mitten in der Verhandlung teilte der Kläger dem Gericht mit, dass er die Beschuldigungen fallen lasse. Der Staatsanwalt warf ihm einen frustrierten Blick zu. Das Verfahren wurde eingestellt.

Wir sprachen nach der Verhandlung noch mit einer der beiden anderen im Zuschauerraum anwesenden Personen, einer großen, blonden Bayerin Ende 60. Als Rentnerin, erklärte sie, verfolge sie gerne Gerichtsverhandlungen und habe schon viele Verfahren beobachtet. Wir fragten sie, ob sich die Art der Fälle in den vergangenen drei Jahren in irgendeiner Form verändert habe. Sie bejahte diese Frage sofort. »Es stehen viele Asylbewerber und Flüchtlinge, so wie der Bursche heute, wegen gewaltsamer Übergriffe vor Gericht«, sagte sie. Ihr war aufgefallen, dass Zuwanderer wegen einer ganzen Reihe von Straftaten angeklagt wurden, die Liste reichte von Drogen- und Diebstahlsdelikten bis zu Gewalttaten und sexuellen Übergriffen. Einem Justizwachtmeister, der mit unbeweglicher Miene seinen Dienst versah, stellten wir dieselbe Frage. Er erwiderte: »Zurzeit stehen viele arabische Namen auf den Sitzungslisten.«

Wir zogen uns in ein Café zurück, von dem aus man den Eingang des Gerichtsgebäudes einsehen konnte, um unsere Informationssuche fortzusetzen, befragten Pressesprecher und Gerichtsreporter von Lokalzeitungen, um herauszufinden, wo der Prozess gegen Emrah T. stattfand. Wieder kein Glück. Vom Café aus beobachteten wir, wie provisorische Absperrungen aufgestellt wurden, als eine große, mit Fernsehkameras und Aufnahmegeräten ausgerüstete Schar von Journalisten sich vor dem Eingang versammelte. Aber der Fall, über den sie berichteten, war ein Mordprozess mit Neonazi-Angeklagten.

Diesem Fall war eine eigene Website gewidmet, auf dem Artikel zu lesen waren, die auch ins Englische und Türkische übersetzt wurden, und auf der die Öffentlichkeit aufgefordert wurde, den Prozess als Zuschauer zu verfolgen. Rassistisch motivierte Mordtaten verdienen zweifellos eine Berichterstattung dieser Art, aber der Kontrast zu dem undokumentierten und für Außenstehende unzugänglichen Vergewaltigungsprozess war verblüffend.

Die Deutschen sind bekannt dafür, dass sie auf Datenschutz und den Schutz der Privatsphäre großen Wert legen. Die deutschen Gesetze zum Schutz der Privatsphäre im Internet gehören zu den strengsten in allen demokratischen Staaten. Meine Erfahrungen legen mir den Schluss nahe, dass das deutsche Rechtssystem in ähnlicher Manier darauf ausgerichtet ist, die Privatsphäre um jeden Preis zu schützen – auch auf Kosten des Allgemeinwohls. Schließlich gelang es mir, Einsicht in die Akten zu einigen Fällen von sexueller Gewalt zu nehmen, nach denen ich suchte. Das klappte aber nur, weil mir Monate später ein wohlgesinnter Mitarbeiter in der Staatsanwaltschaft eines anderen Zuständigkeitsbereichs diese Unterlagen zusandte. Der Beamte meinte, es sei manchmal sogar Staatsanwälten unmöglich, an Gerichtsakten aus dem eigenen Bundesland wie auch aus anderen Bundesländern zu kommen.

Die folgende Darstellung beruht auf den Akten zu einem Vergewaltigungsfall in Hamburg, wo im Jahr 2018 44 Prozent der Tatverdächtigen bei Sexualdelikten Ausländer waren.[18] Die folgende Lektüre schmerzt, aber die Begleitumstände der Tat und die Ansichten des Täters sind aufschlussreich.

Lichter aus in Hamburg

Ali D., Ende 20, machte es wie Tausende andere auch, er lieh sich Geld und brach auf, um im Westen Arbeit zu finden. Seine Frau und die kleinen Kinder ließ er im Irak zurück und gelangte über Griechenland bis nach Deutschland, wo er im September 2015 einen Asylantrag stellte. Doch dem inzwischen 30-Jährigen, der im Irak nur vier Jahre lang die Grundschule besucht hatte, fiel es schwer, in Deutschland eine Arbeit zu finden.

An einem Samstagabend im November 2016 tat sich Ali D. mit zwei anderen Bewohnern seiner Unterkunft zusammen, um gemeinsam mit einer Gruppe von Leuten auf dem Hamburger Rathausmarkt zusammenzusitzen und etwas zu trinken. Zu dieser Gruppe gehörte auch ein 13-jähriges Mädchen. Man trank Wodka und feierte bis tief in die Nacht hinein. Nach zwei Uhr morgens lösten sich einige Personen aus der Gruppe, und Ali D. ging mit ein paar von ihnen zum Bahnhof Jungfernstieg. Dort hielten Überwachungskameras fest, wie er die 13-Jährige in einen leeren Raum zerrte, den Teil einer Baustelle an diesem Bahnhof. Die niedrige Decke und die verwinkelten Gänge sorgten dafür, dass dieser Ort vom Bahnsteig aus nicht einsehbar war. Ali D. stieß das Mädchen auf den staubigen und schmutzigen Boden. Das Verhandlungsprotokoll beschreibt, was dann geschah:

> Der Angeklagte versuchte die Nebenklägerin zu küssen, woraufhin diese den Kopf wegdrehte. Er fasste ihr unterhalb der Bekleidung an die Brüste, zog seine und ihre Hose sowie ihre Unterhose herunter, drückte ihr mit Kraft die Beine auseinander, holte seinen Penis aus der Unterhose hervor und drang damit vaginal in den Körper der Nebenklägerin ein, die zuvor über keine sexuellen Erfahrungen verfügt und insbesondere noch keinen Geschlechtsverkehr gehabt hatte. Der Angeklagte führte den ungeschützten Geschlechtsverkehr mit der Nebenklägerin bis zum Samenerguss aus, während die Nebenklägerin weinte und vor Schmerzen schrie.[19]

Nach der Tat suchte das Mädchen Hilfe. Ein Polizist fand sie weinend und zitternd im Bahnhof. Eine gynäkologische Untersuchung bestätigte, dass sich Sperma von Ali D. in ihrer Vagina befand. Sechs Monate später litt das Mädchen immer noch unter Schmerzen und hatte Angst vor Männern, auch vor den männlichen Lehrern an seiner Schule. Ali D. flüchtete aus Deutschland, um einer Verhaftung zu entgehen, aber die ungarischen Behörden nahmen ihn fest und lieferten ihn aus, damit ihm der Prozess gemacht werden konnte.

Vor Gericht gab Ali D. die Vergewaltigung zu, behauptete aber, es habe sich um eine spontane »Kurzschlussreaktion« gehandelt. Ihm war klar, dass das Mädchen nicht einverstanden war, also hielt er ihm den Mund zu, um Hilferufe zu verhindern. Ali D. sagte, er habe sich keine Gedanken wegen der Jungfräulichkeit des Mädchens gemacht, weil er betrunken gewesen sei. Er wurde schuldig gesprochen und zu einer Haftstrafe von dreieinhalb Jahren verurteilt. Das Strafmaß wurde herabgesetzt, weil er in der Tatnacht betrunken gewesen war und sein Opfer ihm vor Gericht nicht gegenübertreten konnte und deshalb auch nicht aussagte. Ali D. erklärte, nach seiner Entlassung aus der Haft wolle er in Deutschland arbeiten, um Geld zu verdienen und in den Irak zurückkehren zu können.

Es musste so vieles zusammenkommen, um diese Tat vor Gericht zu bringen: Überwachungskameras, Zeugen, eine tapfere Nebenklägerin, eine exakte Spurensicherung nach der Vergewaltigung, Amtshilfe durch die ungarische Polizei und eine engagierte Staatsanwaltschaft. Es kommt selten vor, dass all diese Elemente zusammenwirken. Noch einmal: Die meisten Vergewaltigungen werden nie strafrechtlich verfolgt, also lesen wir nichts über sie, und selbst wenn solche Fälle vor Gericht kommen, werden sie – ganz besonders in Deutschland – von einer nahezu unüberwindlichen Bürokratie effektiv geheim gehalten.

TEIL II

Die europäische Politik gibt die Verantwortung für die Sicherheit von Frauen auf

KAPITEL 7

Handlungen haben Folgen

Niemals zuvor in der Geschichte waren Frauen so mächtig wie heute. Im letzten halben Jahrhundert hatten 63 Länder der Welt mindestens eine Regierungschefin oder ein weibliches Staatsoberhaupt. Auf dem Höhepunkt der Flüchtlingskrise – 2015 bis 2016 – waren weltweit 17 Staatspräsidentinnen und Regierungschefinnen im Amt. Es ist eine der gewaltigen Ironien der Geschichte zu Beginn des 21. Jahrhunderts, dass die eine Entscheidung, die den Frauen Europas zu meinen Lebzeiten am meisten geschadet hat, von einer Frau getroffen wurde.

Der Ursprung dieser Entscheidung kann bis zu einem vom Fernsehen aufgezeichneten »Bürgerdialog« mit Schülerinnen und Schülern in Rostock im Juli 2015 zurückverfolgt werden, bei dem die deutsche Bundeskanzlerin Angela Merkel ein junges palästinensisches Flüchtlingsmädchen namens Reem Sawhil mit der Bemerkung zum Weinen brachte, dass ihre Familie das Land eventuell wieder verlassen müsse: »Du weißt auch, in den palästinensischen Flüchtlingslagern im Libanon gibt es noch Tausende und Tausende«, sagte Merkel. »Und wenn wir jetzt sagen: ›Ihr könnt alle kommen‹, (…) das können wir auch nicht schaffen.« Mit einer außergewöhnlichen

Geste ging sie dann auf das weinende Mädchen zu, um es zu trösten.[1]

Nur sechs Wochen später erklärte Merkel: »Wir schaffen das.« Mit dem Argument, die Flüchtlingskrise sei eine größere Herausforderung für Deutschland als die Finanzkrise in der Eurozone, setzte sie am 21. August 2015 das Dubliner Übereinkommen von 1990 und die Folgeverordnungen Dublin-II (2003) und Dublin-III (2013) außer Kraft. Diese besagten, dass Flüchtlinge ihren Asylantrag im ersten Land stellen mussten, in dem sie das Gebiet der Europäischen Union betraten. Am 4. September erklärte sie, es gebe keine Obergrenze für die Zahl der Asylbewerber, die nach Deutschland einreisen dürften. Das Ergebnis war eine enorme Zunahme der Migration, wie in Kapitel 2 beschrieben, durch die zunächst Zehntausende und anschließend Hunderttausende von Menschen nach Deutschland kamen, die meisten von ihnen über die Eisenbahnstrecke Budapest-Wien-München. In einem Fernsehinterview vom 7. Oktober 2015 stand Merkel kurz vor der Befürwortung einer Politik der offenen Grenzen.

Nach Merkels früheren Erklärungen zum Thema Einwanderung war diese Entwicklung nicht unbedingt vorhersagbar gewesen. In einer Rede beim »Deutschlandtag« der Jungen Union am 16. Oktober 2010 in Potsdam hatte sie nach einem Hinweis auf die »Gastarbeiter«, die man Anfang der 1960er-Jahre ins Land geholt habe, gesagt: »Wir haben uns 'ne Weile lang in die Tasche gelogen, wir haben gesagt: ›Die werden schon nicht bleiben, irgendwann werden die weg sein‹, das ist nicht die Realität. Und natürlich war der Ansatz zu sagen, jetzt machen wir hier mal Multikulti und leben so nebeneinander her und freuen uns übereinander, dieser Ansatz ist gescheitert, absolut gescheitert.«[2]

Was also motivierte die Bundeskanzlerin dazu, das Tor zu öffnen? Es war mit Sicherheit nicht, wie einige Kommentatoren mutmaßten, ein Versuch, den Schaden zu reparieren, den Deutschlands internationales Image durch den Umgang mit der Griechenland-Schuldenkrise erlitten hatte. Manche Beobachter spekulierten, in ihrer Entscheidung spiegle sich ihre Erziehung als Pfarrerstochter in der DDR. Andere sahen ihr Handeln als Versuch, Willy Brandt nachzueifern mit einer Bußgeste für Deutschlands Nazivergangenheit und an Brandts Kniefall vor dem Denkmal für die Opfer des Aufstands im Warschauer Ghetto anzuknüpfen. Eine plausiblere Erklärung ist jedoch, dass Merkel von ihrem Vorvorgänger Helmut Kohl gelernt hatte, dessen Missmanagement einer Flüchtlingswelle zu Beginn der 1990er-Jahre sie als Ministerin in seinem Kabinett miterlebt hatte. Damals hatte sich die harte Haltung der CDU/CSU in der Einwanderungsfrage an der Wahlurne nicht ausgezahlt; vielmehr kostete sie die Partei bei den Bundestagswahlen in den Jahren von 1987 bis 1994 mehr als 7 Prozent ihres Stimmenanteils und konnte den Aufstieg der Republikaner, einer neuen populistischen Partei, nicht verhindern, der es gelang, in mehrere Länderparlamente wie auch ins Europaparlament einzuziehen.

Nach der Einschätzung des *Welt*-Reporters Robin Alexander beruhte Merkels Entscheidung weder auf einer hohen Gesinnung noch auf niederem politischem Kalkül, sondern auf einer zeitweiligen Geistesabwesenheit. »Die öffentliche Debatte in Deutschland konzentrierte sich zu jener Zeit auf die Frage, ob es eine gute oder eine schlechte Entscheidung wäre, die Grenze zu öffnen«, erinnerte er sich. »Aber es gab überhaupt keine Entscheidung. Die Bundespolizei stand an der Grenze zu Österreich bereit, und ein 30 DIN-A4-Seiten umfassender Befehl zur Grenzschließung war bereits geschrieben.« Alexander sprach mit Regierungsvertretern, die an jenem 12. September 2015 im Bundesinnenministerium zusammengekommen waren.

Im letzten Augenblick brachte – einschließlich der Bundeskanz-lerin – niemand den Mut auf, den Befehl zu unterzeichnen. Der Regierung entglitt diese Sache; es war weder eine Politik noch eine Strategie, es passierte einfach. Und zunächst war eine rie-sige Mehrheit unter den Deutschen froh über das, was Merkel tat. Deutsche bejubelten die Ankunft von Flüchtlingen in den Bahnhöfen und schwenkten Plakate, auf denen »Refugees wel-come here« stand. Und dann kamen immer mehr Flüchtlinge, wochenlang waren es 10 000 Menschen pro Tag. Es wurde deut-lich, dass die Regierung die Kontrolle verloren hatte.[3]

Es ist wichtig, daran zu erinnern, dass Deutschland – ebenso wie andere europäische Länder – innerhalb von weniger als einem Jahr nach Merkels Entscheidung das erste Attentat einer ganzen Serie von Terrorangriffen erlebte. Ein nach eigenen Angaben aus Afghanistan stammender Asylbewerber verletzte am 18. Juli 2016 in einem Re-gionalzug in der Nähe von Würzburg fünf Fahrgäste (vier davon schwer) mit einem Beil und einem Messer. Sechs Tage später sprengte sich ein syrischer Flüchtling selbst in die Luft, nachdem er am Einlass zu einem Musikfestival in Ansbach abgewiesen worden war, und ver-letzte dabei 15 Menschen. Am 26. November legte ein zwölf Jahre alter Junge deutsch-irakischer Herkunft eine Nagelbombe auf einem Weihnachtsmarkt in Ludwigshafen ab, doch der Sprengkörper explo-dierte nicht. Der schreckliche Höhepunkt dieser Serie folgte dann am 19. Dezember 2016, als ein Mann mit einem gestohlenen Last-wagen in eine Menschenmenge auf dem Weihnachtsmarkt am Ber-liner Breitscheidplatz fuhr und dabei elf Menschen tötete und 67 weitere Personen verletzte. Der Täter war Anis Amri, ein 23 Jahre alter abgelehnter Asylbewerber aus Tunesien, der dem »Islamischen Staat« Treue geschworen hatte. Vor dem Anschlag hatte er den polni-schen Fahrer des LKW erschossen.

Amris Fall steht für all das, was bei der Bewältigung der Flüchtlingskrise von 2015 und 2016 falsch gemacht wurde. Der in der tunesischen Stadt Tataouine geborene Mann war 2011 auf einem Flüchtlingsfloß nach Europa geflohen, um einer wegen eines Lastwagendiebstahls drohenden Haftstrafe zu entgehen. Nachdem er Sizilien erreicht hatte, machte er dort falsche Angaben zu seinem Alter und gab sich als Minderjähriger aus; er beteiligte sich an einem Aufstand in einem Aufnahmelager für Asylbewerber, in das man ihn gebracht hatte; dafür erhielt er eine Gefängnisstrafe von vier Jahren, und während dieser Haftzeit scheint er durch islamistische Mithäftlinge radikalisiert worden zu sein. Er wurde 2015 freigelassen, gelangte aber, nachdem die tunesischen Behörden seine Repatriierung verweigert hatten, nach Deutschland, wo er 2016 einen Asylantrag stellte. Während seiner Zeit in Deutschland benutzte er mindestens 14 verschiedene falsche Namen und gab sich wahlweise als Syrer, Ägypter oder Libanese aus. Das Bundeskriminalamt stufte Amri als potenziellen Attentäter ein, wusste auch, dass er in Drogengeschäfte verwickelt war, und empfahl seine Abschiebung, doch die Landesregierung von Nordrhein-Westfalen vollzog sie nicht, und die Regierung in Tunis bestritt zunächst, dass es sich bei Amri um einen tunesischen Bürger handelte. Auch das Landeskriminalamt in Berlin hatte es versäumt, Amri im Zeitraum vor dem Anschlag observieren zu lassen.

War 2015/2016 ein Ausreißer?

Angela Merkels Ausspruch »Wir schaffen das« wurde vom Ausmaß der Zuwanderung überwältigt, die Deutschland in den Jahren nach dem Sommer 2015 erlebte. Das Land nahm in einem Zeitraum von nur drei Jahren ein Viertel aller Asylbewerber auf, die es in der

Gesamtzeit seit Beginn der Datenerhebungen im Jahr 1953 empfangen hatte.[4] Aber was geschah dann? Wie viele Asylbewerber wurden als Asylberechtigte anerkannt? Wie viele wurden abgelehnt und abgeschoben? Wie viele blieben ungeachtet ihrer Ausreisepflicht dennoch im Land?

Schon bei den Statistiken zur Migration und zu Straftaten haben wir gesehen, dass es sich hierbei um hochgradig politisierte Fragen handelt, deren Beantwortung schwer gemacht wurde. Die europäischen Staaten haben die Aufgabe, Daten zur Zahl der von ihnen aufgenommenen Asylbewerber zu sammeln und zu veröffentlichen, recht gut gelöst, aber diese Zahlen erzählen nicht die ganze Geschichte.

Obwohl die Zahl der illegalen Einreisen und Asylanträge nach den Höchstwerten von 2015 und 2016 zurückgegangen ist, bin ich der Ansicht, dass es voreilig wäre, wenn Europa davon ausginge, dass die Flüchtlingskrise beendet ist.[5] Im Jahr 2018 wurden mehr als eine halbe Million Asylanträge gestellt, eine Zahl, die doppelt so hoch war wie der Durchschnittswert der Jahre 2009 bis 2013, der bei etwa 250 000 lag.[6] Ich sehe nur wenige Gründe, aus denen dieser Wert für längere Zeit zum niedrigeren Stand zurückkehren sollte, und viele Gründe für eine mögliche erneute Zunahme. Die Länder, aus denen die Asylbewerber kommen, werden ihre politischen Konflikte und wirtschaftlichen Probleme in der näheren Zukunft wohl kaum lösen. Der »Fragile States Index« listete 2019 den Jemen, Somalia, den Südsudan, Syrien und die Demokratische Republik Kongo als weltweit instabilste Staaten auf. Die Autoren wiesen warnend darauf hin, dass die Lebensumstände, die zum »Arabischen Frühling« in Algerien, Tunesien und Marokko geführt hätten, abermals aktuell seien. Es war die Rede davon, dass 2018 allein in Libyen 700 000 bis 1,5 Millionen Migranten darauf »warteten, bei der Überfahrt nach Europa an die Reihe zu kommen«.[7] Nach Angaben des UN-Flüchtlingskommissars (UNHCR) lebten 2018 3,7 Millionen Flüchtlinge in der Türkei, 1,4 Millionen in Pakistan, 1,2 Millionen in Uganda und 1,1 Millionen im Sudan.

Auch die Demografie in den Entwicklungsländern wirkt darauf hin, den Druck auf Europa zu erhöhen. UN-Prognosen zu den wichtigsten Herkunftsländern von Asylbewerbern in Europa sagen für die kommenden 30 Jahre eine starke Zunahme der Bevölkerung voraus. Die Vereinten Nationen gehen davon aus, dass sich die Einwohnerzahl Afghanistans, Syriens, des Irak und Nigerias bis 2050 verdoppeln und die Bevölkerung Somalias verdreifachen wird.[8] Die Mehrzahl der Menschen, die ihr Geburtsland verlassen, wird nach diesen Erwartungen zwar, wie schon in der Vergangenheit, in ihrem Herkunftskontinent bleiben, aber es gibt viele Millionen, die in die westlichen Länder gehen würden, wenn sie das für ein erreichbares Ziel hielten.[9] Bis vor kurzem waren die meisten Afrikaner, die südlich der Sahara lebten, zu arm, um in westliche Länder zu gelangen.[10] Etwa seit der Jahrtausendwende hat sich eine neue, nicht mehr ortsgebundene Gesellschaftsschicht herausgebildet, die über ihre Mobiltelefone nicht nur mit der Diaspora verbunden ist, sondern über online verfügbare Informationsquellen auch Eindrücke von einem besseren Leben entwickelt, das nicht mehr so weit entfernt zu sein scheint. Geldüberweisungen von bereits in westlichen Ländern lebenden Verwandten werden für den Kauf von immer billiger werdenden Flugtickets und – natürlich – für die Bezahlung der Dienste von Schleppern genutzt. Auch die verbesserte Verkehrsinfrastruktur in Afrika sorgt dafür, dass die Zahl der Migranten anwächst.

Eine weltweite Gallup-Meinungsumfrage führte zu dem Ergebnis, dass ein bemerkenswert hoher Anteil von Menschen südlich der Sahara (31 Prozent), im Nahen und Mittleren Osten und in Nordafrika (22 Prozent) in ein anderes Land umsiedeln würde, wenn es dafür eine Gelegenheit geben würde.[11] Die daraus resultierende Gesamtzahl potenzieller Migranten liegt bei 700 Millionen, eine Zahl, die den jüngsten Zustrom von wenigen Millionen Menschen nach Europa winzig erscheinen lässt. Eine weitere Studie stellte fest, dass 75 Prozent der Nigerianer und Ghanaer ihre Heimatländer verlassen würden, wenn sie die Mittel und die Gelegenheit dazu hätten.[12] Schlechte wirtschaftliche Zukunftsaussichten sind auch der Hauptgrund, warum viele Albaner und Iraner in die Länder der Europäischen Union kommen möchten, allerdings ist im Iran, wie in Pakistan, auch religiöse Intoleranz ein Motiv für diesen Wunsch.[13] In Eritrea fliehen die Menschen vor einer repressiven Diktatur.[14] In Syrien, im Irak und in Afghanistan treiben anhaltende bewaffnete Konflikte, politische Instabilität und religiöse Spannungen die Menschen aus dem Land.[15]

Der menschliche Preis dieser großen »Völkerwanderung« ist schockierend hoch. Mehr als 10 000 Migranten, die nach Europa gelangen wollten, ertranken von 2015 bis 2017 im Mittelmeer.[16]

Andere riskieren ihr Leben als in Laderäumen von Lastwagen versteckte menschliche Fracht oder überqueren die Alpen bei Eiseskälte zu Fuß.[17] Europa sollte nicht unterschätzen, wie stark der Wille dieser Menschen ist, ihr Ziel zu erreichen. Und die Nachfrage geht nicht zurück, auch wenn die Richtzahlen für eine legale Zuwanderung verringert werden.[18] Der iranisch-schwedische Ökonom Tino Sanandaji sagt dazu: »Hier sind pausenlos extreme Push- und extreme Pull-Faktoren am Werk. Nahezu alle Menschen, die 1981 im Iran lebten, wären nach Schweden gegangen, wenn sie gekonnt hätten. Das war einfach so schwierig, dass es nur wenigen Menschen gelang. Dabei kommt es auf den Zutrittsort an, nicht auf den Druck, der dagegenwirkt; dieser Druck hat sich nicht verändert und wird sich auch nicht verändern. Es ist die Größe des Schlupflochs, auf die kommt es an.«[19] Dieses Schlupfloch wurde 2015 plötzlich erweitert. Vielleicht steht es nicht mehr in der Macht der führenden Politiker

Europas, diesen Zugang wieder auf seine ursprüngliche Größe zu verkleinern.

Das Pew Research Center in Washington rechnet – auch ohne anhaltende Einwanderung – mit einem Anstieg des muslimischen Bevölkerungsanteils in Europa auf 7,4 Prozent bis zum Jahr 2050, weil muslimische Frauen in der Regel mehr Kinder zur Welt bringen als andere Europäerinnen. Nach den Erkenntnissen dieses Instituts wird sich der muslimische Bevölkerungsanteil unter der Voraussetzung, dass Europa zu einer gemäßigten Zuwanderung zurückkehrt – und unter der Annahme, dass es keine weiteren Spitzenwerte auf »Krisen«-Niveau mehr geben wird –, bis 2050 verdoppeln bis verdreifachen und auf 11 bis 14 Prozent zunehmen.

Die Unruhestifter

Die Regierungen haben bereits gelernt, dass bei Migranten, deren Asylanträge abgelehnt worden sind, eine höhere Wahrscheinlichkeit besteht, dass sie Straftaten begehen, insbesondere Raubdelikte und Gewaltverbrechen.[20] Die österreichische Polizei sieht den kritischen Punkt nach einer Frist von etwa 400 Tagen erreicht, etwa ab diesem Zeitrahmen neigen abgelehnte Asylbewerber dazu, Probleme zu bereiten.[21]

Natürlich sind nicht alle Migranten Unruhestifter. Boris Palmer, der Oberbürgermeister von Tübingen, schätzte etwa 10 Prozent der seiner Stadt von den Bundesbehörden zugewiesenen Migranten als Problemfälle ein: »Sie empfinden keinen Respekt und keine Dankbarkeit für die deutsche Gesellschaft«, sagte er mir bei einem Telefoninterview im Juni 2018. Die Stadtverwaltung sah die ersten Anzeichen für ein sich entwickelndes Problem, als junge Migranten anfingen, in Parks und an Bahnhöfen Drogen zu verkaufen. »So begannen einige Migranten eine Laufbahn als Berufskriminelle und setzten sie dann mit schwereren Straftaten fort, vor allem mit Gewaltverbrechen und Sexualdelikten. Die meisten Probleme bekommen wir mit denjenigen, die in Deutschland kein Bleiberecht haben. Sie haben nicht viel zu verlieren, riskieren deshalb mehr und begehen schwerere Straftaten.«[22] Überträgt man die für Tübingen ermittelte Quote von Straftaten auf ganz Westeuropa, wurde seit 2015 einer Zahl von 200 000 bis 300 000 tatsächlichen oder potenziellen Kriminellen der Zutritt zum Kontinent gestattet.

Die meisten Europäer gehen davon aus, dass das Stellen eines Antrags auf Asyl oder irgendeine andere Form von Aufenthaltserlaubnis vom Antragsteller die Einhaltung der Gesetze und die Anerkennung von Sitten und Gebräuchen der aufnehmenden Gesellschaft verlangt. Nicht zuletzt die Aussicht, aus einem Land wieder hinausgeworfen zu werden, nachdem man erhebliche Ressourcen und Mühen aufgewendet hatte, um dorthin zu gelangen, sollte auf potenzielle Rechtsbrecher abschreckend wirken. In den meisten europäischen Ländern sollte es nach der bestehenden Rechtslage auch zu solchen Konsequenzen kommen. In Deutschland muss ein ausländischer Straftäter, der eine dreijährige Haftstrafe erhält, abgeschoben werden. Eine Haftstrafe von einem Jahr genügt für die Abschiebung eines Ausländers, der wegen eines Sexualdelikts verurteilt wurde. Für Asylbewerber gilt, dass eine einjährige Haftstrafe sie den Flüchtlingsstatus kostet.[23] Auch in Schweden können Ausländer, die zu einer Haftstrafe von einem Jahr verurteilt werden, abgeschoben werden.

Die Frage ist, wie konsequent diese Bestimmungen auch durchgesetzt werden. Mich überrascht nicht mehr, dass zu der Frage, wie viele ausländische Straftäter tatsächlich aus Deutschland abgeschoben werden, kein Datenmaterial verfügbar ist.[24] Ähnliche Bestimmungen wie in Deutschland gelten auch in Dänemark, aber der dänische Generalstaatsanwalt stieß bei einer Untersuchung zum Thema auf sieben Fälle aus den Jahren 2012 bis 2017, bei denen die Staatsanwälte auf die Forderung nach einer Abschiebung rechtskräftig verurteilter ausländischer Vergewaltiger verzichtet hatten.[25] Das Abschiebungsgesetz in Schweden ist ein weiteres Beispiel für ein Gesetz, das in erster Linie missachtet wird.

Ein Asylbewerber aus Somalia mit zeitlich befristetem Schutzanspruch in Schweden vergewaltigte im Juni 2018 eine Frau, die er überfiel, als sie schlafend in ihrem Bett lag. Das Bezirksgericht in Linköping verurteilte ihn zu einer Gefängnisstrafe von einem Jahr und zehn Monaten und anschließender Abschiebung aus Schweden. Die erste Berufungsinstanz bestätigte dieses Urteil, aber der Verurteilte legte erneut Revision ein, und im April 2019 kippte Schwedens Oberster Gerichtshof die Anordnung der Abschiebung. Das Gericht zweifelte nicht an der Täterschaft des Mannes, denn die Beweise (einschließlich des DNA-Nachweises) waren unumstößlich. Zu seinem aktuellen Strafregister zählten, wie das Gericht einräumte, Verurteilungen wegen Drogenbesitzes, Verkehrsdelikten und Körperverletzung. Doch das Gericht vertrat die Ansicht, sein Vergehen sei nicht schwer genug, um die Bindungen aufzuwiegen, die er während seines achtjährigen Aufenthalts in Schweden entwickelt habe. Die Urteilsbegründung ergibt eine merkwürdige Lektüre:

Zwar gibt es Anzeichen für Defizite bei seiner Anpassung an die gesellschaftlichen Verhältnisse in Schweden, teilweise durch seine früheren Straftaten und teilweise, weil er einige Monate vor seiner Verhaftung seine vorherige Arbeitsstelle und Unterkunft aufgab, ohne sich um eine andere Arbeit oder eine eigene Unterkunft zu kümmern. Die Untersuchung stützt jedoch nicht die Feststellung, dass er einen asozialen Lebenswandel oder ein kriminelles Wertesystem hat.[26]

Zwei Monate zuvor hatte dasselbe Gericht den Eindruck erweckt, einen Präzedenzfall zu setzen. Es hatte gegen drei Asylbewerber entschieden, die verurteilte Straftäter waren: gegen einen aus Libyen eingereisten Palästinenser, der wegen schweren Raubes verurteilt worden war, einen weiteren Palästinenser, der Molotow-Cocktails auf vor einer Synagoge geparkte Autos geschleudert hatte, und gegen einen Syrer, der ebenfalls eine Vergewaltigung begangen hatte. Diese Männer wurden abgeschoben. Aber der somalische Vergewaltiger blieb im Land.

Die Mär von der Abschiebung

Lassen wir einmal das Problem beiseite, ob ein Migrant, der eine Straftat begangen hat, dafür abgeschoben werden sollte, und fragen wir einfach, ob die Personen, deren Abschiebung in ihr Herkunftsland angeordnet wurde, auch tatsächlich abgeschoben wurden. Wie so viele andere Aspekte der Einwanderung nach Europa auch, ist das Ausmaß, in dem Abschiebungsverfügungen umgesetzt werden, nur mühsam zu ermitteln. Hier also das, was wir wissen. Die EU-Grenzschutzagentur Frontex berichtet über verstärkte eigene Abschiebeaktivitäten in den letzten Jahren. Sie war 2015 an der Rückführung von 3500 Personen beteiligt, 2016 waren es 5000 und 2017 10 000 Personen. Die Abschiebung abgelehnter Asylbewerber fällt üblicherweise jedoch unter die Zuständigkeit der Regierungen der einzelnen Mitgliedsstaaten und zählt nicht zu den Aufgaben von Frontex.[27] Wie sieht also die Bilanz der einzelnen Staaten aus? In Deutschland hielten sich im Jahr 2018 236 000 Migranten auf, deren Asylantrag abgelehnt worden war und die eigentlich ausreisepflichtig waren, 50 000 von ihnen hatten keine Duldung, aber nur 24 000 von ihnen wurden tatsächlich abgeschoben.[28] Weitere

31100 vorgesehene Abschiebungen wurden von den deutschen Behörden gestoppt.[29] In Schweden findet etwa ein Drittel der Rückführungen tatsächlich statt. Im ersten Quartal 2018 sollten 3000 Personen abgeschoben werden, aber die schwedische Grenzpolizei konnte nur bei 1000 von ihnen den Aufenthaltsort ermitteln, so dass sie außer Landes gebracht werden konnten.[30]

David Wood, ehemaliger Generaldirektor der Border Agency bzw. Immigration Enforcement, hat die verhältnismäßig laxe Durchsetzung von Ausweisungsverfügungen in Großbritannien geschildert.[31] Er berichtete, dass etwa die Hälfte aller Anträge auf Asyl – einschließlich der Berufungsverfahren – positiv beschieden werde, dass aber nur ein Drittel der abgelehnten Bewerber das Land wieder verlasse. Nach Woods Angaben blieben von 2010 bis 2016 51154 abgelehnte Asylbewerber mindestens für einige weitere Jahre in Großbritannien. Die Zahl der Zwangsabschiebungen war von 15000 pro Jahr Mitte der Nullerjahre auf nur noch 2541 im Jahr 2017 zurückgegangen.

Laut Eurostat wurde 2019 insgesamt 718000 Nicht-EU-Bürgern der Zutritt zur EU-27 verweigert, der höchste Wert, seitdem überhaupt Zahlen erhoben wurden. Verglichen mit 2018 hielten sich 2019 10 Prozent mehr illegale Nicht-EU-Bürger in der EU auf. Dennoch wurden 2019 nur 142000 Nicht-EU-Bürger abgeschoben, 2 Prozent weniger als 2018.[32]

Europas Politik der Nichtausweisung

Es gibt verschiedene Gründe dafür, dass Ausweisungsbescheide nicht umgesetzt werden. In vielen Fällen taucht der abgelehnte Asylbewerber einfach unter, das trifft beispielsweise für 2000 Migranten ohne gültige Aufenthaltserlaubnis zu, die die schwedische Grenzpolizei im

Jahr 2018 nicht ausfindig machen konnte. Es ist nicht hilfreich, dass
Stadträte – wie etwa der von Malmö – abgelehnte Asylbewerber
finanziell unterstützen, was gegen die ausdrücklichen Anweisungen
des schwedischen Ministerpräsidenten verstößt.[33] In anderen Fällen
werden Abschiebungen aus verwaltungstechnischen Gründen behindert. Besitzt jemand weder einen Reisepass noch ein anderes gültiges
Ausweisdokument, erklären es die Bürokraten und Rechtsanwälte
für unmöglich, diesen Menschen in sein Herkunftsland zurückzu-
schicken. Das gibt einen Hinweis darauf, warum nach Schätzungen
240 000 Migranten in Europa über keinerlei Ausweispapiere verfügen.[34] Selbst wenn die abzuschiebende Person solche Papiere besitzt,
können die zuständigen Behörden nur wenig tun, wenn das Bestimmungsland die Wiederaufnahme verweigert.[35] Ein Sprecher der
britischen National Crime Agency sagte 2019 vor einem innenpoli-
tischen Sonderausschuss des Parlaments aus, illegal ins Land gekommene Migranten sorgten sich nicht wegen einer möglichen Festnahme, denn »ob nun zu Recht oder Unrecht, sie befürchten nicht,
abgeschoben zu werden. Und das ist meiner Meinung nach ein be-
deutender Einflussfaktor in dieser Frage. (…) Nach der Einschätzung der Unterstützer [Schleuser] und auch nach der Einschätzung
der Menschen, die bereit sind, die Reise zu wagen, besteht ein sehr
geringes Risiko, dass sie abgeschoben werden.«[36]

Eine weitere bedeutende Hürde sind die komplizierten Gesetze
und internationalen Übereinkünfte, die von den europäischen Staaten unterzeichnet wurden. Die internationale Asylpolitik besagt,
dass – ungeachtet der genauen Begleitumstände – kein Mensch in
ein Zielland ausgewiesen werden darf, in dem sein Leben in Gefahr
ist. Betrachtet man die Länder, aus denen die Asylbewerber in Europa kommen – Länder wie Syrien, Afghanistan und der Irak, in
denen das Leben aller Einwohner in einem gewissen Ausmaß in Gefahr ist –, ist das eine ungeheuer breit gefasste Vorgehensweise. Sogar

Asylbewerber, die in ihrem Gastland unter Terrorismusverdacht stehen, können manchmal aus diesem Grund nicht abgeschoben werden. Dies traf auf den Tunesier Anis Amri, der im Dezember 2016 den Lastwagen in den Berliner Weihnachtsmarkt am Breitscheidplatz lenkte, ebenso zu wie auf den Palästinenser Ahmad Alhaw, der in Hamburg im Juli 2017 wahllos auf Kunden eines Supermarkts einstach.[37] Keiner von beiden konnte abgeschoben werden, weil beider Leben in ihren Herkunftsländern in Gefahr gewesen wäre.

Neben internationalen Abkommen können auch die bilateralen Beziehungen zwischen den Herkunftsländern von Migranten und den aufnehmenden Ländern ein Hemmnis sein. Besteht keine Kooperation zwischen zwei Ländern, kann das Gastland den Migranten nicht hinter die Grenzen des Herkunftslandes zurückzwingen. Einzelne Länder – oder die Europäische Union insgesamt – initiieren Rückführungsabkommen mit Herkunftsländern. Ein solches Abkommen wurde mit Bangladesch geschlossen, von wo Schätzungen der Europäischen Union zufolge 200 000 der in das Gebiet ihrer Mitgliedsländer illegal eingereisten Migranten kommen (die in Großbritannien lebenden Bangladeschis sind bei dieser Zahl nicht berücksichtigt). Die Europäische Union bot Bangladesch 12,5 Millionen Euro für die Rücknahme von 500 illegalen Migranten pro Jahr.[38] Von den 200 in Deutschland zur Ausweisung vorgesehenen Bangladeschis wurden jedoch nur 67 zurückgeschickt; 38 verweigerten die Ausreise, und der Aufenthaltsort der übrigen konnte nicht ermittelt werden. Das Bangladeschi-Programm ist ein günstiges Geschäft im Vergleich zu dem Rückführungsabkommen, das die Vereinten Nationen und die Europäische Union 2015 mit 14 afrikanischen Ländern schlossen.[39] Die Europäische Union stellte 3,8 Milliarden Euro bereit, um die Rückführung afrikanischer Migranten in Europa und Libyen zu unterstützen.[40] Insgesamt wurden von Mai 2017 bis November 2018 50 150 Migranten in ihre Herkunftslän-

der zurückgebracht, in erster Linie aus Libyen zurück nach Niger,
Mali, Mauretanien und Dschibuti. Wie viele aus Europa zurückgeschickt wurden, wissen wir nicht.[41]

Menschliche Hindernisse

Selbst wenn alle formalen Bedingungen für die Abschiebung eines
abgelehnten Asylbewerbers erfüllt worden sind, kann noch ein weiteres Hindernis im Weg stehen: wohlmeinende Bürger. Lassen Sie
mich ein Beispiel berichten. Mustafa Panshiri, ein Schwede afghanischer Herkunft, dem wir später noch als Befürworter neuer Integra-
tionsmethoden für Migranten begegnen werden, schilderte mir eine
Begegnung, die er mit einem Asylbewerber in Schweden hatte. Morteza war ein Afghane, der als unbegleiteter Minderjähriger bei einer
Pflegefamilie lebte. Vor zwei Jahren hatte er mit Mustafas Hilfe auf
einer Polizeiwache seinen Asylantrag eingereicht. Schon damals hatten Mustafa und seine Kollegen den Verdacht gehegt, dass Morteza
kein Jugendlicher mehr war. »Er hatte Falten im Gesicht und Haar-
ausfall«, sagte Mustafa. »Seinem Aussehen nach war er mindestens
35 Jahre alt, (…) aber das alte Ehepaar, bei dem er wohnte, nannte
ihn ihr ›liebes Kind‹.« Die schwedischen Behörden lehnten Mortezas
Asylantrag dreimal ab, aber seine Pflegeeltern sprachen offen darüber, dass sie ihm dabei helfen wollten, illegal im Land zu bleiben.
Die schwedische Regierung gab Morteza eine weitere Chance, gewährte ihm zeitlich befristeten Schutz und eine Aufenthaltserlaubnis
in Schweden.

Andere Personen, die sich auf Obstruktion verlegen, gehen weniger subtil vor, sind aber ähnlich fehlgeleitet. Yaqub Ahmed, ein
Flüchtling aus Somalia, wurde im August 2018 im Londoner Flug-
hafen Heathrow zu einer Maschine der Turkish Airlines eskortiert,

mit der er nach Somalia zurückgebracht werden sollte. Er kam nicht sehr weit. Der Pilot weigerte sich zu starten, als einige Passagiere lautstark gegen die Abschiebung protestierten. »Holt ihn aus dem Flugzeug!«, skandierten sie – genau das taten die Sicherheitskräfte dann auch.[42] Was die Passagiere nicht wussten: Die Anordnung der Abschiebung war ein Teil von Ahmeds Verurteilung wegen der Gruppenvergewaltigung eines 16-jährigen Mädchens, die er gemeinsam mit drei Freunden begangen hatte. Vor der gescheiterten Abschiebung hatte er eine Haftstrafe von vier Jahren und neun Monaten abgesessen. Kurz nach Ahmeds Freilassung reiste einer seiner Mittäter bei der Vergewaltigung nach Syrien aus, um dort für den »Islamischen Staat« zu kämpfen.

In Schweden gestalten sich Proteste gegen einzelne Abschiebungen weniger spontan. Einhundert Flüchtlingshelfer-Aktivisten bildeten im April 2018 in Kållered eine menschliche Blockademauer gegen die Abschiebung von 27 abgelehnten Asylbewerbern aus Afghanistan.[43] Die Aktivisten veranstalteten ein Straßen-Sit-in im Stil der 1960er-Jahre, hakten die Arme unter und riefen Parolen, während sie die Abfahrt eines Busses blockierten, der die Afghanen aus einer Asylbewerberunterkunft fortbringen sollte. An jenem Tag wurden schließlich fünf oder sechs Personen abgeschoben, und weitere 14 Personen aus dieser Gruppe wurden im Verlauf jener Woche bei Dunkelheit weggebracht. Aber neun der Afghanen gelang es, aus der Unterkunft zu entkommen. Eine der Demonstrantinnen, eine blonde, blauäugige Schwedin, schrieb in einem Blog über ihre Motive für den Protest. Sie sorgte sich, dass die Migranten durch »bürokratische Übergriffe« der schwedischen Migrationsbehörde während ihres Asylverfahrens ein zweites Mal traumatisiert worden seien.[44]

Migranten haben auch selbst gegen den Vollzug von Gesetzen protestiert. Polizisten, die im März 2018 einen Migranten aus Gambia aus einer Asylbewerberunterkunft in Donauwörth holen und ab-

schieben sollten, mussten um Verstärkung bitten, als andere Migranten in der Unterkunft wegen der Abholung des Mannes revoltierten,
die Polizisten mit Flaschen und Stühlen bewarfen und aus den obe-
ren Stockwerken der Unterkunft heißes Wasser auf sie schütteten.
Nur wenig später setzten 150 Westafrikaner den Protest an einem
Bahnhof fort, was zu 32 Festnahmen führte.[45] Bei einem weiteren
Zwischenfall im darauffolgenden Monat musste die Polizei die
Abschiebung eines 23-jährigen Togolesen aus einer Asylbewerberunterkunft im baden-württembergischen Ellwangen abbrechen, als
200 Migranten ihre beiden Fahrzeuge umstellten und die Freilassung
des Mannes binnen zweier Minuten verlangten. Die Polizisten wollten eine gewalttätige Eskalation vermeiden und ließen den Mann
frei. Er ist seitdem untergetaucht.[46]

Neuankömmlinge im Untergrund

Wie viele abgelehnte Asylbewerber leben gegenwärtig in Europa?
Wie man sich denken kann, gibt es keine eindeutigen Antworten auf
diese Frage. Die von Eurostat vorgelegten Zahlen erfassen nur diejenigen illegal eingereisten Personen, die Kontakt zu den Einwande-
rungsbehörden hatten, nicht aber diejenigen, die untergetaucht sind.
Kein einziges Land des Schengen-Raums, der auf Personenkontrol-
len an den eigenen Grenzen verzichtet, hat eine Messmethode für das
Ausmaß an illegaler Migration oder für die Zahl der Menschen entwickelt, die untergetaucht auf dem eigenen Staatsgebiet leben.

Die offenen Grenzen innerhalb des Schengen-Raums machen es
den Regierungen in Verbindung mit Mehrfachzählungen von Migranten, die Asylanträge in verschiedenen Ländern stellen, so gut wie
unmöglich, den aktuellen Aufenthaltsort eines abgelehnten Asylbewerbers festzustellen. Rainer Münz, der Sonderberater der Europäi-

schen Kommission für Migration und Demografie, sagte 2019:
»Wir haben kein klares Bild davon, was mit Menschen geschieht, die
neu ankommen, Asyl beantragen und damit keinen Erfolg haben.
Diese Menschen verschwinden irgendwie aus unserer Statistik.«[47] In
Deutschland haben Migranten, die sich in dieser Lage befinden,
nach der Rechtslage sechs Monate Zeit, um freiwillig auszureisen, danach müssen sie mit der Abschiebung rechnen. Aber so läuft das
nicht ab. Nach Angaben des deutschen Innenministeriums halten
sich derzeit 240 000 abgelehnte Asylbewerber im Land auf, die alle
ausreisepflichtig sind. Unter der Sonderkategorie der »Duldung« erhielten jedoch 182 169 von ihnen eine Verlängerung der Aufenthaltserlaubnis.[48]

Nach Schätzungen der schwedischen Migrationsbehörde tauchen
pro Jahr etwa 10 000 Asylbewerber unter, um einer Abschiebung zu
entgehen. Ein 2018 veröffentlichter Bericht eines Kontrollausschus-
ses der französischen Nationalversammlung enthielt die Schätzung,
dass es allein in dem bereits behandelten Vorort-Département von
Paris, Seine-Saint-Denis, 150 000 bis 400 000 illegale Migranten
gebe. Der ehemalige französische Innenminister Gérard Collomb
hatte dagegen 2017 die Ansicht vertreten, in ganz Frankreich lebten
nur 300 000 illegale Migranten.[49] Schätzungen mit derart stark voneinander abweichenden Zahlen legen den Verdacht nahe, dass die
europäischen Regierungen den Überblick und die Kontrolle über
ihre Einwanderungssysteme verloren haben.

Wenn Politiker mit einem Problem zu kämpfen haben, versuchen
sie es oft mit Geld. Die deutsche und die britische Regierung bieten
abgelehnten Asylbewerbern finanzielle Anreize für eine Rückkehr in
ihr Heimatland an. Deutschland stellt einzelnen Asylbewerbern, die
noch vor einer Entscheidung in ihrem Asylverfahren das Land verlassen, 1200 Euro in Aussicht, bereits abgelehnte Bewerber erhalten
800 Euro, und für Familien gibt es zusätzliche 3000 Euro »Reinteg-

rationsunterstützung« in Sachleistungen, die den Möbelkauf, die Wohnungsrenovierung und Mietkosten abdecken sollen. Diese Anreize haben sich jedoch als nicht sehr attraktiv erwiesen, denn nur 29 587 Personen verließen Deutschland 2017 freiwillig, ein deutlicher Rückgang im Vergleich zu den 54 006 Personen, die 2016 diesen Weg wählten.[50] Auch Großbritannien hatte mit seinem Werben um die freiwillige Rückkehr von abgelehnten Asylbewerbern wenig Erfolg, trotz eines Angebots, das die Übernahme von Flugtickets und eine zusätzliche Zahlung von 2000 Pfund (rund 2270 Euro) pro Person vorsah.[51] Für manche Menschen ist es sinnvoll, das Geld zu nehmen und in die Heimat zurückzukehren.[52] Für die meisten jedoch ist diese Bestechungssumme für die Abreise viel weniger wert als die eigenen Aufwendungen – nicht nur an Geld, sondern auch an Mühe –, die nötig waren, um nach Europa zu gelangen.[53]

Ein Leben im Schwebezustand ist kein Vergnügen. In niederländischen Asylbewerberunterkünften bekam ich in den 1990er- und 2000er-Jahren schlimme Dinge zu sehen. Manche Menschen hatten schon bis zu zehn Jahren in solchen Einrichtungen gelebt, ohne Arbeitserlaubnis und nur mit bescheidenem Taschengeld ausgestattet, während sie auf eine Entscheidung über ihren Asylantrag warteten. Ihr Verfahren war bei der niederländischen Einwanderungsbehörde in eine Sackgasse geraten. Sie konnten weder beweisen, dass sie auf der Flucht vor Verfolgung waren, noch konnten sie nach den Bestimmungen des Völkerrechts ausgewiesen werden. Familien lebten damals in kleinen Wohnwagen und nicht, wie das heute für viele gilt, in Containern. Normalerweise verfügten sie über ein Wohnzimmer und zwei kleine Schlafzimmer und, wenn sie Glück hatten, über ein eigenes Badezimmer; Küchen wurden gemeinschaftlich genutzt. Asylbewerberzentren waren eingezäunt, das Tor wurde von einem Sicherheitsdienst kontrolliert und bewacht. Als ich in Lunteren in einem solchen Zentrum untergebracht war, lebten wir mit einer Ausgangssperre und mussten abends um 23 Uhr in unseren Wohnwagen sein. In Europa sind die Lebensbedingungen in einer Unterkunft für Asylbewerber heutzutage nicht viel besser, in den meisten Fällen sind sie sogar viel schlechter. Weiße Container sind dort wie Legobausteine aufeinandergestapelt. Bei manchen führt eine Treppe zum Eingang, und alle Container, die ich gesehen habe, verfügen über Fenster. Die Einrichtung ist spärlich. Der Außenbereich ist eingezäunt, mancherorts gibt es allerdings Kinderschaukeln, und draußen vor der Tür stehen Fahrräder.

Im »Niemandsland« zwischen der ungarischen und serbischen Grenze in Tompa hat die ungarische Regierung für die Unterbringung von Asylbewerbern ein Containerlager errichtet. Die von Stacheldrahtzäunen umgebenen Container sind an Klimaanlagen angeschlossen, aber die sonstige Ausstattung ist spartanisch gehalten. Das Gelände ist von Müll übersät, und ausgehungerte streunende Hunde suchen überall nach Essbarem. Es heißt, 300 Asylsuchende könnten hier leben. Die Tatsache, dass sie es auf sich nehmen unter solchen Umständen auszuharren, zeigt, wie verzweifelt die Menschen versuchen, nach Europa zu kommen.

Außerhalb von Europas offiziellem Asylsystem, aber innerhalb des Kontinents leben Tausende, vielleicht Hunderttausende von abgelehnten Asylbewerbern. Sie sind untergetaucht und über die Einwanderer-Enklaven Westeuropas verstreut. Für einige von ihnen, etwa für die Menschen in Calais oder in Millénaire im Nordosten von Paris, bedeutet das, dass sie illegal unter freiem Himmel kampieren, in Zelten oder behelfsmäßigen Unterkünften. Die französische Polizei versuchte in den Jahren von 2015 bis 2018 insgesamt 34-mal, solche Lager zu räumen, aber die Migranten blieben.[54] Ausgeschlossen von der offenen Gesellschaft zu leben, ist nicht so unmöglich, wie es sich anhört. Illegale Migranten kommen auch ohne von Ämtern und Behörden ausgestellte Ausweisdokumente an eine Unterkunft, an Geld, Arbeit und persönlichen Schutz. Für all das sorgen die Banden und Clans, die Europas Parallelgesellschaften kontrollieren.[55] Ein Leben im Untergrund bedeutet oft ein Leben mit Verbrechen oder ständigen Übergriffen. Illegale Migranten sehen sich allzu oft Drogen, Gewalt, Verbrechen und Prostitution ausgesetzt.[56] Die Berliner Kriminalpolizei berichtet, dass organisierte Verbrecherbanden für die Jobs auf der untersten Hierarchieebene, etwa für den Verkauf von Drogen auf der Straße oder in U-Bahnhöfen, junge Flüchtlinge anwerben.[57] Und dennoch ist ein Leben als »Illegaler« in Berlin immer noch besser als ein Leben in Mogadischu.

KAPITEL 8

Die zerbrochenen Fenster
der liberalen Justiz

Arnold Mengelkoch, der Integrationsbeauftragte des Berliner Bezirks Neukölln, erklärte 2018 in einem Interview, neu ins Land gekommene Asylbewerber seien zuversichtlich, dass sie nach einer eventuellen Festnahme sofort wieder freigelassen würden. Ein überlastetes und mit unzureichenden Ressourcen ausgestattetes Justizwesen sei für sie keine Bedrohung.[1] Ich habe das im Verlauf der Recherchen für dieses Buch immer wieder beobachtet: Wenn ein Mann eine Frau belästigt und damit ungeschoren davonkommt, versucht er vielleicht, die nächste Frau zu begrapschen, die ihm auf der Straße begegnet, oder er folgt einer anderen, und kommt er auch damit davon, geht er vielleicht noch weiter, weil es äußerst unwahrscheinlich ist, dass er für seine Taten vor Gericht landet, geschweige denn zu einer Haftstrafe oder zur Abschiebung verurteilt wird.

Die europäischen Regierungen haben die Kontrolle über das Asylsystem verloren, und die Bewältigung der Konsequenzen und Nachwirkungen fällt der Polizei und den Sozialdiensten zu. Vor allem die örtliche Polizei und die Gerichte waren darauf nicht vorbereitet. Das

Problem zeigt sich schon zu einem frühen Zeitpunkt. Männliche Migranten, die durch kleine Gesetzesverstöße auffallen, erhalten vielleicht eine Verwarnung, eine Bewährungsstrafe oder eine Strafaussetzung zur Bewährung für ein erstes Vergehen. Im Zweifelsfall wird, vor allem bei Neuankömmlingen in Europa, zu ihren Gunsten entschieden. Das hat allerdings oft zur Folge, dass sie, sobald sie den Gerichtssaal wieder verlassen haben, meinen, mit Gesetzesverstößen unbehelligt davonzukommen, und sich ermutigt fühlen, künftig noch schlimmere Straftaten zu begehen. Im direkten Gegensatz zur »Broken Windows«-Strategie der Polizei, die New York in den 1990er-Jahren nachhaltig veränderte, versäumen es die europäischen Behörden, die frühen Gesetzesverstöße zu bestrafen, auch wenn es sich um schwerwiegende Vergehen handelt. Und deshalb eskaliert das problematische Verhalten.

Die kriminologische Forschung hat gezeigt, dass Vergewaltiger tendenziell Wiederholungstäter sind. Einigen Untersuchungen zum Thema ist zu entnehmen, dass die Mehrheit der Vergewaltiger zugibt, wiederholt Taten dieser Art begangen zu haben.[2] Für Strafrechtsexperten ist das auch keine Neuigkeit. Doch die europäische Justiz lässt erstmalige Sexualstraftäter zu oft mit leichten Strafen davonkommen.

Auf jeden Fall wirkt die Vorstellung von einer Haftzeit in einem Gefängnis im Norden Europas auf einen jungen Mann, der in seinem Herkunftsland vielleicht viel schlimmere Haftbedingungen überlebt hat, nicht allzu bedrohlich. Der ehemalige schwedische Polizist Mustafa Panshiri hatte in Einwanderer-Enklaven mitunter mit jungen Männern zu tun, die über die Aussicht, in einem schwedischen Gefängnis eine Haftstrafe verbringen zu müssen, nur lachten.

Sie sagten dann: »Man kann in Schweden ins Gefängnis kommen und dort einfach Bodybuilding betreiben.« Nun, das stimmt. Es geht dort nicht so zu wie in einem Gefängnis in Afghanistan oder in Somalia. Sie wissen, dass es dort Fernsehen gibt, man kann Karten spielen, man kann Poolbillard spielen. Es ist also nichts, was besonders einschüchternd wirkt.

Als ich ihn fragte, was die jungen Männer wohl für ein Abschreckungsmittel halten würden, antwortete er:

Sie sehen das Gefängnis als eine zweite Chance, weil sie immer noch in Schweden sind. Ich bin jungen Männern begegnet, die wegen einer Vergewaltigung im Gefängnis saßen, und sie werden nicht abgeschoben. Das Einzige, was ihnen wirklich Angst macht, ist, abgeschoben zu werden. Und das sage nicht einfach nur ich; das sagen mir diese jungen Männer.[3]

Inzwischen vermute ich – aus Gründen, die im vorhergehenden Kapitel genannt wurden –, dass diese jungen Männer gelernt haben, dass auch die Abschiebung keine echte, ernsthafte Bedrohung ist.

Die Polizei wirkt schwach

In den Augen junger Männer, die aus Syrien, dem Irak, aus Afghanistan und aus anderen von Kriegen zerrissenen und autoritär verfassten Gesellschaften kommen, ist es nicht nur das Gefängnissystem, das lasch gehandhabt zu werden scheint. Auch die Polizei macht auf sie einen schwachen Eindruck.

Was viele Menschen in der Debatte über Integration nicht verstehen, ist, dass das Verhältnis zwischen Individuum und Regierung in den undemokratischen Gesellschaften, aus denen die Einwanderer fliehen, völlig anders aussieht. Die Menschen in Somalia meiden

zum Beispiel jede Art von Kontakt mit Regierungsbeamten wie die
Pest. Wer dort einen Regierungsvertreter in Uniform sieht, geht davon aus, dass diese Person korrupt und zugleich gewalttätig ist. Die
Menschen dort tragen ihre Probleme nicht bei den Behörden vor, wie
das in Europa geschieht. Wer in Somalia gegen die Regierung auftritt
oder sie kritisiert, kann letztlich im Gefängnis landen oder sogar sterben. In solchen Ländern hat jedermann eine Geschichte von einem
verwandten oder befreundeten Menschen zu erzählen, der auf Ver-
anlassung der Regierung »verschwunden« ist.

Für einen Neuankömmling in Europa, der von einem europäischen Polizisten oder einer Polizistin angehalten und kontrolliert
wird, ist das eine verwirrend harmlose Erfahrung. Ein Verweis, auf
den dann noch ein Brief mit einer schriftlichen Verwarnung folgt, ist
keine große Sache für einen Menschen, der in seinem Heimatland
damit rechnen würde, geschlagen oder sofort ins Gefängnis geworfen
zu werden. Freddi Lohse, der stellvertretende Vorsitzende des Lan-
desverbands Hamburg der Deutschen Polizeigewerkschaft, beklagte
2017, Migranten hätten keinen Respekt vor der deutschen Polizei,
weil sie in ihren Heimatländern für jede Art von Straftaten viel här-
tere Konsequenzen zu befürchten hätten. Eine Verwarnung, ja sogar
eine Strafaussetzung zur Bewährung werde als grünes Licht für weiteres Fehlverhalten empfunden.[4]

Mustafa Panshiri erzählte die Geschichte »eines Burschen namens
Barsheen in Göteborg, eines Migranten der zweiten Generation aus
Syrien«:

Er ist ein erfolgreicher Mann, der ein Restaurant betreibt, er
zahlt seine Steuern und ist ein guter Kerl, aber er wird von Kriminellen in seiner Stadt erpresst. Er sagt, die Polizei könne ihm
nicht helfen, und er steht unter einem sehr starken Druck. Er
sagte mir: »Hör mal, die Politiker müssen begreifen, dass wir,

die wir aus Syrien und dem Irak nach Schweden kommen, an Typen wie Saddam Hussein und Baschar al-Assad gewöhnt sind. Wir sind an Diktaturen gewöhnt. Jemand muss auf uns [Einwanderer] aufpassen. In Schweden gibt es zu viel Freiheit. Wir können mit so viel Freiheit nicht umgehen.«[5]

Mustafa fragte: »Wie geht man damit um? Natürlich können wir keinen Saddam Hussein haben, natürlich können wir keine Diktatur haben, wir sind eine Demokratie, aber was fängt man mit Leuten an, die an diese Art von Lebensweise gewöhnt sind?« Dasselbe Argument habe ich auch von anderen erfolgreich integrierten Migranten gehört, die mit Neuankömmlingen in Deutschland arbeiten. Diejenigen von ihnen, die nur ein Leben unter einer Diktatur kennen, »können nicht einfach einen Schalter umlegen, um über Nacht zu aktiven Teilhabern an der deutschen Demokratie zu werden«.[6]

In gewisser Weise liegen die jungen Männer, über die ich hier schreibe, mit ihrer Wahrnehmung richtig, dass die europäische Polizei schwach ist. Polizisten, die in Ländern wie Schweden, Österreich und Dänemark – wo es seit den 1970er-Jahren verboten ist, ein Kind zu schlagen – aufgewachsen sind, sind nicht daran gewöhnt, bei einer routinemäßigen Verkehrskontrolle eine Faust ins Gesicht zu bekommen. Ich habe in den letzten Jahren zahlreiche Polizeiberichte über Erlebnisse von Polizisten gelesen, die mit dieser neuen Realität konfrontiert wurden. Polizisten fordern im Dienstalltag bei kleinen Verkehrsverstößen von Autofahrern oft, dass sie Fahrzeug- und Führerschein vorzeigen. Dabei kommt es mitunter vor, dass der Fahrer dieser Aufforderung nicht nachkommt, sondern stattdessen Freunde herbeiruft, und schnell sind die Polizisten dann von fünf, zehn oder mehr Männern umringt, die mit feindseligem Auftreten deutlich machen, dass ihnen an der Durchsetzung grundlegender Regeln und Gesetze nichts liegt. Manche Polizisten rufen dann Verstärkung herbei, aber andere geben nach. In Essen berichteten ein Polizist und eine Polizistin über einen solchen Fall. Als sie einen 17-jährigen »Südländer« (Wortlaut der Polizeimeldung) nach einem tätlichen Angriff auf die Polizistin verhaften wollten, wurden sie von weiteren vier bis fünf Personen »angegriffen, geschlagen und getreten«. Die beiden Polizisten setzten sich mit Pfefferspray, Mehrzweckstöcken und körperlicher Gewalt zur Wehr, wurden aber beide verletzt. Der 17-Jährige wurde zur Polizeiwache in der Innenstadt gebracht, wo wenig später der Vater und der Bruder des Festgenommenen erschienen, seine Freilassung verlangten und drohten, sie würden sonst die ganze Familie mobilisieren, um die Polizei zu attackieren. Die beiden wurden daraufhin »der Wache verwiesen«.[7]

In Deutschland stellte das Bundeskriminalamt für das Jahr 2016 eine Zunahme der Angriffe auf deutsche Polizisten im Vergleich zum Vorjahr fest.[8] Das Nachrichtenmagazin *Der Spiegel* interviewte im Herbst 2018 Polizisten, Staatsanwälte und andere Vertreter staatlicher Institutionen zu ihren Erfahrungen mit Kriminalität unter Beteiligung von Migranten. Hier folgen Auszüge aus einem dieser Interviews:

Ich fahre Streifenwagen im Bezirk Tempelhof. (…) Hinzu kommt, dass die Leute immer aggressiver werden. Und respektloser. Vor einiger Zeit bin ich in einem Einsatz einmal schwer verletzt worden. Wir wollten eine Schlägerei bei einer Beschneidungsfeier beenden. Da zog ein Mann mir zwei Stühle über den Kopf. Meine Halswirbelsäule hat schwer gelitten, ich war ein halbes Jahr lang krankgeschrieben.

Neulich wollten Kollegen mehrere Wagen aufschreiben, die auf dem Fahrradstreifen parkten. Die Halter saßen in einer Shisha-Bar gegenüber. Im Nu flogen Eier aus dem Lokal, eine Gruppe von 15 bis 20 Männern umringte die Kollegen. Beide zogen sich in ihren Streifenwagen zurück und holten Verstärkung, ich kam auch hinzu. Wir brauchten zwei Polizeihunde, um die Lage zu beruhigen.

Was mich stört, ist die zunehmende politische Korrektheit, die ich erlebe. Einmal meldete sich eine Frau, die einen sexuellen Übergriff auf der Treppe zur U-Bahnstation anzeigte. Als ich sie fragte, welche Hautfarbe der Verdächtige habe, sagte sie nur: So etwas dürfe ich nicht fragen, das spiele keine Rolle. Da war ich baff.

Migranten bereiten uns besondere Probleme. Auf der Straße habe ich in 60 bis 70 Prozent der Fälle mit ihnen zu tun. Viele Menschen aus dem muslimischen Kulturkreis akzeptieren keine Frauen in Uniform, reden gar nicht mit ihnen. Sie nehmen uns oft nicht ernst, weil wir sie nicht härter anfassen. Aber das kollidiert mit unserem Rechtsverständnis.[9]

Eine feindselige Haltung von Männern aus muslimisch geprägten Gesellschaften gegenüber Polizistinnen ist weit verbreitet. Die Polizistin Tania Kambouri schrieb im Oktober 2013 einen Leserbrief zu diesem Thema an die *Deutsche Polizei,* die Zeitschrift der Gewerkschaft der Polizei, der in der Novemberausgabe 2013 erschien. Im Jahr 2015 veröffentlichte sie dann das Buch *Deutschland im Blaulicht: Notruf einer Polizistin.* Wie Mustafa Panshiri ist Kambouri eine erfolgreich integrierte Migrantin der zweiten Generation, die als Tochter griechischer Eltern in Bochum aufwuchs. Sie sagte, dass auch gebürtige Deutsche, zum Beispiel Fußball-Hooligans oder radikale Linke, Probleme bereiten könnten, aber in alltäglichen Begegnungen seien es meistens Männer mit muslimisch geprägtem Hintergrund, die der Polizei Schwierigkeiten machten. Als Kambouri öffentlich über ihre Erfahrungen berichtete, schrieben auch andere Polizisten an die Zeitschrift und unterstützten ihre Aussagen. Sie hatten Ähnliches erlebt, aber Bedenken gehabt, dies öffentlich zu machen, aus Furcht, als Nazis beschimpft zu werden.[10] »Ich muss ab und zu Kompromisse eingehen«, sagte Kambouri 2016 in einem Interview. »Ich hab' das in dem Buch geschildert, dass ich eine Verkehrskontrolle hatte und eine Drogenprobe nehmen wollte oder einen Alkoholtest machen wollte, und dann sind wir schon in die Diskussion gekommen: ›Du schaust mir nicht in die Augen‹, vor seinem Hintergrund: Einer Frau sollte man nicht in die Augen schauen. Und da hab' ich meinen Kollegen dann diese Arbeit machen lassen, damit es nicht eskaliert, weil wir nicht für irgendeine Ordnungswidrigkeit körperlich verletzt werden möchten. Es wäre dann wahrscheinlich zum Widerstand gekommen, und das wollen wir natürlich vermeiden.«[11]

Die schwedische Polizei berichtet über eine Zunahme von Straftaten unter Einsatz von tödlichen Waffen in Einwanderer-Enklaven.[12] Handgranaten-Restbestände aus dem Bürgerkrieg in Jugoslawien werden beispielsweise von Vorstadtgangs eingesetzt. »Das ist eine andere Art von Kriminalität, die härter und brutaler vorgeht. Es ist nicht das, was wir als gewöhnliches schwedisches Verbrechen bezeichnen würden. Das ist ein anderes Tier«, sagte der schwedische Polizist Peter Springare.[13] Prompt ermittelte die schwedische Polizeiführung intern wegen »Anstiftung zum Rassenhass« gegen ihn, als er in seiner Frustration erwähnte, Straftaten, in denen er selbst ermittelte, seien von Einwanderern aus der muslimischen Welt begangen worden. Doch einem offiziellen Bericht der schwedischen Polizei war 2017 zu entnehmen, dass Polizisten – die es in schlecht integrierten Migranten-Enklaven ohnehin mit körperlichen Angriffen zu tun bekamen – im Dienst wie auch außerdienstlich persönlich bedroht wurden. Diese Praxis wird derart systematisch betrieben, dass kriminelle Banden sich einen bestimmten Polizisten an einem vorher festgelegten Tag als Zielobjekt für Belästigungen und Drohungen vornehmen.[14]

Die französische Polizei berichtet über eine zunehmende Zahl von Selbstmorden in den eigenen Reihen. Als ein Grund (aus einer Reihe weiterer Erklärungen) für diese Entwicklung gelten die überlangen Dienstzeiten unzureichend ausgestatteter Polizisten in einem Umfeld, das von manchmal mörderischen Gegensätzen geprägt ist. Einer der Direktoren der französischen Bereitschaftspolizei CRS sprach 2018 von »einer neuen Art von Aggression, [die] in den letzten Jahren aufgetreten [ist] und eindeutig das Ziel verfolgt, der Polizei körperliche Schäden zuzufügen, ja sogar Polizisten zu töten«.[15] Doch die Polizisten werden davon abgehalten, die Probleme, mit denen sie es im Dienst zu tun bekommen, offen anzusprechen. Whistleblower wie Springare und Kambouri werden beschuldigt, Rassismus und gegen Einwanderer gerichtete Stimmungen zu schüren, wenn sie sich öffentlich zu Wort melden.

Die Polizei ist für die Lösung des Problems unzureichend ausgestattet

Die überwältigende Mehrheit der Polizistinnen und Polizisten, mit denen ich als Politikerin und Dolmetscherin zu tun hatte, ging engagiert gegen das Problem der sexuellen Gewalt an. Ihre Erfolglosigkeit wurde in den meisten Fällen durch Entscheidungen verursacht, die an höherer Stelle der Befehlskette getroffen wurden. Polizisten stecken in einer Zwickmühle, weil die Nachfrage für ihre Arbeit zunimmt, aber unzureichende Ressourcen ihre Arbeit behindern. Ein Bericht der schwedischen Polizei über von hohen Kriminalitätsraten geprägte Einwanderer-Enklaven hielt unmissverständlich fest, dass »es keine institutionellen Kapazitäten für die Behebung der Probleme gibt, wenn die Zahl der Menschen so hoch ist«.[16] Die Polizei sieht sich deshalb vor die Wahl gestellt, entweder Verbrechen aufzuklären, die mit tödlichen Waffen begangen wurden, oder zu sexuellen Angriffen auf Frauen zu ermitteln.[17] Es ist dann keine Überraschung, dass die Sicherheit von Frauen bei der Polizeiarbeit nicht die höchste Priorität hat.

Auch die deutsche Polizei hat mit Banden von Belästigern zu kämpfen. Junge Männer machen in Gruppen Jagd auf Frauen, die schutzlos wirken. Die Täter wissen, dass ein Auftreten als Gruppe es der Polizei, den Zeugen und den Opfern gleichermaßen erschwert, Schuldige genau zu identifizieren. Ich habe selbst gehört, wie ein junger Marokkaner halb im Scherz sagte: »Für Weiße sehen alle braunhäutigen Männer gleich aus.« Wenn eine Gruppe von fünf Männern einen sexuellen Angriff begeht, wer ist dann verantwortlich für die Einleitung des Angriffs, für das Festhalten des Opfers, für das Anfeuern der Täter, und wer passt auf, dass niemand sie überrascht?

Nachdem ich im vergangenen Jahrzehnt in den Vereinigten Staaten gelebt habe, mag meine Wahrnehmung der Strafjustiz verzerrt sein, wenn ich mir Europa anschaue. In den Vereinigten Staaten werden viele Straftäter zu absurd langen Haftzeiten verurteilt, und das oftmals aufgrund leichterer Vergehen. Viele Kriminologen werfen die Frage auf, wie viel das Wegsperren von Menschen nützt, wenn Kleinkriminelle im Gefängnis nur noch hartgesottener oder gar politisch radikalisiert werden. Aber wenn eine Inhaftierung nichts nützt, was hilft dann? Wenn wir jedoch der Aussage zustimmen, dass eine Gefängnisstrafe eine angemessene Bestrafung für einen Akt sexueller Gewalt ist, warum sind europäische Richter und Staatsanwälte dann zurückhaltend oder – im besten Fall – inkonsequent bei der Verhängung von Haftstrafen gegen Migranten, die solche Taten begehen? Ich vermute, dass manche ihrer Urteile eher vom Mitleid für den Täter als vom Mitgefühl für sein Opfer beeinflusst sind.

Ich habe dies früher schon im Kontext von »Ehrenkriminalität« erlebt. Viele Jahre lang erhielten Personen, die Gewalt »im Namen der Ehre« gegen ihre Schwestern, Cousinen oder andere weibliche Verwandte ausübten, von europäischen Gerichten, die mit dem Ehre/Schande-Komplex, der in muslimischen Gesellschaften eine so bedeutende Rolle spielt, wenig vertraut sind, nur milde Strafen verabreicht. Richter, die sich nicht sicher waren, wie sie mit Fällen häuslicher Gewalt umgehen sollten, die von Männern ausländischer Herkunft verübt worden waren, zeigten im Umgang mit gewalttätigen Ehemännern manchmal zu viel Milde. Dasselbe Muster ist im Kontext von sexuellen Angriffen zu erkennen, die von Migranten in Europa verübt werden.

Richterliche Milde

Ich habe eine fortlaufende Liste zu den Erklärungen geführt, die europäische Richter zu Freisprüchen oder milden Urteilen für die Migranten gaben, die wegen Sexualstraftaten vor ihnen standen. Die gängigsten Formulierungen verweisen darauf, der Straftäter sei betrunken und deshalb für sein Handeln nur eingeschränkt zurechnungsfähig gewesen oder das Opfer könne nicht beweisen, dass es sich nicht um einvernehmlichen Sex gehandelt habe. Aber manche Richter sehen auch einen Toleranzspielraum aufgrund des fehlenden Verständnisses von Sexualstraftätern mit Migrationshintergrund für die sexuelle Selbstbestimmung westlicher Frauen. »Ich glaube Frau G. jedes Wort«, sagte 2017 eine Richterin des Schöffengerichtes in Brandenburg an der Havel.[18] Die Frau hatte die Avancen des Angeklagten abgelehnt, worauf er sie aufs Bett geworfen, ihren Kopf zwischen zwei Metallstreben am Kopfende des Bettes eingeklemmt, sie vier Stunden lang festgehalten und mehrmals vergewaltigt hatte, während sie »aufhören« gerufen und den Angeklagten gekratzt hatte. »Doch irgendwann gab sie auf und ›ließ es über sich ergehen‹, wie sie sich ausdrückte.« Die Misshandlung sei so brutal ausgefallen, dass sie »in den folgenden beiden Wochen nicht richtig laufen konnte«. Das Gericht zweifelte nicht daran, dass das Opfer vergewaltigt worden war. Dennoch fragte die Richterin, ob der 23-jährige Angeklagte türkischer Herkunft möglicherweise gedacht habe, die Klägerin sei einverstanden. Die Klägerin wurde vor Gericht gefragt, ob das, was sie als Vergewaltigung erlebt habe, im türkischen Kulturkreis vielleicht für wilden Sex gehalten werde. Der Angeklagte behauptete in typischer Manier, das Geschehen sei einvernehmlich gewesen, und fügte hinzu, er würde niemals eine Frau vergewaltigen, weil er »doch selbst eine Mutter und eine Schwester habe«. Die Richterin sprach ihn frei.

Wir sind bereits dem Fall von Firas M. begegnet, dem Mann, der Marie Laguerre einen Aschenbecher an den Kopf warf, nachdem sie ihn aufgefordert hatte, sie nicht weiter zu belästigen, als sie ihm im 19. Arrondissement von Paris begegnete. Der Vorfall wurde auf Video festgehalten und gelangte in die Schlagzeilen. Als Firas M. 2018 dann angeklagt wurde, stellte sich bei der Verhandlung heraus, dass er zwar in Tunesien geboren worden war, aber seit seinem achten Lebensjahr in Frankreich lebte, derzeit obdachlos war und unter psychischen Problemen litt. Die Staatsanwaltschaft ließ die Anklage wegen sexueller Belästigung fallen, obwohl Laguerre vor Gericht aussagte, der Beschuldigte habe sie auf einschlägige Art angesprochen und dazu passende Geräusche erzeugt, beispielsweise mit »Zischen [und] schmutzigen Leckgeräuschen, auf eine erniedrigende und provozierende Art«. Der einzige Anklagepunkt, der Bestand hatte, war der Vorwurf eines Angriffs mit einem Wurfgeschoss, und dafür erhielt der Täter eine einjährige Gefängnisstrafe, von der trotz eines langen Vorstrafenregisters des Angeklagten sechs Monate zur Bewährung ausgesetzt wurden.[19]

Ein weiterer Fall dieser Art in Frankreich war das Verfahren gegen einen 28-jährigen Marokkaner namens Mustafa Elmotalkil, einen Asylbewerber, dessen Anträge zuvor bereits in Deutschland und den Niederlanden abgelehnt worden waren.[20] Er betrat in angetrunkenem Zustand ein Lebensmittelgeschäft in Croisilles, hielt dort ein elfjähriges Mädchen fest und rieb sich an ihm. »Er lächelte, als wäre [sie] eine Beute«, sagte ein Zeuge. Das Gericht hörte bei der Verhandlung, dass der Angeklagte zwei Jahre zuvor in den Niederlanden in einen Fall verwickelt gewesen war, bei dem er eine Frau begrapscht und sich vor ihren Augen selbst befriedigt hatte, aber nicht angeklagt worden war. In Frankreich wurde er wegen sexuellen Missbrauchs einer Minderjährigen verurteilt, erhielt eine sechsmonatige Gefängnisstrafe und einen Eintrag in das Register der Sexualstraftäter. Elmotalkil war bei der Urteilsverkündung nicht mehr im Gerichtssaal, denn er hatte sich zuvor so aggressiv verhalten, dass ihn der Richter von der weiteren Verhandlung ausgeschlossen hatte.

Ein weiterer Sexualstraftäter, der sich an einem Kind vergangen hatte, erhielt in seinem Revisionsverfahren vor dem Obersten Gerichtshof Österreichs eine Strafmilderung. Der irakische Migrant Amir A. hatte in einem ersten Verfahren eine Haftstrafe von sechs Jahren erhalten, nach der Aufhebung dieses Urteils in einem zweiten Prozess eine Strafe von sieben Jahren, doch der Oberste Gerichtshof setzte das Strafmaß auf vier Jahre herab, weil der Angeklagte nicht vorbestraft war und es sich bei dieser Tat um einen »einmaligen Vorfall« gehandelt habe.[21] Dieser »einmalige Vorfall« war die Vergewaltigung eines zehn Jahre alten Jungen in einem Wiener Schwimmbad. Amir A. packte den Jungen in einer Garderobe, sperrte sich mit ihm in einer WC-Kabine ein und verging sich dort an ihm. Nachdem der Junge wieder freigelassen worden war, wandte er sich an einen Bademeister, und die Polizei verhaftete kurz darauf Amir A., der gerade auf dem Sprungbrett stand. Amir A. sagte dem Gericht, er sei 2015 aus wirtschaftlichen Gründen über die Balkanroute nach Österreich gekommen (er gab sich nicht als politisch verfolgter Flüchtling aus). Er erklärte, er sei bei dieser Tat seinen »Gelüsten nachgegangen«, weil er »seit vier Monaten keinen Sex hatte«.*

Junge Straftäter bleiben unter dem Radar

In vielen europäischen Justizsystemen wird in nach dem Jugendstrafrecht geführten Verfahren die Identität von Minderjährigen verschwiegen. Prozesse mit minderjährigen Angeklagten sind nicht-öffentlich, und die Gerichte entscheiden, welche Informationen für die Öffentlichkeit freigegeben und den Medien zugänglich gemacht werden. Das bedeutet, dass nur wenige Fälle an die Öffentlichkeit gelangen.

Wenn Minderjährige Straftaten begehen, gibt es starke Argumente für ein mildes Urteil. Aber es gibt auch einen Grund, warum manche Migranten behaupten, jünger zu sein, als sie in Wirklichkeit sind. Neben den großzügigeren Leistungen und der stärkeren Unterstützung, die ihnen die Regierung des Aufnahmelandes im Vergleich zu erwachsenen Migranten gewährt, können Minderjährige, die es mit der Strafjustiz zu tun bekommen, mit milderen Strafen rechnen – so

---

* Über diesen Fall und das Berufungsverfahren vor dem Obersten Gerichtshof berichteten nicht nur die österreichischen Medien, sondern auch der Fernsehsender RT, Breitbart News und die britische Boulevardpresse, etwa der *Daily Express.* Sogar der russische Präsident Wladimir Putin gab einen Kommentar dazu ab. Dennoch gibt es keinerlei Beleg dafür, dass dieser Fall niemals geschah oder dass der Junge nicht vergewaltigt wurde.

kommt es zum Phänomen der »Bart-Kinder« in Schweden. Erwachsene Männer, die vor Gericht mit Bart und sichtbarer Körperbehaarung erscheinen, behaupten dort oft, sie seien unbegleitete minderjährige Asylbewerber. Früher wurden sie von Ärzten untersucht, um ihr tatsächliches Alter zu ermitteln. Bei solchen Tests wurden Röntgenaufnahmen von Hand-, Knie- oder Kiefergelenken gemacht und in manchen Fällen auch die Genitalien untersucht. Aber Flüchtlingsanwälte und Medizinethik-Gremien wandten ein, diese Altersüberprüfungen seien ein Verstoß gegen die körperliche Unversehrtheit von Migranten.[22] Forderungen, solche Tests wieder einzuführen, wurden in Deutschland beim Verfahren gegen den afghanischen Flüchtling Abdul D. erhoben, der wegen der Ermordung der 15-jährigen Mia in der rheinland-pfälzischen Kleinstadt Kandel verurteilt worden war. Im Widerspruch zu einer Zeugenaussage behauptete Abdul D. selbst, er sei 15 Jahre alt, und wurde deshalb nach den Bestimmungen des Jugendstrafrechts angeklagt, das eine Höchststrafe von zehn Jahren Haft vorsieht. Er wurde schuldig gesprochen und zu einer Gefängnisstrafe von acht Jahren und sechs Monaten verurteilt. Im Oktober 2019 wurde Abdul D. tot in seiner Gefängniszelle aufgefunden.[23]

In Burgwedel bei Hannover ging im März 2018 die 24-jährige Vivien K. an einem Samstagabend zum Einkaufen in ihren örtlichen Supermarkt. Dort ermahnte sie zwei Jungen – der eine 13, der andere 14 Jahre alt –, sie sollten aufhören zu streiten und mehr Rücksicht auf ältere Kunden in diesem Geschäft nehmen. Die Jungen riefen ihren großen Bruder herbei, den 17 Jahre alten Abdullah. Alle drei waren Asylbewerber aus Syrien. Abdullah schrie Vivien K. zunächst an und beschimpfte sie, dann schlug er auf sie ein, zog ein Messer und stach sie mehrmals in den Oberkörper. Vivien kämpfte im Krankenhaus um ihr Leben. Als sie aus dem Koma erwachte, erfuhr sie, dass sie mehrere Rippenbrüche erlitten hatte und ihre

Milz und ein Teil ihrer Bauchspeicheldrüse hatten entfernt werden müssen. Abdullah A. und sein 14-jähriger Bruder Mohamad A. erhielten aufgrund ihres Alters geringere Strafen nach dem Jugendstrafrecht, während ihr jüngster Bruder wegen Strafunmündigkeit nicht vor Gericht kam. Abdullah A. wurde zu einer Jugendstrafe von fünf Jahren wegen versuchten Totschlags und gefährlicher Körperverletzung verurteilt; Mohamad erhielt zwei Wochen Dauerarrest und zehn Stunden soziales Training auferlegt. Abdullah A. erklärte bei seinem Prozess, in seiner Kultur sei eine Messerstecherei dieser Art gerechtfertigt, wenn die Familienehre verletzt worden sei.[24] Er sah nicht ein, warum er ins Gefängnis gehen sollte, und warf dem Gericht vor, es versuche, sein Leben zu zerstören.[25] Sich selbst bezeichnete er als vorbildlichen Flüchtling. Im September 2018 war sein Opfer nach wie vor auf Schmerzmittel angewiesen, am Bauch blieb eine 40 Zentimeter lange Narbe zurück, aber Vivien K. betont: »Die Nationalität des Täters spielt für mich absolut keine Rolle.«[26]

Die schwedische Justiz ist im Umgang mit jugendlichen Kriminellen besonders milde. Ein Täter, der wegen eines sexuellen Angriffs auf minderjährige Mädchen beim Stockholmer »We Are Sthlm«-Festival verurteilt wurde, war ein 15-jähriger somalischer Junge.[27] Ein Opfer sagte vor Gericht aus, der Junge habe sie an den Beinen und am Po begrapscht und versucht, eine Hand in ihre Hose zu schieben. Als ihre Freundin eingegriffen habe, habe der Täter sie ins Gesicht geschlagen. Der Täter wurde zu 25 Stunden Jugendarbeit und zu einer Geldstrafe von 10 600 Kronen (rund 1140 Euro) verurteilt, die an die Mädchen zu zahlen waren. Ein anderer Einwanderer, der 16-jährige Ahmed, wurde verurteilt, weil er 2017 in einer Schule in Malmö drei 14 Jahre alte Mädchen sexuell belästigt hatte. Er musste 50 Stunden Sozialdienst leisten und Schmerzensgeld zahlen. Nur zwei Wochen nach seiner Verurteilung war er zurück an derselben Schule und vergewaltigte dort ein weiteres minderjähriges Mädchen.

Selbst Gruppenvergewaltiger können mit einem milden Urteil rechnen, wenn sie minderjährig sind. Von den 43 Gruppenvergewaltigern, deren Vergehen in den Jahren 2016 und 2017 von einer schwedischen Zeitung enthüllt wurden, waren 13 jünger als 18 Jahre. Einige von ihnen erhielten keine Gefängnisstrafen, sondern hatten Jungendarbeit- und Sozialdienststunden zu absolvieren. Die durchschnittliche mit den Gerichtsurteilen verhängte Haftzeit lag bei allen 43 Straftätern, einschließlich der verurteilten Erwachsenen, bei nur drei Jahren.[28]

Gesetze werden nicht durchgesetzt

Wie wir bereits gesehen haben, wäre es am Silvesterabend 2015 in Köln vermutlich nicht zu den massenhaften sexuellen Angriffen auf Frauen gekommen, wenn die Polizei Recht und Gesetz durchgesetzt hätte. Bei der offiziellen Untersuchung zum Versagen der Polizei und der städtischen Behörden wurde festgestellt, dass zu wenige Einsatzkräfte vor Ort waren, um die Angreifer zu bändigen.[29] Die Polizei schritt weder ein, als betrunkene Männer begannen, sich aggressiv zu verhalten, noch wurde Verstärkung herbeigerufen, als die Lage allmählich eskalierte.[30] Stattdessen wurden Frauen, die sich beschwerten und Schutz suchten, ignoriert oder zurückgewiesen. Frauen, die den Angreifern entkamen und sich hilfesuchend an die Polizei wandten, erhielten keine Antwort oder die Auskunft, man könne ihnen nicht helfen. Eine der Frauen schilderte später, wie sie und eine Freundin sich von ihren Peinigern gelöst hatten und auf zwei ganz in der Nähe stehende Polizisten zugegangen waren. Die Angreifer hatten sie unterdessen verfolgt.

Beide Beamte sahen uns und auch klar und deutlich diese Täter. Wir sprachen die Beamten an, dass wir Hilfe benötigten, und versuchten, alles in der Hektik zu schildern. Der eine Polizist ließ uns nicht ausreden, der andere drehte sich in Richtung Rheinufer und tat so, als ob er dort etwas Wichtiges zu schauen hätte. Uns wurde dann erklärt, wir sollten uns beruhigen, es sei sicherlich nicht so schlimm gewesen. Sie könnten uns nur raten, da nicht mehr hineinzugehen, sie würden es auch nicht tun. Meine Freundin schrie den Beamten an, dass es da drin brutal zugehe. Er ermahnte uns, mit ihm anständig zu reden. Es kamen noch andere Frauen herbei, und wir waren uns alle einig, beide Beamte wollten oder durften nichts unternehmen. Es wäre sicherlich einfach gewesen, als wir auf beide zugingen und um Hilfe riefen, sofort einen der Täter, der dicht hinter uns war, festzuhalten. Die Beamten taten das nicht. (…) Die haben uns (…) nicht ernst genommen.«[31]

Jahre später ist den Frauen, die in Köln sexuell attackiert wurden, noch immer keine Gerechtigkeit widerfahren. Wie wir gesehen haben, kam es bei 43 Anklagen zu nur drei Verurteilungen wegen sexueller Nötigung. Zu mehr als zwei Dritteln der Anzeigen wurde überhaupt nicht ermittelt, weil die Täter nicht identifiziert werden konnten. Bei den 290 Anzeigen, zu denen die Polizei einen Tatverdächtigen identifizierte, wurden in mehr als der Hälfte der Fälle die Ermittlungen aus anderen Gründen eingestellt. Die erste Anklage wegen eines sexuellen Angriffs in jener Nacht, die im Mai 2016 vor Gericht kam, wurde abgewiesen. Der Algerier Faruk B. und sein jüngerer Bruder wurden beschuldigt, als Mitglieder einer Gruppe von zehn Männern Frauen eingekreist und begrapscht und außerdem ihre Handys gestohlen zu haben. Die Brüder waren in Köln bereits polizeibekannt, weil sie ein Auto aufgebrochen hatten. Ihre Opfer

Karin P. und Cordula M. konnten sie in der Verhandlung jedoch nicht zweifelsfrei identifizieren, obwohl Karin P.s Handy in Faruks Asylbewerberunterkunft bei einer Durchsuchung unter dessen persönlichen Gegenständen gefunden worden war. Die Anklage wegen eines sexuellen Angriffs wurde verworfen. Die Männer wurden nur wegen Diebstahls und der Annahme gestohlener Gegenstände verurteilt und kamen mit einer sechsmonatigen Bewährungsstrafe davon.[32] Drei weitere Täter erhielten zur Bewährung ausgesetzte Strafen: der 21-jährige Iraker Hussein A. und der 26-jährige Algerier Hassan T., beide Neuankömmlinge in Köln, ebenso wie ein 19-jähriger Afghane, der aus Hamburg zur Silvesternacht angereist war.[33] Die einzigen Urteile wegen Sexualstraftaten, die gesprochen wurden, kamen nur deshalb zustande, weil die Täter, wie gesagt, Selfies von sich und ihren Opfern gemacht hatten.

Misstrauen ist die Konsequenz

Einschlägige Untersuchungen haben schon seit langer Zeit gezeigt, dass für Europäer die Respektierung ihrer Gesetze und Institutionen der wichtigste Aspekt der nationalen Identität ist. Dieser Punkt rangiert noch vor der Beherrschung der Landessprache und vor der Geburt im Land selbst.[34] In Schweden sagen heute jedoch nur noch 55 Prozent der Bevölkerung, dass sie der Polizei und der Strafjustiz vertrauen, ein Beleg für einen Abwärtstrend, der im Jahr 2015 einsetzte.[35]

Wenn Straftaten zu milde geahndet werden und Täter nur wenig Furcht vor Bestrafung haben, führt das zu einer Abwärtsspirale. Wenn mehr und mehr Menschen Straftaten der oben beschriebenen Art selbst erleben oder davon hören, nimmt nicht nur die Feindseligkeit gegenüber Einwanderern zu, es bröckelt auch das Vertrauen, das gesellschaftlichen Institutionen entgegengebracht wird. Für Europas politische Führungseliten ist dies ganz gewiss eine beunruhigende Entwicklung. Doch sie machen sich lieber selbst etwas vor, anstatt sich der Wirklichkeit zu stellen, wie wir im folgenden Kapitel sehen werden.

KAPITEL 9

Das Lehrbuch
des Nichtwahrhabenwollens

Die schweizerisch-amerikanische Psychiaterin Elisabeth Kübler-Ross veröffentlichte 1969 ihr Buch *On Death and Dying* (dt. Titel, 1971: *Interviews mit Sterbenden*), mit dem sie die inzwischen berühmten fünf Phasen der Trauer bei tödlich verlaufenden Krankheiten prägte: Nichtwahrhabenwollen, Zorn, Verhandeln, Depression und Zustimmung. Ich denke manchmal, dass Europa noch in der ersten Phase festhängt. Es sind nicht nur die Richter, die bei kriminellem Verhalten junger Migranten nach Entschuldigungen suchen; Politiker, Bürgermeister, Bürokraten, Journalisten, Akademiker, Sprecher von Bürgergruppen und Bürgerinitiativen und Flüchtlingsanwälte, sie alle bieten ein breites Spektrum von Erklärungen an, und in manchen Fällen ein Nichtwahrhabenwollen.

Wenn Psychologen mit Menschen arbeiten, die sich ins Ableugnen verstricken, fordern sie ihre Gesprächspartner anfangs oft auf, die unzutreffenden Geschichten, die sie sich selbst einreden, zu hinterfragen und sie als Ausreden zu erkennen. Ein Psychologe, der heutzutage einen Einblick in das kollektive Denken Europas erhielte, würde nicht eine einzelne Geschichte des Nichtwahrhabenwollens ausmachen, sondern Bündel von Geschichten. Ich habe acht dieser Narrative des Nichtwahrhabenwollens ermittelt.

Abwimmeln

Die unmittelbarste Reaktion aus Politik und Administration, wenn sie auf die Vorhaltung einer Straftat reagieren, die ein Immigrant begangen hat, ist oft »das Abwimmeln«. Ein dänischer Polizeiinspektor äußerte sich zum Beispiel über neun sexuelle Angriffe von Asylbewerbern auf Frauen bei einem Festival wie folgt: »Die Straftaten weisen alle sehr unterschiedliche Charakteristika auf, also darf man daraus nicht den Schluss ziehen, dass alle Fälle von Missbrauch von jungen Männern aus dem Asylzentrum begangen wurden.«[1] Der schwedische Minister für Beschäftigung und Integration betonte im Jahr 2018, die Zahlen der gemeldeten Vergewaltigungen und sexuellen Belästigungen gingen »zurück und zurück und zurück«[2] – während in Wirklichkeit, wie wir in Kapitel 3 gesehen haben, das Gegenteil zutrifft. Ein ähnliches Muster zeigte sich nach der in der Kölner Silvesternacht 2015 ausgeübten sexuellen Gewalt, als Kommentatoren darauf beharrten, dass Flüchtlinge nicht mehr Straftaten begangen hätten als die einheimische Bevölkerung – eine weitere eklatante Falschbehauptung.[3]

Niklas Långström, Professor und Mitglied des schwedischen Nationalen Rates für Rechtsmedizin (Rättsmedicinalverket), vertrat die Ansicht, Zahlen wie »93 Prozent im Ausland geborene oder der ersten Generation von Migranten angehörende Straftäter (…) stehen nicht für irgendeine Kausalbeziehung«.[4] Und Jerzy Sarnecki, Professor der Kriminologie an der Universität Stockholm, hat die Überrepräsentation von Migranten in der Kriminalstatistik mit dem

Argument forterklärt, dass Migranten »vom Justizsystem auf verschiedenerlei Arten diskriminiert werden, und es kann nicht ausgeschlossen werden, dass die Polizei bei den Straftaten eher ermittelt«, die von Migranten begangen werden.[5] Eine Untersuchung hat tatsächlich gezeigt, dass Opfer, die von einem Täter angegriffen wurden, der ihrer Sprache nicht mächtig war, den Vorfall doppelt so häufig bei der Polizei anzeigen und Ausländer deshalb auch öfter in der Statistik auftauchen.[6] Aber es trifft auch zu, dass der Grad der ausgeübten Gewalt und das Vorhandensein einer Waffe die Wahrscheinlichkeit beeinflussen, mit der das Opfer Anzeige erstatten wird.[7] Migranten werden möglicherweise eher angezeigt, weil ihre Sexualstraftaten gewalttätiger sind.

Für manche Deutsche sind die in der Öffentlichkeit geäußerten Ängste vor Sexualverbrechen, die von Migranten verübt werden, ihrem Wesen nach atavistisch. Wolfgang Benz, ein emeritierter Professor für Zeitgeschichte an der Technischen Universität Berlin, vertrat die Ansicht, die Ankunft der Flüchtlinge habe ein Bild »reaktiviert«, das schon seit langem im kollektiven Gedächtnis der Deutschen existiere – das Bild von einem Land, das von fremden Truppen besetzt sei, die hausten wie Barbaren. »Das uns überfallende Heer, das sind heute nicht mehr die Russen, sondern Flüchtlinge, und die Vergewaltigungen, wie in jedem Krieg in der Vergangenheit, sind Teil der Kriegsführung«, sagte Benz.[8] Mit anderen Worten: Die gegenwärtige Krise ist eine Art Fantasiegebilde, erzeugt von der Einbildungskraft auf der Grundlage des historischen Gedächtnisses der Deutschen.

Wir haben bereits gesehen, wie Wissenschaftler versuchten, die Verbindung zwischen der Zunahme der Migration und der Zunahme von Sexualstraftaten zu widerlegen, indem sie aus ihrer Untersuchung Daten aus der Zeit nach 2015 weitgehend entfernten. Aber es gibt mehr als nur eine zweifelhafte Methode, mit der man sagen kann: »Hier ist nichts zu sehen.«

Irreführung

Eine zweite Kategorie des Nichtwahrhabenwollens besteht aus Irreführung und falschen Vergleichen. Kommentatoren erzeugen, im Stil eines Zauberkünstlers, der sein Publikum ablenkt, eine Nebelwand, indem sie das Problem der sexuellen Gewalt zum Universalphänomen erklären. Es seien nicht Einwanderer, die mit überproportionaler Häufigkeit Frauen vergewaltigten, sagen sie, weil »alle Männer Vergewaltiger sind« und »jede dritte Frau körperliche, sexuelle, psychische und wirtschaftliche Gewalt erlebt«.[9] »Der Medienrummel zur Sicherheit von Frauen war gewaltig, total übertrieben«, sagte mir ein hochrangiger Bürokrat in Österreich. »Wir hatten einen Mord und einige Fälle [von Vergewaltigung], dreimal in Wien, obwohl das natürlich überall passiert.«[10] »Diese Art von Belästigung und Gewalt hat es schon seit langer Zeit in jedem Land gegeben«, sagte Gudrun Schyman, eine der beiden Sprecherinnen (Vorsitzenden) der schwedischen Partei Feministische Initiative (Feministiskt initiativ). »Der gemeinsame Faktor sind die Männer.«[11]

Semantisches Durcheinander

Eine weit verbreitete Form des Nichtwahrhabenwollens ist die Manipulation der Sprache über einen Prozess, den ich als »semantisches Durcheinander« bezeichne. Tatverdächtige werden in Polizeiberichten und in der Berichterstattung der Medien als »Südländer«, »Männer mit dunkler Hautfarbe« oder Personen mit »gebrochenem Deutsch« bezeichnet, ihr Migrantenstatus wird bewusst verschwiegen.

Das semantische Durcheinander führt oft zu absurden Auswüchsen. In einer Studie, auf die ich bei meinen Recherchen stieß, wurde vorgeschlagen, Angelegenheiten zum Thema Einwanderer in der öffentlichen Debatte von Angelegenheiten zu Asylbewerbern zu trennen. Zu Deutschlands »Unwort des Jahres 2018« wurde der Begriff »Anti-Abschiebe-Industrie« erklärt, der sich auf Flüchtlingsanwälte bezieht, die sich für den Verbleib abgelehnter Asylbewerber in Deutschland einsetzen. Das Wort wurde als »diffamierend oder diskreditierend« bezeichnet.[12] In manchen Teilen Europas wird das semantische Durcheinander von der Medienaufsicht offiziell oktroyiert. Der Geschäftsführer des Deutschen Kulturrats bemängelte im Juni 2018, dass Talkshows dazu beitrügen, Flüchtlinge negativ darzustellen. Er schlug daher eine einjährige Sendepause für politische Talkshows vor, bis diese mit passenderen Inhalten aufwarten könnten, die den gesellschaftlichen Zusammenhalt förderten.[13]

Der seit 1973 bestehende und zuletzt 2017 ergänzte Pressekodex, dessen Einhaltung vom Deutschen Presserat kontrolliert wird, verlangt von den Medien, bei ihrer Berichterstattung auf jegliche Hinweise zur religiösen, ethnischen und anderweitigen Zugehörigkeit von Straftätern zu verzichten, sofern nicht »ein begründetes öffentliches Interesse« bestehe. Der jetzt um eine »Richtlinie 12.1« ergänzte Pressekodex erinnerte Journalisten daran, dass »die Erwähnung Vorurteile gegenüber Minderheiten schüren könnte«.[14] Die *Süddeutsche Zeitung* erklärte im November 2018 in einer »Anmerkung der Redaktion« zu einem aktuellen Fall, man berichte gemäß Pressekodex und weiche nur »bei außergewöhnlichen Straftaten wie Terroranschlägen oder Kapitalverbrechen (…) oder bei Straftaten, die aus einer größeren Gruppe heraus begangen werden (wie in der Silvesternacht 2015 in Köln)«, von dieser Linie ab. »Ein öffentliches Interesse besteht auch bei Fahndungsaufrufen oder wenn die Biografie einer verdächtigen Person für die Straftat von Bedeutung ist. Wir entscheiden das im Einzelfall und sind grundsätzlich zurückhaltend, um keine Vorurteile gegen Minderheiten zu schüren.«[15] Das ist sehr weit weg von der ersten Ausgabe der *Süddeutschen Zeitung,* die 1945 nur fünf Monate nach der Kapitulation der Nationalsozialisten erschien. Damals erklärten »Schriftleitung und Verlag«: »Zum ersten Male seit dem Zusammenbruch der braunen Schreckensherrschaft erscheint in München eine von Deutschen geleitete Zeitung. Sie ist von den politischen Notwendigkeiten der Gegenwart begrenzt, aber durch keine Zensur gefesselt, durch keinen Gewissenszwang geknebelt.«[16]

Die Präferenz der Medien, Informationen zu kulturellen und Migrationsbezügen aus der Berichterstattung über Kriminalfälle zu streichen, hat bei der Leserschaft für Misstrauen gesorgt. Als ich einen angesehenen deutschen Journalisten fragte, ob seiner Ansicht nach ein Zusammenhang zwischen dem kulturellen Hintergrund der Einwanderer und ihrer Haltung gegenüber Frauen bestehe, erhielt ich die folgende Antwort: »Das ist eine Frage, die jenseits meiner Gehaltsklasse liegt. Das ist sehr interessant, weil wir nach Köln diese Debatte führten. Es tut mir leid, ich werde das an dieser Stelle beenden.« Ein Bericht über Tatsachen kann bei Journalisten in Europa heutzutage die eigene Karriere gefährden.

4. Scheinforschung und -kommentare

Eine weitere Taktik aus dem Lehrbuch des Nichtwahrhabenwollens ist die Anfertigung von Statistiken, Studien und Untersuchungen mit dem Ziel, die Wirklichkeit vor Ort zu widerlegen. Studien zu Meinungen und Einstellungen sind hier die gängigste Vorgehensweise. Sie können so angelegt werden, dass die bevorzugten Schlussfolgerungen der Meinungsforscher bestätigt werden. Eine Untersuchung kam 2017 beispielsweise zu dem Ergebnis, dass »Einstellungen in Bezug auf die Einwanderung in Frankreich – wie in den meisten europäischen Ländern – äußerst stabil sind und sich in Richtung einer etwas günstigeren Sichtweise entwickeln«.[17] In Wirklichkeit stellten zahlreiche Untersuchungen zur Einstellung gegenüber Migranten fest, dass weniger gebildete, ältere und konservativere Europäer negativere Ansichten über Migranten haben.[18]

5. Ehrliche Intellektuelle als intolerant abtun

Manche etablierten Intellektuellen produzieren nicht nur Scheinforschung, sondern lehnen auch Belege ab, die ihre vorgefassten Meinungen nicht bestätigen. Anthropologen haben jahrzehntelang die Geschlechterbeziehungen in den arabischen Ländern beobachtet und sind dabei immer wieder zu denselben Ergebnissen gekommen. Aber heutzutage werden sie als intolerante Eiferer abgetan, weil sie »orientalistische Fantasien« veröffentlichten, denen zufolge »nichtwestliche und insbesondere muslimische Kulturen patriarchalischer verfasst sind als westliche«.[19] Über dieses Thema sprach ich 2019 in Berlin mit dem angesehenen niederländischen Soziologen Ruud Koopmans. Er sagte mir:

Aus der Forschung, die wir zur Einstellung gegenüber Frauen haben, wird deutlich, dass muslimische Einwanderer sehr konservative Wertvorstellungen in Bezug auf Frauen vertreten. Das ist eine gesicherte Tatsache und keine Forschungsfrage mehr. (…) In Deutschland besteht eine starke Überzeugung, dass es keinen Zusammenhang zwischen dem Islam und ungleichen Geschlechterverhältnissen, Terrorismus, Antisemitismus gibt – die Denkweise ist, dass die Antwort nichts mit dem Islam oder Religion zu tun hat, und wenn doch, wie könnte es uns dann zustehen, »Ja, das ist schlimm« zu sagen, weil wir unsererseits auch nicht vollkommen sind.[20]

Falsche Anschuldigungen wegen eines vermeintlichen Rassismus
sind die einfachste Methode, ein Nichtwahrhabenwollen zu erzwin-
gen, wie der algerische Romancier Kamel Daoud feststellen musste.
Nachdem er in *Le Monde* einen Artikel über die kulturelle Komponente veröffentlicht hatte, die ihm an der am Silvesterabend 2015
ausgeübten sexuellen Gewalt aufgefallen war, wurde er an den Pranger gestellt. Wenig später kündigte er seinen Rückzug vom journalis-
tischen Schreiben an und erklärte, er werde sich künftig auf seine
literarische Arbeit beschränken.[21] Der Ökonom Thilo Sarrazin wurde
von deutschen Eliten scharf kritisiert und musste seinen Posten im
Vorstand der Bundesbank nach der Veröffentlichung des Buches
Deutschland schafft sich ab im Jahr 2010 räumen.[22] Ähnliche Erfahrungen machte der Schriftsteller Uwe Tellkamp, von dem sich der
Suhrkamp Verlag distanzierte, nachdem der Autor des Hauses die
Politik der offenen Tür für Migration kritisiert und vor einer »Gesin-
nungsdiktatur« in Deutschland gewarnt hatte.[23]

Der aus Ägypten stammende und in Deutschland lebende Polito-
loge und Publizist Hamed Abdel-Samad, Autor einer 2009 unter
dem Titel *Mein Abschied vom Himmel* erschienenen Autobiografie,
erklärte, die Deutschen seien aufgrund der Geschichte ihres Landes
leicht erpressbar:

> Büchern wie dem meinen werden Islamophobie und die Ver-
> letzung religiöser Gefühle vorgeworfen. Wenn die Verteidiger
> des Islamismus auftreten und fragen: »Wollt ihr uns antun, was
> ihr den Juden angetan habt?«, halten alle den Mund. Ich bin
> kein Rassist, und ich weiß, wovon ich rede, also kann ich, an-
> ders als die meisten Deutschen, nicht moralisch erpresst wer-
> den. Die Konsequenz aus dem Holocaust ist für mich, niemals
> zu schweigen oder auf Freiheiten zu verzichten, niemals über
> Fehlentwicklungen in der Gesellschaft zu schweigen. Damit

meine ich keine Plattitüden wie »Nie wieder Krieg« oder Einwanderern immer freundlich gegenüberzutreten. Es bedeutet, niemals irgendeinen Mangel an Freiheit hinzunehmen und die furchtbaren Probleme, die wir in Ägypten zurückließen, nicht zu importieren.[24]

6. Appelle an Mitgefühl und Plattitüden

Eine weitere Form des Nichtwahrhabenwollens ist der Appell an das Mitgefühl auf Kosten der Vernunft oder Vorsicht. Tugendhaft auftretende Politiker beschwören die Bevölkerung, ihre moralische Pflicht zu erfüllen, um Migranten zu retten. Wer anderer Meinung ist, wird umgehend als unmoralisch, unmenschlich und rassistisch betrachtet. Der schwedische Ministerpräsident Fredrik Reinfeldt appellierte 2014 »an das schwedische Volk, seine Herzen für Flüchtlinge zu öffnen«. Die Bürgermeister von New York, Paris und London veröffentlichten im September 2016 in der *New York Times* einen gemeinsamen Artikel zur Flüchtlingskrise, in dem sie gelobten, »bei der Aufnahme von [Flüchtlingen] weiterhin eine inklusive Vorgehensweise zu praktizieren, um der weltweit zunehmenden Flut fremdenfeindlicher Äußerungen entgegenzutreten. Solche Äußerungen werden nur zu einer noch stärkeren Marginalisierung unserer Einwanderergemeinden führen, ohne uns selbst mehr Sicherheit zu geben.«[25]

7. Schlechte Ratschläge und Scheinlösungen

Eine weitere Kategorie des Nichtwahrhabenwollens sind die schlechten Ratschläge und die Scheinlösungen, die staatliche Behörden als
Reaktion auf sexuelle Gewalt und Belästigungen anbieten. Dies geschieht oft in Form verdeckter oder auch offener Schuldzuweisungen
an die Adresse des Opfers. Henriette Reker, die Oberbürgermeisterin
von Köln, gab Frauen, die nach der massenhaften sexuellen Gewalt,
zu der es am Silvesterabend 2015 gekommen war, befürchteten,
selbst zum Opfer eines solchen Angriffs zu werden, den Rat, »eine
Armlänge« Abstand zu fremden Personen zu halten.[26] Die Polizei gab
Frauen den Tipp, beim abendlichen Ausgehen keine High Heels,
sondern bequeme Schuhe zu tragen, damit sie weglaufen könnten,
wenn dies nötig sei. Politiker und Behördenvertreter, die so auftreten, entziehen sich ihrer Verantwortung, Maßnahmen für die Sicherheit von Frauen zu ergreifen, und schieben den Frauen selbst die Last
zu, sich vor übergriffigen Männern zu schützen.

Eine weitere Variante eines »schlechten Ratschlags« ist eine Rechtfertigung, die in der Form eines »Ja, aber« daherkommt. Politiker und
andere Würdenträger, die sich zur öffentlichen Verurteilung sexueller
Gewalt verpflichtet sehen, bekräftigen, dass das Verhalten sexuell aggressiver Männer falsch sei: Ja, aber es gebe einfach nicht den richtigen Zeitpunkt, dagegen anzugehen. Zum Beispiel erklärte Ayman
Mazyek, der Vorsitzende des Zentralrats der Muslime in Deutschland
(ZMD) im Jahr 2016, dass wir es immer wieder erlebten, dass Frauen
missbraucht, misshandelt und diskriminiert würden. Er räumte ein,
dass das Thema bisher nie die nötige Aufmerksamkeit gefunden
habe, fügte aber hinzu, dass es fatal sei, das jetzt in Verbindung mit
Flüchtlingen zu tun. Mazyek betonte, dass es wichtig sei, darüber
zu sprechen. Dies dürfe aber nicht auf Kosten der Flüchtlinge ge-

schehen.[27] Ein weiteres verblüffendes Beispiel eines »Ja, aber« lieferte Sisi Eibye, die Leiterin eines Asylzentrums in Dänemark. Jungen aus ihrer Einrichtung hatten bei einem Sommer-Festival Mädchen im Teenageralter sexuell attackiert. Als die Polizei sie fragte, wie viele Jungen aus ihrem Zentrum auf dem Festivalgelände gewesen seien, antwortete sie, das wisse sie nicht. Sie schloss sich der Auffassung an, dass das Verhalten der Jungen »völlig inakzeptabel« sei, und fügte dann hinzu: »Wir verhängen keine Sanktionen, alles, was wir tun können, ist eine Meldung bei der Polizei, wenn die Jungen länger als einen Tag abwesend sind. Wir können sie nicht einsperren.«[28]

8. Furcht vor Intoleranz und Rückschlägen

Die wohl wirksamste Methode, ein Tabu zu den kulturellen Aspekten sexueller Gewalt zu wahren, ist die Behauptung, dass ein Reden über die Tatsachen den Rassismus anfachen, Populisten stärken und die gesellschaftliche Spaltung vertiefen würde. Diese Ausrede wurde wiederholt von der Polizei und von Politikern, Sozialarbeitern und Medien in ganz Europa bemüht. Diese Autoritäten zogen es vor, ein Problem lieber zu vertuschen und potenzielle Opfer einem Risiko auszusetzen, weil sie nicht als fremdenfeindlich wahrgenommen werden oder in der politischen Auseinandersetzung mit tatsächlichen Fremdenhassern keinen Boden preisgeben wollten. Peter Ågren, der Polizeichef von Södermalm, drückte das so aus: »Manchmal wagen wir es nicht, zu sagen, wie die Dinge wirklich stehen, weil wir glauben, dass das den Schwedendemokraten in die Karten spielt« – einer Partei in Schweden, die sich gegen die Einwanderung wendet und früher eine randständige Splittergruppe war, aber mittlerweile zu einer bedeutenden politischen Kraft geworden ist.[29]

Das Lehrbuch des Nichtwahrhabenwollens

Manche Leute fragen sich, warum so viele Institutionen so hartnäckig an ihrem Nichtwahrhabenwollen des Problems festhalten.
Gängig ist die Annahme, dass das aus Naivität geschieht. Ich glaube,
dass diese Interpretation zu großzügig ist. Welche anderen Motive
könnten eine Rolle spielen? Das Eigeninteresse ist eines davon.

Man nehme den Fall der linksgerichteten politischen Parteien,
die für sich, nachdem ihnen im Verlauf von Jahrzehnten ihre an-
gestammte Wählerschaft aus dem weißen Arbeitermilieu weggebro-
chen ist, die Migranten als neues Wählerpotenzial entdeckt haben.
Die linken Parteien kehren Probleme wie sexuelle Gewalt und ge-
schlechtsspezifische Diskriminierung in Einwanderergemeinden
unter den Teppich, um sich das politische Wohlwollen dieses »Er-
satzproletariats« zu sichern. Diese Parteien standen einst für die
Frauenemanzipation, für die Rechte von Homosexuellen und für
Gleichheit. Heute gehen sie mit Islamisten ins Bett, die Ausnahmen von diesen Grundwerten anstreben und sich dabei auf die
Religionsfreiheit berufen. Diese politische Partnerschaft wird aktuell und in unterschiedlichem Ausmaß in Frankreich, Belgien, Schweden, Deutschland, den Niederlanden und in Großbritannien praktiziert. In Stockholms bekannten Einwanderer-Enklaven Rinkeby
und Tensta zum Beispiel führen die Sozialdemokraten intensive
Wahlkämpfe, verteilen kostenloses Essen und spielen arabische
Musik.

Allerdings beruht diese Vorgehensweise nicht ganz und gar auf
zynischem Wahlkampfkalkül. Radikale Sozialisten in Deutschland
sahen in der Flüchtlingskrise eine Gelegenheit, »dem Kapitalismus
einen Schlag zu versetzen«, und machten sich die Rechte von Flüchtlingen mit Begeisterung als Instrument für ihr »Projekt einer univer-

sellen Befreiung« zu eigen.[30] Einige von ihnen begrüßten die Idee der offenen Grenzen sogar als ein nahezu revolutionäres Projekt.

Gewinner und Verlierer

Die Konsequenz eines Lebens in einem Zustand des Nichtwahrhabenwollens ist, dass nahezu alle Beteiligten verlieren. Regierungen, die fürchteten, dass eine offene Diskussion über das Problem populistischen Parteien in die Hände spielen würde, erlebten, wie sie genau das taten, indem sie die Debatte unterdrückten. Populisten profitierten in ganz Europa davon, dass sie die Einzigen waren, die das Tabu brachen. Parteien der linken Mitte, die davon träumten, eine zunehmende Zahl von Muslimen sei das neue Proletariat, büßten das Vertrauen ihrer traditionellen Wählerschichten ein. Wie wir noch sehen werden, bezahlten sie bei Wahlen in ganz Europa an den Wahlurnen den Preis für ihren Opportunismus.

Das Vertrauen, das zwischen Bürgerinnen und Bürgern und staatlichen Institutionen bestand, hat auf allen Ebenen gelitten. Die Bürger können sehen, dass die Behörden die Kontrolle über die Grenzen und – in manchen Städten – die Straßen verloren haben. Der offensichtliche Zusammenbruch des Rechtsstaats trägt zum Vertrauensdefizit bei. Die Konsequenz daraus ist eine gesellschaftliche Spaltung und Fragmentierung.

Die zerstörerischen Konsequenzen des Nichtwahrhabenwollens sind vielleicht in keinem anderen gesellschaftlichen Bereich offensichtlicher als in der modernen feministischen Bewegung.

KAPITEL 10

Die feministische Zwickmühle

In den 1990er-Jahren studierte ich an einer niederländischen Universität. Frauen in den westlichen Ländern, das wurde mir damals schnell klar, war ihre persönliche Autonomie und Freiheit nicht einfach zugesprochen worden; sie hatten jahrhundertelang um ihre Rechte gekämpft. Und sie hatten mehr Freiheitsrechte für Frauen errungen, als ich jemals zuvor gesehen hatte. Für mich war der Wechsel von Afrika nach Europa mehr als nur eine geografische Reise. Ich hatte eine Zeitreise angetreten, die mich aus einer von Gewalt und religiösen Dogmen beherrschten Stammesgesellschaft, in der Einzelpersonen dem Kollektiv untergeordnet und Institutionen des öffentlichen Lebens nicht vertrauenswürdig sind, in eine moderne Gesellschaft führte, in der Individuen gleichberechtigt sind, ungeachtet ihres Geschlechts oder anderer angeborener Eigenschaften.

Zu jener Zeit sah es ganz danach aus, als würden die Freiheiten, derer sich westliche Frauen erfreuen, zu den neu angekommenen Einwanderern durchdringen und sich danach in alle Welt ausbreiten. In meiner Naivität nahm ich an, dass wir uns auf der richtigen Seite der Geschichte befänden. Damals hätte niemand vorhergesagt, dass

Europa damit beginnen würde, Einstellungen zu akzeptieren, die Frauenrechte gezielt einschränken. Nachdem ich selbst erlebt habe, wie schnell die Geschichte voranschreiten kann, bin ich mir der Tatsache vollkommen bewusst, dass die Entwicklung genauso schnell wieder zurückgedreht werden kann.

Die Erfolge, die die Frauenbewegung in der modernen Geschichte erreicht hat, beruhten darauf, dass die Frauen mit einer Stimme sprachen. Die erste Generation von Feministinnen setzte sich für das Wahlrecht, für den Zugang zu Bildung, für Eigentumsrechte und politische Repräsentation ein. Die zweite Generation von Feministinnen erreichte für Frauen in westlichen Ländern einen besseren Zugang zum Arbeitsmarkt, drängte auf Familienplanung und effektive Empfängnisverhütung und engagierte sich gegen die gesellschaftliche Ächtung alleinerziehender Mütter. Diese Feministinnen holten sexuelle und häusliche Gewalt aus der Grauzone heraus und machten sie zu Themen für Politik und Gesellschaft. Vergewaltigung in der Ehe wurde zur Straftat erklärt, und Schuldzuweisungen an die Opfer von sexueller Gewalt und Belästigung wurden scharf kritisiert.

Eine Frage, die ich mir oft gestellt habe, ist: Warum gab es keinen feministischen Aufschrei wegen der zunehmenden sexuellen Gewalt gegen Frauen, wie ich sie in den vorhergehenden Kapiteln beschrieben habe? Die Sicherheit von Frauen im öffentlichen Raum sollte doch ganz gewiss ein zentrales Thema für diejenigen sein, die sich für die Wahrung von Frauenrechten einsetzen.

Diese Unterlassung ist besonders überraschend, weil Frauen, wie wir bereits gesehen haben, mehr politische Macht haben als jemals zuvor. In der gesamten westlichen Welt – und ganz besonders in Westeuropa – kann sich eine zunehmende Zahl von Frauen berechtigte Hoffnungen machen, in die höchsten mit politischer und wirtschaftlicher Macht ausgestatteten Ämter zu gelangen. Auf den ersten Blick erleben wir gerade einen Triumph des Feminismus. Oder etwa nicht? Denn die Ironie bei dieser Entwicklung liegt darin, dass die Frauenrechte an der gesellschaftlichen Basis unter zunehmendem Druck durch importierte Vorstellungen von weiblicher Unterordnung stehen, auch wenn einzelne Frauen in westlichen Ländern das Amt einer Regierungschefin oder Staatspräsidentin, einer Generaldirektorin oder Vorstandsvorsitzenden innehaben. Und was noch schlimmer ist: Viele weiblichen Führungspersonen im Westen tun aktuell wenig oder nichts dafür, dass diese rückwärtsgewandte Entwicklung in Sachen Gleichberechtigung der Geschlechter gestoppt wird.

Außerhalb der westlichen Welt werden Frauen getötet, vergewaltigt, versklavt, geschlagen, eingeschränkt und erniedrigt. Weibliche Föten werden abgetrieben und weibliche Säuglinge ausgesetzt. Mädchen werden Bildungschancen verweigert, oder sie müssen erdulden, dass ihre Genitalien beschnitten und vernäht werden. Mädchen und junge Frauen werden zu Ehen mit Männern gezwungen, die sie kaum kennen. Die niederländische Feministin Cisca Dresselhuys fragte in den 1990er-Jahren: »Wie ist es möglich, dass wir diese Frauen übersahen?« Westliche Feministinnen hatten sich so sehr auf ihre eigenen Themen konzentriert, dass ihnen dabei entgangen war, was anderen Frauen in Gesellschaften widerfuhr, in denen sie nur als Sexualobjekte, Mütter und Kinderbetreuerinnen gesehen wurden. Unterdessen gab die Vorstellung von universellen Frauenrechten Boden preis zugunsten von Multikulturalismus und Intersektionalität. Frauen, die in islamischen Ländern Gleichberechtigung forderten, beschied man, dies seien westliche Werte. Westliche Feministinnen gelangten zu der Überzeugung, dass die Durchsetzung ihrer Werte in der muslimischen Welt eine Erscheinungsform des Neokolonialismus sei.

Eine Verschiebung der feministischen Ziele

Historisch betrachtet, war die liberale feministische Bewegung eine kurzlebige Angelegenheit. Zweihundert Jahre lang haben die Frauen auf Autonomie und Gleichberechtigung mit den Männern gedrängt. Aber seit der letzten Jahrhundertwende hat sich die Frauenbewegung von diesem Ziel entfernt. Der Schwerpunkt des Feminismus hat sich verschoben, und die Frauenrechte wurden von den Problemen des Rassismus, der Religion und der Intersektionalität übertrumpft. Heutigen liberalen Feministinnen ist die Frage eines souveränen Palästinenserstaates wichtiger als die Misshandlung palästinensischer Frauen durch ihre Väter und Ehemänner. Im Kampf der Untugenden ist der Sexismus vom Rassismus übertroffen worden.

Der Feminismus ist außerdem zutiefst politisiert worden, wobei ihn die Frauen der Linken exklusiv für sich selbst reklamieren. Konservative und Moderate werden als »Rechte« abgefertigt, wenn sie sich zu Frauenfragen äußern. Fachbereiche für Frauenforschung an den Universitäten bringen der nächsten Generation von Feministinnen bei, dass die einzige gerechte Sache der unablässige Angriff auf den weißen Mann sei. Liberale Feministinnen entschuldigen die Straftaten, die männliche Einwanderer gegen Frauen verüben, mit dem Argument, die Täter seien Opfer des Rassismus und Kolonialismus. Ein Beispiel ist die Reaktion von Tiina Rosenberg – einem Gründungsmitglied der Feministischen Initiative in Schweden –, die als Gender-Wissenschaftlerin an der Universität Stockholm lehrte, auf die 2016 in Schweden zu verzeichnende Zunahme sexueller Belästigungen, die von männlichen Migranten ausgingen: »Sexuelle Belästigung zu rassifizieren, ist eine sehr gefährliche Sache. Es gibt eine lange postkoloniale Geschichte des weißen Patriarchats, das versucht, die braune Frau vor dem braunen Mann zu retten. (...)

Wir sollten über alle Belästigungen sprechen, die sich gegen Frauen richten. Wir sollten uns dagegen wehren und protestieren, aber wir sollten über Menschen mit einer anderen ethnischen Herkunft nicht sagen, dass sie gewalttätiger sind als wir, (…) weil wir uns sonst in einer Position wiederfinden, in der wir sagen: ›Ich bin nicht rassistisch, aber …‹«[1]

Sofie Peeters ist eine Frau, die dieses Thema furchtlos angeht. Sie sagte mir 2018 in Belgien:

> Meiner Ansicht nach ist es gänzlich unrassistisch, Menschen mit ihrem Verhalten zu konfrontieren, ohne Ansehen ihrer kulturellen Prägung. Einige Typen, die mich belästigten, sagten: »Du bist eine Rassistin, weil du nicht mit mir reden willst.« Das ist nicht der Fall. Es ist nicht so, dass ich nicht mit dir reden will, weil du Marokkaner bist, ich will nicht mit dir reden, weil du dich wie ein Arschloch benimmst. Du beschimpfst mich, du läufst mir nach, und das ist irritierend. Ich habe marokkanische Freunde, das hat für mich nichts mit Fragen der ethnischen Herkunft zu tun. Diese Burschen benutzen das Wort »Rassismus« als Schutzschild und meinen, sie könnten tun, was sie wollen, und damit davonkommen. Und dann wird das zu einem größeren Problem.[2]

Als Sofies Film *Femme de la Rue* 2012 herauskam, applaudierte man ihr für das Zeigen des alltäglichen Sexismus und der Belästigungen auf offener Straße auf eine Art, die den Menschen ein echtes Verständnis der Schwere des Problems ermöglichte. Aber sie wurde auch kritisiert, weil sie gezeigt hatte, wie Männer von unterschiedlicher kultureller Herkunft Frauen belästigten. Dazu erklärte sie: »Ich erlebte das einfach, und ich filmte es. Wenn du auf der Straße an zehn Typen mit multikultureller Herkunft vorbeigehst, spricht dich vielleicht einer von ihnen auf eine bestimmte Art an. Also könnte man sagen, dass das nur eine Minderheit sei. Aber wenn du an 100 Typen vorbeikommst, und zehn von ihnen belästigen dich, vergrößert sich das Problem.«[3]

Polarisierung unter Feministinnen

Im Kern des zeitgenössischen westlichen Feminismus zeigt sich ein Paradox. Ideologische Feministinnen bestehen auf grandiosen Zielen wie der »Beendigung des Patriarchats«. Doch Kampagnen gegen ausschließlich Männern vorbehaltene Klubs oder für den Einzug von Frauen in den Vorstand von Aktiengesellschaften stehen für elitäre Anliegen, die weit entfernt vom Alltag der Durchschnittsfrau sind. Wenn wir uns an die Rangfolge der menschlichen Bedürfnisse erinnern, die der Psychologe Abraham Maslow formuliert hat, liegen die Probleme, die westlichen Feministinnen heutzutage am wichtigsten sind, im Bereich der Selbstverwirklichung: Es geht um die Verbesserung der Arbeitsbedingungen, den Zugang zu staatlich geförderter Kinderbetreuung, die Mitgliedschaft in bisher Männern vorbehaltenen Vereinigungen, die gerechte Aufteilung der Haushaltsarbeit mit männlichen Partnern und den Erwerb von Prestige. Das soll nicht heißen, dass wir lobenswerte Ziele wie das Zertrümmern der gläsernen Decke aufgeben sollten. Aber das Recht aller Frauen, frei von Gewalt zu leben, sollte an erster Stelle stehen.

Ich will nicht über heutige Feministinnen spotten, ich will sie vielmehr aufwecken. Sie sind dazu übergegangen, grundlegende Bedürfnisse wie etwa die Sicherheit im öffentlichen Raum als Selbstverständlichkeit anzusehen. Ich habe den Eindruck, dass sie vollauf damit beschäftigt sind, ein Loch im Hausdach abzudichten, während das Kellergeschoss in eine tiefe Grube rutscht.

Studentinnen scheinen auf ihrem Universitätscampus in einem Paralleluniversum zu leben. Durch »Safe Spaces« (»Schutzräume«) vor der Bedrohung durch »Mikroaggressionen« behütet, bitten Jurastudentinnen darum, nicht über Vergewaltigungsfälle unterrichtet zu werden, weil die zu verstörend ausfallen und sie dadurch »triggern« könnten. Doch ab und zu verschafft sich die Wirklichkeit einen Zugang. Lehrkräfte und Studierende der Goethe-Universität in Frankfurt protestierten im Oktober 2017 gegen einen unter dem Titel »Polizeiarbeit in der Einwanderungsgesellschaft« angekündigten Vortrag von Rainer Wendt, dem Bundesvorsitzenden der Deutschen Polizeigewerkschaft, an ihrer Alma Mater. Die Universitätsleitung befürchtete einen Aufruhr unter den Studierenden und sagte den Vortrag ab. Ironischerweise kam es ab Oktober 2017 bis zum Januar 2018 auf dem Universitätsgelände zu vier Fällen von versuchten Vergewaltigungen. In allen Fällen wurde der Angreifer als etwa 1,65 Meter großer Mann »orientalisch-nordafrikanischer Herkunft« beschrieben, der Deutsch mit starkem Akzent sprach. In einem würdevollen Kommentar sagte der ausgeladene Polizeigewerkschafter, er sei alles andere als glücklich darüber, dass »die Lebenswirklichkeit die Uni eingeholt hat«.[4]

Die Grenzen von #MeToo

Durch die #MeToo-Bewegung kristallisierte und beschleunigte sich eine bedeutende Veränderung in der Haltung zu sexueller Belästigung. Journalistinnen und Whistleblowerinnen ermutigten andere Frauen, Männer, die sie bei ihrer Arbeit sexuell belästigt hatten, namentlich zu nennen und an den Pranger zu stellen. Die Bewegung breitete sich rasch von Nordamerika nach Westeuropa aus – »#BalanceTonPorc« (»Verpfeif dein Schwein«), lautete das Schlagwort in Frankreich. Dutzende von Serientätern verloren ihre Arbeit und ihren Ruf; ein paar kamen vor Gericht.

#MeToo hat einen Ozean überquert. Doch zur Überwindung einer kulturellen Barriere scheint die Bewegung nicht imstande zu sein. Die Opfer von Migrantenbanden werden weitgehend ignoriert, die Aussagen von Frauen, sie würden von männlichen Migranten belästigt, werden abgewiesen, ungeachtet der Tatsache, dass die Zahl der Opfer von Belästigungen – von schwereren Straftaten wie Vergewaltigung ganz zu schweigen – in Europa sehr viel größer ist als etwa in Hollywood oder an der Wall Street.

Ich habe in diesem und im vorhergehenden Kapitel die Ansicht vertreten, dass ein Teil des Problems darin liegt, dass es Feministinnen unangenehm ist, Vergehen anzusprechen, die von Männern mit brauner Hautfarbe begangen werden. Eine bevorzugte Option ist das Nichtwahrhabenwollen. Doch hierbei ist mehr am Werk als nur bewusste Ignoranz. Ich glaube, dass vielen westlichen Feministinnen jegliches Verständnis für den tief verwurzelten kulturellen Antagonismus fehlt, mit dem Männer aus der muslimischen Welt der bloßen Vorstellung einer Gleichberechtigung für Frauen begegnen. Diesem kulturellen Konflikt wende ich mich jetzt zu.

TEIL III

Kampf der Kulturen, zweite Runde

KAPITEL 11

Das Anstandsgebot

Nachdem wir nun herausgearbeitet haben, dass in der Tat ein Zusammenhang besteht zwischen mehr Zuwanderung und mehr sexueller Gewalt in Europa, ist der nächste Schritt, diesen Zusammenhang zu verstehen – was die europäischen Eliten offenkundig bisher vermieden haben.

Warum sollten Männer, die auf der Suche nach einem besseren Leben viele tausend Kilometer gereist sind, sich gegenüber den Frauen in ihrem neuen Land so verhalten? Die naive Antwort bemüht die menschliche Biologie. Es ist eine gesicherte Erkenntnis, dass junge, testosterongesteuerte Männer von der Evolution so programmiert sind, dass sie möglichst viel Sex haben wollen.

Doch haben sich Kultur und Zivilisation auch in erster Linie deswegen entwickelt, um solche primitiven Triebe im Zaum zu halten. Der springende Punkt ist hier, dass die Einstellungen von Zuwanderern gegenüber dem weiblichen Geschlecht von den Lebensumständen und Erfahrungen in ihren Heimatländern geprägt werden.

Ein wichtiger Aspekt der Geschichte ist natürlich der Einfluss des Islam auf die Beziehungen zwischen den Geschlechtern. Aber wie ich noch zeigen werde, besteht ein enger Zusammenhang zu der Rolle einer Praktik, die mit an Sicherheit grenzender Wahrscheinlichkeit schon vor dem Islam entstanden ist – nämlich die Polygamie oder Vielehe. Kulturen, die Polygamie tolerieren oder fördern, neigen dazu, Frauen und Mädchen extreme Zurückhaltung aufzuerlegen und sie aus dem öffentlichen Leben zu verbannen. Da polygame Kulturen Frauen zu einer knappen Ware machen, bringen sie häufig gewalttätiges und frauenfeindliches Verhalten der Männer hervor. Ein Großteil der in den vergangenen Jahren nach Europa zugewanderten Menschen kommt aus solchen Kulturen.

Jungs sind nun mal so

Das plausibelste Gegenargument – dass nämlich die kulturelle Herkunft keine Rolle spiele – besagt ganz einfach, dass junge Männer die Bevölkerungsgruppe sind, die am häufigsten Sexualverbrechen begeht, und dass die Bevölkerungsgruppe der Asylbewerber einen wesentlich höheren Anteil an jungen Männern aufweist als die typische europäische Gesellschaft.[1] So waren zum Beispiel 2017 in Deutschland zwei Drittel aller Asylbewerber männlich.[2] Im Jahr 2015 kamen im europäischen Durchschnitt 2,6 männliche Zuwanderer auf jede weibliche Migrantin; in Italien war das Verhältnis 7 zu 1 und in Schweden 10 zu 1. Bis 2017 war die Relation für ganz Europa auf 2,1 männliche auf jede weibliche Migrantin zurückgegangen, doch in Italien lag sie immer noch bei 5 zu 1.[3]

Die Politikwissenschaftlerin Valerie Hudson warnte 2016, dass Gesellschaften mit einem unverhältnismäßig hohen Anteil an jungen, unverheirateten Männern weniger stabil seien und es häufiger zu Gewalt komme, vor allem gegenüber Frauen. Sie warf die Frage auf, warum Europa seine beneidenswerte historische Errungenschaft der Gleichberechtigung der Geschlechter aufs Spiel setzen wolle, indem es eine riesige Zahl ungehemmter junger Männer aufnehme.[4] Jahrzehntelange wissenschaftliche Studien haben einen Zusammenhang zwischen einem Ungleichgewicht der Geschlechter und mehr Gewaltverbrechen gezeigt.[5]

Hudsons Berechnungen zufolge kamen in Schweden Ende 2015 immerhin 123 16- bis 17-jährige Jungen auf 100 Mädchen im gleichen Alter. Derartige demografische Ausreißer und damit eine Häufung junger Männer, so warnte sie, führten tendenziell dazu, dass soziale Grenzen erodierten, die eine friedvolle Gesellschaft benötige.[6] Daraufhin fielen die schwedischen Medien über Hudson her.

Warum gab es so viel mehr männliche Migranten? Die deutsche Journalistin Maria von Welser machte sich auf die Suche nach den fehlenden Flüchtlingsfrauen und fand heraus, dass die meisten von ihnen in Flüchtlingslagern im Nahen Osten hängengeblieben waren. Zwar wollten sie zu ihren männlichen Verwandten nach Europa, doch das Geld war knapp, und die Familien hatten die »Stärksten« vorausgeschickt – nämlich die jungen Männer.

Solchen Entscheidungen von Flüchtlingsfamilien liegt die Vorstellung zugrunde, dass Frauen – vor allem allein reisende Frauen – »aus ihrer Sicht mehr als nur ihr Leben riskieren würden: Sie riskieren ihre Ehre.«[7] Entsprechend sagt Dominic Kudlacek vom Kriminologischen Forschungsinstitut Niedersachsen (KFN), der Schlüssel sei Alter und Geschlecht, nicht Kultur. Die überwältigende Mehrheit der Migranten, so Kudlacek, sei jung und männlich – eine demografische Gruppe, die in praktisch jeder Gesellschaft für den Löwenanteil aller Straftaten verantwortlich ist. So machten zum Beispiel 2014 in Deutschland männliche Personen der Altersgruppe zwischen 14 und 30 Jahren 9 Prozent der Bevölkerung aus, waren aber für die Hälfte aller im Land begangenen Gewaltverbrechen verantwortlich. Unter den Neuankömmlingen in Deutschland 2015 machten Männer im

Alter zwischen 16 und 30 Jahren 27 Prozent aller Asylbewerber aus. »Es liegt an der Demografie«, erklärte Kudlacek 2018. »Ob es sich nun um Asylbewerber handelt oder um Migranten innerhalb der EU – sie sind jünger als der Bevölkerungsdurchschnitt und überwiegend männlich. In jeder Gesellschaft begehen junge Männer die meisten Straftaten.«[8] Er wies auch darauf hin, dass die meisten der von Migranten begangenen Straftaten sich gegen andere Migranten richteten. Auch ihre Lebensumstände – zusammengedrängt in überfüllten Lagern oder gefangen in den Mühlen der Bürokratie, während ihre Asylanträge bearbeitet werden – könnten zum Teil ihre Neigung zu Gewalttaten erklären.

Martin Rettenberger, der Chef der deutschen Kriminologischen Zentralstelle (KrimZ), sieht das ähnlich. Obwohl er einräumt, dass die Zuwanderungswelle nach 2014 mehrheitlich aus Gesellschaften stammt, die Sexualvergehen durch Männer nicht systematisch bestrafen, kommt er zu dem Schluss, dass »Araber oder Afrikaner nicht von Haus aus häufiger tätliche Angriffe begehen als Europäer«. Er führt die Zunahme von Straftaten durch Migranten in Deutschland auf deren Armut, fehlenden Zugang zum Arbeitsmarkt und Traumatisierung durch ihre lange und gefährliche Reise nach Deutschland zurück.[9]

Dennoch kamen die Autoren des sorgfältig recherchierten Zürcher Berichts zur Entwicklung der Gewalt in Niedersachsen zu einer ziemlich anderen Auffassung. Sie präsentieren ein ambitioniertes Rahmenwerk zum Verständnis der Zunahme von Gewaltverbrechen in Deutschland in einer Zeit vermehrter Zuwanderung und unterscheiden sorgfältig zwischen »proximalen« Einflussfaktoren (Herkunft des Betreffenden, wirtschaftliche Umstände, familiäre Umstände, elterliche Erziehung, Schulgeschichte, Drogenkonsum, soziale Beziehungen bzw. Bindungen sowie Freizeitverhalten) und »distalen« Faktoren (Schicht- bzw. Milieuzugehörigkeit, Alter, religiöse, ethnische und politische Zugehörigkeit sowie makrosoziale Barrieren wie eingeschränkter Zugang zum Arbeitsmarkt, Armut, soziale Normen und Diskriminierung).

Obwohl sie die Bedeutung der Alters- und Geschlechtszusammensetzung der Flüchtlinge, die Schwierigkeiten, die sich ihnen auf dem Weg nach Deutschland stellen und die Frustrationen ihres neuen Lebens anerkennen, führten Christian Pfeiffer, Dirk Baier und Sören Kliem eine weitere wichtige kulturelle Variable ein:

> Die Flüchtlinge stammen überwiegend aus muslimischen Ländern, die von männlicher Dominanz geprägt sind. Repräsentativbefragungen des KFN haben gezeigt, dass junge männliche Zuwanderer aus solchen Kulturen sogenannte gewaltlegitimierende Männlichkeitsnormen in weit höherem Maße verinnerlicht haben als gleichaltrige Deutsche oder in Deutschland geborene Jugendliche, die aus diesen Ländern stammen. Erfasst werden diese Männlichkeitsnormen mittels Aussagen wie: »Der Mann ist das Oberhaupt der Familie und darf sich notfalls auch mit Gewalt durchsetzen« oder: »Ein Mann, der nicht bereit ist, sich gegen Beleidigungen mit Gewalt zu wehren, ist ein Schwächling«. Die Akzeptanz einer derartigen »Machokultur« hat sich in vielen Untersuchungen des KFN als ein die Gewalt erheblich fördernder Belastungsfaktor erwiesen.[10]

Camille Paglia schrieb 1990: »Vergewaltigung ist der sexuelle Ausdruck des Willens zur Macht, den die Natur uns allen einpflanzt. Um ihn zu bändigen, entwickelten sich Zivilisationen. Demnach ist der Vergewaltiger ein Mann mit zu wenig Sozialisation, nicht zu viel.«[11] Das Problem ist freilich, welche Art von Zivilisation und Sozialisation den Vergewaltiger geprägt hat.

Soziale Kontrolle in mehrheitlich muslimischen Ländern

In jenen Regionen des Nahen und Mittleren Ostens, Nordafrikas und Südasiens, wo die gesellschaftliche Ordnung stabil und intakt ist, wird das Individuum einer ziemlich strikten sozialen Kontrolle unterworfen. Männer und Frauen, Jungen und Mädchen haben ihren Platz in dieser Ordnung, die häufig rigide durchgesetzt wird. In wohlhabenderen, weltoffeneren Umgebungen ist diese soziale Kontrolle weniger streng als in ländlichen Gebieten, aber auch dort wird das Verhalten des Einzelnen genau überwacht, von Familien, religiösen Gruppen, Schulen und der sozialen Gemeinschaft.

Ein weiterer genereller Aspekt dieser Gesellschaften ist, dass Männer als stark wahrgenommen werden und Frauen als schwach. Von Männern wird erwartet, Frauen und Kinder zu beschützen, indem sie sie ernähren und, falls erforderlich, für sie kämpfen. Von Frauen wird erwartet, ihre Kinder großzuziehen und ihrem Ehemann bedingungslos zu gehorchen. Sex wird als Notwendigkeit verstanden, um sich im Rahmen der Ehe fortzupflanzen. Ein wichtiges Element, um in solchen Gesellschaften die soziale Ordnung aufrechtzuerhalten, besteht darin, das sexuelle Begehren des Mannes – dass als ein machtvoller Trieb betrachtet wird – innerhalb der Grenzen der Ehe unter Kontrolle zu halten. Die größte Angst in solchen Gesellschaften ist die *Fitna* – ein arabischer Ausdruck, der so viel wie »Chaos« oder »Zusammenbruch der gesellschaftlichen Ordnung« bedeutet. Die männliche Sexualität wird als eine der zentralen Bedrohungen dieser gesellschaftlichen Ordnung gesehen.

Um die männliche Sexualität unter Kontrolle zu halten, ist es dem Mann gestattet, mehrere Ehefrauen zu haben. Polygamie wird gefördert als Mittel zum Zweck, um diese chaotische Kraft zu bändigen.

Doch die Vielehe bringt eine Last mit sich: Nicht alle Männer können dem religiösen Gebot gerecht werden, dass ein Ehemann seine Frauen alle gleich behandeln muss. Ein eher kulturelles als religiöses Phänomen ist, dass Väter ihre Töchter an denjenigen Bewerber verheiraten, der das höchste Brautgeld bietet. Da Armut eines der größten Probleme in solchen Gesellschaften ist, sind viele Männer mit der Aussicht konfrontiert, es sich nicht leisten zu können, eine Frau zu ehelichen – geschweige denn mehrere. Es versteht sich von selbst, dass Sex außerhalb der Ehe verboten ist. Der Ruf einer Frau, die außerehelichen Geschlechtsverkehr hat, ist irreparabel beschädigt. All das führt zu allgegenwärtiger sexueller Frustration.

In seinem Kern beruht dieses Normengerüst auf der Prämisse, dass Frauen eine Ware sind. Sie werden in erster Linie für ihre Fähigkeit geschätzt, genetisches Material an die nächste Generation weiterzugeben. In Frauen wird investiert – ihr Wert erwächst nicht aus ihrem Menschsein, sondern aus dem Preis, den ihre Jungfräulichkeit auf dem Heiratsmarkt erzielen kann. Das erklärt, warum die Jungfräulichkeit eines Mädchens als Kapital betrachtet wird, als ein Wert, den es zu schützen gilt, während die Jungfräulichkeit eines Jungen nebensächlich ist. Es fängt schon ganz früh an: Männliche Neugeborene werden in den meisten Teilen der Welt höher geschätzt, aber vor allem in den nichtwestlichen Gesellschaften, von denen hier die Rede ist. Kleine Jungen haben die Freiheit, draußen zu spielen, während Mädchen bei der Hausarbeit helfen müssen. Wenn die Jungen sexuell fordernder werden, dürfen sie ihren Drang weitgehend ausleben, während die Mädchen unter allen Umständen keusch bleiben müssen. Sobald ein Mädchen zu menstruieren beginnt, wird es für Männer in solchen Gesellschaften zu einem Objekt der Begierde. Formal dürfen pubertierende Jungen ihre Sexualität nicht ausprobieren, doch in der Praxis drückt man ein Auge zu. Ein muslimisches Mädchen wird ermahnt, seine Jungfräulichkeit zu bewahren, als Ausdruck seiner Loyalität zu seinem Schöpfer, seiner Familie und seinem künftigen Ehemann.

In vielen Religionen gibt es solche Vorstellungen über männliche und weibliche Sexualität, zweifellos. Etliche konservative jüdische und christliche Glaubensrichtungen kultivieren ähnliche Ansichten über die angeborene Minderwertigkeit von Frauen gegenüber Männern. Da jedoch der Islam die politischen, gesellschaftlichen und religiösen Sphären miteinander verschmilzt, anstatt sie zu trennen, ist in der muslimischen Welt die Minderwertigkeit von Frauen in Form von heiligen Geboten in Stein gemeißelt. Zwar ist Polygamie im Westen fast überall illegal (einige mormonische Splittersekten setzen sich über das Gesetz hinweg), doch muslimische Männer können sich stets auf den Koran berufen, um zu rechtfertigen, sich bis zu vier Ehefrauen gleichzeitig zu nehmen.[12]

Aus persönlicher Sicht ist es ein elendes Dasein, eine zweite, dritte oder vierte Frau zu sein. Ich habe schon darüber geschrieben, am Beispiel meiner eigenen Familie. Die feministische Psychologin Phyllis Chesler und andere haben ähnliche Beobachtungen gemacht. Doch die sozialen Folgen von Polygamie – genauer gesagt Polygynie – wirken sich nicht nur auf die Lebensqualität jener Frauen aus, die in solchen Haushalten wohnen.

Der US-amerikanische Soziologe Dan Seligson vertritt die Auffassung, dass Polygamie zu gewalttätigeren und weniger wohlhabenden Gesellschaften führt. Seligson und die Wirtschaftshistorikerin Anne McCants haben die Länder der Welt anhand der McDermott-Polygynie-Skala in polygame und nichtpolygame Gesellschaften eingeteilt und die schädlichen Wirkungen von Polygamie auf soziales Vertrauen, Familiengründung und wirtschaftliche Entwicklung gezeigt. Über polygame Gesellschaften schreiben sie: »Die Familie des Bräutigams überträgt Vermögenswerte an die Familie der Braut, Frauen heiraten früh und Männer spät, die Fruchtbarkeitsraten sind hoch,

Frauen werden weggeschlossen wie Waren, und das zwischenmenschliche Vertrauen ist schwach, wodurch das Vertrauen in Institutionen noch zusätzlich geschwächt wird.« Wenn Frauen im heiratsfähigen Alter als Waren betrachtet werden, monopolisiert die obere Schicht der wohlhabenden und mächtigen Männer die attraktivsten Frauen. Da es die meisten Männer Zeit und Arbeit kostet, Wohlstand und gesellschaftlichen Status zu erlangen, drückt der Brauch der Vielehe das Heiratsalter von Männern nach oben, das Heiratsalter von Frauen nach unten, beseitigt Anreize für Frauen, Bildung und wirtschaftlichen Erfolg zu erreichen, und er erhöht die Fruchtbarkeitsraten. Der Überschuss an unverheirateten Männern, die um einen künstlich verkleinerten Pool heiratsfähiger Frauen konkurrieren, lässt Kriminalität und Gewalt zunehmen. Die zweifache Notwendigkeit für jeden Mann, sowohl sein Vermögen als auch seine Frauen zu schützen, führt dazu, dass Frauen wie im Kloster eingeschlossen leben, in großen erweiterten Haushalten, in denen sich das gesamte Leben um den einzigen Mann dreht, der einen hohen gesellschaftlichen Status genießt.[13] Heute sind die weitaus meisten Regionen, in denen Polygamie legal ist, mehrheitlich muslimische Länder in Afrika und Asien. Im Gegensatz dazu hat die westliche Welt, seit die antiken Reiche von Griechenland und Rom den Weg zur Monogamie einschlugen, sowohl Polygynie als auch Polyandrie verboten.[14]

Seligson ist ein liberaler jüdischer Gelehrter mittleren Alters, mit grauem Lockenkopf und bescheidenem Auftreten. Er ist Physiker und Computerfreak, der die Tools von Wissenschaft und Technologie auf ein komplexes kulturelles Problem anwendet. Bei einem Gespräch in Kalifornien erklärte er mir seine Vorgehensweise:

Die Kommodifizierung und Objektifizierung von Frauen nimmt ihren Anfang mit Polygamie. Wenn ein Mann sich zwei Frauen nimmt, bleibt für einen anderen Mann keine mehr übrig. Das schafft Knappheit, und wenn Ressourcen knapp sind, hortet der Mensch sie. Männer trauen anderen Männern nicht über den Weg, wenn es um ihre Ehefrauen geht, also schließen sie diese knappe Ressource hinter Mauern und Schleiern weg und schränken ihre Bewegungsfreiheit ein. Die zu kurz Gekommenen ohne die knappe Ressource, typischerweise junge Männer, müssen dann plündern, um an sie heranzukommen, was zu Aggressivität und sozialer Unruhe führt. Versuche, solches Verhalten zu unterdrücken, führen dann zu Autoritarismus und zu der Korruption und Armut, die er bewirkt.

Im typischen Silicon-Valley-Stil redete Dan sehr schnell und erklärte mir seitenweise komplexe Berechnungen auf seinem Laptop:

Ich habe zigtausend Modelle laufen lassen, die bestimmte Parameter kombinieren, um die Ursachen von Gewalt gegen Frauen in verschiedenen Gesellschaften im Zeitablauf zu finden. Ich verfolge die kumulativen kulturellen Effekte, die Einstellungen gegenüber Frauen im Durchschnitt anzeigen. Diese Einstellungen reichen bis weit in die Zeit vor Aufkommen des Monotheismus zurück, sogar vor die Zeit von Stammeskulturen. Der Islam taucht dabei überhaupt nicht auf, und auch der Kolonialismus nicht. Es ist die Polygamie, das Eherecht, das Misstrauen und patriarchalische Gewalt gegenüber Frauen hervorbringt. Und das historische Vermächtnis der Polygamie kann über viele Generationen zurückverfolgt werden – sie treibt die gesellschaftliche Fieberkurve hoch und schafft eine feindselige, grimmige Kultur.[15]

Falls Dan recht hat, öffnet der Westen Tür und Tor für unzählige Menschen, die ein ganzes Syndrom von Problemen in sich tragen, das sie aufgrund des Brauchs der Polygamie geerbt haben. Sexuelle Belästigung ist eines davon. Wenn Männer auf der Straße Frauen angrapschen, ist das nicht nur sexuelles Verhalten; sie ergreifen Besitz von ihnen.

Religiös bedingte Frauenfeindlichkeit: das Anstandsgebot

In jeder muslimischen Gesellschaft mit einer intakten sozialen Ordnung werden Frauen (unterbewusst) in verschiedene Kategorien eingeteilt. Diese Einteilungen sind Konventionen, von denen einige kodifiziert sind, andere dagegen nicht. So muss zum Beispiel auf einer muslimischen Heiratsurkunde die Braut bestätigen, dass sie Jungfrau ist. Die ausschlaggebende Unterscheidung wird zwischen »anständigen« und »unanständigen« Frauen vorgenommen. Alle anständigen Frauen vermeiden es, nach Einbruch der Dunkelheit allein außer Haus zu sein. Am wichtigsten ist jedoch, dass von einer anständigen Frau erwartet wird, sich anständig zu kleiden. Was bedeutet das? Es erfordert, dass sie alle Partien ihres Körpers bedeckt, die einen Mann erregen könnten: ihr Haar, ihre Arme, Schultern und Beine. Bevor eine muslimische Frau aus dem Haus geht, überlegt sie, ob ein einfaches Kopftuch genügt oder ob sie die ganze Burka tragen muss. Kurzärmelige Kleidung genügt nicht, um das Anstandsgebot zu erfüllen.

Innerhalb der Kategorie anständiger Frauen gibt es vier Unterkategorien: Jungfrauen, Ehefrauen, geschiedene Frauen und Witwen. Eine Jungfrau ist ein junges Mädchen, das im Haushalt seines Vaters lebt und darauf wartet, verheiratet zu werden. Von ihr wird erwartet, dass sie daheimbleibt und das Haus nur aus guten Gründen verlässt, und dann auch nur in Begleitung von anderen Familienmitgliedern.

Auf jeden Fall muss sie vor Einbruch der Dunkelheit wieder zu Hause sein. Sie wird auf ihre Rolle als Ehefrau vorbereitet, soll bei der Hausarbeit mithelfen und lernen, zu kochen und sich korrekt zu kleiden. Falls sie in diesen Fertigkeiten glänzt, wenn sie ihre erste Periode bekommt, ist sie heiratsfähig. Sobald eine anständige Jungfrau verheiratet wurde, wird von ihr erwartet, genau diese Normen und Verhaltensweisen im Haushalt ihres Ehemanns fortzuführen, wo sie dann in die zweite Kategorie anständiger Frauen wechselt: Ehefrauen. Die dritte Unterkategorie sind geschiedene Frauen. Falls eine Ehe scheitert, kehrt die Frau in den Haushalt ihres Vaters zurück, oder in den Haushalt eines anderen männlichen Vormunds. Dort wird von ihr erwartet, dieselben Normen zu befolgen und bei der Hausarbeit und Kindererziehung zu helfen. Auch geschiedene Frauen gehen abends nicht allein aus dem Haus, und sie pflegen ihren guten Ruf in der Hoffnung, noch einmal geheiratet zu werden. Die letzte Kategorie anständiger Frauen sind die Witwen. Häufig wird ein Bruder des verstorbenen Ehemanns dessen Witwe als seine zweite, dritte oder vierte Ehefrau nehmen, und dann werden dieselben Normen und Verhaltensweisen durchgesetzt. In vielen Fällen sorgen diese älteren Frauen dafür, dass die sozialen Normen bei den weiblichen Mitgliedern der nächsten Generation durchgesetzt werden, bei den Jungfrauen und frisch Verheirateten. Von allen älteren Frauen, ob sie nun geschieden oder verwitwet sind oder nicht, wird erwartet, das Anstandsgebot zu erfüllen und es der nachfolgenden Generation zu vermitteln.

Der wichtigste Aspekt all dieser sozialen Normen ist, dass alle Kategorien anständiger Frauen als geschützt gelten. Der Handel, den sie eingehen, sieht so aus: Sie befolgen das Anstandsgebot, und im Gegenzug werden sie von den Männern ihrer Familie geschützt. Männer, die sich in solchen Gesellschaften einer Frau gegenüber unangemessen verhalten, indem sie sie zum Beispiel lüstern anstarren, sie anfassen oder belästigen, wissen, dass ihr Verhalten Konsequenzen haben wird: Die Männer der Familie der Frau werden zusammenkommen und einen Plan für ihre Rache aushecken. Und die ist in der Regel gewalttätig. Diese Gewalt richtet sich nicht nur gegen den Mann, der für den Übeltäter gehalten wird, sondern auch gegen seine Familie und seinen Clan – zum Beispiel in Form von Vergewaltigungen aus Rache.

In solchen Gesellschaften gibt es eine weitere Hauptkategorie von Frauen: die Unanständigen. Wenn eine Frau die Regeln bricht oder als Regelbrecherin wahrgenommen wird, dann entzieht ihr die Familie ihren Schutz. Ob sie nun Jungfrau ist, verheiratet, geschieden oder verwitwet, sobald sie außer Haus arbeitet oder sich im öffentlichen Raum ohne Anstandswächter frei bewegt oder die Kleiderordnung für anständige Frauen missachtet – in all diesen Fällen gilt sie als unanständig. Eine Frau, die keine männlichen Verwandten hat, die sie beschützen könnten, gilt automatisch ebenfalls als unanständig. Frauen mit diesem ungeschützten Status werden von anderen Männern als Freiwild betrachtet. Sie können angestarrt, belästigt, angefasst oder sexuell missbraucht werden, weil die Täter keine Konsequenzen zu befürchten haben, sei es, weil es niemanden gibt, der für sie Rache nehmen könnte, oder weil einfach angenommen wird, dass »sie es provoziert hat«. Dieses System wurde von dem algerischen Autor Kamel Daoud zutreffend beschrieben als eine Gesellschaftsordnung, die in der gesamten islamischen Welt »sexuelles Elend« schafft, sowohl für Männer als auch für Frauen.

In höherem Maße als jede andere Weltreligion formalisiert der Islam die Unterordnung von Frauen. Die religiösen Gesetze des Islam, wie sie durch die vier »offiziellen« Schulen des Islamischen Rechts des Sunnitentums festgelegt sind (die Schulen der Hanbaliten, der Schäfiiten, der Hanafiten und der Mälikiten), schreiben eine männliche Vormundschaft für Frauen vor. Im Islam »muss jede Frau einen

›Beschützer‹ haben, einen *Walī*; das ist ihr nächster männlicher Ver-
wandter, falls sie unverheiratet ist, oder ihr Ehemann, falls sie verheiratet ist«.[16] Dieses Relikt aus der arabischen Kultur des 7. Jahrhunderts – das sich über den Islam auch in anderen Teilen der Welt
verbreitet hat, die heute mehrheitlich muslimisch sind – ist durch die
offiziellen Schulen des Islamischen Rechts nie revidiert worden.[17]
Imame und andere geistliche Führer des Islam geißeln auch heute
noch Frauen, die das Anstandsgebot nicht befolgen. Sie zitieren Ko-
ranpassagen, um Mädchen eine Stellung in der Familie zuzuweisen,
die von ihnen fordert, gehorsam zu sein, in finanzieller Abhängigkeit
von männlichen Verwandten zu leben und sich der Herrschaft ihres
Mannes über ihren Körper zu unterwerfen. Ehen werden in der Regel arrangiert, und häufig fließt dabei Geld. Nach den religiösen
Regeln des Islam ist es auch heute noch üblich, dass im Grunde genommen die Rechte einer Frau an einen Mann verkauft werden, den
sie vielleicht nicht einmal kennt.

In religiösen Lehren aus dem 12. Jahrhundert, die auch heute noch
in Moscheen zitiert werden, wird unterschieden zwischen Frauen, die
von Natur aus tugendhaft und keusch sind, und anderen, die aus-
schweifend sind. Westliche Frauen bis zurück ins Zeitalter der Kreuz-
züge werden von muslimischen Historikern als unanständige Huren
bezeichnet, die »glühten vor Inbrunst für fleischliche Gelüste (…)
sich anboten, um zu sündigen. (…) Sie waren alle unersättliche
Huren (…) die stolz in der Öffentlichkeit auftraten, leidenschaftlich
und entflammt, gefärbt und angemalt, begehrenswert und verführe-
risch (…) mit blauen oder grauen Augen, heruntergekommene kleine
Törinnen (…) die jeden Anstand, jede Scham aufgegeben hatten.«[18]

»Eure Frauen sind euch ein Saatfeld. Geht zu (diesem) eurem Saatfeld, wo immer ihr wollt!« (Koran, 2:223). Und: »Wenn der Mann
sein Weib in sein Bett einlädt, soll sie ihn befriedigen, selbst wenn sie
auf dem Kamel im Sattel säße« (Sahihul-Jami'). Es waren Passagen

wie diese, auf die sich der sogenannte Islamische Staat berief, um Kauf, Verkauf und Vergewaltigung von jesidischen Frauen im Irak zu rechtfertigen. Diese Frauen wurden nicht aufgrund ihrer ethnischen Zugehörigkeit sexuell versklavt, sie wurden vielmehr so behandelt, wie es der Koran für nichtmuslimische Frauen vorschreibt.

Unter islamischem Recht, wie es in Saudi-Arabien, im Iran und in Teilen Nigerias herrscht, sind die Bürgerrechte von Frauen radikal beschnitten. Die Androhung von gewaltsamen Strafen wie Auspeitschen oder Steinigen macht jede Vorstellung von sexueller Freiheit praktisch unmöglich. Wenn eine Frau in einer Region vergewaltigt wird, in der Scharia-Recht gilt, muss sie vier männliche Zeugen beibringen, um ihre Anschuldigung glaubhaft zu machen.[19] Ein Experte für islamisches Recht hat auf Folgendes hingewiesen: »Im schlimmsten Fall würde ein feindseliger Scharia-Richter beschließen, dass es ohne Zeugen keinen Beweis für Gewaltanwendung oder für das Beteiligtsein des angeschuldigten Mannes gibt. Also hat für ihn keine *Zinā** stattgefunden, während die Anschuldigung der Frau als ein Geständnis sexueller Beziehungen zu einem nicht näher bestimmten Mann gewertet werden muss, die als solche strafbar sind.«[20] In manchen Fällen wird die Schwangerschaft einer unverheirateten Frau als Beweis für ihre »Unzucht« gewertet, obwohl die Frau tatsächlich vergewaltigt wurde. Dem Opfer wird die Schuld gegeben, dass es sexuell missbraucht wurde, und es wird aus der Gesellschaft ausgestoßen. Eine Vergewaltigung bei der Polizei anzuzeigen, kann die verzweifelte Lage des Opfers noch schlimmer machen, falls die Familie des Täters sich dafür rächt.[21]

Wurde sexuelle Gewalt an einem heiligen Ort begangen, wird dem Opfer nahegelegt, über die Tat zu schweigen, um die Heiligkeit der

---

* Ibn-Rushd, ein Gelehrter des 12. Jahrhunderts, definierte *Zinā* als jede Art von Beischlaf (zwischen einem Mann und einer Frau) ohne ehelichen Vertrag, mutmaßliche eheliche Beziehung oder rechtmäßiges Konkubinat.

Religion zu wahren. Ganz ähnlich wie beim systemischen sexuellen Missbrauch von Kindern durch Geistliche der katholischen Kirche wird den Opfern sexueller Gewalt in Mekka gesagt, sie sollten den Mund halten, um ihre Religion nicht zu beflecken. Mona Eltahawy wurde als junges Mädchen von einem Polizisten und einem Pilger angegrapscht, als sie während der Hadsch in Mekka betete. Weil sie sich schämte, erzählte sie niemandem davon, und später schrieb sie: »Selbst heute, da ich das Erlebte kundtue, wirft man mir vor, ich hätte mir das alles nur ausgedacht oder ich wolle den Islam in Verruf bringen.«[22] Riazat Butt machte 2001 eine ähnliche Erfahrung: Sie wurde dreimal sexuell angegriffen, als sie während der Hadsch unweit der heiligen Kaaba betete. »Sexuell missbraucht zu werden«, schrieb sie dazu, »ist (…) quasi ein Berufsrisiko für die weibliche Pilgerin.«[23] Phyllis Chesler drückt es so aus: »Man könnte sagen, dass es schreckliche Dinge gibt, die muslimischen Frauen in muslimischen Ländern widerfahren, und das stimmt. Aber die muslimische Frau erwartet das, sie ist es gewohnt; es ist schrecklich, aber auch etwas, das sie schon kennt. Das gilt aber nicht für eine ausländische oder aus dem Westen stammende Ehefrau in einem muslimischen Land.«[24]

Die Frauenfeindlichkeit der islamischen Welt ist nicht einzigartig, aber abgrundtief

In diesem Bezugssystem gibt es eine weitere Ebene der Komplexität. In Gesellschaften, in denen die gesellschaftliche Ordnung zusammengebrochen ist, aufgrund eines Bürgerkriegs oder einer Hungersnot, infolge einer Dürre oder eines wirtschaftlichen Zusammenbruchs, löst sich die moralische Ordnung, die zumindest »anständige« Frauen schützt, auf. Nach einem gesellschaftlichen Zusammenbruch ist der Einfluss der Männer und Frauen, die vorher noch als Vollstrecker der herrschenden Moral die Normen weitergegeben hatten, entweder geschwächt, oder sie sind völlig von der Bildfläche verschwunden – wie etwa die Männer, die für Milizen eingezogen werden, beispielsweise in Eritrea. Die Verwerfungen in solchen Gesellschaften haben sich über Jahrzehnte hingezogen. Der Bürgerkrieg in Somalia ist schon seit 1991 im Gang, und viele Kinder, die in ein solches Umfeld hineingeboren werden, wachsen in anarchischen Verhältnissen heran, wie sie der englische Philosoph Thomas Hobbes in seinem wichtigsten Werk *Leviathan* beschrieb. Die kriegerischen Auseinandersetzungen in Afghanistan sind sogar noch länger im Gang, schon seit den 1970er-Jahren. Obwohl im Irak und in Syrien der Absturz in Chaos und Gewalt erst später begonnen hat, sieht es dort nicht viel besser aus. Die Regionen, aus denen die meisten Asylbewerber fliehen, sind gescheiterte Staaten, in denen die gesellschaftliche Ordnung zusammengebrochen ist.

Das Scheitern von säkularen Gesellschaftsordnungen in solchen Ländern kann zum Teil das Wiedererwachen des Islam als politische und spirituelle Kraft erklären. Der Islamismus ist der »sichere« Hafen geworden für viele, die sich inmitten von solchem Chaos nach Ordnung sehnen. In diesen Ländern wurden Scharia-Gerichte etabliert, welche die Leere füllen, die der Zusammenbruch der sozialen Ordnung hinterlassen hat. Nach den Grausamkeiten von Diktaturen und Bürgerkriegen ist einer Bevölkerung, die sich nach Ordnung und stabilen Verhältnissen sehnt, das Heilsversprechen göttlicher Gebote verständlicherweise nur allzu willkommen. Wenn die Islamisten eine Stadt erobert haben, stellen sie daher zuerst wieder Ordnung her, doch in Form ihrer eigenen Grausamkeiten. So wird zum Beispiel eine »unanständige« Frau nicht mehr nur für unanständig gehalten; vielmehr ist sie eine ehebrecherische Sünderin, die ausgepeitscht und gesteinigt werden muss.

Gewiss kommt so etwas keineswegs nur in muslimischen Gesellschaften vor. Wie wir gesehen haben, führen Frauen in diversen Ländern der Welt ein Leben als Bürger zweiter Klasse. Obwohl das im südlichen Afrika gelegene Lesotho keine muslimische Gesellschaft ist, können dort Vergewaltiger frei herumlaufen, weil es gesellschaftlich akzeptiert ist, dass ein Mann eine Frau behandeln kann, wie er will. Dennoch ist das Gesetz nirgendwo diskriminierender gegenüber Frauen, als in Ländern, wo Scharia-Recht gilt.

So werden zum Beispiel in Dubai und im Sudan Frauen von Scharia-Gerichten zu Gefängnisstrafen verurteilt, weil sie einen Mann dazu verführt hätten, sie zu vergewaltigen.[25] In Algerien, Bahrain, Kuwait, Libyen, Palästina und Syrien kann ein Vergewaltiger einer Strafverfolgung entgehen, indem er sein Opfer heiratet. Drei Jahre, nachdem Marokko 2014 sein »Heirate deinen Vergewaltiger«-Gesetz aufgehoben hatte, glaubte immer noch eine Mehrheit der marokkanischen Männer und 48 Prozent der marokkanischen Frauen, dass eine vergewaltigte Frau ihren Peiniger heiraten sollte.[26]

Dementsprechend ist sexuelle Belästigung im öffentlichen Raum in weiten Teilen des Nahen und Mittleren Ostens sowie Nordafrikas weder verboten, noch wird sie verhindert.[27] Mona Eltahawy hat eloquent über das »epidemische« Ausmaß von sexueller Belästigung in der arabischen Welt geschrieben.[28] Sie berichtet, dass Frauen, die angegrapscht oder missbraucht wurden, beschuldigt werden, sie seien »zur falschen Zeit am falschen Ort« gewesen und hätten »auch noch die falsche Kleidung« getragen. Sie beschreibt den Alltag von Frauen in Ägypten, von denen 99,3 Prozent angeben, auf der Straße sexuell belästigt zu werden, und wo 62 Prozent der Männer zugeben, so etwas zu tun:

Bevor sie das Haus verlässt, wappnet sich jede mir bekannte Frau für den Hindernislauf aus Beleidigungen, grapschenden

Händen und Schlimmerem, der sie auf den Straßen erwartet, die sie auf dem Weg zur Schule, zur Universität oder zur Arbeit nehmen muss.[29]

Eine Umfrage unter britischen Touristinnen, die Ägypten besucht hatten, ergab, dass alle diese Frauen, vor allem solche mit blondem Haar und blauen Augen, »unerwünschte Aufmerksamkeit von Männern erhalten [hätten], die von Anstarren, anzüglichen Gesten und Berührungen bis hin zu verbalen und sexuellen Angriffen reichten«. Wie ihre ägyptischen Leidensgenossinnen reagierten diese Frauen, indem sie sich anders kleideten oder überhaupt nicht mehr auf die Straße gingen, um solche Belästigungen zu vermeiden.[30] Eine Umfrage der Vereinten Nationen unter mehr als 4000 Männern in Marokko, Ägypten, Palästina und im Libanon ergab, dass zwischen einem Drittel und zwei Dritteln von ihnen zugaben, sexuelle Belästigungen auf der Straße begangen zu haben.[31] Die allermeisten von ihnen gaben an, sie hätten das aus Spaß gemacht und nur bei Frauen, die provozierend gekleidet waren. Doch in solchen Kulturen kann eine Frau sexuellen Belästigungen oder Übergriffen auch dadurch nicht entgehen, dass sie sich vollständig bedeckt. Die Soziologin Marnia Lazreg hat beschrieben, welch eine Farce das »gentlemen's agreement« ist, demzufolge eine Frau angeblich in Ruhe gelassen wird, wenn sie einen Schleier trägt.[32] Ein ägyptischer Rechtsanwalt wurde 2017 strafrechtlich verfolgt, weil er in einer Fernsehsendung gesagt hatte: »Wenn eine Frau so [unanständig gekleidet] rumläuft, ist es eine patriotische Pflicht, sie zu belästigen, und eine nationale Pflicht, sie zu vergewaltigen.«[33]

Wo Frauen im öffentlichen Leben
nicht zu sehen sind

Ich bin nicht sicher, was zuerst kam: das Verbot für Frauen, aus dem
Haus zu gehen, oder die Belästigung im öffentlichen Raum. Zweifellos verstärkt Letzteres das Erstere. Schon die Aussicht, Übergriffen
ausgesetzt zu sein, wird manche Frau so sehr ängstigen, dass sie zu
Hause bleibt. Öffentliche Orte wie Straßen, Kaffeestände und Tee-
geschäfte sind das Revier von Männern. Als Wächter ihrer Frauen erledigen Männer alle Jobs mit Publikumsverkehr, in Läden, in Büros,
als Taxifahrer. Die Domäne einer Frau ist die private Sphäre, und
wenn sie ohne einen männlichen Verwandten aus dem Haus geht, ist
sie sofort in Gefahr – es sei denn, sie ist in ausschließlich weiblicher
Gesellschaft.

Obwohl kürzlich in Saudi-Arabien unter dem Einfluss von Kron-
prinz Mohammed bin Salman einige Einschränkungen für die Bewegungsfreiheit von Frauen gelockert wurden, ist das Land dafür bekannt, die Geschlechtertrennung bis ins Extrem zu treiben, mit
Hochzeitsfeiern, die von Männern und Frauen separat gefeiert werden, Shoppingmalls nur für Frauen und Konzerten nur für Männer.
Im Libanon sind für Frauen reservierte Badestrände beliebt, und in
Moscheen in aller Welt sitzen Frauen beim Beten abseits der Männer
in einem abgetrennten Raum oder ganz hinten.[34] Diese Trennlinie
zwischen den Geschlechtern ist sogar in Flüchtlingslagern gezogen
worden: Frauen, die von ihren männlichen Verwandten, von denen
viele in Europa sind, zurückgelassen wurden, sitzen in Zelten und
Containern zusammen und meiden öffentlich zugängliche Bereiche
wie Waschräume, weil sie befürchten, sexuell missbraucht zu werden.[35] Die deutsche Journalistin Maria von Welser hat 2015 verschiedene Flüchtlingslager im Nahen Osten besucht und festgestellt, dass

die meisten Frauen, mit denen sie gesprochen hat, ohne den Schutz von männlichen Verwandten Angst um ihre Sicherheit hatten.[36] Das Büro des Hohen Kommissars der Vereinten Nationen für Menschenrechte (OHCHR) berichtete 2018, dass fast alle weiblichen Flüchtlinge, die in Libyen unterwegs waren, irgendeine Form von sexueller Gewalt erlitten hatten.[37]

Das Zusammenwirken all dieser komplexen Faktoren – das Anstandsgebot, der Zusammenbruch gesellschaftlicher Ordnung, islamistische Orthodoxie und eine Erziehung in Gesellschaften, die zu den frauenfeindlichsten der Welt zählen – prägt die Einstellungen so vieler junger Männer, die aus mehrheitlich muslimischen Ländern nach Europa abwandern. Ganz unabhängig davon, ob diese Männer als legitime Asylbewerber akzeptiert werden oder illegal zuwandern, wird ihre Einstellung zu Frauen wohl kaum zu der Auffassung von gleichberechtigten Geschlechtern passen, die sich in Westeuropa durchgesetzt hat.

Let's (Not) Talk About Sex

Im Westen, wo sich die Geschlechter seit den 1960er-Jahren einer Gleichberechtigung annähern, wird raubtierhaftes Verhalten von Männern kriminalisiert statt idealisiert. Feministinnen der zweiten Welle haben patriarchalische Einstellungen und sexistisches Verhalten energisch bekämpft. Sie führten aus, dass Kinder von Geburt an Ungleichheit zwischen den Geschlechtern erlebten und ungleich sozialisiert würden und dass Vergewaltigung ein Produkt von sozialem Kontext und Konditionierung sei.[38] »Vergewaltiger werden gemacht, nicht geboren« – diese Erkenntnis hat sich inzwischen auf breiter Front durchgesetzt.[39] Doch sobald es um Migranten und Minderheiten geht, ist es ein Tabu, ihr Verhalten gegenüber Frauen mit

Hinweisen auf ihre Kultur zu erklären. Das scheint ein Widerspruch zu sein. Wenn man bedenkt, wie muslimische Männer über Sex aufgeklärt werden – oder vielmehr *nicht* aufgeklärt werden –, ergibt es überhaupt keinen Sinn.

Anders als in liberalen Gesellschaften findet in muslimischen Gesellschaften leider überhaupt keine sexuelle Aufklärung statt. Anstatt Jungen und Mädchen über ihre Körper zu unterrichten, über Beziehungen und Sex, werden sie angehalten, ihre Bedürfnisse zu unterdrücken. Den Jungen wird nicht vermittelt, dass die Ansichten einer Frau über Sex und Beziehungen wichtig sind. Stattdessen werden sie ermahnt, außerhalb der Ehe jeden sexuellen Kontakt zu meiden und auch nicht zu masturbieren; innerhalb der Ehe ist dagegen alles erlaubt.[40] In westlichen Ländern wehren sich muslimische Eltern dagegen, dass ihre Kinder in der Schule an offenen Gesprächen über Sexualität teilnehmen sollen. Sie befürchten, dass ihre Kinder durch Reden über Sex implizit dazu ermutigt werden könnten, das strenge Gebot der Enthaltsamkeit außerhalb der Ehe zu missachten. In Toronto meldeten im Jahr 2018 etliche muslimische Eltern ihre Kinder aus staatlichen Schulen ab, damit sie nicht am Sexualkundeunterricht teilnehmen mussten. Eine solche Familie, über die in einer Lokalzeitung berichtet wurde, meldete ihre Söhne in der staatlichen Schule wieder an, nachdem sie erreicht hatte, dass Sexualkunde aus dem Lehrplan verbannt wurde – aber die Tochter wurde in eine islamische Privatschule geschickt.[41] Bei einem ähnlichen Fall im britischen Saltley nahmen muslimische Eltern ihre Kinder von der Schule, um dagegen zu protestieren, dass im Sexualkundeunterricht auch Homosexualität thematisiert wurde.[42] Eine wütende Mutter sagte dazu: »Es ist unpassend, völlig daneben. Den Schülern wird gesagt, es ist okay, schwul zu sein, obwohl 98 Prozent der Kinder an dieser Schule muslimisch sind. Es ist eine muslimische Community.«[43]

Im Internet konkurrieren prüde Websites, die zur Enthaltsamkeit mahnen, mit Porno-Plattformen um das Interesse von Jugendlichen. Die Ratschläge, die jungen Muslimen von Online-Communities angeboten werden, sind mitleiderregend. Männliche Teenager posten Fragen auf Ummah.com, weil sie Hilfe suchen im Konflikt zwischen ihren hormongesteuerten Trieben und dem, was ihre Religion ihnen auferlegt. Manche von ihnen sind in Sorge wegen böser Geister (»Dschinns, die nachts kommen«), die ihnen feuchte Träume machen; andere haben ein schlechtes Gewissen, weil sie masturbieren oder »unbedeckte« Frauen anstarren, die auf der Straße knappe Shorts tragen (»Meine Hormone spielen verrückt, wenn ich in der Öffentlichkeit so viele Frauen sehe«). Der Rat, den sie von »erfahrenen« Forumsmitgliedern bekommen, ist immer der gleiche: mehr zu Allah beten und fasten.[44] Kamel Daoud hat solche repressiven inneren Konflikte als »unerträgliche Spannungen« beschrieben, die rasch in »Absurdität und Hysterie« umschlagen können[45] – oder, wie wir gesehen haben, in sexuelles Fehlverhalten und Gewalt.

Das Vergewaltigungsspiel

Der extreme, wenn auch vielleicht unvermeidliche Ausdruck all dieser Anschauungen und Verhaltensweisen – Polygamie, religiös sanktionierte Heuchelei, ungehemmte sexuelle Belästigung, das Fehlen sexueller Erziehung, Unterdrückung sexueller Triebe und die Ehre/Schande-Dichotomie – ist *Taharrusch dschama'i*, ein arabischer Ausdruck, der so viel wie »das Vergewaltigungsspiel« bedeutet. Eine Gruppenvergewaltigung gilt im Westen als besonders verwerfliches Verbrechen, doch in der arabischen Welt, wo es mehr Leid als Unterstützung hervorruft, über sexuelle Gewalt zu sprechen, findet das Vergewaltigungsspiel ganz offen statt.

Das US-Fernsehpublikum war schockiert durch das Martyrium der CBS-Journalistin Lara Logan, das sie erdulden musste, als sie 2011 über die Protestdemonstrationen auf dem Tahrir-Platz in Kairo berichtete. Hier ist Laras Bericht über das, was sie durchgemacht hat, in ihren eigenen Worten:

Wir waren dabei, auf dem Platz zu drehen – ich selbst und mein Team von vier Männern, Produzent, Kameramann, Sicherheitsmann und ein lokaler »Fixer«. Wir hatten schon eine Weile gedreht und Interviews geführt, mitten in einer riesigen Menschenmenge, als mein Kameramann Richard Butler sagte, der Akku seiner Kamera sei leer. Er kniete sich hin, um den Akku zu wechseln, und wir standen um ihn herum, umgeben von der Masse, die zwar nervös war, aber ruhig und freundlich. Die letzte Person, die ich interviewte, hatte gerade gesagt: »Danke, Mark Zuckerberg, danke, Google, danke, Facebook – dies ist eure Revolution.«

Als wir in der Menge standen und Richard den Akku wechselte, drehte sich plötzlich unser junger ägyptischer Fixer zu mir um, panisch und bleich vor Angst, und rief: »Wir müssen verschwinden, schnell, SCHNELL – RENNT!« Also rannten wir und schafften es, den größten Teil der Masse hinter uns zu lassen. Ich rannte zusammen mit ihm und Ray, unserem Sicherheitsmann im Team.

Es war verwirrend, weil ich dachte, die Männer und Jungen, die mit uns rannten, wollten uns helfen – sie riefen mir zu, ich solle stehen bleiben und warten, und ich konnte Hände fühlen, die mir gewaltsam zwischen die Beine und in den Schritt griffen, und ich machte mir Sorgen um das Team. An diesem Punkt war ich allein mit Ray und unserem ägyptischen Fixer. Es sah so aus, als ob wir uns ziemlich weit von der Masse abgesetzt hätten, aber es waren immer noch viele Männer um uns herum, die sagten, sie wollten uns helfen, aber dann wurde mir klar, dass sie mich aufhalten wollten und mich festhielten, dann hatte die Masse uns eingeholt, und sie fingen an, an meinem Körper und meinen Klamotten zu reißen, steckten mir Hände in Hemd und Hose. Sie rissen mir die Kleidung vom Leib, bis ich nackt war, zerfetzten die Klamotten und vergewaltigten mich brutal mit Stöcken, Fahnenstangen, Fingern – irgendwann verlor ich den Überblick. Ich kann mich noch erinnern, dass Ray mir zurief, sie würden uns mit Stöcken verprügeln und unsere Pässe klauen und so weiter, aber ich war so damit beschäftigt, mich gegen die sexuellen Angriffe und die Gruppenvergewaltigung zu wehren, dass ich das kaum mitbekam. Ich fühlte, wie mein BH-Träger riss und der BH verschwand, ich spürte Luft auf meiner Haut und ihre Fingernägel, als sie versuchten, mir eine Brust abzureißen. Meine Arme und Beine taten weh, weil sie meinen Körper in verschiedene Richtungen rissen – der Mob kochte vor Wut.

Ich war bei Ray, mindestens 20 Minuten lang, und er sagte mir immer wieder, ich solle mich an ihm festhalten und müsse unbedingt auf den Beinen bleiben, dürfe nicht hinfallen. Aber irgendwann verlor ich ihn, und vielleicht hat mich das gerettet, weil er dann die ägyptischen Soldaten dazu brachte, einen Weg durch die Masse zu prügeln und mich wegzutragen. Als ich das letzte Mal zu Boden ging, hingen so viele Männer an mir, dass ich mich nicht mehr auf den Beinen halten konnte, und dann schleiften sie mich auf einen Teil des Platzes, wo Gruppen von Frauen und Kindern ihren Weg blockierten, aber dann sprangen junge Männer auf, um sich zwischen sie und mich und den Mob zu stellen. Am Ende wurde ich so brutal verprügelt und von diversen Männern vaginal und anal vergewaltigt, dass ich dem

Tode nahe war, weil ich nicht mehr frei atmen konnte, da sie mir mit ihrem Gewicht den Brustkasten zusammendrückten.

Damals wusste ich nicht – und erfuhr es dann aus dieser Studie –, dass dies in Ägypten eine Form von sozialer Kontrolle ist. Dass Frauen nicht ohne männliche Begleitung aus dem Haus gehen, weil sie wissen, dass ihnen das passieren kann. Dass afrikanische Frauen, die jeden Tag in Ägypten zur Arbeit gehen, solche Belästigungen erleben, mal mehr, mal weniger. Und natürlich, dass Frauen das ertragen, weil die Regierung sie damit unter Druck setzt, sich immer zu bedecken.[46]

Diese Praxis ist zwar im gesamten nordafrikanischen Raum bestens bekannt, wird aber totgeschwiegen. Berichte über *Taharrusch dschamāʾi* in Algerien und Tunesien hat es seit den 1960er-Jahren gegeben.[47]

Im Jahr 2006 beobachteten ägyptische Blogger, wie Hunderte von Männern, die sich in den Straßen drängten, um das Ende des Ramadans zu feiern, Frauen belästigten, ob sie nun den Hidschab trugen oder nicht, ihnen die Kleidung vom Leib rissen, sie umringten und versuchten, sie zu missbrauchen.[48] Viele Mädchen flüchteten und suchten Schutz in nahen Restaurants, Taxis oder Kinos. Als 2012 die Proteste auf dem Tahrir-Platz sich fortsetzten, wurden solche Mob-Attacken organisierter: Männergruppen bildeten konzentrische Ringe um einzelne Frauen, rissen ihnen die Kleidung herunter und vergewaltigten sie.[49] Einige ägyptische Frauen durchbrachen das Schweigen, gingen zur Polizei und erstatteten Anzeige, belegt mit ihren Aussagen und Videoaufnahmen als Beweis für die sexuellen Übergriffe, doch es wurden kaum Fortschritte gemacht, bis 2014 Gesetze gegen sexuelle Belästigung verabschiedet wurden.[50]

Im Dezember 2015 überquerte das Vergewaltigungsspiel das Mittelmeer. Wie wir gesehen haben, kam es in der Silvesternacht in einigen deutschen Städten zu massenhaften Übergriffen – über 1000 junge Männer umringten einzelne Frauen und missbrauchten sie sexuell.[51] Als die Opfer das Aussehen der Täter als »fremdländisch«, »nordafrikanisch« oder »arabisch« beschrieben, wurden sie in sozialen Medien als »rassistisch« angeprangert.[52] Aufgrund der hartnäckigen Berichterstattung der aus Köln stammenden Feministin und Publizistin Alice Schwarzer stellte sich heraus, dass die jungen Männer ihre Angriffe in jener Nacht koordiniert und geplant hatten, »zum Nachteil der *Kuffār* [Ungläubigen]«.[53] Zwölf Monate später bestätigten sich Schwarzers Berichte, als der Kölner Polizeipräsident Jürgen Mathies bekannt gab, dass die Angriffe gezielt koordiniert worden waren, um die deutsche Bevölkerung einzuschüchtern.[54]

Im folgenden Kapitel werde ich näher erklären, warum ich die Behauptung skeptisch sehe, eine Minderheit von männlichen Immigranten setze sexuelle Gewalt ein, um sich an der Mehrheitsgesellschaft zu rächen, weil sie sich ihrer Rechte beraubt fühle. Solche Männer führen sich in ihren eigenen Gesellschaften genauso auf, und auch in Flüchtlingslagern und auf Schlepperrouten auf dem Weg nach Europa. Wenn ägyptische Männer auf den Straßen von Kairo ägyptische Frauen belästigen, dann nach Deutschland kommen und dort auf den Straßen von Köln deutschen Frauen das Gleiche antun, liegt das keineswegs daran, dass sie sich minderwertig oder unterdrückt fühlen würden, sondern vielmehr daran, dass sie glauben, ungestraft damit davonzukommen – ganz so wie in ihrer Heimat.

KAPITEL 12

Kulturschock

Als Immigrantin und ehemalige Asylbewerberin somalischer Abstammung bin ich für Immigration. Ich habe nichts dagegen, wenn Menschen ihre Habseligkeiten zusammenpacken und ihre Heimat verlassen, weil sie ihre Lebensumstände verbessern wollen. Ich verstehe sehr gut, warum sie das wollen, weil ich selbst den gleichen Weg gegangen bin. Meine Befürchtungen drehen sich um die Einstellungen, die manche von ihnen mitbringen, um die Verhaltensweisen, die bei einer Minderheit der Migranten aus diesen Einstellungen erwachsen, und um die offenkundige Unfähigkeit westlicher Länder, zu erkennen, wie sie die daraus entstehenden Probleme bewältigen können. Tatsächlich lässt der Westen die Migranten im Stich, wenn er sich weigert, junge Männer erstens auf den Kulturschock vorzubereiten, der auf sie zukommt, und sie zweitens für ihre unzureichende Selbstbeherrschung zur Verantwortung zu ziehen.

Ich bin mir durchaus der Tatsache bewusst, dass ich verallgemeinere. Natürlich ist die Realität zu komplex, als dass selbst ein Buch ihr gerecht werden könnte. Es bestehen riesige Unterschiede zwi-

schen Menschen, die in Städten leben, und anderen, die aus ländli-
chen Regionen kommen. Es gibt individuelle Unterschiede im Hin-
blick darauf, wie wichtig sie ihren Glauben und stammesspezifische
Restriktionen nehmen. Es ist keineswegs meine Absicht, sämtliche
Migranten so darzustellen, als wären sie unfähig, sich an eine neue
Umgebung anzupassen. Es gibt viele, die, wenn sie erst einmal im
Westen sind, keine Schwierigkeiten haben, ihre stammesspezifischen
oder religiösen Traditionen mit dem Leben in einer hypermodernen
Gesellschaft in Einklang zu bringen, oder – wie ich selbst – nur allzu
gern ihr kulturelles Erbe über Bord werfen, um westliche Normen
anzunehmen. Doch bestimmte Einstellungen und Verhaltensweisen,
die manche Immigranten mit sich bringen, sind problematisch. Sie
mögen ihnen im Herkunftsland geholfen haben, zu überleben oder
sogar einen gewissen Wohlstand zu erlangen, doch im Westen führen
sie zu Konflikten und verbauen ihnen Chancen.

In einer Zeit von Identitätspolitik, Intersektionalität und konstru-
ierten Verstößen ist es nicht opportun, die Kultur eines Menschen zu
kritisieren – es sei denn, er ist ein weißer, heterosexueller Mann.
Doch einem dieser Männer, nämlich Samuel Huntington, kommt
das Verdienst zu, das Wesen der Herausforderung, die sich uns stellt,
klar – und früh – erkannt zu haben. In seinem 1993 erschienenen
Essay *The Clash of Civilizations?* (deutsch: *Kampf der Kulturen?*)
schrieb er, in der nach dem Ende des Kalten Krieges angebrochenen
Epoche werde das wichtigste Unterscheidungsmerkmal zwischen
Menschen ihre Kultur sein.[1] Obwohl diese These von verschiedener
Seite angegriffen wurde, glaube ich, dass er Recht hat. In der Einwanderungsdebatte geht es eigentlich um die Integration nichtwestlicher Minderheiten in westliche Gesellschaften – und das ist zwangsläufig eine Debatte um unvereinbare Werte.

Mitgebrachte Wertvorstellungen

Eigentlich versteht es sich von selbst, dass Menschen ihre Einstellungen und Werte mitbringen, wenn sie migrieren, selbst wenn sie der Gesellschaft, in der sie ankommen, aufgeschlossen gegenüberstehen. Doch in der heutigen Einwanderungsdebatte ist das eine kontroverse Aussage. In der wissenschaftlichen Literatur zum »Normentransfer« geht es in erster Linie um den Export von demokratischen Einstellungen aus dem Westen in den »Globalen Süden«. Solche Studien beschreiben einen »Bumerangeffekt«: Migranten wandern in liberale Demokratien ein, übernehmen manche der dort vorherrschenden demokratischen Normen und führen diese neuen Normen dann in ihrem Herkunftsland ein, wenn sie dorthin zurückkehren.[2] Das ist für alle Beteiligten eine gute Nachricht. Was ich aber faszinierend finde, ist, dass solche Studien nicht in umgekehrter Richtung reproduziert werden. Wenn zurückkehrende Migranten demokratische Werte aus dem Westen exportieren, warum importieren sie dann vorab nicht auch undemokratische Werte, wenn sie in den Westen kommen? Oder sollen wir so tun, als ob sie bei ihrer Ankunft ein unbeschriebenes Blatt wären, völlig frei von Wertvorstellungen?

Eine in Jordanien zum Bumerangeffekt durchgeführte Studie ergab, dass jordanische Frauen eher dazu tendieren, geschlechtsbedingte Diskriminierung zu verinnerlichen, wenn ein Mitglied ihrer Familie schon einmal in einer noch konservativeren arabischen Gesellschaft gelebt hat, was »einen Transfer negativer Normen aus hochgradig diskriminierenden Zielländern nahelegt«.[3] Wenn das jordanischen Frauen passieren kann, dann doch sicherlich auch deutschen Frauen. Dennoch sträuben sich heute viele Akademiker, solche Erkenntnisse anzunehmen. Noch in den 1990er-Jahren bestand der

Konsens, dass die in jungen Jahren im Herkunftsland erworbenen Sichtweisen auf die Geschlechter »auch lange Zeit, nachdem ein Migrant ins Zielland eingewandert ist, Einfluss auf seine Einstellungen ausüben«.[4] Diese Sicht der Dinge ist heute tabu.

Von all den Vorstellungen, die Migranten mit sich bringen, ist es ihre Einstellung zu Frauen, die mich am meisten interessiert. Wie schon erwähnt, sind Migranten eine heterogene Gruppe. Diejenigen unter ihnen, die gebildet sind und vielleicht schon eine oder mehrere Fremdsprachen sprechen, werden es in der Regel leichter haben, sich im Westen einzuleben und zu etablieren. Es sind solche mit zutiefst traditionellen Ansichten – die sich zum Beispiel weigern, einer Frau die Hand zu geben oder mit Lehrerinnen oder Polizistinnen zu sprechen –, die ein Problem darstellen. Dass ein junger Mann aus Afghanistan stammt, muss nicht bedeuten, dass er alle Frauen schlecht behandeln wird, doch der Umstand, dass er in einer Gesellschaft aufgewachsen ist, in der alle Frauen institutionell minderwertig sind, wird sicherlich seine Ansichten beeinflussen. Das kann sich allmählich ändern, wenn er mit anderen Sitten und Gebräuchen in Kontakt kommt, doch wir müssen versuchen zu verstehen, wie er denkt, wenn er im Westen ankommt.

Analysten, die mit Daten des World Values Survey arbeiten, haben für uns die Unterschiede der kulturellen Werte in vielen Ländern der Welt dargestellt.[5] In den unterschiedlich schattierten Umrissen der Grafik sind Länder anhand ihrer Mehrheitsreligion und vorherrschenden Einstellungen gruppiert.[6] Auf diametral entgegengesetzten Seiten liegen oben rechts das protestantische Europa, mit den am stärksten ausgeprägten säkular-rationalen und selbstexpressiven Werten, und unten links die afrikanisch-islamische Welt mit den ausgeprägtesten traditionellen und überlebensorientierten Werten.

Abbildung: Werte in verschiedenen Regionen der Welt

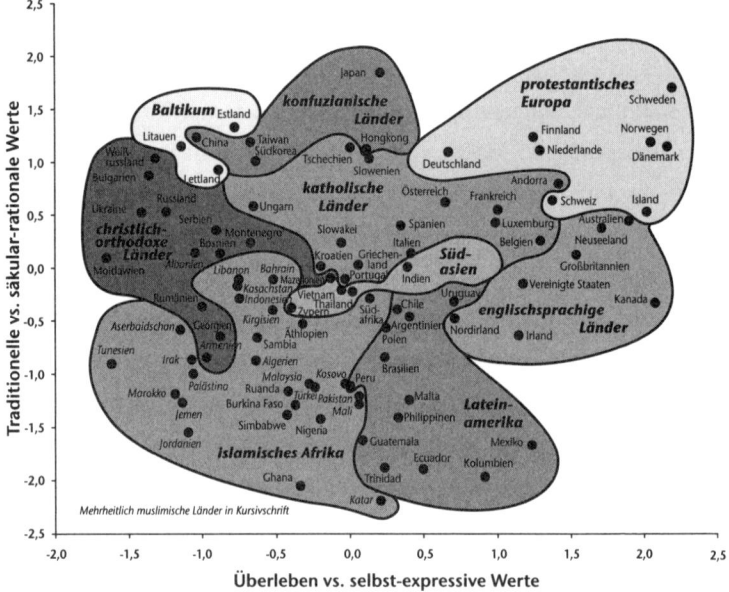

Quelle: Inglehart-Welzel Cultural Map, World Values Survey, Wave 6 (2010–2014),
http://www.worldvaluessurvey.org/WVSContents.jsp.

Der Abstand zwischen diesen beiden Werteordnungen könnte größer nicht sein. Die Autoren weisen darauf hin, dass die »emanzipativen Werte« in der »selbstexpressiven« Kategorie auf der rechten Seite
der wichtigste Faktor beim Vorantreiben der Selbstermächtigung von
Frauen sind. Sie schreiben, dass bei weniger gebildeten Muslimen
»sowohl die gesellschaftliche Dominanz des Islam als auch die individuelle Identifikation als Muslim die emanzipativen Werte schwä-
chen«. Das stützt den auch vom gesunden Menschenverstand unter-
mauerten Standpunkt, dass Migranten Wertvorstellungen sowohl
importieren als auch exportieren können und dass die beiden Werteordnungen, die dabei in Kontakt kommen, die einander unähnlichs-

ten von allen sind, wobei die eine davon Frauenrechten gegenüber ausgesprochen feindselig aufgestellt ist.

Eine große Mehrheit der Asylbewerber, die in den vergangenen Jahren in die EU gekommen sind, stammen aus Ländern im unteren linken Quadranten. Wie wir in Kapitel 2 gesehen haben, kommen sie hauptsächlich aus mehrheitlich muslimischen Ländern: Syrien, Irak, Afghanistan, Eritrea, Iran, Nigeria, Pakistan, Bangladesch, Somalia und Albanien.[7] Nicht alle Migranten, die aus diesen Ländern kommen, sind muslimisch, und zweifellos ist ein Teil der Muslime nicht strenggläubig. Doch im Vergleich zu Menschen aus Nordwesteuropa halten fünfmal so viele von ihnen Religion für wichtig, und doppelt so viele von ihnen meinen, Männer hätten das Recht, ihre Frauen zu schlagen.[8] Die meisten Zuwanderer aus diesen Regionen haben den Prozess der Individualisierung, Rationalisierung und Säkularisierung, der sich in europäischen Gesellschaften über viele Generationen vollzogen hat, nicht durchlaufen. Die Gesellschaften, aus denen sie stammen, institutionalisieren nach wie vor den minderwertigen Status von Frauen, wie im vorigen Kapitel beschrieben. Dies sind Regionen, in denen Frauen im öffentlichen Leben nicht zu sehen sind und ihr Recht auf sexuelle Selbstbestimmung missachtet wird.

Hunderttausende von jungen Männern, die in Teilen der Welt aufgewachsen sind, in denen diese Einstellungen gegenüber Frauen vorherrschen, sind innerhalb weniger Jahre nach Europa gekommen. Wir können davon ausgehen, dass ein gewisser Anteil von ihnen aufgeschlossen ist und eifrig darum bemüht, sich an ein Leben im Westen anzupassen, aber andere halten an ihren kulturellen Prägungen fest – und das vielleicht noch intensiver als in ihrer Heimat. Wenn Umfrageergebnisse über die Einstellungen von Migranten gegenüber Frauen veröffentlicht werden, sind sie zwangsläufig umstritten.

Junge Zuwanderer sind in keiner Weise vorbereitet auf eine sexuell befreite Kultur

In den Augen eines jungen Mannes, frisch angekommen aus der arabischen Welt, müssen die Straßen von Amsterdam, London oder Brüssel voller Versuchungen sein. Mädchen, die in engen Jeans und hochhackigen Schuhen herumlaufen, ihr Haar umhüllt von einer Parfümwolke: Wir sollten uns nicht wundern, dass ein junger Mann, dem nie beigebracht wurde, wie man eine gleichberechtigte Beziehung mit einer Frau führt, auf solche Eindrücke falsch reagiert. Werbeplakate an Hauswänden und Bussen zeigen spärlich bekleidete Frauen, die alles Mögliche verkaufen, von Jeans bis zur Urlaubsreise in tropische Gefilde. In Musikvideos tanzen kurvenreiche Sängerinnen für die Kamera. *Sex sells.* In Köln blickt ein Model von einem Werbeplakat für einen knapp geschnittenen BH verträumt hinüber zur Zentralmoschee auf der anderen Straßenseite. Für einen Neuankömmling muss dieses Plakat ebenso deplatziert wirken wie die intergalaktische Architektur der Moschee selbst. Einer Beschreibung der belgischen Filmemacherin Sofie Peeters zufolge erzeugt die kognitive Dissonanz gewissermaßen »eine Explosion« bei den jungen Männern in ihrem Film: »Wenn sehr konservative Ansichten in Kontakt kommen mit fast pornografischen Abbildungen von nackten Frauen, verwirrt das die Burschen total, und sie flippen aus.«[9] Für manche von ihnen bedeutet das, Grenzen zu überschreiten, von denen ihnen nie jemand gesagt hat, dass es sie gibt.

Mädchen wie mir wurde beigebracht, unter keinen Umständen Aufmerksamkeit auf sich zu ziehen, doch im Westen lenken Frauen ganz gezielt Aufmerksamkeit auf ihren Körper. Sie treiben Sport im Fitnessstudio, suchen sich Outfits aus, die ihre körperlichen Reize betonen und beziehen sich ständig auf ihren Körper. Mir ist inzwischen klar geworden, dass westliche Frauen das nicht für Männer tun – sondern für sich selbst. Wenn sie heranwachsen, sehen sie im Fernsehen Werbespots mit Slogans wie L'Oréals »Weil ich es mir wert bin«. Wenn Männer aus den Kulturen, um die es in diesem Buch geht, zu sehen bekommen, wie westliche Frauen ihr Haar und Make-up herrichten, ist ihr erster Gedanke keineswegs, sie würden das tun, weil sie es »sich wert sind«; vielmehr wurde ihnen vermittelt, dass Frauen, die auf diese Weise ihre körperlichen Vorzüge betonen, es herausfordern. Dieses Stereotyp über weiße Frauen wird durch Hollywoodfilme und Pornos bestätigt, die sie fast alle schon konsumiert haben, bevor sie sich auf den Weg nach Europa gemacht haben.

Die Begegnung

Ich wollte wissen, ob die ehrenamtlichen freiwilligen Helfer und die Sozialarbeiter von Nichtregierungsorganisationen – die Menschen, die jungen Asylbewerbern helfen wollen – diesen Kulturschock in Aktion erlebt haben. Ich fragte einige von denen, die mit Migranten arbeiten, wie diese jungen Männer über Frauen im Westen denken. Der Pastor Cai Berger, der in Schweden sowohl mit Neuankömmlingen als auch mit Einwanderern der zweiten Generation arbeitet, hat mir erzählt: »Manchmal werde ich von einem der Burschen gefragt: ›Ich möchte eine Frau kennenlernen, wie mache ich das hier?‹ Ich habe mich mit vielen dieser Männer über unser Frauenbild hier in Schweden unterhalten, und wenn sie eine klare Antwort bekommen, sagen sie oft, ›Ach so‹ – und fangen dann an, ihre Einstellung zu ändern. Sie sind nicht doof.«[10]

Andere haben jedoch nicht die Absicht, ihre Ansichten zu ändern, um den kulturellen Verhaltensnormen in ihrem neuen Land gerecht zu werden. Efgani Dönmez ist ein Migrant türkischer Herkunft, der nach Österreich eingewandert ist. Bevor er in den österreichischen Nationalrat gewählt wurde, betrieb er Flüchtlingsheime für minderjährige Asylbewerber. »Die Art, wie die Österreicher leben«, so erzählte er mir, »die Vorstellung, dass Frauen gleichberechtigt sind und ihre eigenen Entscheidungen treffen können, ist für manche dieser Burschen ein irritierender Faktor. Sie haben etwas völlig anderes gelernt und sind damit aufgewachsen, dass Sexualität tabu ist. Wenn sie herkommen und Frauen auf der Straße sehen, die so angezogen sind, wie es hier üblich ist, fühlen sie sich von ihnen sexuell angezogen. Das erzeugt eine Menge Konflikt.«[11]

Dieser Konflikt kann schreckliche Folgen haben. Die Psychologin Mia Jörgensen, die in einer Therapieeinrichtung für minderjährige Sexualstraftäter in Schweden arbeitet, sagt, dass es bei Sexualstraftätern als »Risikofaktor« gilt, wenn sie aus einer Kultur kommen, in der Sex tabu ist.[12]

Mustafa Panshiri, afghanisch-schwedischer Ex-Polizist, hat mehr als die meisten anderen dafür getan, den potenziellen Kulturschock bei Neuankömmlingen in den Griff zu bekommen. Leger gekleidet, in Jeans und Hoodie, zeigt er mir Fotos und Zitate von vielen der jungen Zuwanderer, denen er auf Social-Media-Plattformen begegnet. Eine der Geschichten, die ihn am meisten mitgenommen hat, war die Erzählung eines 15-jährigen Jungen, den er in einer Polizeiwache in Linköping kennenlernte. In Tränen aufgelöst, erzählte der Junge von seiner Reise aus Afghanistan über den Iran, die Türkei, durch Deutschland und Dänemark bis nach Schweden. Er war zusammen mit hunderten anderen gereist, hatte dabei Mutter und Bruder aus den Augen verloren und fragte Mustafa, ob er seine Mutter jemals wiedersehen werde. Nachdem Mustafa vielen jungen Migranten wie diesem Jungen aus seiner eigenen Heimat begegnet war, kündigte er seinen Job bei der Polizei. Heute reist er durch Schweden und spricht mit jungen Zuwanderern, um ihnen zu helfen, sich an die neue Umgebung anzupassen.

Als ich 2018 mit Mustafa sprach, erzählte er mir, dass die meisten Neuankömmlinge den ernsthaften Wunsch haben, den schwedischen Lebensstil zu adaptieren. Er erzählte mir, dass sie »sauer werden«, wenn ihre Landsmänner in Schweden Frauen belästigen. Auch sie möchten gern ins Schwimmbad gehen oder in Konzerte, können das aber nicht, wenn eine Minderheit so großes Misstrauen im gesellschaftlichen Umfeld hervorruft. »Als ich mit dieser Arbeit anfing«, erinnerte er sich, »rief ich Flüchtlingslager und Gemeinden in ganz Schweden an, und am Anfang sagten sie mir, das Wichtigste sei, dass diese Burschen einen Platz zum Schlafen und etwas zu essen bekommen. ›Für Integration haben wir keine Zeit.‹ Das war ein Alarmsignal für mich. Ich wusste, dass Neuankömmlinge diese Informationen sofort brauchen, vor allem junge Männer, die ohne ihre Eltern und ohne soziale Vorbilder hier sind.«

Im Gegensatz zu den meisten Schweden geht Mustafa ganz offen mit dem Problem um. Ich bin sicher, dass er das tut, weil er weiß, wie das Leben in Afghanistan ist, da er selbst als Kind mit seiner Familie von dort geflüchtet ist. Er erzählte:

Wenn wir uns nur einmal Afghanistan ansehen – es war in den vergangenen Jahrzehnten eines der schlimmsten Länder, wo man als Frau leben kann. Also wird natürlich jemand, der aus Afghanistan nach Schweden kommt, Ansichten und Werte mitbringen, die hier nicht funktionieren werden. Das haben wir in den letzten Jahren in Form von sexueller Belästigung gesehen. Es gibt aber auch welche, die genauso säkular und demokratisch sind wie die Schweden, wenn sie herkommen; sie respektieren Frauen, und sie wollen ein Teil der schwedischen Gesellschaft sein.

Ich wollte wissen, ob die jungen Männer, mit denen er spricht, einigermaßen Bescheid wissen über Sex und Beziehungen. »Einige kennen sich aus«, erzählte er mir, »aber andere nicht. Ich habe mit 15- und 16-Jährigen gesprochen, die mich fragten, was ein Kondom ist und wofür man es benutzt. Was sie wirklich brauchen, ist mehr Information.«[13] Ende 2017 akzeptierte die schwedische Regierung Mustafas Argumente und legte eine Website an, die Informationen bietet für Menschen, die mit Asylbewerbern arbeiten, und sie berät, wie sie mit ihnen über Sexualität sprechen können und darüber, wie wichtig es ist, dass die Frau mit einer Annäherung einverstanden ist.[14]

Andere Versuche, junge Männer über westliche Frauen aufzuklären, sind vielleicht weniger klug. Ich habe anekdotische Berichte gesehen über Rechtsanwältinnen und ehrenamtliche Asylarbeiterinnen, typischerweise Frauen mittleren Alters, die sich junge männliche Migranten als Liebhaber nehmen. Unbegleitete minderjährige Flüchtlinge ungewissen Alters, im einschlägigen Jargon als »Bart-Kinder« bekannt, sind für solche Frauen zweifellos exotisch und attraktiv. (In einem tragischen Fall wurde eine 70-jährige Schwedin, Asylaktivistin und Mitglied der Umweltpartei Die Grünen, von ihrem afghanischen Liebhaber ermordet.)[15] Als ich mit dem ägyptisch-deutschen Politikwissenschaftler Hamed Abdel-Samad über dieses Phänomen sprach, berichtete er mir, dass er in Deutschland Ähnliches gehört habe: »Asylarbeiterinnen haben mir erzählt, dass keine einzige ungebundene Flüchtlingshelferin noch Single ist, wenn sie aus dem Flüchtlingsheim kommt. Das ist keineswegs harmlos. Die Männer halten solche Frauen für leicht manipulierbar, und es bestätigt ihre Vorstellung, alle deutschen Frauen seien auf der Suche nach einem wie ihnen, um sie zu befriedigen.«[16]

Kultur als Rechtfertigung

Die gelegentliche kulturelle Konfrontation kann einem höheren Zweck dienen, indem sie eine Gesellschaft zwingt, erneut die Werte deutlich zu machen, an die sie glaubt. Aber die Frage ist: Welche Werte sollten Vorrang haben? Heute ist im Westen nur allzu oft zu beobachten, dass Werte von Minderheiten privilegiert werden vor liberalen Werten wie Frauenrechten. Doch eine Kultur, die es billigt, Frauen unter bestimmten Umständen zu belästigen – da das tatsächlich ein gottgegebenes Recht sei –, ist fundamental unvereinbar mit dem Grundsatz der Gleichstellung der Geschlechter.

Wenn westliche Juristen in die Enge getrieben werden zu der Frage, welche Rolle »kulturelle Milderungsgründe« in Gerichtsverfahren spielen, behaupten sie gern, solche Argumente würden vor Gericht nicht verwendet. Dessen ungeachtet wird in manchen Fällen die kulturelle Prägung als Ausrede herangezogen, um einen Täter zu entlasten. Bei einem Prozess in La Manche an der Küste der Normandie wurde ein Flüchtling aus Bangladesch zu einer Bewährungsstrafe verurteilt, weil er ein 15-jähriges Mädchen vergewaltigt hatte.[17] Es war bereits sein zweites Vergehen, da er schon einmal angeklagt worden war, eine 18-Jährige belästigt zu haben. Der Staatsanwalt sprach vom »raubtierhaften Verhalten« des Angeklagten und sagte, er würde »französische Frauen für Huren halten« *(putes)*,[18] doch ein Gutachter sagte aus, der Angeklagte sei »zutiefst geprägt von der Kultur seines Landes, wo Frauen auf den Status von Sexualobjekten reduziert sind«. Während des Verhörs musste sich ein Polizeibeamter zwischen den Angeklagten und seine Dolmetscherin stellen, da er in völlig schamloser Weise versuchte, ihre Oberschenkel zu betatschen. Dennoch ließ ihn das Gericht erneut laufen, hinaus auf die Straßen.

Die britische Parlamentsabgeordnete Jess Phillips sagt, durch solche kulturellen Rechtfertigungen werde das Verhalten der Täter verharmlost: »Jeder Mann kann sich beherrschen – ihm muss nur beigebracht werden, seine Triebe zu kontrollieren.«[19] Sie lässt keinen Zweifel daran, dass sie der Auffassung, sexuelle Gewalt nehme durch Zuwanderung aus mehrheitlich muslimischen Ländern zu, nicht zustimmt. »Bei meiner Arbeit zur Vergewaltigungskrise habe ich keine Hinweise dafür gesehen, dass unter den Opfern oder den Tätern irgendeine ethnische Gruppe überrepräsentiert wäre.« Ihren ersten Punkt unterschreibe ich, den zweiten nicht. In einem Text über sexuelle Gewalt durch afghanische Migranten in Europa weist die Politikwissenschaftlerin Cheryl Benard darauf hin, dass sexuelle Übergriffe gegen Frauen über 70, Mütter mit Kinderwagen und minderjährige Mädchen keineswegs zu der Idee passen, der Täter halte sich nur an die Verhaltensnormen seines Herkunftslandes. Benard vermutet, dass junge Migranten sich vielmehr einfach Opfer suchen, die wie leichte Beute aussehen. Das sehe ich genauso. In der Silvesternacht in Köln, als es massenhaft zu sexuellen Übergriffen kam, herrschten winterliche Temperaturen, gerade einmal vier Grad. Es war kalt, und die Partygängerinnen waren entsprechend angezogen, mit dicken Mänteln, Schals, Handschuhen und Wollmützen. Das Argument, die Männer seien angesichts spärlich bekleideter weiblicher Körper ausgeflippt, zieht einfach nicht.

Victim Blaming

Im Kern der kulturell begründeten Rechtfertigung steckt die Vorstellung, die Frauen hätten den Mann im Grunde genommen provoziert, sie zu belästigen oder zu vergewaltigen. Es versteht sich von selbst, dass *Victim Blaming* (Schuldzuweisung an die Opfer) nicht nur in der muslimischen Welt vorkommt; es ist noch gar nicht so lange her, dass dies auch im Westen weithin als Rechtfertigung für sexuelle Gewalt durch Männer akzeptiert wurde. Eine US-amerikanische Journalistin gab Lara Logan öffentlich die Schuld dafür, in Kairo vergewaltigt worden zu sein: »Erde an emanzipierte Frauen: Wenn ihr Beine, Schenkel oder Dekolleté zeigt, werden manche emanzipierten Männer das als Signal sehen, dass ihr euch wohlfühlt in eurer Haut und mit eurer Sexualität. Aber die meisten Männer werden es als Signal sehen, dass ihr flachgelegt werden wollt.«[20] Im Rahmen einer neueren Studie über die Motive von verurteilten Vergewaltigern in den Vereinigten Staaten gaben die meisten Befragten ihrem Opfer die Schuld, oder sie meinten, ihr sexueller Anspruch habe Vorrang vor den Wünschen des Opfers.[21] Dem ehemaligen britischen Staatsanwalt Nazir Afzal zufolge ist dies die »klassische Rechtfertigung von Vergewaltigern«. Im Fall der »Grooming Gangs« in Nordengland, meist pakistanische Männer, die junge Mädchen ausnutzten und missbrauchten (siehe Kapitel 15), sagte er mir:

> Der Haupttäter Shabir Ahmed sagte, die westliche Gesellschaft habe diese Mädchen für ihn abgerichtet. Aus seiner Sicht lassen wir Unanständigkeit zu, und er findet es erschreckend, welche Freiheiten wir Mädchen gewähren. Er sagt, das sei es, was diese Mädchen zu minderwertigeren Individuen mache und daher reif, von ihm gepflückt zu werden.[22]

Als ich seitenweise Gerichtsprotokolle, Festnahmeprotokolle und Aussagen von Augenzeugen studierte, habe ich unzählige Entschuldigungen für sexuelle Übergriffe auf Frauen gesehen. Die häufigste ist, der Täter sei betrunken gewesen oder habe unter Drogen gestanden und könne sich deswegen nicht mehr erinnern, was tatsächlich geschehen sei. Bei Vergewaltigung von Minderjährigen wird auch ziemlich oft das Alter des Opfers falsch angegeben. Manche Täter gaben der Ablehnung ihres Asylantrags die Schuld; andere sagten, sie seien von rassistischen Polizeibeamten zu Unrecht beschuldigt worden. Regelmäßig wird eine posttraumatische Belastungsstörung angeführt. Einige Täter führen ihre Vergehen auf übernatürliche Erscheinungen zurück und schieben dem Teufel die Schuld für ihr Verhalten in die Schuhe. Unkenntnis der Gesetze ist eine weitere, häufig zu hörende Ausrede, die am besten artikuliert wurde von einem ägyptischen Zuwanderer, der angeklagt wurde, weil er in der Berliner U-Bahn 13 Frauen sexuell belästigt hatte. In seinem Prozess sagte er aus: »In Ägypten kommt das ziemlich oft vor, es wird nicht bestraft. Ich kenne mich mit dem Gesetz nicht so gut aus. In meinem Dorf gab es keine Polizei. Niemand hat mir gesagt, dass man das hier nicht darf.«[23] Vor Gericht wird regelmäßig dem Opfer die Schuld gegeben: »Mit Sicherheit wollte sie Sex haben, sie hatte zu viel getrunken.« Manche Ausreden sind geradezu lächerlich, etwa ein »sexueller Notstand« oder die Schwierigkeiten des Täters, eine Freundin zu finden. Unterstützer von Tariq Ramadan, einem Schweizer Islamgelehrten, dem vorgeworfen wird, zwei Frauen vergewaltigt zu haben, sind auf die Ausrede verfallen, die Vorwürfe seien eine »zionistische Verschwörung« oder ein »islamophober Versuch«, Ramadan in Verruf zu bringen.[24]

Religiöse Rechtfertigungen für Straftaten gegen Frauen

Es ist noch gar nicht so lange her, dass christliche Priester Ehefrauen, die von ihrem Mann verprügelt und vergewaltigt worden waren, den Rat gaben, zu ihrem gewalttätigen Mann zurückzukehren. Es dauerte etwa vier Jahrzehnte, bis sich das geändert hatte. Doch in muslimischen Gemeinden, auch in vielen Gemeinden im Westen, hat dieser Wandel nicht stattgefunden. Anstatt die Taten von Sexualverbrechern anzuprangern, verteidigen Imame und religiöse Autoritäten die Täter. Ihre Standardreaktion besteht darin, dem weiblichen Opfer vorzuwerfen, es habe den Angriff provoziert. Unter Pseudonym hat eines der weiblichen Opfer von Gruppenvergewaltigungen durch Grooming Gangs in Rotherham beschrieben, was sie erlitten hat. Sie sagt, sie sei Opfer »religiös sanktionierter sexueller Gewalt« geworden. »Sie machten mir klar, dass sie glaubten, ich hätte es verdient, ›bestraft‹ zu werden, weil ich nicht muslimisch war und keine Jungfrau und weil ich mich nicht ›anständig‹ anzog.«[25] Diese »Bestrafung« bestand unter anderem aus über 100 Vergewaltigungen durch verschiedene Täter, von denen manche den Koran zitierten, während sie auf das Mädchen einprügelten.

In einem Kommentar zur Verurteilung einer Gruppe von libanesischstämmigen australischen Männern wegen Gruppenvergewaltigung im Jahr 2006 sagte der ranghöchste muslimische Geistliche Australiens etwas, das sich anhört, als hätte meine Großmutter in Somalia es gesagt: »Wenn du ein unbedecktes Stück Fleisch rausnimmst und es nach draußen auf die Straße legst, oder in den Garten oder in den Park oder in den Hinterhof, ohne es zu bedecken, und dann kommt die Katze und frisst es (…) wer hat dann die Schuld, die Katze oder das unbedeckte Fleisch? Das unbedeckte Fleisch ist das Problem. (…) Wenn sie [das Opfer] in ihrem Zimmer, in ihrer Wohnung, in ihrem Hidschab gewesen wäre, hätte es kein Problem gegeben.«[26] Eine ähnliche Einstellung brachte der Präsident des Islamischen Scharia-Rats in Großbritannien zum Ausdruck, als er 2015 behauptete, Vergewaltigung in der Ehe gebe es nicht, und auch der muslimische Geistliche in Dänemark, der 2004 sagte: »Frauen, die kein Kopftuch tragen, haben in vielerlei Hinsicht selbst Schuld, wenn sie vergewaltigt werden.«[27] Genau dieser Geistliche wurde von einer muslimischen Jugendorganisation in Dänemark (Muslimsk Ungdom i Danmark) eingeladen, um vor jungen Muslimen in Kopenhagen zu sprechen, nur ein paar Tage nach den Übergriffen während der Silvesternacht in Köln.

Es ist keine Entschuldigung, selbst Opfer zu sein

Im Kern jeder Diskussion über Kultur steht die Beziehung zwischen Gruppe und Individuum. Ich brauchte eine Weile, um das zu verstehen, nachdem ich in den Westen gekommen war. In liberalen Gesellschaften gilt das Individuum – sei es männlich oder weiblich – als autonomer Entscheider, der für das eigene Verhalten verantwortlich ist. Alle liberalen Institutionen basieren auf dieser Idee: Vom Unterschreiben eines Vertrages bis hin zur Stimmabgabe bei einer Wahl – stets liegt die Verantwortung auf der Ebene des Individuums. In der muslimischen Welt ist es dagegen die Gruppe, die verantwortlich ist. Sei es die Familie, der Clan oder die gesamte *Umma* (Religionsgemeinschaft des Islam) – die Gruppe trifft die Entscheidungen für ihre einzelnen Mitglieder. Da das Individuum unauflöslich mit der Gruppe verbunden ist, wird eine Verurteilung des Individuums als Herabwürdigung der ganzen Gruppe empfunden. Falls die Gruppe die Aktionen eines Individuums nicht für strafwürdig hält, etwa im Falle eines sexuellen Missbrauchs, fühlt sich die Gruppe zu Unrecht vom Staat schikaniert und zum Opfer gemacht. Es ist wichtig, diesen Opferkomplex zu verstehen.

Im Rahmen einer Studie des Sociaal en Cultureel Planbureau (SCP, Niederländisches Institut für Sozialforschung) gaben zwei Drittel der befragten Muslime an, sie seien diskriminiert worden, und das sogar innerhalb eines einzigen Jahres.[28] Im Vergleich zu anderen Minderheiten, etwa LGBTQ- oder behinderten Menschen, zählten ihre Wahrnehmungen von negativen Einstellungen und Ungleichbehandlung zu den stärksten. In Belgien sind es marokkanische Männer und muslimische Frauen mit höherer Bildung, die laut eigenen Angaben am stärksten diskriminiert werden.[29]

Flüchtlingsanwälte argumentieren häufig, Asylbewerber hätten »auf der Flucht vor Bürgerkrieg und Konflikten in ihren Heimatländern psychische Traumata erlitten«.[30] Doch solche psychischen Wunden scheinen ein vererbbares Problem zu sein:[31] In den Pariser Banlieues lebende, in Frankreich geborene Kinder von Einwanderern sagen, sie würden ungerecht behandelt und seien voller Wut.[32] Eine Studie über straffällig gewordene Immigranten der zweiten Generation in Großbritannien ergab, dass »Straftäter aus ethnischen Minderheiten höhere Raten von posttraumatischem Stress aufweisen«.[33] Selbst wenn individuelle Muslime Straftaten begehen, versuchen ihre Communities, von der Verantwortung des Täters abzulenken, indem sie behaupten, die Vorwürfe seien lediglich ein Ergebnis von Islamophobie. Darüber hinaus bringen sie Angst vor einem Backlash ins Spiel, falls ein Mitglied der Community zur Verantwortung gezogen wird.[34] Sie beschwören Ängste herauf, dass »der Holocaust sich wiederholen wird«, und behaupten: »Das nächste Mal, wenn in Europa Gaskammern stehen, wird es keinen Zweifel geben, wer dort hineinmuss.«[35] Camille Paglia hat darauf hingewiesen, durch die Einführung von Gesetzen zum Schutz bestimmter Gruppen vor »Hassverbrechen« und »Hassreden« seien »bedauerlicherweise separate Zonen neuer Privilegierung geschaffen worden«.[36]

Ablehnung der Aufnahmegesellschaft

Die Kehrseite dieser Opfermentalität ist, dass viele Muslime glauben, sie seien höherwertigere Menschen. In Form einer sowohl spirituellen als auch politischen Doktrin präsentiert sich der Islam als eine Lebensweise, die allen anderen überlegen ist. Obwohl der Westen muslimischen Migranten mehr wirtschaftliche und persönliche Freiheit bietet, wird sein Moralkodex als minderwertig betrachtet. Schon während sie noch auf der Reise aus mehrheitlich muslimischen Ländern nach Europa sind, werden viele Migranten von Freunden und Verwandten gewarnt: »Pass auf dich auf, wenn du in eine so moralisch verkommene Gesellschaft kommst.«[37] Und wenn sie da sind, sieht es tatsächlich so aus: Die westlichen Länder spendieren kostenlos jedem, der kommt, Sozialhilfe, Nahrung, Kleidung, medizinische Versorgung und Unterkunft – doch ihre Frauen lassen sie ohne Schutz auf die Straße. Dann stellen die Neuankömmlinge fest, dass sie auf der untersten Stufe der sozialen Hierarchie angekommen sind. Sie landen in geringqualifizierten Jobs, die aus ihrer Sicht unter ihrer Würde sind, oder sie müssen sich in einem Flüchtlingsheim aufhalten, wo sie nichts zu tun haben.

Dieses Gefühl der Erniedrigung wird noch verstärkt durch die Erwartungen von Familienmitgliedern, die zurückgelassen wurden. Viele junge Männer werden mit dem Ziel auf die Reise geschickt, eine Zukunft mit mehr Wohlstand für ihre Familien aufzubauen. Wertvolle Gegenstände wurden verkauft, Sparkonten geplündert und Geld geliehen, um die Schlepper zu bezahlen, die sie nach Europa bringen. In vielen Fällen werden jedoch die Hoffnungen auf ein neues Leben enttäuscht, wenn sie da sind – wenn sie denn überhaupt ankommen. Als ein nigerianischer Migrant, dessen Familie seine Reise durch den Verkauf ihres Ackers finanziert hatte, von der liby-

schen Küstenwache wieder zurückgeschickt wurde, sagte er zu Journalisten: »Ich will nicht in mein Dorf zurückgehen. Wenn ich dort
Leute sagen höre: ›Das ist der Typ, der es nirgendwohin geschafft
hat‹, würde ich sie wahrscheinlich umbringen.«[38]

Anderen, die es tatsächlich schaffen, ist ihr reduzierter Status im
Westen peinlich. Ihre Gefühle von Enttäuschung und Erniedrigung
werden auf die Aufnahmegesellschaft projiziert. Einige von ihnen
werden so wütend, dass sie gewalttätig werden und Frauen oder Polizisten angreifen, oder sogar Bibliothekarinnen, als Symbole der westlichen Gesellschaft.[39] In den 1990er-Jahren erklärte der Historiker
Bernard Lewis »die Wut des traditionellen Muslims« als eine Reaktion auf den Verlust von Territorium, von Frauen, von wirtschaftlicher Macht.[40] Das ist eine Analyse, die heute nicht mehr gut ankommt, doch aus meiner Sicht scheint sie weitgehend richtig zu sein.
Und es sind nicht nur die Neuankömmlinge, die wütend über ihr
Leben im Westen sind; viele Kinder und Enkelkinder von Migranten
sehen die Gesellschaft, in die sie hineingeboren wurden, mit sehr
widersprüchlichen Gefühlen.

Selbst den erfolgreichsten Migranten fällt es schwer, sich voll und
ganz als Teil des gesellschaftlichen Gewebes in Europa zu fühlen.
Und natürlich gibt es Vorurteile gegen Neuankömmlinge – Vorurteile, die, wie wir noch sehen werden, in zunehmendem Maße zu
einem expliziten Bestandteil europäischer Politik werden. Aber diese
Schwierigkeiten dürfen nicht dafür herhalten, solche Verhaltensweisen, wie ich sie beschrieben habe, zu rechtfertigen oder zu baga-
tellisieren. Tatsächlich ist die weit verbreitete Abneigung, über die in
diesem Buch beschriebenen Probleme zu sprechen, einer der maß-
geblichen Gründe für den Aufstieg der extremen Rechten. Sie ist
auch einer der Gründe, warum sich die soziale Integration von Migranten in Europa als so schwierig erweist.

KAPITEL 13

Warum Integration nicht stattgefunden hat

Die Ankunft von muslimischen Zuwanderern in Europa in großer Zahl, so schrieb Bernard Lewis 1990, werde »enorme Konsequenzen haben, sowohl für die Zukunft Europas als auch die des Islam«.[1] Damals dachten europäische Politiker, Einwanderer aus muslimischen Ländern würden eher eine wirtschaftliche Chance darstellen als eine gesellschaftliche Herausforderung. Auch heute noch ist diese Einschätzung immer wieder zu hören. Im Jahr 2016 behaupteten die Bürgermeisterin von Paris sowie die Bürgermeister von New York und London, »Flüchtlinge und andere im Ausland geborene Menschen bringen dringend benötigte Kompetenzen mit und fördern die Vitalität und das Wachstum lokaler Ökonomien«.[2] Andere ignorieren die Schwierigkeiten einer Assimilation. »Die meisten Menschen passen ihre Verhaltensweisen schnell an ihre neue soziale Umgebung an«, sagte Martin Rettenberger, Chef der Kriminologischen Zentralstelle Deutschlands, im Jahr 2018. »Soziale Werte und Normen, die zuvor verinnerlicht wurden, können immer noch verändert werden. Araber und Afrikaner neigen nicht von Natur aus stärker zu Übergriffen als Europäer.«[3]

Eine weitere Prämisse war, dass die immanente Überlegenheit eines säkularen, demokratischen Pluralismus für Neuankömmlinge so attraktiv sein werde, dass sie diese Werte rasch übernehmen würden. Die Frage konkurrierender Wertvorstellungen werde sich von selbst erledigen, wenn Migranten sich an ihrem Arbeitsplatz einlebten und ihre Kinder eine örtliche Schule besuchten.

Aber es kam anders. Eine beträchtliche Zahl von Migranten aus muslimischen Ländern hat, wie wir noch sehen werden, diese Werte nicht übernommen. Die Ursachen sind auf religiöse, nicht auf ethnische Unterschiede zurückzuführen, da ein aus religiösen Gründen durchgesetztes Frauenbild es Migranten auf dem Arbeitsmarkt schwerer macht und sie nötigt, Parallelgesellschaften zu bilden, in denen antisoziale Verhaltensweisen wie sogenannte Ehrenkriminalität und Zwangsheiraten separate Rechtssysteme stärken. Das alles zusammen verringert die Wahrscheinlichkeit, dass solche Migranten sich erfolgreich in die umgebende liberale Kultur integrieren werden.

Manche Beobachter sagen den Europäern, sie müssten nur Geduld haben. Dem Journalisten Doug Saunders zufolge braucht kulturelle Integration etwa 75 Jahre, während die ersten, aus Marokko stammenden Gastarbeiter in Holland erst seit 50 Jahren dort leben und die Pakistanis und Bangladeschis in Großbritannien seit kaum 70 Jahren.[4] Doch seit über 15 Jahren vertrete ich den Standpunkt, dass es keine erfolgversprechende Strategie ist, Geduld zu haben. Das gilt heute mehr denn je, da jeden Monat über 10 000 Migranten in Europa eintreffen – und da zumindest manche der Kinder und Enkelkinder der Immigranten der ersten Generation sich den islamischen Werten des Herkunftslandes ihrer Familie zuwenden.

Spätestens Ende der 1990er-Jahre räumten manche europäischen Regierungen ein, dass sie mit gescheiterter Assimilation oder Integration ein Problem hatten, doch sie glaubten immer noch, es gebe eine wirtschaftliche Lösung für das Problem: Falls Neuankömmlinge schnell genug auf den Arbeitsmarkt gebracht werden könnten, würden sie nicht zu einer Belastung für die öffentlichen Kassen werden.[5] Doch dieser Ansatz wurde überwältigt durch die schiere Zahl der Migranten, die seit dem Beginn des »Arabischen Frühlings« im Jahr 2011 gekommen sind. Seither sind die Herausforderungen der Integration unbestreitbar geworden.

Das Anpassungsdefizit

Im Laufe der vergangenen 15 Jahre habe ich die Einwanderungsdebatten beobachtet, darüber gelesen und daran teilgenommen. Ich habe auch die Realitäten vor Ort beobachtet. Auf der Grundlage der Erfahrungen Europas mit der Zuwanderung von Muslimen würde ich sagen, dass Immigranten vier Wege einschlagen können.

Erstens sollten wir anerkennen, dass Integration nicht ganz und gar gescheitert ist. Viele muslimische Immigranten haben sich im Laufe der Zeit angepasst, indem sie die Grundwerte des liberalen Europas übernahmen. Diese »Anpasser« nutzen die Freiheiten, die sie in Europa finden, um zu lernen, sich und ihre Kinder zu bilden, eine bezahlte Anstellung zu finden, Firmen zu gründen, zu wählen, am politischen Diskurs teilzunehmen und ein in vielerlei Hinsicht gedeihliches Leben zu führen. Ich halte mich selbst im Holland der 1990er-Jahre für eine solche anpassungswillige Migrantin.

Die zweite Kategorie nenne ich die »Bedrohungen«. Dabei handelt es sich zumeist um junge Männer, die in der eigenen Familie und draußen in der Öffentlichkeit zu einer Bedrohung werden. Einige brechen die Schule ab, andere begehen große und kleine Straftaten, und viele verbringen ihr Leben zeitweise im Gefängnis. Alkohol- und Drogenmissbrauch verschlimmern ihr Fehlverhalten, und die meisten von ihnen sind untauglich für den Arbeitsmarkt. Sie neigen weder dazu, religiös zu sein, noch dazu, sich an irgendetwas zu halten, was einem moralischen Rahmen auch nur nahekäme. Dies sind die Migranten, welche die großzügigen Leistungen des Sozialstaats voll und ganz in Anspruch nehmen, einschließlich der vom Staat bezahlten Anwälte, die sie verteidigen, wenn sie wegen Diebstahls, Vandalismus, sexueller Übergriffe oder Schlimmerem angeklagt werden. Ein Beispiel sind die Mitglieder der arabischen und kurdischen Clans, die der organisierten Kriminalität zugerechnet werden und in den 1980er-Jahren nach Deutschland kamen. In einem 2018 geführten Interview sagte Martin Hikel, der junge Bezirksbürgermeister des Berliner Stadtteils Neukölln: »Wir haben diese Leute buchstäblich 30 Jahre lang ignoriert, und jetzt haben wir ein riesiges Problem am Hals.«[6]

Dann gibt es die »Fanatiker« – jene, die als religiöse Eiferer nach Europa kamen. Die Fanatiker nutzen die Freiheiten der Länder, die ihnen Zuflucht gewähren, um eine intolerante, fundamentalistische Version des Islam zu verbreiten. Wenn Integration gemessen wird an Variablen wie Sprachkenntnis, bezahlter Beschäftigung und Wissen darüber, wie das System des Gastlandes funktioniert, kann es gut sein, dass ein Fanatiker all diese Indikatoren zeigt. Denn die Fundamentalisten sprechen die Landessprache und kennen sich bestens aus mit den Gesetzen, den Institutionen und der Kultur des Landes, in dem sie leben. Das Problem ist, dass sie das alles als »unislamisch« ablehnen. Sie versuchen, innerhalb des Systems zu wirken, um es von innen heraus zu zerstören und durch eine Alternative zu ersetzen: die Scharia. Unter Umständen setzen sie Gewalt ein, um ihre politisch-religiösen Ziele zu erreichen – Drohungen, Einschüchterung, Erpressung, Gruppendruck oder Schlimmeres. Oder sie beschränken sich auf »friedliche« Mittel der Überzeugung, nämlich in Form von *Daʿwa* (arabisch: Ruf zum Islam) – der ideologischen Infrastruktur, die dem politischen Islam zugrunde liegt.

Und schließlich gibt es die »Drifter«: Männer und Frauen mit geringer oder gar keiner formalen Bildung, die dankbar die vielfältigen Sozialleistungen in Empfang nehmen, auf die sie Anspruch haben, ihren Lebensunterhalt davon bestreiten und ihre Verwandten aus der Heimat einladen, nachzukommen und mit ihnen zu leben. Sie sehen keinen Grund zu arbeiten, da die Jobs, für die sie infrage kämen, meist untergeordnete, monotone Tätigkeiten sind, in der die Bezahlung kaum höher ist als die Sozialleistungen, auf die sie ohnehin Anspruch haben. Sie gehen zum Beten in die örtliche Moschee, schicken aber ihre Kinder in die lokale Schule.

Drifter sind nicht kriminell; im Gegenteil, sie können großes Geschick darin entwickeln, die bürokratischen Regeln des Gastlandes zu befolgen. Wenn jedoch eine hinreichend große Zahl von ihnen in enger Nachbarschaft beieinanderlebt, können sie Gettos bilden – oder, etwas höflicher ausgedrückt, »Parallelgesellschaften« –, in denen der Lebensstil ihres Herkunftslands im Westen reproduziert wird. Es sind solche Wohngegenden, wo Kinder von Driftern sich unter Umständen zu Bedrohungen entwickeln – oder ihren Weg zu den Fanatikern finden.

Diese vier Kategorien sind nicht strikt voneinander getrennt. Die Kinder von »Driftern« können zu »Anpassern« werden; manche »Bedrohungen« beenden ihre kriminelle Karriere; manch einem »Fanatiker« kommen bei seinem Streben nach religiöser Utopie die Illusionen abhanden. Das kann auch in die andere Richtung gehen: »Bedrohungen« können zu »Fanatikern« werden, häufig durch islamistische Kontakte im Gefängnis, wie es zum Beispiel bei einigen der Täter der Terroranschläge in Paris 2015 und Brüssel 2016 der Fall war. Und die Kinder von »Driftern« können zu »Bedrohungen« werden – zum Entsetzen ihrer Eltern.

Wenn die europäischen Eliten ehrlich mit sich selbst sind, werden sie einräumen, dass eine nicht unbeträchtliche Zahl der *vor* der

Flüchtlingskrise zugewanderten Muslime in die eine oder andere der letztgenannten drei Kategorien fiel: Bedrohung, Fanatiker oder Drifter. Die Anpasser sind auch da, doch sie sind eine Minderheit – vor allem, wenn es um das Frauenbild muslimischer Zuwanderer geht.

Was steht der Integration von Muslimen im Weg?

Vor über 20 Jahren untersuchte mein Kollege Thomas Sowell von der Hoover Institution die Geschichte der Migration im Laufe der Jahrhunderte.[7] Er fand heraus, dass die Geschwindigkeit, mit der Zuwanderer sich integrieren, davon abhängt, »ob sie die umgebende Kultur als wünschenswert oder als nicht wünschenswert wahrnehmen«.[8] Die Italiener, Iren, Juden und Chinesen, die im 19. und 20. Jahrhundert in die Vereinigten Staaten kamen, wirkten damals ebenso »fremd« wie heute muslimische Einwanderer in Europa. Sie lebten in überfüllten Unterkünften, sprachen kein Englisch, heirateten untereinander und neigten dazu, kulturelle Gettos zu bilden. Wie ein großer Anteil der heutigen Migranten waren viele von ihnen unqualifizierte junge Männer, die von ihren Familien in die Ferne geschickt worden waren, um bessere Chancen zu haben. So waren zum Beispiel die italienischen Einwanderer in den Vereinigten Staaten Anfang des 20. Jahrhunderts zu 90 Prozent männlich, und vor dem Exclusion Act von 1882, der die ersten Einschränkungen für Zuwanderung aus China einführte, war die Relation zwischen Männern und Frauen unter chinesischen Immigranten sogar noch höher.[9] Natürlich gab es Probleme, und viele Nativisten der damaligen Zeit waren felsenfest davon überzeugt, dass diese fremden Gruppen nie und nimmer würden integriert werden können, was eben 1882 zu den ersten Restriktionen für die Einwanderung in die Vereinigten

Staaten führte. Manche Immigranten wurden kriminell (das noto-
rischste Beispiel ist die italienische Mafia), doch die meisten von ihnen arbeiteten hart in legalen Berufen, schickten Geld zurück in die
Heimat und strebten nach Integration und sozialer Aufwärts-
mobilität für ihre Kinder.[10] Italienische und chinesische Einwanderer
waren bekannt dafür, dass sie bereit waren, die anstrengenden,
schmutzigen, gefährlichen und schlecht bezahlten Arbeiten zu machen, denen die Einheimischen aus dem Wege gingen.[11] Diejenigen,
die keinen Erfolg hatten oder die neuen Lebensbedingungen unerträglich fanden, kehrten zurück in ihre Heimat. Spätestens Mitte des
20. Jahrhunderts waren italienisch- und irischstämmige Amerikaner
mehr oder weniger vollständig integriert in die amerikanische Gesellschaft. Sie hatten die Grundwerte der Aufnahmegesellschaft verinnerlicht, ohne dafür ihr eigenes kulturelles Erbe aufzugeben. Warum
ist das bei Muslimen in Europa nicht – oder zumindest noch nicht –
der Fall?

»Islamophobie« kann nicht die Erklärung sein. Frühere Gruppen
von Zuwanderern waren mit weit schlimmerer Feindseligkeit der
Aufnahmegesellschaft konfrontiert. Im 19. Jahrhundert galten chinesische Einwanderer in den Vereinigten Staaten als »die gelbe Gefahr« und waren »umfassender Diskriminierung und sporadischer
Gewalt durch Mobs« ausgesetzt; dann wurde der Einwanderungs-
stopp für Chinesen verhängt.[12] Juden, die in die Vereinigten Staaten
einwanderten, waren Antisemitismus und Diskriminierung ausgesetzt; in Europa litten Juden jahrhundertelang unter Diskriminierung und Verfolgung, ja sie wurden sogar Opfer des schlimmsten
Völkermords der Menschheitsgeschichte. Aber trotz des Holocausts
waren die Juden in der westlichen Welt wirtschaftlich, gesellschaftlich und kulturell außerordentlich erfolgreich. Ihr schrecklicher Leidensweg sagt uns, dass es nicht Diskriminierung sein kann, was der
Integration muslimischer Zuwanderer im Wege steht.

Unter Akademikern und Integrationsexperten ist es üblich, das Anpassungsdefizit muslimischer Einwanderer auf schlechte Sprachkenntnisse, geringe Bildung oder Traumatisierung zurückzuführen. Doch die Geschichte der Integration von Vietnamesen in westlichen Ländern stellt solche Argumente infrage. In den 1970er- und 80er-Jahren flüchteten viele Vietnamesen vor Krieg, Kommunismus und Armut aus ihrer Heimat. Einige waren auf Unterstützung angewiesen, als sie begannen, sich ein neues Leben aufzubauen, aber nach ein paar Jahrzehnten waren sie vollständig integriert. Viele von ihnen haben sich ihre Sitten und Gebräuche, ihre Sprache und Religion bewahrt, doch ihre Kinder schneiden in der Schule ebenso gut ab wie Einheimische, und manchmal sogar besser.[13] In Australien lebten in den 1980er- und 90er-Jahren die vietnamesischen Immigranten in getrennten Gemeinschaften in den Vorstädten. Sie taten sich zu ethnischen Gangs zusammen, handelten mit Drogen und heckten den einzigen politisch motivierten Mordanschlag in der Geschichte des Landes aus – aber heute werden die Vietnamesen in den Einwanderungsdebatten Australiens kaum noch erwähnt.

Ich bin nicht die Erste, die diesen Vergleich gezogen hat. Der in Ägypten geborene, in Deutschland lebende Schriftsteller und Kommentator Hamed Abdel-Samad vertritt die These, dass die Vietnamesen im Gegensatz zu den etwa zur gleichen Zeit nach Deutschland gekommenen türkischen Migranten keine »moralischen und gesellschaftlichen Mauern« zwischen ihren Kindern und den Einheimischen errichteten.[14] In seinem aktuellen Buch über die Krise der islamischen Welt vergleicht der holländische Soziologe Ruud Koopmans den Integrationserfolg von zwei anderen Migrantengruppen: christlichen sowie muslimischen Flüchtlingen aus dem Libanon, die in den 1970er-Jahren vor dem Bürgerkrieg in ihrer Heimat nach Australien flüchteten.[15] Beide Gruppen flüchteten aus denselben Gründen, und auch ihre Lebensumstände nach ihrer Ankunft in Australien glichen

sich. Bei allen Variablen, die Koopmans untersucht hat – Bildungs-
niveau, Beschäftigungsquote und Einkommen –, zeigten die muslimischen Libanesen schlechtere Leistungen als ihre christlichen
Landsleute. Er wiederholte die Analyse in Großbritannien. Auch dort
waren drei Gruppen – Inder, Pakistanis und Bangladeschis – aus
praktisch den gleichen Gründen in dasselbe Land eingewandert. Sie
hatten in Großbritannien die gleichen Ausgangsbedingungen. Durch
Auswertung der gleichen drei Variablen stellte Koopmans fest, dass
die Hindus und Sikhs entweder bessere oder gleich gute Leistungen
zeigten wie die einheimische Bevölkerung, die Muslime jedoch
schlechter abschnitten, vor allem die muslimischen Frauen.

Koopmans vermutet, dass die in der muslimischen Diaspora beobachteten Probleme ein Mikrokosmos der Probleme sind, die sich in
ihren Herkunftsländern abspielen. In der gesamten muslimischen
Welt mangelt es an Demokratie, Schutz der Menschenrechte und
politischer Stabilität. Doch das alles galt in den 1970er- und 80er-
Jahren auch für Vietnam und den Libanon. Aus meiner Sicht ist eine
plausiblere Erklärung für das offenkundige Anpassungsdefizit von
muslimischen Migranten ihr Frauenbild.

Alle Kulturen scheinen irgendeine Form von Frauenfeindlichkeit
in sich zu tragen. Überall auf der Welt werden Frauen geringer geschätzt als Männer. In den Kulturen von Indern und Sikhs werden
Mädchen zwangsweise verheiratet, die Chinesen praktizieren immer
noch selektive Abtreibungen von weiblichen Föten, und die Italiener
sind berüchtigt dafür, Frauen als Sexualobjekte zu betrachten. Doch
wie wir gesehen haben, werden Frauen in islamischen Gesellschaften
nicht nur abgewertet, sondern als Ware behandelt.[16]

Ethnisch oder religiös?

Der Soziologe Ernest Gellner hat einmal gesagt, der Islam sei für den Westen schwer zu verdauen. Durch neuere empirische Studien, die darauf hindeuten, dass der Islam eine rückschrittliche Wirkung auf die Integration von Migranten hat, wird seine Einschätzung bestätigt. In einem Bericht der britischen Social Mobility Commission ist die Rede von einem »ethnischen Handicap«, dessen Ursprung auf das patriarchalische Verhältnis zwischen den Geschlechtern in muslimischen Familien zurückverfolgt werden kann. Aus meiner Sicht handelt es sich dabei jedoch eher um ein »religiöses« als ein »ethnisches Handicap«.

Von all den Einflüssen, die Migranten bremsen, die in einem muslimischen Umfeld aufgewachsen sind, ist der Islam genau darum der einflussreichste, weil er die Unterordnung der Frau festschreibt. Ich habe das immer wieder selbst gesehen, als ich in Holland als Übersetzerin für muslimische Frauen arbeitete, die wegen häuslicher Gewalt in einem Frauenhaus Zuflucht gesucht hatten. Häufig versuchten Sozialarbeiter und Ärzte, ihnen zu helfen, ihren Weg in ein unabhängiges Leben zu finden, doch viele der Frauen lehnten solche Hilfen ab. Sie sagten zum Beispiel: »Ich bin durchaus in der Lage, mich gegen meinen Mann oder meinen Vater durchzusetzen – aber nicht gegen Gott. Wenn ich mich ihm widersetze, werde ich in der Hölle schmoren, wenn ich gestorben bin.«

Im Gegensatz zum jüdischen und zum christlichen Glauben birgt der Islam neben seinen spirituellen Aspekten auch eine politische Philosophie in sich, die durch die bereits erwähnte *Da'wa* verbreitet wird.[17] *Da'wa* bedeutet mehr als Missionieren – es ist das Medium, über das Islamismus, der »politische Islam«, an Muslime vermittelt wird. Der *Da'wa*-Prozess bedeutet, dass Islamisten Schulen und

Medresen betreiben und in Moscheen missionieren. Sie sprechen gezielt junge Menschen außereuropäischer Herkunft oder Abstammung an, um ihnen eine Ablehnung der Freiheiten und der Gleichheit aller Menschen, die als die Grundwerte Europas gelten, in Herzen und Köpfe zu pflanzen – vor allem der Gleichberechtigung der Geschlechter. *Da'wa* ermutigt junge Muslime, sich zu ihrer moralischen Orientierung an eine strenge Auslegung des Islam zu halten. Sie werden ermahnt, das Anstandsgebot zu befolgen, weibliche Familienmitglieder zu drängen, den Schleier zu tragen, und Frauen als »gut« oder »schlecht«, »anständig« oder »unanständig« zu beurteilen.

Zwar ist sie nicht das Hauptthema dieses Buches, doch die Empfänglichkeit muslimischer Zuwanderer in Europa und ihrer Kinder für die Einflüsterungen des radikalen Islamismus ist erschreckend. Die Autoren einer zukunftsweisenden Studie zur Entwicklung der Gewalt in Niedersachsen weisen zu Recht auf die Rolle der Kultur hin, um die überdurchschnittliche Bereitschaft von Migranten zu erklären, Sexualverbrechen zu begehen. Darüber hinaus kommen die Kriminologen zu dem Schluss, dass Extremismus – nicht nur islamischer, sondern auch linksradikaler und rechtsradikaler Extremismus – eine Rolle bei der in Deutschland beobachteten Zunahme von Gewalttaten spiele, da solche Ideologien zu einer »erhöhten Affinität« führten, aufgrund extremistischer Überzeugungen Gewalttaten zu begehen. Der »fundamentalistische Islamismus«, der auch als »islamistischer, salafistischer oder dschihadistischer Extremismus« bezeichnet wird, bedrohe nicht nur abstrakt die nach dem Zweiten Weltkrieg in Deutschland errichtete freiheitlich-demokratische Verfassungsordnung, sondern auch ganz konkret das Leben von Menschen.[18]

Tabelle 14: Zustimmung zu islamisch-fundamentalistischen Aussagen (Ergebnisse einer Befragung von 500 muslimischen Schülern in Niedersachsen, 2015)

Aussage	Anteil Zustimmung (%) (männlich/weiblich)	Anzahl
Der Koran ist das einzig wahre Glaubensbuch; die darin festgehaltenen Regeln müssen genau befolgt werden.	69,6 (69,0/70,3)	290
Der Islam ist die einzige wahre Religion; alle anderen Religionen sind weniger wert.	36,6 (35,0/37,6)	281
Ich kann mir gut vorstellen, selbst für den Islam zu kämpfen und mein Leben zu riskieren.	29,9 (27,1/32,6)	284
Die islamischen Gesetze der Scharia, nach denen zum Beispiel Ehebruch oder Homosexualität hart bestraft werden, sind viel besser als die deutschen Gesetze.	27,4 (32,2/22,5)	284
Muslime werden auf der ganzen Welt unterdrückt; dagegen müssen sie sich mit Gewalt zur Wehr setzen.	19,8 (24,0/15,2)	295
Es ist die Pflicht jedes Muslims, Ungläubige zu bekämpfen und den Islam auf der ganzen Welt zu verbreiten.	18,6 (16,9/20,1)	293
Gegen die Feinde des Islams muss erbittert vorgegangen werden.	17,7 (19,3/15,7)	286
Es ist richtig, dass die Muslime im Nahen Osten versuchen, durch Krieg einen Islamischen Staat (IS) zu gründen.	8,0 (9,7/6,7)	277
Muslimen ist es erlaubt, ihre Ziele notfalls auch mit terroristischen Anschlägen zu erreichen.	3,8 (4,8/2,9)	286
Predigten und Videos, in denen Muslime zu Gewalt gegen Ungläubige aufgerufen werden, finde ich gut.	2,4 (1,4/3,6)	283

Quelle: Christian Pfeiffer, Dirk Baier und Sören Kliem, *Zur Entwicklung der Gewalt in Deutschland – Schwerpunkte: Jugendliche und Flüchtlinge als Täter und Opfer*, Institut für Delinquenz und Kriminalprävention, Zürcher Hochschule für Angewandte Wissenschaften, Januar 2018, https://www.bmfsfj.de/bmfsfj/service/publikationen/zur-entwicklung-der -gewalt-in-deutschland-/121148, Table 10.

Ihre Anführer sehen die islamistische Bewegung übrigens seit langem als Lösung für das Problem von Fehlverhalten junger Leute –

sexuelle Übergriffe inbegriffen. In den Augen der Vorkämpfer für *Da'wa* und Dschihad sind sie selbst ein Teil der Lösung, nicht des Problems.

Andererseits verleiht der radikale Islam Männern auch die religiöse Legitimation, Frauen in ihrem Alltag zu beherrschen, und erlaubt es ihnen, Frauen zu misshandeln, die sie für »unanständig« halten. Um einen Eindruck zu gewinnen, wie *Da'wa* wirkt, brauchen Sie sich nur auf YouTube und in den sozialen Medien umzusehen, wo es unzählige »Brüder« gibt, die Anständigkeit rühmen und die Fäuste schütteln, wenn sie über Mädchen sprechen, die allein und ohne Schleier auf die Straße gehen.[19]

Da'wa soll den Prägungen durch eine säkulare Bildung und Sozialisation entgegenwirken. Umfragen zu den Einstellungen von Kindern, deren Eltern Migranten sind, haben ergeben, dass es ausschließlich Muslime sind, die kein egalitäreres Frauenbild entwickeln, wenn sie im Westen aufwachsen.[20] In Großbritannien wird Polygamie von kaum weniger Muslimen der zweiten Generation befürwortet als von ihren Eltern, die im Herkunftsland geboren wurden.[21] In den Niederlanden identifizieren sich fast 20 Prozent der jungen Muslime mit einer fundamentaleren Auslegung des Islam als ihre Eltern.[22] Da ist *Da'wa* am Werk.

Da'wa findet nicht nur in muslimischen Gemeinschaften statt, sondern auch in Gefängnissen im Westen. In dem Glauben, dass religiöse Bildung ihren Häftlingen guttut, machen Strafvollzugsbehörden den Fehler, *Da'wa*-Agitatoren Zugang zu muslimischen Insassen zu gewähren. Wie Wölfe im Schafspelz behaupten solche Leute, sie seien Vertreter von religiösen Gemeinden, während sie ständig Kontakt halten zu terroristischen Organisationen wie Muslimbruderschaft, ISIS oder Hizb ut-Tahrir. Omar El-Hussein war ein Kleinkrimineller, der in einem dänischen Gefängnis radikalisiert wurde. Nachdem er 2015 entlassen worden war, beschaffte er sich Waffen und schoss auf die Teilnehmer einer Kundgebung für Meinungsfreiheit und die Besucher einer Synagoge. Ein anderer Krimineller, der im Gefängnis radikalisiert wurde, war Benjamin Herman, dem von der Leitung einer belgischen Haftanstalt 48 Stunden Freigang gewährt wurde, woraufhin er prompt in einer Lütticher Schule drei Menschen erschoss.

Viele muslimische Organisationen, die westliche Regierungen zu ihrer Integrationspolitik beraten, sind in Wirklichkeit *Da 'wa*-Verbreiter. Oft legen sie den Islam fundamentalistischer aus als die Gemeinschaften, in denen sie aktiv sind. Sie fordern Ausnahmegenehmigungen, um muslimische Schüler vom Sexualkundeunterricht zu befreien, oder für Mädchen die Erlaubnis, in der Schule das Kopftuch zu tragen. Der österreichische Politiker Efgani Dönmez, der selbst aus der Türkei eingewandert ist, beschreibt die Ironie dieser Situation: »Wir haben über 400 türkische Vereine und Gemeindegruppen in Österreich, für weniger als 300 000 Türken und Kurden, von denen die Hälfte österreichische Staatsbürger sind. Solche Gruppen organisieren sich für religiöse, politische und kulturelle Zwecke. Obwohl diese Menschen seit langem in Österreich leben und ihre Kultur im bürgerlichen Raum am besten repräsentiert ist, sind sie die Bevölkerungsgruppe, die am schlechtesten integriert ist. Sie haben die meisten Gemeindeorganisationen, aber auch den geringsten Bildungserfolg, die höchsten Kriminalitätsraten und die niedrigste Beschäftigungsquote. Natürlich besteht hier ein Zusammenhang.«[23]

Für eine 2018 von der European Foundation for Democracy durchgeführten Studie wurden Flüchtlinge sowie staatliche und zivilgesellschaftliche Akteure über ihre praktischen Erfahrungen mit der Integrationsarbeit solcher Vereine und Gruppen befragt, und zwar in Belgien, Dänemark, Deutschland, Frankreich, den Niederlanden, Österreich und Schweden. In jedem dieser Länder berichteten die Befragten, dass Flüchtlingen davon abgeraten werde, sich in ihre Aufnahmegesellschaft zu integrieren, und dass sie mit »radikalen Ideologien« indoktriniert würden. Flüchtlinge berichteten, dass religiöser Fundamentalismus in Flüchtlingsheimen stärker ausgeprägt sei als in den Ländern, aus denen sie geflüchtet seien. Sie gaben auch an, dass sich bei ihren Interaktionen mit Behörden islamistische Organisationen als Vermittler anbieten würden. So wurden zum Beispiel in Schweden fundamentalistische Organisationen vom Staat finanziert, um für die materiellen Bedürfnisse von Flüchtlingskindern zu sorgen und sie in Vorschulen zu erziehen, fast ohne staatliche Aufsicht. LGBTQ-Asylbewerber berichteten, belästigt worden zu sein, und Frauen klagten, sie seien verbal missbraucht worden, weil sie keinen Schleier getragen hätten. Ein Zitat aus dem Bericht ist besonders vielsagend:

> Wir hörten auch, dass manche weiblichen Flüchtlinge in Europa Angst vor ihren eigenen männlichen Verwandten haben, wenn sie keinen Hidschab tragen und sich eher wie westliche Frauen benehmen – tatsächlich hatten sie größere Angst vor Reaktionen aus ihrer eigenen Gemeinschaft als vor rassistischen Akten oder islamfeindlichen Stimmungen.[24]

Seyran Ateş, die Gründerin der Ibn-Rushd-Goethe-Moschee in Berlin, hat mir erzählt, dass manche Neuankömmlinge lieber in ihre liberale Moschee kommen, als in traditionelle Moscheen zu gehen, die von Türken oder Ägyptern betrieben werden. »Sie kommen zu uns und sagen: ›Wir waren hier in ein paar Moscheen, und die sind viel zu konservativ und fundamentalistisch. Bei denen geht es viel mehr um Politik als um Religion, und das mögen wir nicht. Wir sind froh, dass es dich hier gibt.‹«[25] Es ist paradox, dass Staaten es im Namen der Religionsfreiheit zulassen, dass islamistische Organisationen die Integration von Gemeinschaften – und vor allem von Neuankömmlingen – behindern. Dönmez beschreibt es als »den Versuch, ein Feuer mit dem Flammenwerfer zu löschen«.[26]

Der Exzeptionalismus von Muslimen beeinträchtigt ihre Eignung für den Arbeitsmarkt

Eine rückständige Religiosität beeinträchtigt auch die Beschäftigungsfähigkeit von Muslimen. Wenn junge Männer strenggläubig werden, lehnen sie Tätigkeiten ab, die sie für unislamisch halten. Sie weigern sich, in Umgebungen zu arbeiten, wo Alkohol verkauft wird oder Männer und Frauen sich begegnen, und vor allem weigern sie sich, für eine weibliche Vorgesetzte zu arbeiten. Das kann zum Teil die höhere Arbeitslosigkeit in muslimischen Bevölkerungsgruppen erklären. Die britische Social Mobility Commission hat ermittelt, dass 2017 nur 19,8 Prozent der britischen Muslime einen Vollzeitjob hatten.[27] Meistens wird das auf Diskriminierung zurückgeführt, doch diese Erklärung halte ich für nicht stichhaltig. Als Politikerin, die in den Niederlanden im Bereich Integration gearbeitet hat, habe ich mit Arbeitgebern überall im Land gesprochen, um herauszufinden, warum sie indische, vietnamesische, schwarze und weiße Mitarbeiter gern einstellten, aber keine Muslime. Ihre Gründe waren überzeugend. Sie sagten mir, sie hätten versucht, marokkanische Männer einzustellen, aber festgestellt, dass sie nicht beschäftigungsfähig seien. Sie erschienen zu spät zur Arbeit, verhielten sich aggressiv und unverschämt gegenüber Kolleginnen, und wenn sie dann schließlich entlassen wurden, drohten sie oder klagten vor dem Arbeitsgericht, und manchmal beides.

Ich schreibe hier über Männer, weil es in muslimischen Haushalten die Männer sind, von denen erwartet wird, zu arbeiten. Eine Studie nach der anderen kommt zu dem Ergebnis, dass außerhalb der Europäischen Union geborene Migrantinnen häufiger arbeitslos sind als sowohl andere Frauen als auch männliche Migranten.[28] In Großbritannien waren 2004 rund 69 Prozent der muslimischen

Frauen »wirtschaftlich inaktiv«.[29] In Holland lag die Beschäftigungsquote unter türkischen und marokkanischen Frauen um 40 Prozent niedriger als bei holländischen Frauen sowie Migranten aus nichtmuslimischen Ländern.[30] Im europäischen Durchschnitt sind über die Hälfte aller weiblichen Flüchtlinge arbeitslos.[31] Daher sind ihre Familien häufig ärmer als solche, in denen beide Elternteile arbeiten, und diese Armut wird an die nächste Generation weitergegeben.[32]

Häufig werden schlechte Sprachkenntnisse und geringe Bildung als Hindernisse genannt, die ihrem Erfolg auf einem europäischen Arbeitsmarkt im Wege stehen. Das gilt vor allem für weibliche Flüchtlinge in Europa, die doppelt so häufig wie männliche Flüchtlinge gar keine formale Schulbildung genossen haben.[33] Im Vergleich zu anderen Kategorien von Migranten sowie einheimischen Frauen sind sie beruflich und sprachlich weniger qualifiziert, was ihnen den Zugang zu gesellschaftlichen und beruflichen Chancen verbaut.[34] Über ein Fünftel aller in Großbritannien lebenden muslimischen Frauen hat Schwierigkeiten, Englisch zu sprechen.[35] Das gilt entsprechend auch für weibliche Flüchtlinge in anderen westlichen Ländern. In Australien sprechen drei Jahre nach ihrer Ankunft doppelt so viele weibliche wie männliche Flüchtlinge kein Englisch (16 beziehungsweise 7 Prozent).[36] In Großbritannien sind ähnliche Zahlen unter muslimischen Frauen zu verzeichnen, von denen über 20 Prozent Schwierigkeiten haben, Englisch zu sprechen.[37]

Man könnte denken, die durch mangelnde Sprachkenntnisse und geringe Bildung entstehenden Nachteile für weibliche Migranten ließen sich leicht beheben. Es gibt Ämter und eine ganze Branche von Sprachkursveranstaltern, die sich der Aufgabe verschrieben haben, solche Defizite zu beheben. Aber weder staatliche noch private Anbieter sind darauf vorbereitet, sich mit den kulturellen Einstellungen auseinanderzusetzen, von denen muslimische Frauen gebremst werden. Und sie heiraten früher und bekommen mehr Kinder als andere – kaum ein Jahr nach ihrer Ankunft sind viele weibliche Flüchtlinge schwanger.[38] In muslimischen Familien wird es Frauen erschwert, außerhalb des eigenen Haushalts zu arbeiten, um ja nicht ihre Ehre zu gefährden. Selbst wenn sie arbeiten wollen, machen ihnen Ehemänner mit traditionellen Ansichten einen Strich durch die Rechnung.[39] In einer Erhebung des deutschen Bundesamts für Migration und Flüchtlinge (BAMF) gaben 70 Prozent der befragten männlichen Asylbewerber an, es wäre ein Problem für sie, wenn ihre Frau mehr verdiente als sie selbst.[40]

Parallelgesellschaften
wehren sich gegen Integration

Die Misserfolge der Integrationsbemühungen Europas werden noch verschärft durch das Entstehen von Parallelgesellschaften. Sie sind die geografischen Manifestationen der kulturellen Abschottung von Migranten und ihrer Kinder innerhalb westlicher Gesellschaften. In solchen Nachbarschaften leben Migranten bestimmter ethnischer Gruppen in bestimmten Wohnblöcken, in ganzen Straßenzügen und besuchen dortige Schulen. In einer solchen Umgebung wachsen manche Kinder auf, ohne die Sprache der Aufnahmegesellschaft zu sprechen, bis sie eingeschult werden, und dann gibt es in ihrer lokalen Schule kaum einen Schüler, der nicht der eigenen Minderheit angehört. Solche Kinder wachsen in einem kulturellen Kokon auf, konsumieren TV-Programme und Filme aus dem Herkunftsland der Eltern, und auch jeder Urlaub wird dort verbracht – wenn sie denn überhaupt verreisen. Sie gehen in die örtliche Moschee, und wenn ihre Eltern beschließen, dass die Zeit reif ist, werden sie zu einer arrangierten Heirat gedrängt, häufig mit einem entfernten Cousin oder einer entfernten Cousine, die aus dem Herkunftsland einfliegen und die Heiratsurkunde vorlegen, um sich niederlassen zu können. Es ist verpönt, außerhalb der eigenen ethnischen oder religiösen Gemeinschaft zu heiraten. Diese kulturelle Isolation führt zu etwas, das in einem britischen Bericht als eine »erste Generation in jeder Generation« bezeichnet wurde.[41]

Im Jahr 2017 berichtete die schwedische Polizei, dass die Zahl »besonders exponierter Gebiete« (der Codebegriff für »Parallelgesellschaften«) in Schweden in den vergangenen Jahren von 15 auf 23 zugenommen habe.[42] Im Stockholmer Vorort Rinkeby (auch als »Klein-Mogadischu« bekannt) bauen sich junge Männer vor weißen Passanten auf und fragen, was sie denn in ihrer Nachbarschaft zu suchen hätten. In manchen Gegenden von Kopenhagen gilt es als Beleidigung, »zu dänisch« genannt zu werden.[43] Mancherorts in Großbritannien stößt man auf ähnliche Einstellungen: »Manningham gehört uns Muslimen. Wir wollen hier keine Weißen. Wir haben in Bradford das Sagen. Wir werden dafür sorgen, dass ihr verschwindet.«[44]

Doch es wäre ein Fehler zu glauben, Parallelgesellschaften würden von flegelhaften Jugendlichen dominiert. Im Zuge meiner Recherchen in Schweden, Belgien, Frankreich und Großbritannien bekam ich immer wieder Geschichten über gut angepasste, berufstätige muslimische Männer zu hören, die tagsüber mit europäischen Kollegen zusammenarbeiten, in Krankenhäusern, Restaurants oder als Taxifahrer, deren Heimweg aber nicht nur eine kurze Fahrt ins nächste Stadtviertel ist, sondern praktisch eine Reise ins Herkunftsland. »In Tensta fühle ich mich zu Hause, hier ist es wie in Bagdad«, sagt einer. »Alle sprechen Arabisch, warum soll ich also Schwedisch lernen?«, fragt ein anderer.[45] »Wenn ich nach Malmö oder Göteborg komme, fühlt es sich nicht so an, als ob ich in Schweden wäre – es fühlt sich an wie in einer Gemeinde im Nahen Osten oder in Afrika«, sagt ein Dritter.[46] »Wenn ich in den Midlands Feierabend mache und nach Hause fahre«, berichtet ein vierter Mann, »verlasse ich dieses Land. Zu Hause sprechen wir nur arabisch, essen arabisch, sehen und hören arabische Fernseh- und Radioprogramme. Ich erziehe meine Familie arabisch.«[47] Und ein Fünfter sagt: »Wenn ich draußen in meinem Taxi bin, dann bin ich in Belgien. Aber wenn ich nach Hause fahre, dann bin ich wieder in meiner Heimat.«[48]

Brüssel ist ein interessantes Beispiel. Am einen Ende der Stadt liegt Matonge, ein traditionell kongolesisches und inzwischen ziemlich gemischtes Viertel im gentrifizierten Stadtteil Ixelles. Durch die engen, kurvenreichen Kopfsteinstraßen quälen sich Autos im Schritttempo und schaffen es irgendwie, Fußgängern und anderen Fahrzeugen auszuweichen. Viele der Jugendstilhäuser haben schon bessere Tage gesehen, sich aber einen behaglichen Charme bewahrt, im Gegensatz zu den abweisend anmutenden Bürogebäuden ganz in der Nähe. Afrikanische Männer in Baumwollhemden und -hosen unterhalten sich lebhaft in ihrer eigenen Sprache, während sie an afrikanischen Friseursalons vorbeigehen und an Läden, die Glasperlenketten und Schmuck anbieten. Jung und Alt, Schwarz und Weiß sitzen bunt gemischt im Café beieinander, plaudern oder lesen ein Buch. Assita Kanko ist eine belgische Abgeordnete des Europaparlaments, die in Burkina Faso das Licht der Welt erblickte. Ich frage sie, wie Integration in solchen Vierteln gelinge. Sie sagt, es gehe um Stadtplanung, Architektur und räumliche Struktur. »Integration muss von den örtlichen Verwaltungen bei der Stadtplanung berücksichtigt werden. Wohnsiedlungen und Serviceeinrichtungen wie Einkaufszentren und Verkehrsknotenpunkte müssen so angelegt werden, dass sich Möglichkeiten für die gesellschaftliche Integration von Menschen ergeben. Raumplaner müssen dafür sorgen, dass die dort lebenden Menschen sich begegnen, damit sie sich kennenlernen und miteinander interagieren können. Doch generell müssen unsere Gesetze und Werte respektiert werden, sonst kann es keine Integration geben.

Das heißt, dass Gesetze unbedingt durchgesetzt werden müssen und Bildung sehr wichtig ist. Tradition und Religion dürfen nie Vorrang vor unseren Gesetzen und Werten haben. Ein Weg zum Erfolg und zur Emanzipation ist, die belgischen Sprachen zu erlernen. Man muss sich anpassen und sich bietende Chancen nutzen.«[49]

Im Brüsseler Quartier Brabant sieht es auf den ersten Blick ganz ähnlich aus wie in Ixelles, wenn auch die Gebäude nicht ganz so sauber sind und an den Kanälen Müll herumliegt. In diesem Viertel lebt eine Parallelgesellschaft. Auf der anderen Seite des Kanals liegen die muslimische Hochburg Laeken und der berüchtigte arme Vorort Molenbeek. Hier spielen junge Männer afrikanischer Herkunft im Park Fußball, aber es sind keine Frauen zu sehen – außer vielleicht ab und zu eine junge Mutter, die einen Kinderwagen schiebt und von Kopf bis Fuß in einen schwarzen Hidschab gehüllt ist. Die Cafés sind voller Männer, die aus dem Nahen oder Mittleren Osten stammen, ihre Frauen sind allerdings nicht zu sehen. Die Trennung der Geschlechter ist nicht zu übersehen.

Die gesellschaftlichen Folgen von Parallelgesellschaften

Manche Multikulturalisten werden vielleicht argumentieren, eine solche kulturelle Abschottung sei harmlos. Aber von Parallelgesellschaften dominierte Wohngegenden führen zu enttäuschenden gesellschaftlichen Resultaten. Die Schulen dort erbringen schlechtere Bildungserfolge, und viele Kinder brechen die Schule ab.

Schon ab der Kindertagesstätte und später in der Schule besuchen die Kinder Bildungseinrichtungen, in denen kaum ein Kind nicht aus der eigenen ethnischen und religiösen Gruppe kommt. So gehen zum Beispiel in Großbritannien 60 Prozent aller Schüler aus ethnischen Minderheiten in eine Schule, in der solche Minderheiten die Mehrheit der Schüler bilden.[50] Und das gilt für staatliche Schulen; die von islamischen Schulen praktizierte rigide Segregation ist dabei noch gar nicht berücksichtigt. Hinzu kommt, dass in solchen, praktisch nach ethnischer Herkunft segregierten Schulen manchmal nicht die gleichen Inhalte gelehrt werden wie in Schulen, die überwiegend von Kindern der Mehrheitsbevölkerung besucht werden. Eine Umfrage unter Lehrkräften an weiterführenden Schulen in Holland ergab, dass jede neunte von ihnen es vermeidet, im Unterricht über »heikle« Themen wie Homosexualität, Terrorismus oder Sklaverei zu sprechen, um die Schüler nicht zu provozieren.[51] Häufig lässt die Disziplin zu wünschen übrig. Eine Schule in Malmö wurde 2015 geschlossen, weil die sozialen Spannungen unter ihren Schülern aus ethnischen Minderheiten so sehr zugenommen hatten, dass die Lehrer nicht mehr für die Sicherheit der Schüler garantieren konnten.[52]

Und so ist es kein Wunder, dass in Parallelgesellschaften Arbeitslosigkeit und Armut grassieren. In solchen Gettos gehören Drogen, Kriminalität, Gewalt und antisoziales Verhalten zum Alltagsleben. Im Jahr 2017 definierte die schwedische Polizei Parallelgesellschaften als alternative Gesellschaftsordnungen, in denen Kriminelle und Geistliche das Sagen hätten und die Demokratie und Rechtsstaatlichkeit bedrohten.[53] Nach Unruhen, die 2001 im britischen Bradford und 2005 in den östlichen Banlieues von Paris ausbrachen, wurde auch in offiziellen Berichten eingeräumt, dass ethnisch segregierte Gesellschaften eine Brutstätte für männliche Aggression sind.[54]

Parallelgesellschaften sind attraktiv

Die Tendenz von Menschen, sich in der Nähe jener niederzulassen, die ihnen am ähnlichsten sind – was Netzwerkwissenschaftler »soziale Homophilie« nennen – ist ein machtvoller menschlicher Instinkt. Die praktischen Vorteile, die sich daraus ergeben, dass man eine gemeinsame Sprache und Kochkunst hat und weiß, wie man sich zu verhalten hat, sind sehr attraktiv. Der Umgang mit Einheimischen ist schwierig, wenn man nicht weiß, was von einem erwartet wird. Auch ich habe mich schrecklich einsam gefühlt – hatte das nagende Gefühl, ständig missverstanden zu werden –, als ich zum ersten Mal nach Holland kam. Und ich kann nachvollziehen, wie erleichtert sich Neuankömmlinge fühlen, wenn sie sich mit anderen zusammentun, die sie verstehen, dass sie froh sind, sich nicht länger fremd und isoliert zu fühlen.

Doch es hat auch eine Kehrseite, wenn Gleiche sich zu Gleichen gesellen. Der Ökonom Paul Collier von der Oxford University vertritt diese These: Wenn die Größe einer Gemeinschaft von Migranten zunimmt, dann geht die Interaktion ihrer Mitglieder mit der einheimischen Bevölkerung zurück, und Integration – oder »Absorption«, wie er es nennt – verlangsamt sich.[55]

Die Attraktivität von Parallelgesellschaften gefährdet die erfolgreiche Integration der Asylbewerber, die gerade erst nach Europa gekommen sind. Selbst wenn Asylbewerber auf verschiedene Regionen verteilt wurden, wie es in Deutschland der Fall war, machen sie sich bald auf den Weg in Gegenden, wo Menschen aus ihrer Heimat leben. »Wir sind nach Salzgitter gezogen, weil hier schon so viele arabische und türkische Migranten leben – hier haben wir Freunde. Die Menschen hier sind nett. Wir können hier in die Moschee gehen«, erzählte ein syrischer Flüchtling dem *Wall Street Journal*.[56] Doch Salzgitter ist eine Stadt, in der 2017 immerhin 91 Prozent der Asylbewerber von Sozialhilfe lebten. Ein Sozialarbeiter hat es so gesagt: »Die Jobs, die diese Leute machen könnten, gibt es hier nicht.«[57]

Für manche Politiker ist es schon kontrovers, Parallelgesellschaften auch nur zu erwähnen. Einige vermeiden Ausdrücke wie »Getto« und »No-go-Zone« und reden sich den Mund fusselig, um das Problem wegzudiskutieren. Eine häufig zitierte Studie der deutschen Bertelsmann Stiftung behauptet, die Existenz von Parallelgesellschaften in Deutschland, der Schweiz, in Österreich, Frankreich und Großbritannien widerlegt zu haben. Die Studie macht Diskriminierung und die Bedingungen am Arbeitsmarkt für die geringe Bildung und hohe Arbeitslosigkeit unter Muslimen verantwortlich. Triumphierend präsentiert die Autorin ihre Erkenntnisse und behauptet, dass »78 Prozent der Muslime in Deutschland angeben, in ihrer Freizeit häufig oder sehr häufig Kontakt zu Nichtmuslimen zu haben«.[58] Aber das bedeutet eben auch, dass dies für 22 Prozent der Muslime in Deutschland nicht gilt. Da aktuell etwa 4,4 bis 4,7 Millionen Muslime in Deutschland leben, beläuft sich das auf eine Million Muslime, die keine sozialen Kontakte zur übrigen Gesellschaft haben. Zwar ist es richtig, dass nur 4 Prozent der Befragten – was etwa 176 000 Muslimen entspricht – angeben, sie würden sich »Deutschland nicht verbunden« fühlen, doch in Österreich ist dieser Anteil höher (nämlich 13 Prozent), und in Großbritannien liegt er bei 11 Prozent, was etwa 330 000 Menschen entspricht.

Sind Frauen der Schlüssel zur Integration?

Es ist inzwischen eine Binsenweisheit: »Frauen sind der Schlüssel zur Integration.« Das sehe ich genauso. Die Kinder von gebildeten und berufstätigen Migrantinnen sind häufiger in der Schule und im späteren Leben erfolgreich. Aber nur ganz allmählich wird im Westen die beklagenswerte Stellung der Frau in der muslimischen Welt zur Kenntnis genommen. Würden sie hinschauen, würden westliche Beobachter Frauen sehen, die von ihren männlichen Verwandten herumkommandiert werden. Sie würden Brüder sehen, die ihren Schwestern Ausgangssperren auferlegen. Sie würden Frauen sehen, die einen Meter hinter ihrem Ehemann gehen. Sie würden Frauen sehen, die hinter zugezogenen Vorhängen hervorlugen und auf die Erlaubnis eines männlichen Vormunds warten, durch die Vordertür aus dem Haus gehen zu dürfen. Hin und wieder würden sie über ein heranwachsendes Mädchen lesen, das plötzlich von der Schule genommen wird, um einen Fremden aus dem Herkunftsland der Eltern zu heiraten – oder über kleine Mädchen, die erst vier oder fünf Jahre alt sind und in ein fernes Land geflogen werden, um ihre Klitoris beschneiden und ihre Schamlippen vernähen zu lassen. Doch an diesem Punkt, so meine Erfahrung, sehen westliche Beobachter schnell weg.

Es sind muslimische Frauen, die am meisten zu gewinnen haben, wenn sie sich im Westen integrieren, und ihre Ehemänner und Väter wissen das. Muslimische Mädchen sehen die Freiheiten und Chancen, die gleichaltrige westliche Mädchen haben, aber wenn auch sie diese Freiheiten genießen wollen, werden sie daran gehindert. Tatsächlich werden manche Männer aus sogenannten Ehrenkulturen durch den Prozess des Zuwanderns selbst dazu motiviert, in der europäischen Diaspora ein strengeres Regiment zu führen als in ihrem Herkunftsland.[59] Sie verbieten ihren Mädchen, mit Jungs auszugehen, einen Freund zu haben oder sich überhaupt mit männlichen Altersgenossen anzufreunden. Die Männer befürchten, ihre Familienehre könnte durch Gerüchte, Klatsch und Tratsch befleckt werden. Mädchen werden davon abgehalten, schwimmen zu gehen, Konzerte zu besuchen oder überhaupt an Freizeitaktivitäten teilzunehmen, bei denen Jungen anwesend sind. Es wird ihnen verboten,

Make-up und westliche Kleidung zu tragen. Eine 2016 durchgeführte Befragung von 1100 Jugendlichen im Alter zwischen 12 und 18 Jahren in Stockholmer Vorstädten ergab, dass 56 Prozent der befragten Mädchen nicht an Freizeitaktivitäten teilnehmen durften, bei denen Jungen anwesend waren.[60]

Für viele junge muslimische Frauen bedeutet das, ein Doppelleben zu führen. Sie ziehen sich westliche Kleidung an, wenn sie aus dem Haus gegangen sind, und ziehen sich wieder um, bevor sie zurückkommen. Doch im Zeitalter des Smartphones und in Wohnvierteln, wo der Bevölkerungsanteil von Migranten stark zugenommen hat, ist es wesentlich schwieriger geworden, mit solchen Heimlichkeiten nicht aufzufliegen. Heute können sich junge Männer, die sich als »Ehrenpolizei« gerieren, untereinander per Textbotschaft über die Aktivitäten von Mädchen aus ihrem Umfeld auf dem Laufenden halten. Mädchen in Kopenhagen berichten, sie hätten Angst, von Taxifahrern gesehen zu werden, die sie dann bei ihrer Familie verpfeifen würden. In einer dänischen Wohnsiedlung nutzte ein Mann die Videoaufzeichnungen einer Überwachungskamera, um das Kommen und Gehen eines Mädchens aus der Nachbarschaft auszuspionieren und sie prompt bei ihren Eltern zu denunzieren, wenn sie sich aus dem Haus geschlichen hatte.[61] In Schweden sind ein Drittel der befragten Mädchen in Stockholmer Vorstädten einer strengen sozialen Kontrolle unterworfen.[62] Im britischen Manchester berichten Sozialarbeiter, dass Mädchen immer häufiger von Jungen aus ihrem Umfeld kontrolliert werden, die sie ständig anrufen, um sie im Auge zu behalten, und von ihnen verlangen, mit Handyfotos nachzuweisen, wo sie sind.[63] Das sind nicht nur übereifrige ältere Brüder. Ein Dogma des Islam ist, richtiges Verhalten zu fordern und falsches zu verbieten. Also nimmt ein guter Muslim es auf sich, den Menschen, die ihm über den Weg laufen, islamische Werte aufzunötigen. Das hat in europäischen Parallelgesellschaften zum Aufkommen einer informellen Religionspolizei geführt, die Mädchen zwingt, sich zu verhüllen und zu Hause zu bleiben.

Viele junge Frauen, die auf ihre Unabhängigkeit bestehen, um zu studieren, zu arbeiten oder einen Freund zu haben, müssen einen hohen Preis dafür zahlen. Mädchen, die sich »zu westlich« benehmen, werden als »unanständig« klassifiziert und in manchen Fällen zwangsverheiratet oder gewaltsam ins Herkunftsland ihrer Familie verschleppt. Selbst wenn es ihnen gelingt, einer gewaltsamen Vergeltung durch männliche Familienmitglieder zu entgehen, müssen sie auf jeden Fall befürchten, wie Aussätzige behandelt zu werden. Für viele junge Frauen ist die Angst vor sozialer Ächtung schon abschreckend genug, aber die ultimative Strafe ist eine Gewalttat im Namen der sogenannten Familienehre.

Männer gebrauchen Gewalt als Machtinstrument

»Ehrengewalt« ist eine Reihe von Zwangsmitteln, die eingesetzt werden, um das »Anstandsgebot« durchzusetzen. Mädchen und Frauen, die aus der Reihe tanzen, müssen befürchten, von männlichen Verwandten mit Gewalt gemaßregelt oder sogar ermordet zu werden, wenn sie allzu sehr in Richtung Emanzipation abdriften. Durch einen sogenannten Ehrenmord soll die Familienehre wiederhergestellt werden, die durch tatsächliches oder vermutetes sexuelles »Fehlverhalten« befleckt wurde. In westlichen Ländern zählen auch Frauen aus den Reihen der Sikhs, Hindus und Kurden zu den Opfern von »Ehrenmorden«, doch anscheinend sind die meisten von ihnen muslimisch.

Fundierte Zahlen über »Ehrengewalt« sind schwierig zu ermitteln, doch es gibt ein paar Statistiken. Zwischen 2010 und 2014 wurden in Großbritannien 18 »Ehrenmorde« und 11 versuchte »Ehrenmorde« registriert. In Deutschland erfassten Forscher des Max-Planck-Instituts zur Erforschung von Kriminalität, Sicherheit und Recht 20 »Ehrenmorde« »im engeren Sinne« für die Zeit zwischen 1996 und 2005. Es wurde auch festgestellt, dass trotz rigider rechtlicher Bewertungsrichtlinien in Fällen, bei denen »Ehre« als Motiv eine Rolle spielte, Morde von deutschen Gerichten oft relativ milde bestraft wurden. In einem 2010 für das kanadische Justizministerium erstellten Bericht heißt es: »In den zehn Jahren zwischen 1999 und 2009 wurden im Namen der ›Ehre‹ mindestens ein Dutzend Tötungsdelikte begangen.«[64] In den Vereinigten Staaten gab es zwischen 2000 und 2011 neun öffentlich dokumentierte »Ehren«-Tötungsdelikte, deren Opfer zumeist muslimisch waren. Eine Studie, die von meiner eigenen Organisation, der AHA Foundation, und dem John Jay College durchgeführt wurde, kam jedoch zu dem Ergebnis, dass in den Vereinigten Staaten pro Jahr schätzungsweise 23 bis 27 »Ehrenmorde« begangen werden.[65]

Durchaus zu Recht wird »Ehrengewalt« der organisierten Kriminalität zugerechnet.[66] Familien und ihr soziales Umfeld verschwören sich, um Mädchen, die gegen ihren Moralkodex verstoßen haben, in die Falle zu locken und zu bestrafen. Stellen Sie sich vor, bei ihrer örtlichen Polizeiwache geht ein Notruf ein. An einer bestimmten Adresse wurde ein Mord begangen; der Mörder ist bewaffnet. Ein Einsatzwagen rast mit Blaulicht zum Tatort, die Beamten sind auf eine gefährliche Auseinandersetzung vorbereitet. Stattdessen werden sie von einer stoischen Familie empfangen. Eines ihrer Mitglieder ist tot und liegt in einer Blutlache auf dem Boden; der Mörder hat sich über sein Opfer gebeugt; häufig ist er ein Jugendlicher, weil Minderjährige im europäischen Rechtskreis nach dem milderen Jugendstrafrecht abgeurteilt werden. Es ist der Tatort eines schweren Verbrechens, doch es gibt so gut wie nichts zu ermitteln. Dort auf dem Boden, direkt vor den Augen der Polizisten, liegen das Opfer und die Mordwaffe, und daneben sitzen der geständige Täter und alle Augenzeugen, die womöglich vorgeladen werden müssen. Fall erledigt.

Wenn Sie lange genug mit solchen Minderheiten gearbeitet haben, dann wissen Sie, dass die Zeugen des »Ehrenmords« tatsächlich Komplizen und Anstifter sind, aber es ist so gut wie unmöglich, die Mittäterschaft der Familie zu beweisen – was jedoch erforderlich wäre, um dem im Namen der »Familienehre« getöteten Opfer Gerechtigkeit widerfahren zu lassen und zukünftige Täter abzuschrecken. Detective Chris Boughey, der den »Ehrenmord« an Noor Almaleki in Arizona erfolgreich untersucht hat, sagt dazu: »Im Fall Almaleki wurde mir sehr schnell klar, dass wir keinerlei Hilfe von der Familie zu erwarten hatten. Tatsächlich ist man uns mit totaler Ablehnung und Widerstand begegnet.«[67] Versuche, die Mitschuld von Familienmitgliedern zu beweisen, werden in der Regel mit dem Vorwurf der Intoleranz gekontert.

»Ehrenmorde« sind die extremste Form von »Ehrengewalt«, doch sie hat viele Abstufungen. So gab es zum Beispiel 2013 in den Niederlanden etwa 500 aktenkundige Fälle von »Ehrengewalt«, aber »nur« 17 davon gipfelten in einem Mord. Bei den Hunderten anderen Fällen ging es um diverse Formen von Bedrohung, Nötigung und körperlicher Misshandlung wie Schläge oder sogar Vergewaltigung. Auch Fälle von »Ehrengewalt«, die nicht tödlich enden, können für die Einsatzbeamten der Polizei verstörend sein. So zum Beispiel der Fall einer 33-jährigen Mutter in Bad Nauheim, welche die Polizei zu Hilfe rief, weil sie von ihrem Ehemann geschlagen worden war – er meinte, sie habe die »Familienehre« verletzt.[68] Aber nicht nur der Mann hatte die Frau verprügelt, sondern auch ihre beiden Söhne, 16 und 17 Jahre alt. Als die Polizeibeamten eintrafen, wurden sie von sämtlichen Familienmitgliedern – schließlich auch von der Mutter – angegriffen. Die Beamten forderten Verstärkung an, auch die Familie wollte Unterstützung durch weitere Familienmitglieder organisieren.

Am Ende trugen acht Personen Verletzungen davon, fünf davon Polizisten.

Viele Frauen, denen »Ehrengewalt« droht, suchen Zuflucht in Frauenhäusern. Als ich in Holland in solchen Häusern als Übersetzerin arbeitete, fiel mir auf, dass unverhältnismäßig viele muslimische Frauen dort Schutz suchten. Das holländische Büro von Amnesty International berichtet, dass 60 Prozent der Frauen in Frauenhäusern nichtniederländischer Abstammung sind; die meisten von ihnen sind Musliminnen. In Holland nahm Gewalt im Namen der Ehre ein solches Ausmaß an, dass die Justiz überlegt hat, das Zeugenschutzprogramm des Landes auf solche Frauen zu erweitern. In Dänemark waren 41 Prozent der Frauen, die 2017 wegen häuslicher Gewalt in Frauenhäusern Schutz suchten, Migrantinnen, und 2018 stieg diese Zahl sogar auf 50 Prozent.[69] Von den Frauen, die 2017 in Dänemark Hilfe suchten, stammten 14 Prozent aus Syrien, 8 Prozent aus dem Irak und 6 Prozent aus Somalia.

Ich werde nie vergessen, wie ich in das Universitätsklinikum Leiden ans Krankenbett einer Frau gerufen wurde, um für sie zu übersetzen. Ihr Mann hatte ihr wiederholt in den Bauch getreten, obwohl sie in der 37. Woche mit ihrem ersten Kind schwanger war. Er hatte ihr auch ins Gesicht getreten und sie mit Fäusten geschlagen. Im Krankenhaus waren von ihr nur die Nähte und Schwellungen im Gesicht zu sehen. Es gab nichts zu übersetzen – das Einzige, was sie von sich geben konnte, war schmerzerfülltes Stöhnen. Im Warteraum erklärte ein Mann, der mir erzählte, er sei ihr Vater, dass natürlich schlimme Dinge passieren würden, wenn eine Frau sich weigere, ihrem Mann zu gehorchen.

Unterdrückung von Frauen
durch ihre Sexualität

Es gibt andere Formen kulturbedingter Gewalt und Nötigung, die in migrantischen Bevölkerungsgruppen eingesetzt werden, um Frauen einzuengen. Eine davon sind Zwangsheiraten. Allein im Jahr 2014 leistete die Forced Marriage Unit der britischen Regierung Beratung oder Unterstützung in 1267 Fällen einer möglicherweise erzwungenen Heirat, wobei 79 Prozent der Opfer weiblich waren. In Frankreich waren 4 Prozent aller Migrantinnen im Alter zwischen 26 und 50 Jahren – zumeist Frauen aus der Türkei, Marokko und Algerien – zwangsweise verheiratet worden. Da zwei Drittel dieser Zwangsehen letztlich mit einer Scheidung endeten, lebten die meisten der in Frankreich befragten Frauen zum Zeitpunkt der Befragung nicht mehr in der ursprünglichen Zwangsehe.

In den Vereinigten Staaten hat 2011 eine Umfrage unter Anbietern von Rechtsberatung und sozialen Dienstleistungen ergeben, dass über zwei Fünftel (41 Prozent) aller Befragten in den vorangegangenen zwei Jahren mindestens einen Fall von Zwangsheirat gesehen hatten – insgesamt bis zu 3000 Fälle.[70] Der Leidensweg eines Opfers, über das in anonymisierter Form auf National Public Radio berichtet wurde, ist beispielhaft. Lina, eine 22 Jahre alte, aus dem Jemen stammende Amerikanerin, wurde 2014 unter einem Vorwand in den Jemen gelockt. Ihre Eltern hatten behauptet, Linas Großmutter sei schwer erkrankt, doch sobald sie angekommen war, verkündete Linas Vater den wahren Grund für die Reise: Lina sollte mit einem einheimischen Mann verheiratet werden, obwohl sie das ablehnte. Während ihres Aufenthalts im Jemen »durfte ich nicht länger als zehn Minuten aus dem Haus gehen, und einer von ihnen hat mich immer im Auge behalten«, erzählt Lina. Sie schickte eine E-Mail an die

US-Botschaft, aber dort war man nicht in der Lage, ihr zu helfen. Nachdem Lina mitbekommen hatte, dass ein Freund der Familie zu ihren Eltern gesagt hatte: »Eine Kugel kostet weniger als einen Dollar«, stimmte sie schließlich der Heirat zu. »Damit war gemeint, dass für diese Leute mein Leben sehr, sehr billig ist«, erklärt sie. Später hörte sie, dass drei ihrer engen Freundinnen ebenfalls gezwungen worden waren, im Jemen zu heiraten; sie hatten ihr nichts davon erzählt, weil sie sich zu sehr schämten.[71]

Muslimische Mädchen, die eine westliche Staatsangehörigkeit besitzen, sei es durch Einbürgerung oder qua Geburt, werden häufig als eine wertvolle Ware betrachtet. Viele Familien überreden oder nötigen junge Frauen, einen Verwandten aus dem Herkunftsland der Eltern als Ehemann zu akzeptieren, um ihm eine Aufenthaltsgenehmigung und Zugang zu staatlichen Sozialleistungen oder zum Arbeitsmarkt zu verschaffen. Und wenn im umgekehrten Fall ein muslimischer Mann eine westliche Staatsangehörigkeit besitzt und eine Frau aus seinem Herkunftsland anreist, um ihn zu heiraten, wird sie unter Umständen in der Ehe unerträgliche Bedingungen über sich ergehen lassen, weil sie nach einer Scheidung gezwungen sein könnte, in ihr Heimatland zurückzukehren.

Ein anderer entsetzlicher kultureller Brauch, der dazu dient, junge Mädchen zu unterdrücken, ist Genitalverstümmelung (englisch: *female genital mutilation,* kurz: FGM). Schätzungen zufolge gibt es weltweit etwa 200 Millionen Frauen, die beschnitten wurden; die meisten Opfer, wenn auch nicht alle, sind muslimisch. Mit der Migration aus Regionen, in denen FGM verbreitet ist, in den Westen bleibt diese Unsitte nicht unbedingt zurück. In westlichen Ländern werden »*cutting parties*« veranstaltet, für die eine Beschneiderin eingeflogen wird, etwa nach Großbritannien, um auf einen Rutsch bis zu ein Dutzend Mädchen zu beschneiden. Es gibt auch den umgekehrten Fall, dass Mädchen ins Herkunftsland geflogen und dort der

Prozedur unterworfen werden. Westliche Ärzte bekommen immer
häufiger die Folgen von FGM zu sehen. Konservativen Schätzungen
zufolge wurden 25 000 in Deutschland lebende Frauen beschnitten; in Frankreich sind es 53 000, in England einschließlich Wales
137 000. Einer Auswertung der Centers for Disease Control and Prevention zufolge wurden in den Vereinigten Staaten schätzungsweise
513 000 Frauen und Mädchen beschnitten oder müssen befürchten,
beschnitten zu werden, da in ihrem Herkunftsland Genitalverstümmelung praktiziert wird. Das Beschneiden von jungen Mädchen
wird häufig damit gerechtfertigt, dass ihr sexuelles Verlangen unterdrückt werden müsse, damit sie »heiratsfähig« blieben für einen
Mann, der von seiner Frau sexuelle Unberührtheit erwarte.

Bräuche wie Zwangsheirat und Genitalverstümmelung werden
von den Mitgliedern der Minderheiten, die sie praktizieren, kaum
jemals öffentlich diskutiert. Wenn Frauen jedoch nicht vor die Tür
gehen dürfen und mit Hausarbeit beschäftigt werden, um sie besser
zu kontrollieren, ist das nicht so leicht zu verheimlichen. In den Niederlanden kommt es immer wieder vor, dass türkischstämmige
Frauen wegen eines Vitamin-D-Mangels ärztlich behandelt werden
müssen – sie dürfen nur so selten vor die Tür, dass sie einfach nicht
genug Sonnenlicht bekommen. Eskild Dahl Pedersen ist der Sicherheitschef einer Wohnungsbaugenossenschaft in Kopenhagen. Es ist
eine seiner Aufgaben, die Regeln der Genossenschaft durchzusetzen,
was bedeutet, dass er einschreiten muss, wenn es zu Familienstreitig-
keiten kommt oder durch Fehlverhalten dänische Gesetze gebrochen
werden. Als inoffizieller »Chefintegrator« kümmert er sich um zahlreiche in seiner Genossenschaftssiedlung lebende Familien, von denen die meisten aus muslimischen Ländern zugewandert sind, hauptsächlich aus Palästina und Somalia. Er sagt, die jungen Männer der
Gemeinschaft seien davon überzeugt, dass Frauen zu Hause bleiben,
für die Familie kochen und sich um ihre Kinder kümmern sollten.

»Sie sagen mir: ›Eskild, wenn du deine Frau unter Kontrolle halten willst, ist *ein* Kind nicht genug. Zwei sind schon ein bisschen besser, dann ist sie zu Hause und kümmert sich um die Familie, und drei sind schon mehr oder weniger okay. Aber wenn sie vier hat, Eskild, vier Kinder bedeuten, dass du totale Kontrolle darüber hast, wo deine Frau ist. Mit vier Kindern ist sie einfach viel zu beschäftigt, um überhaupt noch vor die Tür zu gehen.‹« Eine Mutter mit vier Kindern wird es mit Sicherheit nicht schaffen, einer bezahlten Arbeit nachzugehen. Falls sie nicht einen außergewöhnlich erfolgreichen Mann hat, wird sie wahrscheinlich ihr Leben lang auf Sozialhilfe angewiesen sein. Eskild sagt, er bekomme es häufig mit, dass eine Mutter von vier Kindern mit 38 oder 39 Jahren noch einmal ein Kind bekomme, weil dann ihre älteren Kinder volljährig werden und den Anspruch auf Kindergeld verlieren würden. »Das Problem ist«, so Eskild weiter, »dass von diesen Müttern eigentlich erwartet wurde, zur Schule zu gehen und eine Ausbildung zu machen, damit sie einen Job finden können. Aber mit so vielen Kindern bleibt ihnen einfach keine Zeit dafür, und niemand zwingt sie, zur Schule zu gehen. In Dänemark brauchen wir eigentlich eine Schulpflicht für Migranten – so lange, bis sie einen Schulabschluss haben. Ich sehe es genauso wie bei meinen eigenen Kindern. Die durften auch nicht selbst entscheiden, ob sie in den Kindergarten oder zur Schule gehen wollen; das habe *ich* für sie entschieden, weil sie eine Bildung und einen Schulabschluss brauchen.«[72]

KAPITEL 14

Die Integrationsindustrie und ihr Versagen

Wenn man sich die wirtschaftlichen Zahlen ansieht, stellt man fest, dass die Aussichten für Asylbewerber, die aus mehrheitlich muslimischen Ländern nach Europa kommen, nicht gerade rosig sind. Seit geraumer Zeit ist bekannt, dass Zuwanderer auf den europäischen Arbeitsmärkten wenig Erfolg haben – auf dem europäischen Festland ist die Arbeitslosenquote unter den im Ausland geborenen Arbeitnehmern typischerweise wesentlich höher als bei einheimischen Arbeitnehmern –, doch die Erkenntnis, dass unter Flüchtlingen, also einer Untergruppe aller Zuwanderer, die Arbeitslosigkeit am höchsten ist, setzt sich erst jetzt allmählich durch. Wenn es darum geht, Arbeit zu finden, brauchen Asylbewerber und Flüchtlinge über 20 Jahre, bis sie eine Beschäftigungsquote erreicht haben, die jenen unter den einheimischen Bevölkerungen der EU-Mitgliedsländer vergleichbar ist. Zehn Jahre nach ihrer Ankunft ist die Hälfte von ihnen in Arbeit, doch unter denen, die aus Afrika und dem Nahen oder Mittleren Osten kommen, bleiben die Arbeitslosenquoten hartnäckig hoch.[1] Von den Flüchtlingen, die in den 1990er-Jahren in die Niederlande gekommen sind, waren 15 Jahre später nur 55 Prozent

in Lohn und Brot.[2] Auch unter denjenigen, die 2014 kamen, sind
niedrigere Beschäftigungsquoten zu verzeichnen als in anderen Migrantengruppen.[3] In Norwegen waren zwei Drittel der männlichen
und ein Drittel der weiblichen Flüchtlinge, die im Jahr 2000 ins
Land gekommen waren, acht Jahre später in Arbeit, doch nach diesem Maximum tendierte die Beschäftigungsquote wieder nach unten, und viele wurden erneut abhängig von Sozialhilfe.[4]

Man hätte denken können, dass europäische Regierungen angesichts dieser niedrigen Beschäftigungsquoten unter Flüchtlingen wesentlich weniger bereit gewesen wären, viele Millionen neue Flüchtlinge aufzunehmen. Um zu verstehen, warum das nicht so war, muss
man sich bewusst machen, dass gewisse Elemente der Gesellschaft
perverse Anreize haben, die Krise inadäquater Integration in Gang zu
halten. Ich nenne sie die »Integrationsindustrie«.

Warum fällt es Flüchtlingen schwer, Arbeit zu finden?

Zweifellos sind die nicht gerade überwältigenden Beschäftigungsquoten unter Flüchtlingen zum Teil auf ihre geringere Bildung und
geringeren beruflichen Qualifikationen zurückzuführen, im Vergleich zum Bevölkerungsdurchschnitt in hochentwickelten Volkswirtschaften wie den nordwesteuropäischen. Von den Flüchtlingen,
die im Jahr 2000 nach Norwegen kamen, hatte ein Drittel nur eine
Grundschulbildung erhalten.[5] Und die Flüchtlinge, die heute nach
Europa kommen, sind sogar noch schlechter qualifiziert als Flüchtlinge aus früheren Jahrzehnten.[6] Laut einem Bericht der deutschen
Bundesagentur für Arbeit (BA) war das Bildungs- und Qualifikations-
niveau unter den im Jahr 2016 im Land lebenden 300 000 arbeits-
suchenden Flüchtlingen »geringer als erwartet«. Die Beamten der BA

hatten gehofft, es würden syrische Ärzte und Ingenieure kommen, doch bald stellte sich heraus, dass drei Viertel der Asylbewerber keine Berufsausbildung hatten und über die Hälfte von ihnen lediglich für niedere Tätigkeiten wie Reinigungs- und Instandhaltungsarbeiten qualifiziert waren.[7] Selbst im Hinblick auf Sprachkenntnisse zeigen Flüchtlinge tendenziell schlechtere Leistungen: Unter den Flüchtlingen, die seit zehn Jahren in Europa leben, beherrschen nur 49 Prozent die Sprache ihrer neuen Heimat auf einem fortgeschrittenen Niveau, während 69 Prozent der anderen Migranten aus Nicht-EU-Ländern, die ebenso lange in Europa sind, fortgeschrittene Sprachkenntnisse erworben haben.[8]

Flüchtlingskinder haben durchweg niedrigere Bildungserfolge vorzuweisen als einheimische Kinder. In der Europäischen Union bricht etwa ein Viertel von ihnen vorzeitig und ohne Abschluss die Schule ab. Die durchschnittlichen PISA-Ergebnisse* der übrigen Flüchtlingskinder liegen in allen geprüften Bereichen (Lesekompetenz, mathematische Kompetenz und naturwissenschaftliche Grundbildung) um 10 bis 12 Prozent unter den Ergebnissen der einheimischen Schüler.[9] Das gilt für Flüchtlingskinder sowohl der ersten als auch der zweiten Generation; aus mehreren Gründen setzen sich die schlechteren Leistungen fort.

Es ist seit langem bekannt, dass schlechter Bildungserfolg mit hohen Kriminalitätsraten korreliert. In Dänemark ist die Kriminalitätsrate unter männlichen Nachkommen von Migranten aus nichtwestlichen Ländern um 145 Prozent höher als unter Einheimischen, selbst wenn der höhere Anteil junger Menschen in der ersteren

---

* Das Programme for International Student Assessment (Programm zur internationalen Schülerbewertung) der OECD wird als »PISA-Studien« bezeichnet und untersucht die Leistungen von 15-jährigen Schülern in den Bereichen Lesen, Mathematik und Naturwissenschaften. Diese Erhebungen werden in vielen Ländern rings um die Welt duchgeführt.

Gruppe berücksichtigt wird. Die höchsten Kriminalitätsraten sind unter Männern aus libanesischen Familien zu verzeichnen, gefolgt von solchen aus somalischen, marokkanischen und syrischen Familien. Männliche Nachkommen von nichtwestlichen Migranten wurden dreimal so häufig wegen Gewaltverbrechen verurteilt wie Dänen. Unter Migranten aus Indien und China waren dagegen die durchschnittlichen Kriminalitätsraten *niedriger* als unter Dänen.[10] Der gleiche Trend wurde auch in den Niederlanden beobachtet, wo über die Hälfte aller marokkanischen Männer, sowohl aus der ersten als auch der zweiten Generation, wegen einer Straftat angeklagt wurden.[11] In Großbritannien ist seit den 2000er-Jahren ein zunehmender Anteil von pakistanisch-britischen Männern in Straftaten verwickelt.[12] In Schweden beginnt der »Kriminalisierungsprozess« schon früh – selbst Kinder, die erst neun Jahre alt sind, begehen schwere Waffen- und Drogenvergehen.[13]

Aus meiner Sicht sind solche Kriminalitätsraten nicht erstaunlich. In den Ländern, aus denen Asylbewerber kommen, ist Gewalt oft das wichtigste Mittel, um Konflikte auszutragen. In der muslimischen Welt gilt patriarchalische Gewalt als selbstverständlich. Kinder können erwarten, von ihren Eltern geschlagen zu werden, vor allem vom Vater, aber auch von Onkeln, älteren Geschwistern und stärkeren Kindern. »Angst wird in unseren Ländern als Zeichen von Respekt betrachtet«, sagt Mustafa Panshiri, der aus Afghanistan kommt. Ich bin selbst in einer ähnlichen Kultur aufgewachsen. In Somalia wird Kindern, Jungen wie Mädchen, beigebracht, wie man aggressiv ist. Als ich fünf war, nahm meine ältere Cousine mich nach der Schule zum Kampftraining mit. Ich wurde angestachelt, mit einer Klassenkameradin Streit anzufangen, die ihrerseits auch ermutigt wurde, mich zu provozieren. Wir streckten uns die Zunge raus, schnitten Grimassen und beleidigten uns gegenseitig. Dann wurden wir von älteren Mädchen aus unserer Verwandtschaft umringt, die uns anfeuerten, während wir aufeinander losgingen. Wir traten aufeinander ein, kratzten, bissen und schlugen uns, bis wir überall Prellungen und Kratzer hatten und unsere kleinen Kleider zerfetzt waren. Die Siegerin war das Mädchen, das zuletzt aufgab, nicht weinte und nicht weglief. Wenn eine davonlief, hatte sie doppelt verloren, weil sie dann auch noch von ihrer Kampftrainerin verprügelt wurde.

Ich will nicht den Eindruck erwecken, als wären alle Menschen aus muslimischen Gesellschaften aggressiv. Das sind sie nicht. Viele von ihnen streben ebenso sehr wie ich danach, sich den westlichen Ansatz zu eigen zu machen, das Gewaltmonopol an den Staat abzutreten und sich auf Polizei und Justiz zu verlassen, um Gewalttaten zu bestrafen. Doch in den Parallelgesellschaften Europas ist es völlig normal, Konflikte mit Gewalt auszutragen. Eskild Dahl Pedersen hat das als eine spezielle Art von »zunehmender Ungleichheit« in Dänemark beschrieben: Einheimische Dänen leben im Großen und Ganzen frei von Gewalt, doch die Menschen in Parallelgesellschaften sind ihr von Geburt an ausgesetzt, wodurch ihnen ein realer Nachteil entsteht. Auch in Deutschland ist es so: Dort hat eine Umfrage unter 16 545 männlichen Neuntklässlern ergeben, dass muslimische Jungen häufiger gewalttätig waren als christliche Jungen.[14] Und je strenggläubiger sie als Muslime waren, desto höher war die Wahrscheinlichkeit, dass sie gewaltsames Verhalten zeigen würden.

Gewalt ist nicht das einzige Problem. Jahrzehntelange Erfahrungen deuten darauf hin, dass unter vielen Migrantengruppen in Europa eine generationenübergreifende Abhängigkeit von Sozialhilfe tief verankert ist. Je größer die Gruppen von Migranten wurden, desto höher stieg auch ihre Überrepräsentation unter den Sozialhilfeempfängern.[15] Die Idee einer »Zuwanderung in die Sozialsysteme« ist natürlich umstritten, aber es ist sicherlich kein Zufall, dass die meisten Asylanträge gerade in den Ländern mit den großzügigsten Sozialtransfers gestellt werden: Deutschland, Schweden, Österreich,

Frankreich und Italien.[16] Ökonometrische Studien zeigen, dass großzügigere Sozialleistungen geringer qualifizierte Migranten anziehen. Das gilt auch umgekehrt: Besser qualifizierte Migranten empfinden einen großzügigen Sozialstaat eher als abschreckend und sehen sich nach anderen Möglichkeiten um.[17]

Zum Scheitern verurteilt

Europas Einwanderungs- und Integrationspolitik ist zum Scheitern verurteilt. Manche Politiker klammern sich immer noch an die rosige Hoffnung, die durch das Altern der europäischen Bevölkerung entstehenden Probleme könnten durch die millionenfache Aufnahme von Asylbewerbern gelöst werden. Die Theorie lautet, dass Einwanderer, die Steuern und Sozialleistungen zahlen, helfen werden, die Renten der Einheimischen zu finanzieren.[18] Wenn aber Asylbewerber 20 Jahre brauchen, um ebenso hohe Beschäftigungsquoten zu erreichen wie Einheimische, werden die Babyboomer, die darauf warten, dass ihre Renten von Migranten aufgestockt werden, das nicht mehr erleben.

Die Ineffizienz staatlicher Integrationsförderung ist ein offenes Geheimnis in Europa. Integration ist ein Ressort, das jeder Kandidat auf ein Ministeramt meidet wie der Teufel das Weihwasser. Maßnahmen und Zuständigkeiten umfassen verschiedene Bereiche, darunter Immigration, Wohnen, Bildung, Arbeit, Justiz, Außenpolitik, Verteidigung, Entwicklungshilfe und medizinische Versorgung. Auch vertikal überschneiden sie sich mit den Aufgabenbereichen von Stadtverwaltungen sowie Regierungen auf Landes-, Bundes- und europäischer Ebene. Das macht es schwierig, praktische Maßnahmen zur Integrationsförderung wirkungsvoll umzusetzen, und es macht es nur allzu leicht, die Verantwortung für gescheiterte Initiativen von einem bürokratischen Silo in den nächsten abzuschieben.

Als Mitglied des holländischen Parlaments habe ich Anfang der 2000er-Jahre an parlamentarischen Anhörungen zu der Frage teilgenommen, wie das Integrationsbudget des Landes ausgegeben werden sollte. Damals war der Anteil der Immigranten noch relativ klein, und dennoch hatte das Land über die vorangegangenen 33 Jahre – zusätzlich zum Budget des Einwanderungsministeriums – 16 Milliarden Euro für Integrationsförderung ausgegeben.[19] Obwohl so viel Geld geflossen war, konnte das Land keine einzige Erfolgsgeschichte vorweisen. Ein großer Teil der Gelder hatte seinen Weg in die Kassen von cleveren Beratern, gemeinnützigen Organisationen und Verbänden ethnischer Minderheiten gefunden, die allesamt völlig utopische Integrationserfolge versprachen. Wenn dann ihre Projekte evaluiert wurden, bekamen wir in langatmigen Berichten zu lesen, Zuwanderer würden durch Rassismus, Diskriminierung und die unsichtbare Hand von Fremdenfeindlichkeit daran gehindert, sich zu integrieren. Ich kann mich noch erinnern, wie ich damals zu Kollegen gesagt habe, dass Voodoo-Zauberer ihre Kunst auf genau diese Art anpreisen würden: »Gib mir dein Geld, und ich werde machen, dass du dich besser fühlst.« Es hat sich wenig geändert.

Die Integrationsindustrie

Indem viele Milliarden aus der Staatskasse ausgegeben wurden, um ein offensichtlich unlösbares gesellschaftliches Problem zu lösen, wurde eine neue Ebene von sogenannten Rent Seekern geschaffen, deren Misserfolge sich selbst perpetuieren. Die Regierungen befürchten, dass unzureichende Integration auf lange Sicht kostspieliger sein werde, als heute in Integrationsförderung zu investieren.[20] Doch diejenigen, die sie damit beauftragen, haben keine echten Anreize, erfolgreich zu sein. Von Bürokraten und NGOs über Wach- und

Sicherheitsdienste bis hin zu Arbeitsvermittlern, Anbietern von Sprachkursen, Rechtsberatern, Übersetzern, Sozialarbeitern, Psychotherapeuten und Beratern wie Anthropologen und Experten für Kindererziehung und Konfliktlösung – sie alle würden ihren Job überflüssig machen, wenn es ihnen tatsächlich gelänge, Migranten erfolgreich zu integrieren. Viele der Menschen, die in diesem Bereich arbeiten, haben zweifellos altruistische Motive, aber keineswegs alle. Der niederländische Rechnungshof hat 165 Firmen identifiziert, die Integrationskurse ohne Qualitätskontrolle anbieten. Das hat dazu geführt, dass 50 Prozent *weniger* Migranten den Integrationstest des Landes bestehen.[21]

Während der Finanzkrise widerstand die deutsche Regierung beharrlich dem Druck von Ökonomen, die Staatsausgaben hochzufahren und die europäische Wirtschaft über Defizitfinanzierung anzukurbeln. Doch die Flüchtlingskrise von 2015/2016 schlug eine Delle in den Panzer der Sparsamkeit. Der Personalbestand des Bundesamtes für Migration und Flüchtlinge (BAMF) schnellte hoch von 2800 im Jahr 2015 auf 10 000 am Jahresende 2016.[22] Auf der kommunalen Ebene war es ähnlich. Vor einiger Zeit hatte die alte Universitätsstadt Tübingen sich einer Politik der Sparsamkeit verschrieben; defekte Leuchtmittel in Straßenlaternen wurden nur noch ausgewechselt, wenn sie in einem ganzen Straßenzug ausgefallen waren. Nachdem jedoch etliche tausend Migranten zugezogen waren, beschwerten sich viele Anwohner, sie würden sich auf den schlecht beleuchteten Straßen nicht mehr sicher fühlen. Die Stadtverwaltung war schnell bereit, ihre Politik zu ändern und defekte Leuchtmittel umgehend zu ersetzen.[23]

Neben der zusätzlichen Nachfrage, die sie für Waren und Dienstleistungen des täglichen Grundbedarfs erzeugen, brauchen Neuankömmlinge spezielle Unterstützung, um ihre Integrationsreise zu beginnen. Staatliche Stellen bieten Sprachkurse an, Orientierungskurse,

Beratung, Mentoring und eine unüberschaubare Vielfalt an Broschü-
ren und Ratgebern in mehreren Sprachen, die helfen sollen, sich im
europäischen Leben zurechtzufinden.[24] In der Annahme, dass sein
Asylantrag genehmigt werde – was häufig bedeutet, dass er monate-,
wenn nicht gar jahrelang mit Bürokraten, Übersetzern und juristischen Helfern zu tun hat –, wird ein Neuankömmling in einer Wohnung untergebracht und in Sprachkurse geschickt. All das bezahlt
der Staat. Zum Teil werden in solchen Sprach- und Orientierungs-
kursen auch »Werte« vermittelt, aber das wird eher als Nebensache
behandelt. Eine Sprachlehrerin für Flüchtlinge in München erzählte
uns, dass Themen wie »Respektieren anderer Meinungen« von der
zuständigen Behörde vorgeschrieben sind, doch die Lehrmaterialien
und -inhalte von der jeweiligen Lehrkraft ausgestaltet werden sollen.
Falls die Lehrerin der Meinung ist, dass Parallelgesellschaften heute
eben einfach zum modernen Deutschland dazugehören – wie die,
mit der ich gesprochen habe –, dürften Themen wie »Meinungsfreiheit« wahrscheinlich eher stiefmütterlich behandelt werden.

Als nächsten Schritt melden sich neue Migranten typischerweise
für Weiterbildungskurse und berufsorientierte Lehrgänge an oder
melden sich arbeitslos, es sei denn, sie wollen nicht arbeiten und ziehen es vor, von Sozialhilfe zu leben. Diejenigen, die arbeiten wollen,
nehmen an qualifizierenden Maßnahmen, Fortbildungskursen und
Informationsprogrammen zu Beschäftigungsverhältnissen teil, die
von Arbeitsagenturen und privaten Arbeitsvermittlern, Kirchenge-
meinden, Gewerkschaften und NGOs angeboten werden. Zwischen
2015 und 2016 wurde allein der Deutsche Akademische Austauschdienst (DAAD) vom Staat mit 100 Millionen Euro gefördert, um
Flüchtlinge aus- und fortzubilden.[25] Neben vielen anderen Program-
men ließ die deutsche Regierung eine alte Arbeitsbeschaffungsmaß-
nahme wieder aufleben: »Ein-Euro-Jobs« für 100 000 Asylbewerber,
die von der Arbeitsagentur mit 300 Millionen Euro bezuschusst wur-

den. In solchen Jobs erhielten sie einen Bruttolohn von 1,20 Euro
pro Stunde, etwa für Reinigungs- oder Wäschereiarbeiten, zumeist
bei staatlichen oder gemeinnützigen Arbeitgebern.[26] Das Programm
startete eher verhalten; bis November 2016 waren nur 4392 Flüchtlinge in »Ein-Euro-Jobs« untergekommen. Die Bundesagentur für
Arbeit zeigte sich unbeeindruckt, doch bis April 2017 hatte sie ihre
Erwartungen zurückgeschraubt und die Mittel für das Programm
auf 60 Millionen Euro zusammengestrichen. Nur 25 000 »Ein-Euro-
Jobs« waren beantragt worden, und hätte man auf den offiziell angekündigten Einstellungsvoraussetzungen bestanden, wäre nur die
Hälfte dieser Bewerbungen angenommen worden. Das Bundesministerium für Arbeit und Soziales (BAS) verwies auf kürzere Bearbei-
tungszeiten für Asylanträge, um den dürftigen Erfolg des Programms
zu erklären. Man könnte zu Recht die Frage stellen, wohin die restli-
chen 240 Millionen Euro geflossen waren; dem Ministerium zufolge
wurden sie eingesetzt, »um den Verwaltungsetat zu erhöhen« – also
für Personalkosten, Mieten und Energiekosten.[27]

Dem holländischen nationalen Etat für Justiz und Sicherheit zufolge flossen im Haushaltsjahr 2019 von den 1,526 Milliarden Euro,
die 2017 für Integration ausgegeben wurden, 135,6 Millionen an die
Nidos Foundation, die Vormundschaften für unbegleitete minderjährige Asylbewerber übernimmt (im Haushaltsjahr 2018 hatte sie
121,6 Millionen erhalten).[28] Das holländische Flüchtlingswerk
(VluchtelingenWerk Nederland), eine NGO, welche die Interessen
von Asylbewerbern vertritt und sie berät, erhielt zehn Millionen
Euro. An den Justizrat (Raad voor de Rechtspraak), der Asylbewerbern kostenlose Rechtsberatung anbietet, flossen 49,5 Millionen.[29]
Gleichwohl sind die Ausgaben der Niederlande für Zuwanderungs-
und Integrationsdienste im Vergleich zu ihren Nachbarländern winzig. Die deutsche Bundesregierung gibt pro Jahr etwa drei Milliarden
Euro für Integration aus, und weitere elf bis zwölf Milliarden für

asylbedingte Aufwendungen wie Sozialleistungen und Verwaltungskosten.[30] Hinzu kommen die Ausgaben der Bundesländer, die sich ihren eigenen Schätzungen zufolge auf über 21 Milliarden Euro pro Jahr belaufen.[31] In Frankreich erhalten Zuwanderungs- und Integrationsdienste rund sechs Milliarden Euro pro Jahr.[32]

Zu den Staatsausgaben auf nationaler Ebene kommen noch die Mittel hinzu, die auf europäischer Ebene für Zuwanderung und Integration ausgegeben werden. In ihrem aktuellen mehrjährigen Finanzrahmen (MFR), der über sechs Jahre läuft, stellte die Europäische Union 6,6 Milliarden Euro für einen Asyl-, Migrations- und Integrationsfonds (AMIF) bereit, und weitere 7,5 Milliarden für andere migrationsbedingte Ausgaben, darunter Frontex und innere Sicherheit. Zu den fünf größten Empfängern unter NGOs, die Mittel der Europäischen Kommission erhalten haben, zählten im Jahr 2017 der dänische und der norwegische Flüchtlingsrat, die 108 beziehungsweise 94 Millionen Euro erhielten.[33] Bleibt nur zu hoffen, dass zumindest ein Teil dieser Gelder seinen Weg finden wird, um effektive Lösungen zu bewirken; was das betrifft, bin ich allerdings nicht gerade optimistisch.

Willkommenskultur

Keine dieser Erkenntnisse über das Scheitern von integrationspolitischen Maßnahmen ist neu, vielmehr ist es ein seit Jahrzehnten wohlvertrautes Thema in Europa. Die Probleme von nicht integrierten Migrantengruppen und ihre generationenübergreifende Abhängigkeit von Sozialtransfers waren bekannt, als Angela Merkel im September 2015 ihre Entscheidung traf, die Flüchtlinge aufzunehmen. Die US-amerikanischen Historiker Walter Laqueur und Christopher Caldwell, der holländische Professor Paul Scheffer und andere hatten Bücher über das Scheitern der Integration in Europa veröffentlicht, die eine breite Leserschaft fanden. Zum selben Thema waren zahlreiche Regierungsberichte und von Thinktanks verfasste Monografien erschienen. Die Tatsache, dass ein Zustrom von gering qualifizierten Migranten aus der muslimischen Welt den europäischen Volkswirtschaften mehr Kosten als Nutzen bringen würde, war schon vor 2015 wohlbekannt.

Als ich Robin Alexander, dem Journalisten der Tageszeitung *Die Welt*, die Frage stellte, warum diese Tatsache nicht vorab in Betracht gezogen worden war, erklärte er mir, dass »es nie zu einer Entscheidung kam«. Kanzlerin Merkel habe einfach auf Grenzkontrollen verzichtet, und die Migranten seien ins Land geströmt. Die Regierung, ihre Berater und die politische Klasse an sich hätten die zu erwartenden Konsequenzen einfach nicht im Blick gehabt. »Niemand hat überlegt, was es bedeutet, wenn hunderttausende Araber ins Land kommen. Darüber wurde erst diskutiert, als es schon passiert war«, sagte Alexander mir.[34]

Bis zu diesem Zeitpunkt hatte Deutschland besonders mit der Integration im Zuge der Wiedervereinigung von Ost und West seine Erfahrungen gemacht sowie mit dem Zustrom von Migranten aus Osteuropa und Russland. Die seit langem in Deutschland lebende türkische Minderheit war ein vergleichsweise kleines Problem. In der ersten Phase der Migrationskrise, die 2011 durch den »Arabischen Frühling« und den Bürgerkrieg in Syrien ausgelöst wurde, hatte Deutschland die Dublin-III-Verordnung rigoros durchgesetzt. Dublin III hatte das Land geografisch abgeschirmt vom Zustrom zahlreicher Migranten aus dem arabischen und nordafrikanischen Raum, da zu erwarten war, dass sie über die südlichen Außengrenzen in die Europäische Union kommen würden. Ich kann verstehen, warum so viele Deutsche begeistert waren, als 2015 der erste Schwung von Migranten eintraf; wer kann schon die anrührenden Bilder von

Mädchen vergessen, die auf Bahnhöfen standen und ankommende Migranten mit selbstgemalten Schildern und Teddybären begrüßten? Diese neue deutsche *Willkommenskultur* reflektierte eine naive Euphorie darüber, dass sich endlich eine Gelegenheit bot, die früheren, aus rassistischer Verblendung begangenen Sünden des Landes wiedergutzumachen. Angela Merkel hatte den Deutschen gesagt: »Wir schaffen das.« Aber schon ein Jahr später, im September 2016, ruderte sie zurück: »Manchmal denke ich aber auch, dass dieser Satz etwas überhöht wird, dass zu viel in ihn geheimnist wird. So viel, dass ich ihn am liebsten kaum noch wiederholen mag.«[35]

Tatsächlich stützten jedoch die früheren Erfahrungen den entgegengesetzten Standpunkt: »Wir schaffen das nicht.« Wenn in den 1990er-Jahren die Integration einer wesentlich geringeren Zahl von Migranten gescheitert war, wie wahrscheinlich war es dann, dass die große Völkerwanderung von 2015/2016 bessere Ergebnisse bringen würde?

KAPITEL 15

Grooming Gangs

Nichts illustriert das Scheitern der Integrationsbemühungen früherer Generationen besser als der Fall der sogenannten Grooming Gangs in Großbritannien. Es wäre schön, wenn man glauben könnte – wie es die Integrationsindustrie uns weismachen will –, dass die Sexualverbrechen der neuesten nach Europa zugewanderten Migrantengeneration lediglich Kennzeichen einer vorübergehenden Phase seien und Migranten allmählich ihre Einstellungen gegenüber Frauen an das andere, in der westlichen Welt vorherrschende Frauenbild anpassen würden. Aufgrund der vor allem in Nordengland gemachten Erfahrungen steht jedoch zu befürchten, dass dies Wunschdenken ist.

In zahlreichen Teilen Großbritanniens wurden Grooming Gangs aufgedeckt und strafrechtlich verfolgt, darunter in Rochdale, Telford, Newcastle, Peterborough, Sheffield, Rotherham, Huddersfield, Oxford und Bristol.[1] Bei Ermittlungen, die 2014 aufgenommen wurden, zeigte sich das erschreckende Ausmaß dieser raubtierhaften Form von sexueller Ausbeutung junger Mädchen. Es stellte sich heraus, dass zwischen 1997 und 2013 schätzungsweise 1400 minderjährige Mädchen durch Banden von männlichen Migranten der ersten und zweiten Generation gezielt umworben, angegangen (englisch: *grooming*) und sexuell ausgebeutet wurden.[2]

Häufig arbeiteten die Täter abends und nachts, als Taxifahrer oder Pizzaboten, wobei sie ihre Opfer auf der Straße ansprachen. Sie gingen – wohl zu Recht - davon aus, dass ein junges Mädchen, das sich spätabends ohne Aufsichtsperson herumtreibt, wahrscheinlich von seinen Eltern vernachlässigt wird und leicht ausgebeutet werden kann. Die von den Tätern ins Visier genommenen Mädchen wurden von den Ermittlungsbehörden als »schutzbedürftig« eingestuft. Sie stammten aus »chaotischen« Familienverhältnissen oder lebten in Sozialwohnsiedlungen und wurden angelockt mit billigen Geschenken in Form von Fast Food, Alkohol, Drogen, Telefonkarten – und nicht zuletzt der Aufmerksamkeit und Zuneigung, nach der sie sich sehnten.[3] Diese »Geschenke« stellten sich jedoch bald als Anzahlungen für Sex heraus. Mädchen, die zum Teil erst elf Jahre alt waren, wurden genötigt, Gruppen von Männern sexuell zu Diensten zu sein. Viele von ihnen wurden unter Drogen gesetzt und vergewaltigt; manche wurden in andere Orte verschleppt, um dort vergewaltigt zu werden; viele wurden geschlagen und bedroht. Eine Ermittlung nach der anderen brachte das brutale und skrupellose Verhalten der Täter an den Tag. In Keighley, West Yorkshire, musste ein 13-jähriges Mädchen wiederholt Gruppenvergewaltigungen über sich ergehen lassen, manchmal in einer abgelegenen Ecke einer Tiefgarage, wo die Täter den Vornamen des Mädchens und das Wort »*corner*« an die Wand gesprayt hatten.[4] Trotz jahrelangen systematischen sexuellen Missbrauchs minderjähriger Mädchen wurde bis 2009 kaum eine Grooming Gang strafrechtlich verfolgt, und heute, während ich dieses Buch schreibe, sind immer noch zahlreiche Ermittlungsverfahren offen.

Eine Frage der ethnischen Herkunft?

Die britische Anti-Extremismus-Organisation Quilliam veröffentlichte 2017 einen Bericht, in dem die ethnische Herkunft der Grooming-Gang-Täter untersucht wurde. Von den 264 verurteilten Tätern waren 84 Prozent »asiatisch«, 8 Prozent schwarz, 7 Prozent weiß, und 1 Prozent waren unbekannter ethnischer Abstammung.[5] Dazu sollte man wissen, dass im britischen Sprachgebrauch das Wort »asiatisch« sich hauptsächlich auf Menschen aus Südasien bezieht, die vor allem aus Indien, Pakistan und Bangladesch stammen, und nicht auf Menschen chinesischer oder südostasiatischer Herkunft. Der hohe Anteil britisch-»asiatischer« Täter setzte sich auch bei Ermittlungen fort, die nach der Quilliam-Studie durchgeführt wurden. Die meisten der verurteilten Männer haben arabische Namen, stammen jedoch nicht unbedingt aus der arabischen Welt, da viele von ihnen als Kinder von pakistanischen Migranten in Großbritannien geboren wurden. Ihre arabischen Namen weisen auf die Religionszugehörigkeit ihrer Familie. (Wie bei mir: Mein Vorname ist »Ali« und der meiner Mutter »Aisha«; dies sind keine somalischen Namen, sondern aus dem Arabischen entlehnte Namen aus den Hadithen.)

Im Zuge der Ermittlungen zu Grooming Gangs forderten manche Staats- und Rechtsanwälte, die kulturellen Überzeugungen und Motive der Täter müssten besser verstanden werden.[6] Deren Aussagen in den Strafverfahren liefern einen Einblick in eben diese Überzeugungen. Der 59-jährige Anführer der Grooming Gang in Rochdale sagte seinen Opfern, dass »in meinem Land« schon elfjährige Mädchen Sex hätten. Ein anderer in Bristol machte einem Opfer weis, es gehöre zur »somalischen Kultur und Tradition«, dass Mädchen Sex mit seinen Freunden hätten.[7] Ein Täter in Rotherham rezitierte den Koran, während er auf sein Opfer einprügelte.[8] In den Verfahren gegen

Grooming Gangs sowohl in Telford als auch in Keighley stellte der Richter fest, dass die verurteilten Täter keinerlei Reue zeigten. Im Zeugenstand seien die Männer »voller Verachtung, ohne jeden Respekt und äußerst arrogant« aufgetreten; sie hätten ihre Opfer als wertlose »Objekte betrachtet, die sie sexuell missbrauchen und dann fallenlassen konnten«.[9]

Spielte es eine Rolle, dass die meisten Opfer der Grooming Gangs weiß waren? Der Staatsanwalt Nazir Afzal, der die ersten Urteile gegen Grooming-Gang-Mitglieder erwirkte, vermutet, dass Opfer aus der »asiatischen« Bevölkerungsgruppe zögern würden, als Zeugen aufzutreten. Viel zu sehr fürchte man sich vor der Schande und dem Ehrverlust, der dadurch vermeintlich über ihre Familie gebracht würde. Wahrscheinlicher ist jedoch, dass es kaum Opfer aus der »asiatischen« Minderheit gab. Als ich 2018 mit Nazir über diese Fälle sprach, erklärte er in seinem abgehackten englischen Akzent, die Täter hätten sich vor Gericht keineswegs auf ihre kulturelle Herkunft berufen, sondern vielmehr der westlichen Gesellschaft vorgeworfen, es zugelassen zu haben, dass eine Unterschicht aus schutzbedürftigen Mädchen entstand, die leichte Beute waren. »Solche Mädchen wollen Wärme, Essen, Mitfahrgelegenheiten, betäubende Drogen und Liebe«, so Nazir, »und sie glauben, diese Burschen würden ihnen das geben – aber die wissen gar nicht, was Liebe ist.«[10] Den Aussagen von Polizeibeamten und Staatsanwälten zufolge wurden diese Opfer nicht etwa ins Visier genommen, weil sie weiß waren, sondern weil sie sich nachts auf der Straße herumtrieben und besagte leichte Beute waren.[11]

Das Ausmaß und die Schwere dieser Verbrechen war grauenhaft, aber dennoch wurden sie vom sozialen Umfeld der Täter jahrelang vertuscht. Ann Cryer war damals Parlamentsabgeordnete für den Wahlkreis Keighley in West Yorkshire. Obwohl sie inzwischen über 80 ist, kann sie sich noch sehr gut an diese Ereignisse erinnern. Sie ist

»fest davon überzeugt«, dass die »asiatischen« Minderheiten in ihrem Wahlkreis schon Anfang der 2000er-Jahre wussten, dass dort sexueller Missbrauch stattfand. Sie sprachen nicht darüber, weil auch sie den Eltern der Mädchen vorwarfen, nicht ordentlich auf ihre Kinder aufzupassen. »Wenn ich diese Dinge auf Bürgerversammlungen zur Sprache brachte, war Schweigen im Saal«, erinnert sie sich während unseres Gesprächs, »und dann sagten die Leute: ›Das sehen Sie völlig falsch, Sie verstehen es nicht. Die Eltern der Mädchen sind schuld.‹« Ein besorgter Gemeinderat in Anns Wahlkreis hatte der örtlichen Moschee die Namen und Anschriften von Grooming-Gang-Mitgliedern gegeben und die Geistlichen dringend gebeten, zu intervenieren. Doch die Männer von der Moschee bestritten, dass das Verhalten der Gang irgendetwas mit ihnen oder ihrer Gemeinde zu tun habe, und der Missbrauch ging weiter. Ann wies darauf hin, wie scheinheilig sich die muslimischen Geistlichen verhielten: Zwar wollten sie die Eltern der Mädchen unter Druck setzen, die sich »mit ihren Worten ›danebenbenehmen‹, aber wenn es darum ging, junge weiße Mädchen vor Männern zu schützen, die es besser hätten wissen müssen und sich besser hätten benehmen sollen, sagten die Imame ganz unverblümt: ›Mit uns hat das nichts zu tun.‹«[12]

Jahre später wurde örtlichen Gemeinderäten, die der pakistanischen Minderheit angehörten, von der konservativen Presse vorgeworfen, sie hätten Sozialarbeiter, die den Missbrauch aufgedeckt hatten, im Interesse des »Zusammenhalts in der Gemeinde« entlassen.[13] Die Sprecher von Organisationen, deren Aufgabe es eigentlich war, Schutzbedürftige zu unterstützen, warnten, es würde »rassistische Einstellungen fördern«, den ethnischen Hintergrund von Tätern öffentlich zu machen.[14] Die Wenigen, die sich dazu öffentlich äußerten, wurden diffamiert. Ann Cryer wurde von anderen Abgeordneten vorgeworfen, sie würde »ständig asiatische Männer in Verruf bringen«, wenn sie aufdecke, wie diese Männer sich gegenüber Mäd-

chen und Frauen verhielten. Sarah Champion, einer anderen britischen Parlamentsabgeordneten, in deren Wahlkreis Grooming Gangs
ihr Unwesen trieben, hielt man vor, sie würde »ethnischen Spannungen Vorschub leisten«, wenn sie öffentlich sage, dass die Mehrheit der
in ihrem Wahlkreis wegen sexuellen Kindesmissbrauchs verurteilten Täter pakistanisch-britische Männer seien.[15] Ihre Antwort: »Ich
lasse mich lieber als Rassistin diffamieren, als wegzusehen, wenn Kinder missbraucht werden.« Prompt wurde sie als Labour-Kandidatin
für einen Posten im Kabinett fallengelassen.[16]

In Alexis Jays Bericht über die Grooming Gangs in Rotherham haben örtliche Beamte die Befürchtungen beschrieben, die sie davon
abgehalten haben, die Ethnizität der Täter öffentlich zu machen. Einige übten Selbstzensur, um nicht den Eindruck zu erwecken, rassistisch zu sein; andere wurden von ihren Vorgesetzten angewiesen,
nichts zu sagen.[17] Die Journalistin Julie Bindel brauchte sieben Jahre,
um ihre Untersuchungsergebnisse zu dem Problem veröffentlicht zu
bekommen. »Ein Redakteur nach dem anderen hat mir gesagt, er befürchte, dass manche Leute es für ›islamophob‹ halten würden, wenn
er Aufmerksamkeit auf das Thema lenke«, sagte sie 2018.[18]

Nach einer von der Regierung angeordneten Untersuchung zu
diesen Vorgängen, die 2016 von Louise Casey durchgeführt wurde,
kritisierte sie in ihrem Bericht, Frauenrechte und Rechtsstaatlichkeit
seien aus Gründen der »politischen Korrektheit« missachtet worden:

> Die Fälle von sexuellem Kindesmissbrauch in Rotherham wa-
> ren ein katastrophales Beispiel dafür, dass Behörden die Augen
> vor Straftaten verschließen, um eine bestimmte Minderheit
> nicht vor den Kopf zu stoßen. (…) Sie zogen es vor, Beweise für
> die ethnische Zugehörigkeit von Tätern zu vernichten und ihre
> Pflichten zu vernachlässigen, anstatt Kriminelle zur Rechen-
> schaft zu ziehen, die einer ethnischen Minderheit angehören.

Sie hatten zu viel Angst davor, deren kulturelle Sensibilitäten zu verletzen.[19]

Neben der Angst vor Rassismusvorwürfen, hatten manche Sozialarbeiter und Ermittlungsbeamte noch einen anderen Grund, nicht gegen Grooming Gangs vorzugehen: Standesdünkel.[20] Die betroffenen Mädchen gehörten zur Unterschicht; also war es einfacher, ihre Rechte zu missachten. Obwohl Beweise vorlagen, entschied sich die Polizei dagegen, solche Fälle vor Gericht zu bringen, weil sie zu der Einschätzung gekommen war, die Opfer seien unzuverlässige Zeuginnen.[21] Ann Cryer hat erklärt, dass die Mütter von einigen der missbrauchten Mädchen der Polizei nicht nur berichtet hatten, was vor sich ging, sondern auch die Täter angezeigt hatten, samt Namen, Adressen und sogar Spitznamen. Dennoch entschied die Polizei, nicht aktiv zu werden. Sie meinte, die Mädchen würden im Zeugenstand ein schlechtes Bild abgeben, und es wäre Zeitverschwendung, solche Fälle vor Gericht zu bringen.[22] Empört über die Untätigkeit der Polizei, motivierte Cryer ihre politischen Kollegen, eine Reform der Strafprozessordnung auf den Weg zu bringen, die es möglich machte, vor Gericht eine Mutter anstelle ihrer Tochter aussagen zu lassen. Sie erinnert sich:

Im Handumdrehen, innerhalb von Wochen, wurde die Strafprozessordnung in Bezug auf solche Fälle geändert. Damit hatte ich etwas in der Hand gegen die Polizei in West Yorkshire und konnte ihnen sagen: »Ich habe diese Reform der Strafprozessordnung durchgesetzt, und jetzt tut eure Pflicht – verhaftet diese Männer und bringt sie vor Gericht.« Daraufhin wurden sie aktiv, und Ende 2003 wurden etwa 15 der Männer verhaftet. Aber letzten Endes wurden nur vier von ihnen zu Gefängnisstrafen verurteilt und mussten rund ein Jahr einsitzen, weil sie

Sex mit einem minderjährigen Mädchen gehabt hatten. Damit fingen die strafrechtlichen Ermittlungen an. Ich fand es großartig und dachte, es würde die Männer abschrecken, weil sie befürchten müssten, verhaftet und ins Gefängnis gesteckt zu werden. Ich dachte, ich hätte gewonnen. Aber dann hörte ich natürlich von immer mehr solchen Fällen und wie weit verbreitet das war.[23]

Der Fall der britischen Grooming Gangs zeigt auch, wie tief frauenfeindliche Einstellungen in den Gemeinschaften muslimischer Zuwanderer verwurzelt sind. Ein Mitglied einer Grooming Gang in Newcastle sagte zu einer Fahrkartenkontrolleurin: »Alle weißen Frauen sind nur für eines gut – von Männern wie mir gefickt und dann weggeworfen zu werden wie Müll. Mehr sind Frauen wie du nicht wert.«[24] Die vier Männer, die 2012 in Rochdale verurteilt worden waren, weil sie sich das Vertrauen von Mädchen erschlichen und sie dann vergewaltigt hatten, legten gegen die Entscheidung des Gerichts, sie nach Verbüßen ihrer Strafe nach Pakistan abzuschieben, Berufung ein. Ihre Anwälte, deren Rechnungen in Höhe von etwa einer Million Pfund vom britischen Steuerzahler bezahlt wurden, brachten den Fall vor den Europäischen Gerichtshof für Menschenrechte.[25] Die Berufung wurde abgewiesen, zeigte aber, wie unverfroren und schamlos die Täter waren. Einer der vier Männer, Shabir Ahmed, der Anführer der Grooming Gang in Rochdale, behauptete, seine Verurteilung sei das Ergebnis einer Verschwörung der Polizei, die Muslime zu Sündenböcken abstempeln wolle. Dieses völlige Fehlen von Reue ist ein Verhalten, das bei Grooming-Gang-Tätern immer wieder zu beobachten ist. Nachdem ein Richter das Urteil gegen eine andere Grooming Gang, die in Bradford ihr Unwesen getrieben hatte, verkündet hatte, musste er den Gerichtssaal räumen lassen, weil Unterstützer der Angeklagten ihn beschimpften und auf anwesende Journalistinnen losgingen. Sie brüllten, die Männer seien zu Unrecht verurteilt worden; sie seien gute Muslime, die ins Gefängnis geschickt würden, obwohl sie nichts Falsches getan hätten.[26]

Grooming auf dem europäischen Festland

Natürlich ist die systematische sexuelle Ausbeutung schutzbedürftiger Mädchen kein ausschließlich britisches Phänomen – Schlepperbanden und Prostitutionsringe operieren weltweit. Anfang der 2000er-Jahre gab es in den Niederlanden Berichte über ein ähnliches Verhaltensmuster, das jedoch nicht unter dem Stichwort »Grooming Gangs« bekannt wurde, sondern als »Lover Boy«-Phänomen. Junge marokkanische Männer erschlichen sich das Vertrauen von Mädchen aus der Unterschicht, vermittelten ihnen den Eindruck, sie seien ihr Freund, nur um sie dann zu Sex mit Gruppen von Männern zu zwingen.

In Schweden gibt es heute Anzeichen für ähnliche Praktiken. Gruppen männlicher Migranten suchen sich schutzbedürftige Frauen und Mädchen und überreden oder nötigen sie dazu, Sex zu haben. Ein solcher Fall fand 2016 in Fittja statt, etwas außerhalb von Stockholm.[27] Eine Frau, die seit der Tat in einem Frauenhaus lebt, wurde in einem Treppenhaus Opfer einer stundenlangen Gruppenvergewaltigung. Sie wurde bewusstlos geschlagen, und acht bis zehn Männer vergewaltigten sie, während zehn andere Männer zusahen, von denen einige das Verbrechen mit ihren Mobiltelefonen filmten. Vor Gericht behaupteten einige der Männer, die Frau habe Sex für Drogen angeboten, also sei es keine Vergewaltigung, sondern einvernehmlicher Sex gewesen.[28] Fünf Angeklagte wurden freigesprochen, und der Staatsanwalt verzichtete darauf, Berufung einzulegen. Polizeibeamte, die in diesem Fall ermittelt hatten, vermuteten, die Männer hätten sich auch an anderen »sozial schwachen« Frauen auf die gleiche Weise vergangen.[29] Wenn ich jedoch mit Schwedinnen und Schweden über das Problem spreche, weiß kaum einer von ihnen von den Grooming Gangs in Großbritannien oder den Lover Boys in den Niederlanden. Jeder Fall gilt als Einzelfall, und vor den offensichtlichen Parallelen werden die Augen verschlossen.

In Untersuchungen zu den britischen Grooming Gangs wurden die weite Verbreitung und die lange Dauer der Missbräuche unter anderem auf die Abschottung zwischen verschiedenen Behörden zurückgeführt. In jeder Stadt zeigten die zuständigen Behörden sich erstaunt, dass solche Vergehen in ihrem Zuständigkeitsbereich stattfanden. Ann Cryer hat es so ausgedrückt: »Es schien seltsam und unwahrscheinlich zu sein, dass dies auf der ganzen Welt nur in Keighley geschah, und natürlich war es unwahrscheinlich.«[30] Tief frustriert über das anhaltende Versagen lokaler Behörden, aus den Erfahrungen von anderen zu lernen, meint Nazir Afzal dazu: »Wenn man sich jede ernsthafte Fallüberprüfung ansieht, die ich in den letzten 20 Jahren gesehen habe, stellt man fest, dass sie alle mit der gleichen Empfehlung anfangen: ›Empfehlung 1: Ermittlungsergebnisse hätten weitergegeben werden müssen.‹«[31]

TEIL IV

Lösungen – vorgeschobene und echte

KAPITEL 16

»Für dich, der du mit einem Kind verheiratet bist«

Wenn ein Mensch, der an einer tödlichen Krankheit leidet, die Phase des Nichtwahrhabenwollens hinter sich hat, macht er wie gesagt vier weitere Phasen durch: Zorn, Verhandeln, Depression, sowie schließlich Zustimmung. Doch ein Land ist kein Individuum, und die geeignete Reaktion auf ein politisches Problem wie Massenzuwanderung und die damit einhergehenden kulturellen Konflikte ist nicht ein Sichfügen in diese Zustände. Leider scheint das jedoch die Reaktion zu sein, zu der sich zahlreiche europäische Politiker und Bürokraten entschieden haben. In diesem letzten Teil des Buches werde ich zeigen, welche Gefahren es mit sich bringt, die fremdartigen Werte zu akzeptieren, die muslimische Männer mitbringen, wenn sie sich aus ihrer Heimat auf den Weg nach Europa machen – vor allem die verschiedenen Arten, wie sie Frauen erniedrigen. In den letzten beiden Kapiteln werde ich dann zwei alternative Reaktionen in Betracht ziehen: die erste, die von Rechtspopulisten bevorzugt wird, die illegale Migranten ausweisen und die Zuwanderung von Muslimen einschränken wollen – eine Strategie, die ich weder für gerecht noch praktikabel halte; und die zweite, die ich selbst bevorzuge und die darin besteht, das in westeuropäischen Ländern vorherrschende System zur Integration von Zuwanderern radikal zu reformieren.

Wenn Behörden den Opfern die Schuld geben

Als Reaktion auf die zunehmende Häufigkeit von sexuellen Übergriffen gegen Frauen setzen europäische Regierungen und Bürokraten immer häufiger Strategien ein, die direkt aus dem Drehbuch der Islamisten meiner Jugend stammen könnten. Anstatt das Verhalten von Männern durch Polizeiarbeit unter Kontrolle zu halten, zieht man es vor, die Freiheiten von Frauen einzuschränken. Damit wird impliziert, dass Frauen das eigentliche Problem seien und es vermeiden sollten, in Situationen zu geraten, in denen sie angegriffen werden könnten. Ganz gleich, ob diese Reaktion auf mangelndes Engagement für eine offene Gesellschaft, bürokratische Ineffizenz oder fehlendes Geld zurückzuführen ist, auf jeden Fall ist sie ein schwerer Rückschlag für die Rechte von Frauen.

So ließ zum Beispiel 2015 der Direktor eines Gymnasiums in Pocking, unweit der deutsch-österreichischen Grenze, einen Brief verschicken, in dem er die Eltern seiner Schülerinnen aufforderte, ihre Töchter zu ermahnen, sich anders zu kleiden, um nicht die sexuellen Begierden der syrischen Flüchtlinge zu wecken, die in der Turnhalle der Schule untergebracht waren. Der Schuldirektor Martin Thalhammer schrieb den Eltern, es »sollte eine zurückhaltende Alltagskleidung angemessen sein, um Diskrepanzen zu vermeiden. Durchsichtige Tops oder Blusen, kurze Shorts oder Miniröcke könnten zu Missverständnissen führen.«[1] »Diskrepanzen« und »Missverständnisse« sind seltsame Begriffe, um die sexuelle Belästigung von Schulmädchen zu beschreiben.

Nachdem eine Frau, die im September 2017 in einem Leipziger Park Fitnessübungen machte, vergewaltigt worden war, riet die Polizei den Anwohnerinnen, zu zweit zu joggen »oder zumindest sich immer mal umzuschauen, wenn man jemanden überholt hat«, um vor einem Angriff sicher zu sein.[2] In ähnlicher Weise warnte die Polizei im schwedischen Östersund nach einer Serie gewaltsamer Übergriffe im März 2016 die Bürgerinnen, nach Einbruch der Dunkelheit nicht mehr allein draußen zu sein.[3] Nach einem anderen Verbrechen im Dezember 2017, der Gruppenvergewaltigung und »folterartigen Misshandlung« einer 17-Jährigen, gab die schwedische Polizei Frauen den Rat (den sie allerdings später zurückzog), nicht allein nach draußen zu gehen.[4] (Der in diesem Fall ermittelnde Polizeikommissar Mats Attin sagte den Medien, dass er in seinen 35 Jahren im Polizeidienst so etwas noch nie gesehen habe.) Frauen aus dem öffentlichen Raum zu verbannen, scheint die Standardreaktion von Behörden zu sein, denen der Wille oder die Ressourcen fehlen, sie zu schützen.

Nachdem 2014 und 2015 zahlreiche sexuelle Übergriffe auf einem weiteren schwedischen Musikfestival, dem Bråvalla Festival, angezeigt worden waren,[5] verteilte die Polizei im folgenden Jahr Armbinden mit der Aufschrift: »Polizeiliche Absperrung – nicht grapschen!« *(POLIS AVSPÄRRAT #tafs ainte)*.[6] Tino Sanandaji, ein iranisch-kurdischer Flüchtling und Wirtschaftswissenschaftler, der die Integrationspolitik der schwedischen Regierung kritisiert, hat darauf hingewiesen, wie absurd es sei, wenn die Polizei Talismane an Frauen verteile, um drohendes Unheil abzuwenden.[7] Dieser Aberglaube hat eindeutig nicht funktioniert, da nach dem Festival im Jahr 2017 abermals vier Vergewaltigungen und 23 sexuelle Übergriffe angezeigt wurden.[8] Im Jahr darauf stimmten viele Frauen mit der Geldbörse ab – Bråvalla wurde von den Veranstaltern wegen schwacher Ticketverkäufe abgesagt.

Wenn Talismane schon nicht funktionieren, dann vielleicht die Trennung der Geschlechter? Es ist eine gewisse Ironie der Geschichte, dass das einstmals verpönte Konzept von Segregation – manchmal nicht nur nach Geschlecht, sondern auch nach ethnischer Zugehörigkeit – in der westlichen Linken ein Comeback erlebt. Im August 2018 fand im schwedischen Göteborg das Statement Festival statt.[9] Dahinter steckte die Idee, einen »sicheren Raum« zu schaffen, wo Frauen ohne Angst vor Belästigungen feiern konnten. Es wurden keine »Cisgender-Männer« eingelassen – also keine Männer, denen nicht nur bei ihrer Geburt das männliche Geschlecht zugewiesen wurde, sondern die sich auch aktuell als Mann identifizieren. Entsprechend sperrte die Polizei 2017 bei der Silvesterparty am Brandenburger Tor eine »Sicherheitszone für Frauen« ab. Eine Polizeisprecherin erklärte, dies sei eine gute Gelegenheit, Frauen, die sich belästigt fühlten, einen Rückzugsraum anzubieten.[10] Menschen, die sich so etwas ausdenken, scheinen sich der Ironie solcher Taktiken nicht bewusst zu sein: Die Trennung der Geschlechter ist ja genau das, was in den meisten mehrheitlich muslimischen Ländern praktiziert wird, wenn auch unterschiedlich streng. Das ausschließlich Frauen vorbehaltene Festival in Schweden fiel übrigens zeitlich zusammen mit den Reformen, die 2018 in Saudi-Arabien durchgeführt wurden und endlich öffentliche Konzerte im Königreich zuließen – solange sich dabei die Geschlechter nicht mischen.

Die Unterwerfung von Frauen – schon wieder

John Stuart Mills Plädoyer für Frauenrechte in seinem 1869 erschienen Essay *The Subjection of Women* (deutsche Ausgabe: *Die Hörigkeit der Frau*) – das von seiner verstorbenen Frau Harriet Taylor Mill erheblich beeinflusst wurde – repräsentiert die besten Impulse der westlichen Zivilisation. In einem Zeitraum von etwa 200 Jahren, der im 18. Jahrhundert mit der Aufklärung begann und sich bis in unsere Zeit fortsetzt, hat der Liberalismus die Sprache, die Rechts-systeme und Verfahren hervorgebracht, welche die Stellung der Frau im westlichen Kulturkreis verbessern sollten. Vielleicht ist es altmo-disch, solche Vergleiche anzustellen, doch die ökonomischen Belege sind eindeutig: Liberal und demokratisch verfasste Gesellschaften sind friedlicher, wohlhabender und toleranter als Autokratien wie Russland, Ein-Parteien-Systeme wie China oder Theokratien wie der Iran. Und dennoch wird heute jeder, der die westliche Zivilisation für überlegen hält, als Rassist oder »White Supremacist« verteufelt. Kaum jemand ist bereit, den »politisch korrekten« Konsens infrage zu stellen und sich dafür einzusetzen, die Essenz der klassischen libe-ralen Werte zu verteidigen.

Ich befürchte, dass die europäischen Eliten besonders träge ge-worden sind. Junge Menschen in westlichen Gesellschaften sind mit der Annahme aufgewachsen, die Gleichstellung der Geschlechter sei eine Selbstverständlichkeit. Sie hatten es nicht nötig, für fundamen-tale Gleichberechtigung zu kämpfen, und merken es manchmal gar nicht, wenn diese Rechte in ihrem unmittelbaren Umfeld untergra-ben werden. Selbst wenn auf der Straße die Rechte von Frauen miss-achtet werden, entschuldigen sich manche Opfer sogar dafür, den Angreifer zu kritisieren. Wenn eine Frau, die sexuelle Gewalt erlitten hat, als Zeugin vor Gericht aussagt, muss sie betonen, keine Rassistin zu sein. Fast jede der Frauen, mit denen ich bei den Recherchen für dieses Buch gesprochen habe, hatte das Bedürfnis, mit einem Vorbe-halt anzufangen: »Ich habe nichts gegen Migranten« oder »ich bin links« oder »ich bin nicht rassistisch«.

Längst für beendet gehaltene Diskussionen über Themen wie Frauenemanzipation, individuelle Rechte, Religionsfreiheit, sexuelle Freiheit, Tierrechte und Redefreiheit stehen in Europa wieder zur Debatte. Ich habe Flemming Rose, den dänischen Zeitungsredakteur, der im September 2005 die Karikaturen des Propheten Mohammed

in der *Jyllands-Posten* veröffentlichte, gefragt, wie sich dieses Zurück-
drängen liberaler Werte vollzieht. Er erzählte mir, was sich in seiner
Redaktion abgespielt hat, nachdem die Karikaturen veröffentlicht
worden waren:

> Im Jahr 2006 vertraten die Herausgeber meiner Zeitung den
> Standpunkt, es dürfe keine Kompromisse über Redefreiheit ge-
> ben. Als dann immer mehr terroristische Drohungen und kon-
> krete Anschlagspläne eingingen, änderten sie schnell ihre Hal-
> tung. Das Management sagte uns: »Jetzt geht es nicht mehr um
> Redefreiheit, sondern darum, die Zeitung und ihre Mitarbeiter
> vor einem Terroranschlag zu schützen«, als ob keinerlei Zusam-
> menhang zwischen Freiheit und Sicherheit bestünde. So funkti-
> onierte der Angstmechanismus.

Ich fragte ihn, ob die Anpassung an dieses neue, eingeschränkte Arbeitsumfeld ein bewusster Bewältigungsmechanismus gewesen sei.
Seine Antwort: »Die Leute waren sich dieses Vorgangs nicht wirklich
bewusst; er spielt sich auf einer unterbewussten Ebene ab. Die Sorge
um die Sicherheit ist jetzt einfach ein alltäglicher Bestandteil des Lebens (…) für sie ist es zur Normalität geworden. Der Mensch hat die
Fähigkeit, sich an jede nur denkbare Situation anzupassen, um zu
überleben.«

Wenn Nachwuchsjournalisten einen Job im Newsroom der
Jyllands-Posten antreten, müssen sie zuerst eine Sicherheitsübung
absolvieren, bei der ihnen gezeigt wird, wie sie bei einem Terroran-
schlag möglichst schnell in einen (kugelsicheren) Schutzraum kommen. Über zehn Jahre, nachdem die Mohammed-Karikaturen veröffentlicht wurden, benötigt Flemming nach wie vor Personenschutz
rund um die Uhr. Während wir uns in einer Hotellobby in Kopenhagen unterhielten, waren seine Personenschützer immer in unserer

Nähe. Ich fragte ihn, wie viele Journalisten denn heute noch bereit wären, in seine Fußstapfen zu treten, oder in die von Stéphane Charbonnier, dem Herausgeber des Pariser Satireblatts *Charlie Hebdo*, der zusammen mit elf Kolleginnen und Kollegen am 7. Januar 2015 in den Redaktionsräumen ermordet wurde. Flemming gab mir eine typisch pragmatische Antwort: »Kaum einer, und ich kann es ihnen nicht verdenken. Aber sie müssen sich darüber im Klaren sein, dass für Freiheit immer ein Preis zu zahlen ist. Ein Mensch kann wunderbare Grundsätze und Werte haben, doch die meisten von uns haben auch eine Familie und Kinder. Wir brauchen Arbeit, um uns zu ernähren, und dann macht man eben Kompromisse, wenn eine echte Bedrohung auftaucht.«[11]

Falls aber Europa auf diesem Weg voranschreitet, sehe ich ein albtraumhaftes Szenario voraus: Die europäischen Gesellschaften werden immer mehr wie jene Gesellschaften aussehen, welche die Migranten hinter sich gelassen haben. Die Zustände, die heute erst in relativ wenigen urbanen Wohnvierteln Europas herrschen, werden immer weiter um sich greifen. Immer größere Teile von Schweden werden wie die Parallelgesellschaften in Tensta oder Malmö aussehen – es werden viele »Klein-Mogadischus« entstehen. Und als Reaktion werden populistische Parteien immer mehr Zulauf bekommen, und manche von ihnen werden echte Rassisten anlocken und ihnen Auftrieb verschaffen. Immer mehr Einheimische werden ihr Vertrauen in den Rechtsstaat verlieren und die Dinge selbst in die Hand nehmen. Unter dem Eindruck, dass die Polizei sie nicht mehr schützen kann, werden womöglich immer mehr Menschen sich bewaffnen. Ich befürchte, in einer solchen Zukunft könnten Frauen vieles von dem, was sie in meiner Lebenszeit erreicht haben, wieder verlieren. Ganz so, wie die Freiheiten und die Autonomie von Frauen mit der Einführung der Scharia in neumuslimischen Ländern zurückgedrängt wurde, werden auch im Westen die Frauen an Boden verlieren – nicht nur an die kulturellen Werte der nichtwestlichen Welt, sondern auch an die rechtsextremen Bewegungen, falls es diesen gelingen sollte, sich als die wichtigsten Verteidiger der bestehenden Gesellschaftsordnung zu etablieren.

Wenn das Versagen der Herrschaft des Rechts entschuldigt wird

So sieht es aus, wenn Frauenrechte zurückgedrängt werden. Hier ist eine Broschüre, die 2018 vom schwedischen Zentralamt für Gesundheits- und Sozialwesen (Socialstyrelsen) für Neuankömmlinge produziert wurde. Sie trägt den Titel: »Informationen für dich, der du mit einem Kind verheiratet bist«.[12]

Darin heißt es ganz trocken, dass es in Schweden illegal ist, ein Kind unter 18 Jahren zu heiraten, und kriminell, Sex mit jemandem unter 15 Jahren zu haben. Doch die einzige Konsequenz für Männer, die mit einer Sexualpartnerin zusammenleben, die dem Gesetz zufolge noch ein Kind ist, wird in der Broschüre mit sanften Worten umschrieben: »Unter Umständen wird Ihnen nahegelegt, für einen kürzeren oder längeren Zeitraum nicht mehr zusammenzuleben.« Die Broschüre enthält keinerlei Hinweis darauf, dass das Gesetz durchgesetzt werden könnte. Das zuständige Amt hielt es auch nicht für nötig, eine Ehe mit einem Kind – immerhin eine unumstrittene Verletzung der Menschenrechte – zu verurteilen, bis es in den Medien für diese nachsichtige Haltung kritisiert wurde. Das Pamphlet ist seither zurückgezogen worden, und es wurde ein neues Gesetz eingeführt, das besagt, dass Schweden keine im Ausland geschlossene Ehe mit einem Kind anerkennt. Allerdings erklärt dieses Gesetz Kinderehen nicht automatisch für ungültig, und der Staat zahlt weiterhin Sozialleistungen, Wohnkosten und Kindergeld an verheiratete Kinder und deren Nachkommen.

In Schweden sind Kinderehen kein neues Phänomen. In einigen schlecht integrierten Minderheiten sind sie gängige Praxis. Wie andere »Ehrenkultur«-Praktiken, etwa Gewalt im Namen der »Ehre« und Genitalverstümmelung, werden solche Ehen jungen Frauen aufgezwungen, die in den seltensten Fällen die Mittel, die Bildung oder die Freiheit haben, sich dagegen zu wehren. Bei meiner Arbeit als Übersetzerin in den Niederlanden vor über 20 Jahren und heute als Vorsitzende einer Stiftung für Frauenrechte in den Vereinigten Staaten sehe ich Fälle von jungen Mädchen und Frauen, die von ihren Familien unterdrückt, gegen ihren Willen verheiratet und letzten Endes von ihrem älteren Ehemann vergewaltigt werden. Nur sehr selten machen solche Fälle Schlagzeilen, und noch seltener tauchen sie in amtlichen Statistiken auf. Ein Beispiel im Südosten von Schweden fiel wegen der zaghaften Reaktion der zuständigen Behörden auf. Im Jahr 2016 ließ das Jugendamt der Kleinstadt Mönsterås es zu, dass ein Paar weiter »zusammenlebte«. Man beachte: Es handelte sich um einen 20-jährigen Asylbewerber und ein erst 13-jähriges Mädchen.[13] Ungeachtet zahlreicher Besuche durch Sozialarbeiter, die »Prozeduren zur Risikoeinschätzung umsetzten« und versuchten, das Paar davon zu »überzeugen«, getrennt zu leben, wurde das Mädchen im Haushalt des Mannes belassen. Einige Monate später wurde sie schwanger, und die beiden beteuerten, sie seien schon verheiratet gewesen. Dem zuständigen Ortsamt zufolge erfüllte die Situation des Mädchens nicht die Voraussetzungen für gesetzliche Zwangsmaßnahmen, und wenn es nicht freiwillig von seinem Mann wegziehen wolle, könne es nicht dazu gezwungen werden. Als direkte Folge dieses Falls musste das Jugendamt von Mönsterås an einen anderen Standort umziehen, weil es Drohungen erhalten hatte.[14]

Solche Begebenheiten sind ein eklatantes Versagen der Herrschaft des Rechts. Die Rechte des Mädchens wurden nicht geschützt von den Beamten, die vom schwedischen Steuerzahler dafür bezahlt werden, das gesetzliche Verbot von Kinderehen durchzusetzen. Und anderswo sieht es nicht besser aus. In den Vereinigten Staaten wurden zwischen 2000 und 2010 Schätzungen zufolge etwa 248 000 Kinder verheiratet, manche von ihnen waren erst zwölf Jahre alt.[15] Auch in Deutschland wurden Kinderehen zu einem Problem, als immer mehr Asylbewerber ins Land kamen. Das Bundesinnenministerium berichtete 2016, dass 1475 minderjährige Flüchtlinge verheiratet seien, drei Viertel von ihnen Mädchen und 361 von ihnen unter 14 Jahren alt.[16] Als Reaktion auf diese Zahlen verabschiedete der Deutsche Bundestag ein Gesetz, demzufolge eine Ehe erst nach Eintreten der Volljährigkeit, also mit 18 Jahren, eingegangen werden kann. In dem Versuch, muslimische Wähler zu umwerben, stimmten sowohl Die Linke als auch Bündnis 90/Die Grünen gegen das Gesetz, weil es »zu allgemein« gehalten sei.[17]

Scharia-Räte und rechtliche Doppelmoral

Wenn eine Gesellschaft die Existenz von Parallelgesellschaften zulässt, nimmt sie das Entstehen von parallelen Rechtssystemen in Kauf. Das zeigt sich am Beispiel von Scharia-Gerichten, die islamisches Recht auf die ehelichen Angelegenheiten von Gläubigen anwenden. In ihrer Studie über Scharia-Räte in Großbritannien kommt die holländische Juristin Machteld Zee zu der Einschätzung, dass dort zwischen 10 und 85 Scharia-Räte operieren.[18] Zee dokumentiert Fälle von Frauen, die sich scheiden lassen wollten, aber von Scharia-Gerichten zu ihrem misshandelnden Mann zurückgeschickt wurden. Ihnen wurde der rechtliche Schutz verweigert, der nichtmuslimischen Ehefrauen nach britischem Recht zusteht. Daraufhin attackierte der Islamische Scharia-Rat Zee als Mitglied der »Unheiligen Dreifaltigkeit« (zusammen mit Donald Trump und der Baroness Caroline Cox, der Gründerin des Humanitarian Aid Relief Trust) und veröffentlichte Statistiken über die von ihm im Jahr 2010 bearbeiteten Fälle. Von den 700 in jenem Jahr gestellten Anträgen kamen 83 Prozent von Frauen; ein Drittel waren Klagen über häusliche Gewalt, und bei einem weiteren Drittel ging es um Vernachlässigung oder ausbleibende finanzielle Unterstützung. Auf seiner Website erklärt der Scharia-Rat: »Bis jetzt hat der Rat über 10 000 Fälle bearbeitet. Bei den meisten dieser Fälle geht es um Scheidung. In manchen Fällen hat die Ehefrau sich von einem staatlichen Familiengericht scheiden lassen, was von ihrem Ehemann nicht akzeptiert wird; er hält eine solche Scheidung für inakzeptabel und wirkungslos in Bezug auf seine Rechte als Ehemann.«

Scharia-Gerichte werden zwar mit einem Stirnrunzeln bedacht, sie können jedoch in Großbritannien weiter operieren. In ihrem 2019 veröffentlichten Bericht *Integrated Communities Strategy Green Paper* räumte die britische Regierung ein, es würde »Hinweise darauf geben, dass manche Scharia-Räte auf diskriminierende und inakzeptable Weise arbeiten – wenn sie zum Beispiel Zwangsheiraten legitimieren wollen oder Scheidungsregelungen treffen, die unfair für die betroffenen Frauen sind«.[19] Warum wird es dann aber geduldet, dass diese Gerichte weiterhin aktiv sind? Ich finde es noch beunruhigender, wenn die Entscheidungen von Scharia-Gerichten von säkularen Gerichten bei ihrer Urteilsfindung berücksichtigt werden. Im März 2018 ließ das Bezirksgericht im Stockholmer Vorort Solna einen Mann, der seine Frau misshandelt hatte, mit der Begründung laufen, diese hätte sich zuerst mit der Bitte um Hilfe an die Verwandtschaft des Mannes wenden sollen, wie es das Scharia-Recht vorsieht, und nicht an die Polizei.[20] (Der gleiche Rat wird Muslimen auf dem englischsprachigen Internetforum Ummah.com erteilt.)

Seit Jahrzehnten haben westliche Behörden vor der Diskriminierung von Frauen in Migrantengemeinschaften die Augen verschlossen, und zwar nicht nur, wenn es um Heirat und Scheidung geht, sondern auch in Bezug auf Bildung. Beispiele für freiwillige Geschlechtertrennung bei Studentenveranstaltungen mögen als geringfügige Verstöße gegen die Gleichstellung durchgehen, aber wenn die Leitung einer Universität die Trennung der Geschlechter verteidigt, sollte uns das beunruhigen. Im Jahr 2013 ließ die Islamic Society der University of Leicester bei einem Lehrgang die Frauen in den hinteren Reihen Platz nehmen.[21] Anstatt diese Diskriminierung zu verurteilen, wurde sie von Nicola Dandridge, der damaligen Vorsitzenden von Universities UK, mit den Worten verteidigt, Geschlechtertrennung sei »auch unserer Kultur nicht völlig fremd«. Kurz darauf, im Jahr 2017, unterließ es die London School of Economics, eine nach Geschlechtern getrennte Veranstaltung der Islamic Society der Universität zu verhindern, die Männern und Frauen unterschiedliche Eintrittskarten verkaufte und dann im Veranstaltungsraum die Geschlechter mithilfe von Stellwänden voneinander getrennt hatte. (Nach etlichen Beschwerden aus der Studentenschaft räumte die Universität schließlich ein, die Veranstaltung sei diskriminierend gewesen.)[22]

Die Wirkung solcher vermeintlich wenig bedeutsamen Vorfälle kumuliert sich. Institutionen, die gegenüber Minderheiten solche Konzessionen machen, verschieben unwillkürlich die Verhaltensnormen für ganze gesellschaftliche Gruppen. Und das geschieht nicht nur an europäischen Universitäten.

Ausflüchte, Zurückweichen, Rückzug

Das Stereotyp, die meisten Nordeuropäer würden ihre Freizeit zum großen Teil nackt verbringen, ist die Pointe vieler Witze in anderen westlichen Ländern. Die meisten Amerikaner finden es exzentrisch, dass Deutsche nackt Tennis spielen, die Schweden gemischtes Nacktbaden als Teil ihrer nationalen Identität sehen und Holländer sich für Unisex-Saunas begeistern. Die Europäer, die ich damals in den 1990er-Jahren kennenlernte, waren davon überzeugt, solche Bräuche seien ein Zeichen des Fortschritts auf dem Weg zu einer zivilisierteren Gesellschaft. Heute werden diese Fortschritte jedoch zusehends zurückgenommen, derweil gesellschaftliche Institutionen sich den Präferenzen von Menschen anpassen, die auf »Anstand« und Geschlechtertrennung bestehen.

Im 19. Jahrhundert war Schweden das erste europäische Land, das gemischtgeschlechtliches Schwimmen erlaubte. Doch im Dezember 2016 entschied der schwedische Gleichstellungsbeauftragte (Diskrimineringsombudsmannen, DO), dass diskriminierende, nach Geschlechtern getrennte Schwimmzeiten in öffentlichen Schwimmbädern zulässig seien, um Frauen entgegenzukommen, deren religiöse Überzeugungen es ihnen verbieten, zusammen mit Männern zu schwimmen.[23] Nicht nur in Schweden werden solche Konzessionen gemacht; auch in einigen Schwimmbädern in Bonn wurden getrenntgeschlechtliche Schwimmzeiten eingeführt.[24] Dagegen lehnte das zuständige Amt in Duisburg Forderungen von muslimischen Verbänden ab, für Frauen reservierte Schwimmzeiten einzuführen.[25] Die Beamten, die solche Entscheidungen treffen, heben die Gleichstellung der Geschlechter in ihren Einrichtungen zum Teil wieder auf, und das tun sie natürlich in dem Bestreben, kulturell tolerant zu sein. Doch kaum einer von ihnen bedenkt, welche Folgen seine Entscheidungen für die Gesellschaft insgesamt implizieren.

Religiöse Überzeugungen sind freilich nicht der einzige Grund, warum in Schweden immer häufiger für Frauen reservierte Schwimmzeiten eingeführt werden. Im Gefolge der wachsenden Zuwanderung von 2015 beschwerten sich immer mehr weibliche Badegäste, sie seien im Wasser belästigt worden. Bademeister sowie andere Badegäste berichteten, dass Gruppen von männlichen Migranten im Schwimmbad Frauen anstarrten, belästigten, umringten, antatschten und sexuell einschüchterten. Einer von vielen Vorfällen spielte sich 2016 an einem Samstagnachmittag in einem Schwimmbad in Vänersborg ab: Die Mutter einer kleinen Tochter wurde von einem Mann an den Hüften gepackt, der sich immer wieder an ihren Körper presste. Sie konnte ihn nicht abwehren, da sie ihre Tochter über Wasser halten musste, damit sie nicht unterging. »Ich war wie gelähmt und konnte mich nicht wehren«, sagte die Frau nach dem Vorfall.[26]

Im Eriksdalsbadet, Stockholms größtem Schwimmkomplex, wurden im Januar 2016 nach Geschlechtern getrennte Whirlpools eingeführt, nachdem immer mehr Frauen sich darüber beschwert hatten, von Männern begrapscht worden zu sein.[27] Der Chef des Schwimmbads weigerte sich zu sagen, wie viele Beschwerden es gegeben hatte.

In der schwedischen Stadt Kalmar kam es in einem Schwimmbad, das unweit einer Unterkunft für minderjährige unbegleitete Flüchtlinge liegt, zu so vielen Beschwerden wegen Belästigung, dass die weiblichen Badegäste ihre eigene »Grapsch-Wache« *(tafsvakten)* ins Leben riefen, um die Vorgänge im Schwimmbecken zu überwachen.[28] Die geschäftsführende Chefin des Schwimmbads gab zu: »Viele Kundinnen kommen zu mir und sagen: ›Wir wollen nicht zum Schwimmen herkommen, wenn wir dann gierig angeglotzt werden.‹« Trotzdem behauptete sie: »Wir haben hier keine Probleme.« Die Initiatorin der »Grapsch-Wache« sagte, sie sei aktiv geworden, weil einfach zu viele einheimische Frauen Angst hätten, ins Becken zu gehen, und nicht genug getan worden sei, um sie zu schützen. Der schwedischen Journalistin Paulina Neuding zufolge hat die schwedische Polizei berichtet, 80 Prozent der Beschwerden in Schwimmbädern seien über Ausländer, die meisten davon ohne nationale ID-Nummer – also Asylbewerber, die darauf warten, dass ihr Antrag von den Behörden bearbeitet wird.[29]

In Krefeld berichtete die Polizei, im Freibad Bockum seien zwei Mädchen von fünf syrischen Jungen belästigt worden. In Düsseldorf wurde ein 27-jähriger Afghane beschuldigt, sich in einem Schwimmbad entblößt und einem 14-jährigen Mädchen einen Heiratsantrag gemacht zu haben. Nach sechs Anzeigen wegen »sexuell anstößigen Verhaltens einiger männlicher Migranten im Schwimmbad« sprach das Badezentrum Bornheim ein Hausverbot für männliche Asylbewerber über 18 Jahren aus. Als Reaktion auf solche Übergriffe produzierten die Kommunalbehörden in München ein Faltblatt. Darin sind gezeichnete Verhaltensregeln für Schwimmbäder zu finden. Eine Zeichnung zeigt eine nach dem Hinterteil einer blonden Frau im Bikini ausgestreckte Hand, darüber gedruckt ist ein rotes Symbol: »Verboten!« Das Faltblatt war für neu angekommene Migranten gedacht und wurde in diversen Sprachen veröffentlicht, darunter

Arabisch, Französisch, Paschtu (eine der Amtssprachen Afghanistans)
und Somalisch.[30]

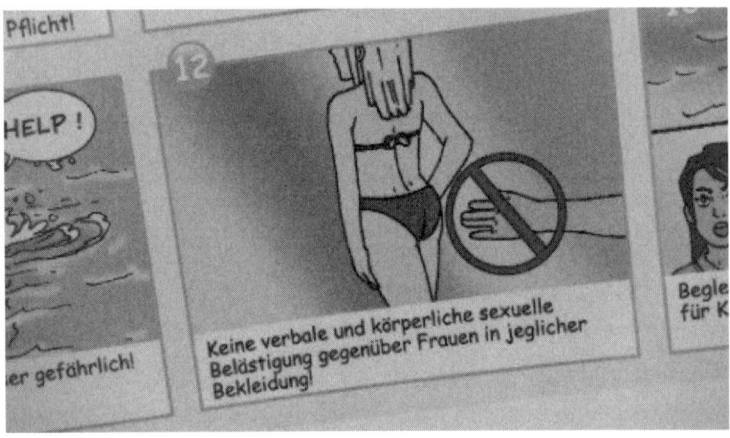

Solche Probleme treten auch auf der anderen Seite des Atlantiks auf.
Im Jahr 2017 wurde der 39-jährige syrische Flüchtling Soleiman
Hajj Soleiman angeklagt, sechs Mädchen im Alter zwischen 13 und
15 Jahren sexuell belästigt zu haben, die in einem Schwimmbad in
Edmonton, Kanada, einen Geburtstag feierten.[31] Eines der Opfer,
ein 14-jähriges Mädchen, gab an, der Mann habe im Wellenbecken
unter Wasser ihre Brüste und ihre Gesäßbacken angefasst. Unmittelbar nach dessen Festnahme brachte ein Sprecher der örtlichen Islamic Family and Social Services Association (Islamische Vereinigung
für Familien- und Sozialdienste) sein Entsetzen zum Ausdruck, dass
die Nationalität des Mannes und sein Einwanderungsstatus öffentlich genannt worden seien. Der Mann wurde wegen »sexuellem Missbrauch« in sechs Fällen und »sexuellem Kontakt mit einem Kind«
in sechs Fällen angeklagt, doch 18 Monate später wurde er wegen
»Mangels an zuverlässigen Beweisen« freigesprochen.

Eine nicht ganz so freie Körperkultur

Als ich damals in die Niederlande kam, war ich schockiert, nackte Geselligkeit zu sehen. Mir wurde erklärt, dass viele Europäer es genießen, nackt ins Spa zu gehen oder in die Sauna, nackt am Strand oder Badesee in der Sonne zu liegen. Männer, Frauen und Kinder sämtlicher Altersgruppen tollen zusammen herum, ohne Hemmungen und splitternackt. Ich erinnere mich, wie meine holländischen Freundinnen sich darüber beklagten, dass sie beim Urlaub in Ländern wie Thailand nicht »oben ohne« in der Sonne liegen durften; sie hielten die Thais für »absurd prüde«, weil sie es ihnen nicht erlaubten, ihr Oberteil abzunehmen.

Da ich aus einer Kultur stamme, die besessen davon ist, den weiblichen Körper von Kopf bis Fuß zu verhüllen, konnte ich es gar nicht fassen, dass mit solcher Zurschaustellung von nackter Haut so nonchalant umgegangen wird. Doch im Laufe der Zeit akzeptierte ich, dass FKK eine gute Sache ist, die das individuelle Selbstbewusstsein stärkt, indem sie Schamgefühle über den menschlichen Körper abbaut, die andere Kulturen den Menschen aufnötigen. Als ich über die Fälle grapschender Asylbewerber in europäischen Schwimmbädern recherchierte, fragte ich mich, ob auch sie mit dieser »Freikörperkultur« in Kontakt gekommen waren. Ich fragte Mikolai, den Inhaber einiger Wellness-Thermalbäder in Deutschland, den ich in London kennenlerne, ob viele neu angekommene Migranten seine Resorts besuchen. »Ja«, sagte er.[32] »Es ist schon oft vorgekommen, dass junge Migranten auftauchten, die Sex erwarteten. Das führte aber dazu, dass unsere Gäste sich nicht mehr wohlfühlten. Wir haben versucht, solchen Leuten zu erklären, dass wir kein Sex-Etablissement sind.«

Ich fragte ihn: »Wie haben Sie Männern aus dem Irak oder Afghanistan erklärt, was Ihre Resorts sind? Menschen, die noch nie eine Person gesehen haben, die nackt herumläuft?«

»Unsere Philosophie ist vom Römischen Reich inspiriert«, antwortete er. »Im alten Rom hatte jeder freie Bürger die Möglichkeit, seinen Traum von einem Paradies an der Sonne auszuleben. Wie wir alle wissen, ging das irgendwann zu Ende, und deswegen haben wir Thermalbäder wie im alten Rom geschaffen, wo jeder für ein paar Stunden hinkommen und sich wie im Paradies fühlen kann. Ob es am Samstagnachmittag ist, um ein Buch zu lesen, zu schwimmen, ein Gläschen Sekt zu schlürfen – jeder kann sein kleines Stück vom Paradies genießen. Und wir haben eine Nulltoleranzpolitik gegenüber jedem, der andere in ihrem Paradies stören will. Sobald so ein junger Bursche – oder sonst jemand – eine unserer Regeln bricht, indem er Frauen gierig anstarrt oder bei den Gästen für Unbehagen sorgt, wird er aus der Anlage entfernt und bekommt Hausverbot.«

Hat diese Politik funktioniert? »Nun ja, wir wurden deswegen von den deutschen Behörden der Diskriminierung bezichtigt. Zum ersten Mal, seit es uns gibt, mussten wir Überwachungskameras installieren.« Er sah so aus, als würden ihm gleich die Tränen kommen, als er fortfuhr: »Inzwischen ist der FKK-Bereich für Männer und Frauen getrennt.«

Leider ist das kein Einzelfall. Im Jahr 2016 wurde eine Gruppe von Nudisten in der Nähe von Dresden aufgefordert, sich zu bedecken, und das auf einem Campingplatz an einem Badesee, wo seit 1905 FKK praktiziert wird. Der Grund für die Regeländerung? Auf der gegenüberliegenden Seite des Sees war eine Flüchtlingsunterkunft gebaut worden.[33] Im Sommer 2016 wurde eine Gruppe »südländisch aussehender Männer« in einem FKK-Freibad im nordrhein-westfälischen Geldern des Geländes verwiesen. Badegäste hatten sich beschwert, die Männer hätten »Allahu akbar« gerufen, einheimische Männer und Kinder als »Ungläubige« beschimpft und Frauen als »Schlampen«.[34]

Das kann vielleicht zum Teil erklären, warum Nudismus in Europa auf dem Rückzug ist. Ein Sprecher des FamilienSportBunds Erftland-Ville e.V. im Rheinland hat gesagt, in den vergangenen zehn Jahren sei die Zahl der Mitglieder des Vereins um zwei Drittel zurückgegangen.[35] Entsprechend sind seit den 1990er-Jahren auch die Mitgliederzahlen von FKK-Vereinen in Dortmund und Witten um etwa die Hälfte zurückgegangen. Eine 2017 von der internationalen Marktforschungsgruppe IFOP durchgeführte Umfrage unter 8000 Frauen ergab, dass sich seit 2009 immer weniger Frauen an Badeständen nackt oder »oben ohne« aufhalten.[36] In Frankreich baden nur noch halb so viele Frauen »oben ohne« wie eine Generation zuvor. Das gilt vor allem für junge Frauen – unter ihnen ist der Anteil derer, die »oben ohne« gehen, nur noch ein Viertel so hoch wie unter Frauen ab 60. Der Meinungsforscher, der diese Studie leitete, sagte dazu, dass Körperbewusstsein, Bewegungsmangel und die Angst vor Hautkrebs dieses veränderte Verhalten von Frauen bewirkt haben könnten. Doch Kurt Fischer, der Vorsitzende des Deutschen Verbandes für Freikörperkultur (DFK), nennt einen anderen Grund für den Mitgliederschwund: »Junge Leute mit Migrationshintergrund, die aus muslimischen Kulturen stammen, für die der unbekleidete Körper ein Tabu ist, haben sich für die Verlockungen des Nudismus als unempfänglich erwiesen.«[37]

Ganze Bevölkerungsgruppen stellen fest, dass ihre Freiheiten beschnitten werden

Ich schreibe dieses Buch vor allem, weil ich sehe, wie infolge schlecht gemanagter Zuwanderung und fehlgeschlagener Integration die Rechte von Frauen untergraben werden. Doch ich möchte hier auch deutlich machen, dass es nicht nur Frauen sind, die in Mitleiden-

schaft gezogen werden. Auch die LGBTQ-Community und die europäischen Juden werden von Migranten ins Visier genommen, die aus
Kulturen kommen, in denen die bloße Existenz dieser Minderheiten
verhasst ist. Nachdem die Mitglieder dieser beiden Gruppen sich erst
in der zweiten Hälfte des 20. Jahrhunderts von systematischer Verfolgung im Westen befreien konnten, werden sie heute erneut zum
Ziel verbaler und körperlicher Misshandlungen auf den Straßen
Europas.

Homosexualität ist im Islam stigmatisiert und verboten.[38] Viele
Länder in Nordafrika und im Nahen und Mittleren Osten, also den
Regionen, aus denen die meisten Migranten nach Europa kommen,
kriminalisieren Homosexualität. Ebenso produzieren Moscheen und
Regierungen in diesen Teilen der Welt einen stetigen Strom antijüdi-
scher Propaganda. Als ich noch in Somalia lebte, wurde mir und anderen Kinder beigebracht, Juden zu hassen und ihnen die Schuld zu
geben für alles, was auf dieser Welt falsch läuft. Ich finde es nicht erstaunlich, dass Neuankömmlinge homophobe und antisemitische
Ansichten haben. Erstaunlich aber ist das Doppeldenk, die Selbst-
täuschung der europäischen Eliten, die diesen Hass vonseiten einer
Minderheit tolerieren, weil sie Angst davor haben, selbst für rassistisch oder hasserfüllt gehalten zu werden.

Wenn man bedenkt, wie schnell soziale Werte sich ändern, sollte
die LGBTQ-Community Europas auf der Hut sein vor den Auswirkungen des demografischen Wandels auf ihre hart erkämpften
Rechte. Zum Beispiel in Großbritannien. Eine Mehrheit der Briten,
auch der praktizierenden Christen, befürwortet heute das Recht auf
gleichgeschlechtliche Ehe.[39] Umfragen unter britischen Muslimen
haben dagegen gezeigt, dass über die Hälfte von ihnen meint, Sex
zwischen gleichgeschlechtlichen Partnern sollte illegal sein.[40] Immer
öfter ist von Mitgliedern der LGBTQ-Community zu hören, dass sie
von feindseligen jungen Migranten belästigt werden, selbst in Wohn-

vierteln, die früher als schwul galten. Manche schwulen oder lesbischen Paare sagen, sie würden nicht mehr Hand in Hand durch eine Stadt wie Brüssel gehen.[41]

Offener Antisemitismus kehrt nach Europa zurück

In den vergangenen Jahren waren jüdische Kinder in Berliner Schulen immer häufiger einer neuen Form von Verfolgung ausgesetzt. Ein jüdischer Schüler der Schule an der Jungfernheide meldete 2016 einen Mitschüler, der gesagt haben soll: »Wenn in dieser Klasse ein Jude wäre, würde ich ihn töten.« Eine jüdische Grundschülerin in Tempelhof wurde von Mitschülern mit dem Tode bedroht, und in Friedenau wurde ein jüdischer Schüler wegen seines Glaubens verprügelt.[42]

Solche antisemitischen Attacken enden aber nicht am Schultor. In Berlin kommt es auch im öffentlichen Raum immer häufiger zu Angriffen auf Juden. Die Recherche- und Informationsstelle Antisemitismus Berlin (RIAS), eine Nichtregierungsorganisation, die antisemitische Vorfälle erfasst, konstatiert für Berlin eine Zunahme von antisemitischen Übergriffen um 14 Prozent, von 951 im Jahr 2017 auf 1083 im Jahr 2018.[43]

Bei einem Vorfall, der in einem gediegenen Vorort von Berlin im April 2018 per Video aufgezeichnet wurde, schrie ein syrischer Mann immer wieder »Yahudi« (arabisch für »Jude«), während er mit seinem Gürtel auf zwei Männer einschlug, die Kippa trugen. Der Vorsitzende des Zentralrats der Juden in Deutschland reagierte darauf, indem er jüdischen Männern empfahl, vor allem in bestimmten Großstadtvierteln auf das Tragen der Kippa zu verzichten.[44] Ähnliche Geschichten könnten über die Erfahrungen von Juden in Dänemark, Großbritannien, Frankreich und anderen Ländern berichtet werden.

Heute wandern jedes Jahr doppelt so viele belgische Juden nach Israel aus wie in den frühen 2000er-Jahren.[45] Nach den *Charlie-Hebdo*-Anschlägen vervierfachte sich die Zahl der Juden, die pro Jahr nach Israel ziehen.

Zurückweichen und Rückzug

Die Flucht von Juden ist nur ein Teil eines größeren Bildes: Abwanderung als Reaktion auf Massenzuwanderung. Eine sehr unheilvolle Art, wie einheimische Bevölkerungen sich an massenhafte Zuwanderung anpassen, ist das Phänomen »White Flight«, die »Flucht der Weißen«. Migranten und ihre Nachkommen lassen sich mit Vorliebe in Vierteln nieder, wo bereits viele ihrer Landsleute leben. Und während ihr Bevölkerungsanteil steigt, ziehen immer mehr einheimische Anwohner weg. Soziologen, die dieses Phänomen untersucht haben, vermuten, dass White Flight eine Kettenreaktion ist, bei der selbst Befürworter von Vielfalt wegziehen, sobald der Anteil der Zuwanderer einen bestimmten Tipping-Point überschritten hat, vor allem an den Schulen.[46] Seit Jahrzehnten haben viele Politiker und Kommunalbehörden versucht, der Abwanderung von Einheimischen entgegenzuwirken, weil sie glaubten, dass dieser Prozess die Isolation von ethnischen Minderheiten verschärft und ihre Möglichkeiten reduziert, mit der Aufnahmegesellschaft zu interagieren. Als ich Anfang der 2000er-Jahre politisch aktiv war, arbeitete die holländische Regierung mit verschiedenen Kommunalverwaltungen zusammen, um in Amsterdam diesen Trend zu stoppen. Aber auch die von uns in die Wege geleiteten Interventionen sind gescheitert – wie so viele andere Integrationsprojekte auch.

Durch White Flight verändert sich das Erscheinungsbild von Wohnvierteln in Europa, doch in den meisten Kommunen geht das

Leben friedlich weiter, wenn auch mit beträchtlicher Unterstützung durch den Staat. Andere verkommen dagegen und werden zu Gettos voller Dreck und Kriminalität. In solchen Gegenden rutschen unzufriedene junge Leute, die kaum Aussichten auf materiellen Erfolg haben, nur allzu oft in eine Drogenkarriere und antisoziales Verhalten ab. Eigentumsdelikte, Drogenhandel, Einschüchterung und Gewalt finden in solchen heruntergekommenen Vororten ganz offen statt. In Schweden sind sogenannte exponierte Gebiete berüchtigt für abgefackelte Autos, Schießereien und Anschläge mit Handgranaten. Die Polizei räumt ein, dass ein hoher Anteil der Täter Migranten der ersten oder zweiten Generation sind.[47]

Solche Gegenden – zum Beispiel La Chapelle-Pajol in Paris und Laeken in Brüssel – sind nicht nur unsicher für Frauen, sie sind allgemein zu »No-go-Zonen« geworden. In Malmö haben zum Beispiel Post- und Lieferdienste zeitweise ihre Dienste eingestellt.[48] Im Randgebiet von Stockholm haben Parkwächter in Tensta monatelang nicht gearbeitet, und 2015 wurden die Bibliotheken von Hässelby nachmittags geschlossen, weil dort Bibliothekarinnen attackiert worden waren.[49] In manchen schwedischen Vierteln warten Rettungssanitäter und Feuerwehrleute auf Polizeischutz, bevor sie auf einen Notruf aus einer »No-go-Zone« reagieren.[50] In einem 2015 veröffentlichten Bericht führte die schwedische Polizeibehörde 53 solcher »exponierten Gebiete« auf. Die Polizei berichtet von mangelnder Kooperation der Anwohner, was zu einer geringeren Zahl von Festnahmen und erfolgreichen Anklagen führt und das Gefühl verstärkt, dass in solchen Gegenden die Herrschaft des Rechts einfach nicht mehr gilt.[51]

Cai Berger zufolge, der seit vielen Jahren als Pastor der Vereinigungskirche von Schweden in Stockholms berüchtigtem Vorort Tensta arbeitet, ist es dort schon seit 30 Jahren so. »Es ist zu einem Lebensstil geworden. Autos werden abgefackelt, Jugendliche werden ausgeraubt oder zusammengeschlagen, doch der Staat tut nichts dagegen. Einige meiner engsten Freunde leben in diesen Gegenden, und sie haben Angst, offen darüber zu sprechen.«

Berger ist ein typisch hochgewachsener, braungebrannter, blonder Schwede, der 2018 eine Asylbewerberin aus dem Iran geheiratet hat. »Ich habe schon sehr lange in diesen Gegenden gearbeitet und weiß aus eigener Erfahrung, dass die Gangs, die für die Übergriffe verantwortlich sind, ethnisch und religiös gemischt sind«, erzählt er. »Sie sind nicht alle Muslime oder erst vor kurzem angekommen, wie es manchmal in den Medien behauptet wird. Manche Jungs schließen sich einer Gang an, weil eines der Mitglieder ein Kumpel aus der Schulzeit ist. Aber wenn die Polizei zu einem Einsatz in einem überwiegend weißen Vorort gerufen wird, kommen die Anwohner nicht raus, um sie mit Steinen zu beschmeißen.«

Sorgfältig qualifiziert er seine Aussage: »Ob es nun mit Immigranten zu tun hat oder nicht – die Schweden neigen dazu, in ihrer Sicht der Dinge die Probleme Migration, Kriminalität, Sicherheit und Konkurrenz um öffentliche Mittel zu vermischen.«[52]

Europas Führungselite zeigt deutlich weniger Bereitschaft, über das Problem von »No-go-Zonen« zu sprechen. Anne Hidalgo, die Bürgermeisterin von Paris, drohte 2015, Fox News zu verklagen, weil der Sender behauptet hatte, in ihrer Stadt gebe es solche rein muslimischen Gegenden.[53] Anderthalb Jahre später wiederholte sie in einem Kommentar, den sie gemeinsam mit den Bürgermeistern von New York und London verfasst hatte, die Notwendigkeit, »auch in Zukunft einen inklusiven Ansatz zur Umsiedlung [von Flüchtlingen und Migranten] zu verfolgen, um die steigende Flut fremdenfeindlicher Rhetorik rings um die Welt zu bekämpfen. (…) Wir wissen, dass eine Politik, die Vielfalt und Inklusion fördert, erfolgreich ist.«[54] Im Jahr 2016 zeigte sich der Bezirksbürgermeister von Argenteuil im Nordwesten von Paris empört, weil sein Arrondissement mit dem

Dschihadisten-Hotspot Molenbeek in Brüssel verglichen wurde. Doch zwei Jahre nach den infamen Übergriffen in der Silvesternacht von Köln musste selbst Kanzlerin Angela Merkel schließlich einräumen, dass es Gegenden in Deutschland gibt, »wo keiner sich hintraut«.[55]

Rückzug vom Liberalismus

Nach den hunderten islamistischen Terroranschlägen der vergangenen beiden Jahrzehnte haben sich die Europäer daran gewöhnt, bewaffnete Polizisten und Soldaten auf ihren Straßen zu sehen. Inzwischen werden verstärkte Sicherheitsmaßnahmen jedoch auch eingesetzt, um neu ankommende Migranten von weniger politischen Formen der Kriminalität abzuschrecken. In Linz wurde 2016 das Sondereinsatzkommando »Lentos« – das normalerweise eingesetzt wird, um Fußball-Hooligans in die Schranken zu weisen – zum Bahnhof gerufen, um mit »einer Gruppe von überwiegend nordafrikanischen Männern« fertigzuwerden, die »alles Mögliche anstellten – von sexueller Belästigung bis hin zu Trunkenheit in der Öffentlichkeit, Drogenkonsum und sogar Körperverletzung«.[56] Als meine Rechercheurin 2018 Wien besuchte, sah sie sehr unterschiedliche Polizeibeamte – dicke und dünne, große und kleine, männliche und weibliche, manche von ihnen in Kampfausrüstung, andere mit Polizeihunden. Sie patrouillierten auf den Straßen der Stadt, hielten Fahrzeuge an und befragten Autofahrer und Passanten. Meine Assistentin hatte den Eindruck, dass an jeder Straßenecke Polizei stand.

Das Problem ist nicht nur, dass eine sichtbar zunehmende Polizeipräsenz dem Geist einer offenen und freien Gesellschaft zu widersprechen scheint; sie kostet auch viel Geld. In der bereits im Mittelalter gegründeten Universitätsstadt Tübingen, um nur ein Beispiel zu nennen, ließ die Stadtverwaltung einen separaten Wohnblock bauen, um darin problematische Migranten unterzubringen; das kostet die Stadt 400 000 Euro pro Jahr. Außerdem wurde die Zahl der Polizeibeamten in der Stadt verdoppelt.[57] Der dänische Parlamentsabgeordnete Henrik Dahl erklärt, das seien die versteckten Kosten von Massenzuwanderung:

> Mitten im bürokratischen Tagesgeschäft eines Politikers muss er im Staatshaushalt Geld finden für Sicherheit. Jedes Jahr muss mehr Geld lockergemacht werden. Jede Regierung, die Jahr für Jahr dieses Prozedere hinter sich bringt, muss sich fragen, warum sie das Sicherheitsbudget deutlich stärker erhöhen muss, als es die Inflationsrate nahelegen würde. Offensichtlich, weil es ein Problem gibt. Wieso müssen Gesetze verabschiedet werden, die definieren, wie Einheiten der Streitkräfte unter der Führung der Polizei zu arbeiten haben, um Synagogen zu schützen? Also, das war vor 10 oder 15 Jahren nicht nötig. Aber jetzt ist es nötig.[58]

Freiheit oder Sicherheit?

In dem Bestreben, ihr Gewaltmonopol wiederherzustellen, müssen Regierungen ihre Sicherheitsausgaben erhöhen, ihre Polizeikräfte verstärken oder (wie in Großbritannien) umfassende Kameraüberwachungssysteme einführen. Solche Änderungen machen es notwendig, dass die Gesellschaft das empfindliche Gleichgewicht zwischen Freiheit und Sicherheit neu austariert. Eine liberale Gesellschaft, die überleben will, versteht, dass hier ein Kompromiss gefunden werden muss, und versucht, die richtige Balance herzustellen.

Allerdings ist nicht ohne Weiteres klar, wo dieser Punkt des Gleichgewichts zwischen Freiheit und Sicherheit liegt. Während ich an diesem Buch arbeitete, wurde mir klar, dass viele der Menschen, mit denen ich gesprochen hatte, einen persönlichen Preis dafür gezahlt hatten, frei über ihre Sorgen zu reden. Wenn Sie sich offen über das Fehlverhalten von männlichen Migranten äußern, oder über die Gefahren, die der »politische Islam« mit sich bringt, können Sie dadurch in alle möglichen Schwierigkeiten geraten. Anfang der 2000er-Jahre schien es etwas völlig Neues zu sein, dass ich Personenschutz brauchte. Der erste Artikel, den ich jemals veröffentlich habe, war eine Reaktion auf die Terroranschläge vom 11. September 2001. Darin schrieb ich, dass die Täter religiöse Motive hatten und es töricht wäre, das abzustreiten. Damals waren die Einzigen, die in den Niederlanden Personenschutz hatten, die Mitglieder der königlichen Familie, die Botschafter der USA, Großbritanniens und Israels und (aus irgendeinem unerfindlichen Grund) der Botschafter Schwedens. Ab Oktober 2002 hatte ich polizeilichen Personenschutz und musste von einer geheimen Wohnung zur nächsten ziehen, um einem Mordanschlag zu entgehen. Manche Journalisten warfen mir vor, ich sei alarmistisch. Meine Antwort: »Ihr versteht nicht, welch eine Bedrohung vom Dschihadismus und von der ›Ehrenkultur‹ muslimischer Clans ausgeht. Bald werden wir alle Personenschutz brauchen.«

Zweifellos brauchen heute wesentlich mehr Menschen Personenschutz als vor 18 Jahren. Zum Beispiel Seyran Ateş. Sie ist feministische Muslimin, die Autorin des Buches *Der Islam braucht eine sexuelle Revolution* und wie erwähnt die Gründerin einer liberalen Moschee mitten in Berlin.[59] In drei Ländern wurden Fatwas gegen sie ausgesprochen: in der Türkei, ihrem Geburtsland, sowie in Ägypten und im Iran. Das Dar al-Ifta al-Misriyyah (Ägyptisches Fatwa-Amt, Zentrum für islamische Rechtsfragen) hat sie verurteilt, weil sie es zulässt, dass Frauen und Männer Seite an Seite beten; die Azhar-Universität in Kairo verdammt schon das Konzept einer liberalen Moschee; der Fatwa des türkischen Diyanet İşleri Başkanlığı (Präsidium für Religionsangelegenheiten) zufolge gebe es »nichts Verworfeneres und für die Religion Verderblicheres« als gemeinsames Beten der Geschlechter.[60] Ateş wurde bezichtigt, die Gülen-Bewegung – also laut Diyanet Terroristen – zu unterstützen. Ihre Moschee wird vom Diyanet als Moschee der Gülen-Sekte bezeichnet.[61]

Als meine Kolleginnen und ich Seyran 2018 besuchten, erschien sie uns wie eine Märchenprinzessin in ihrer Kemenate hoch oben in einem Turm. Während wir in einem dunklen, muffigen Treppenhaus mehrere Stockwerke nach oben stiegen, um sie zu treffen, wurden wir mehrfach von deutschen Polizeibeamten, die im ganzen Gebäude positioniert waren, prüfend gemustert und dann durchgewinkt. Dass so eine sanfte und offensichtlich gutherzige Frau von irgendjemandem als Bedrohung empfunden werden könnte, war einfach nicht nachzuvollziehen. Ich fragte sie, wie sie das alles aushält.

Ihre Antwort: »Manchmal muss man eben den ersten Schritt machen, und alles Weitere wird sich dann finden, bis sich die Lage wieder normalisiert. Ruby Bridges war sechs Jahre alt, als sie als einziges schwarzes Kind in eine weiße Schule in Louisiana kam. Ein ganzes Jahr lang stand sie unter Polizeischutz und wurde jeden Tag von Beamten in die Schule eskortiert. Im zweiten Jahr brauchte sie keinen Polizeischutz mehr. Also hatten die Leute nur ein Jahr gebraucht, um sich daran zu gewöhnen.«

Ich bat sie, mir zu erklären, welche Aspekte ihrer liberalen Moschee es sind, die Islamisten dazu treiben, sie vernichten zu wollen. »Es liegt daran, dass unsere Moschee nicht nach Geschlechtern getrennt ist«, sagte sie mir. »Männer und Frauen beten Schulter an Schulter. Doch das ist nur optisch, wie in allen anderen Moscheen auch. Die Betenden knien dicht nebeneinander, aber jeder auf seinem eigenen Gebetsteppich, so dass es während des Gebets keine körperlichen Berührungen gibt. Trotzdem rasten manche Muslime deswegen völlig aus. Sie sagen, ein Mann kann sich nicht auf Gott konzentrieren, wenn eine Frau in der Nähe ist; dann kann er nur daran denken, mit ihr Sex zu haben. Es spielt keine Rolle, welche Frau es ist, wie sie aussieht, wie alt sie ist oder sonst was. Sie haben die Vorstellung, dass jeder Mann jede Frau in seiner Nähe ficken will. Sorry, dass ich das so direkt sage. Es geht wirklich nur um Sexualität. Auch beim Kopftuch geht es um Sexualität, und in unserer Moschee haben wir Frauen, die kein Kopftuch tragen. Das können sie einfach nicht akzeptieren, und deswegen sind sie bereit, mich dafür zu töten.«[62]

Auch Seyrans Mitstreiter Efgani Dönmez, ebenfalls ein türkischstämmiger Einwanderer sowie ehemaliger österreichischer Nationalratsabgeordneter, braucht Personenschutz, vor allem bei öffentlichen Auftritten.[63] Wie ich selbst ist auch er als »Rassist«, »Rechtspopulist« und »Islamophobiker« diffamiert worden. »Wenn ich bedenke, aus welcher Ecke diese Beleidigungen kommen«, erzählt er mir, »trage ich sie wie einen Orden.« Eskild Dahl Pedersen, der dänische Sicherheitschef einer Wohnungsbaugenossenschaft, erhielt auch einmal Personenschutz, nachdem er sich öffentlich über die Probleme gescheiterter Integration geäußert und ein angesehenes Mitglied der Migrantengemeinschaft angezeigt hatte, weil dieses die Sicherheitskameras der Genossenschaft dafür benutzt hatte, dort lebende Mädchen zu überwachen.[64] Düzen Tekkal ist eine weitere couragierte Frau, die bedroht wurde – in ihrem Fall, weil sie in Deutschland öffentlich über das Leid der jesidischen Frauen im Irak gesprochen hatte. »Mir wird gesagt: ›Halt den Mund, das ist besser für dich‹, und manchmal habe ich ein schlechtes Gewissen gegenüber meiner Familie, weil sie auch darunter leiden muss. Viele meiner Freunde stehen inzwischen unter Personenschutz. Aber ich sage mir immer, dass Angst keine Option ist und wir unsere Arbeit fortsetzen müssen.«[65]

Für Hamed Abdel-Samad, den deutsch-ägyptischen Schriftsteller und Kommentator, fing es 2013 an. Während er in Kairo eine Reihe von Vorlesungen hielt, rief ein islamischer Professor in einer Live-Fernsehsendung dazu auf, ihn zu töten. Ein Foto von ihm und seine Wohnanschrift wurden im Internet verbreitet, zusammen mit einem Aufruf: »Wanted Dead.«

»Deutsche Anhänger des ›Islamischen Staats‹, die in Syrien kämpften, schrieben E-Mails an ihre Freunde in Deutschland und forderten sie auf, mich zu töten«, erzählte er mir. »Jetzt werde ich immer von mindestens fünf Personenschützern begleitet, egal, ob ich per Flugzeug verreise oder zum Bäcker gehe, um Brot zu kaufen. In jedem europäischen Land stehe ich unter Personenschutz. Niemand denkt an Leute wie uns und wie unser Risiko durch Zuwanderung ständig steigt.«

Er ist frustriert. »Wir sind die echten Liberalen«, sagt er. »Es sind Immigranten wie wir, die ihr Leben riskieren, um die liberalen Werte zu verteidigen, die uns überhaupt erst nach Europa hingezogen haben. Aber jetzt werden wir von denen, die lieber die Muslimbruderschaft verteidigen, ›selbsthassende Muslime‹ oder ›islamophob‹ genannt.«[66]

Auch ich hatte mit dieser Scheinheiligkeit im Westen zu kämpfen. Es scheint, dass Zuwanderer mit illiberalen und frauenfeindlichen Einstellungen geschützt werden, aber wir liberalen Feministinnen nicht.

Solche Drohungen vertreiben manche von uns aus ihrem Zuhause. Die im Iran geborene Ex-Muslimin Jaleh Tavakoli, eine energische Kritikerin der »Ehrenkultur«, war gezwungen, aus ihrer Wohnung in Kopenhagen auszuziehen.[67]

Andere, die sich zu solchen Problemen äußern, stellen fest, dass ihre Karrieren ins Stocken geraten. Sich freimütig äußernden Akademikern wie dem schwedischen Soziologen Göran Adamson wurde eine Beförderung verweigert. Die britische Parlamentsabgeordnete Sarah Champion wurde umgehend aus dem Schattenkabinett der Labour Party entfernt, nachdem sie die sexuelle Ausbeutung minderjähriger Mädchen in ihrem Wahlkreis angeprangert hatte.

Doch es ist genau diese Beschwichtigungspolitik gegenüber den Kräften des Illiberalismus, die zum Aufstieg der populistischen Rechten führt. Wenn legitime Instanzen die Redefreiheit derjenigen einschränken, die eine offene Gesellschaft verteidigen wollen, schaffen sie unbewusst Gelegenheiten für Kräfte, die sich liberalen Werten kaum stärker verpflichtet fühlen als jene, die sie aus Europa abschieben oder ausgrenzen wollen.

KAPITEL 17

Das Problem Populismus

Es ist inzwischen ein Allgemeinplatz, dass die Zuwanderungswelle seit 2015 beträchtliche Auswirkungen auf die europäische Politik hatte – rechtspopulistische Parteien sind im Aufwind. Aber wie groß und dauerhaft waren diese politischen Auswirkungen?

Die Populismuswelle

Regelmäßig wird europäischen Wählern bei Eurobarometer-Umfragen diese Frage gestellt: »Was sind Ihrer Meinung nach die beiden wichtigsten Probleme, denen Ihr Land derzeit gegenübersteht?« Während der Finanzkrise und ihrer Nachwehen (2009 bis 2012) wurde von etwa jedem zehnten Wähler »Einwanderung« genannt (9 bis 11 Prozent), weit nach »Arbeitslosigkeit« (die Anfang 2013 von über der Hälfte der Wähler genannt wurde), der »wirtschaftlichen Lage« und »Inflation«. Der Problemkomplex »Gesundheit und soziale Sicherung« wurde ebenfalls von mehr Wählern genannt als Einwanderung. Im Laufe des Jahres 2013 begann sich das zu ändern, und Ende 2015 wurde Einwanderung von 36 Prozent der Wähler als eines der beiden wichtigsten Probleme genannt, gleichrangig mit Arbeitslosigkeit. Doch dann fiel Einwanderung 2018 auf 21 Prozent zurück, sowohl hinter Arbeitslosigkeit als auch soziale Sicherung.[1]

Zwischen verschiedenen Ländern zeigen sich erhebliche Unterschiede. In Portugal und Spanien, und auch in den meisten neuen EU-Mitgliedsländern in Zentral- und Osteuropa – mit der beachtenswerten Ausnahme Ungarns –, wird Einwanderung nicht als wichtiges Problem für die nationale Regierung gesehen. Die Länder, in denen mindestens ein Viertel der Wähler sie als eines der zentralen beiden Probleme für die Regierung betrachten, sind, in aufsteigender Reihenfolge, Schweden (25 Prozent), Belgien, Deutschland, Österreich, Dänemark, Italien und Malta (39 Prozent). Allerdings wird Einwanderung als wichtigster Aspekt genannt, wenn Wählern diese Frage gestellt wird: »Was sind Ihrer Meinung nach die beiden wichtigsten Probleme, denen die EU derzeit gegenübersteht?« Dieses Problem ließ Ende 2015 alle anderen hinter sich; es wurde von 58 Prozent der Befragten genannt. Es ist signifikant, dass »Terrorismus« am zweithäufigsten genannt wurde. Seither wurden diese beiden Probleme stets als die beiden wichtigsten genannt, mit denen sich die Europäische Union konfrontiert sieht; Anfang 2017 fiel Einwanderung zurück auf 38 Prozent, und Terrorismus schnellte hoch auf 44 Prozent, bevor er Anfang 2018 wieder auf 29 Prozent zurückfiel. Im Vergleich dazu wurde der »Klimawandel« nur von 11 Prozent der Wähler als eines der Top-Probleme der EU genannt. In den meisten EU-Mitgliedsländern betrachten über 40 Prozent der Wähler Einwanderung als eines der beiden wichtigsten Probleme, um die sich die EU kümmern muss.

Interessanterweise – und vielleicht überraschenderweise – halten etwas mehr Männer als Frauen Einwanderung für ein Problem, sowohl für nationale Regierungen als auch die Europäische Union, doch der Unterschied ist nicht signifikant. Jüngere Generationen machen sich weniger Sorgen um Einwanderung als ältere Generationen, aber auch hier ist der Unterschied nicht groß. (Ein Drittel der Wähler im Alter von 15 bis 24 Jahren nannte Einwanderung als eines der wichtigsten beiden Probleme für die Europäische Union, im Vergleich zu 40 Prozent der Befragten, die über 55 Jahre alt waren.) In den Umfragen von 2018 unterstützte eine große Mehrheit zusätzliche Maßnahmen zur Bekämpfung von illegaler Zuwanderung: 88 Prozent gaben an, sie würden zusätzliche Maßnahmen unterstützen, während nur ein Zehntel dieses Anteils – 8,8 Prozent – gegen zusätzliche Maßnahmen war. In keinem Land war der Anteil jener, die zusätzliche Maßnahmen befürworteten, niedriger als 87,8 Prozent; der Höchstwert wurde in Schweden verzeichnet: 88,7 Prozent. In dieser Frage besteht auch Übereinstimmung zwischen Männern und Frauen sowie zwischen verschiedenen Generationen.

Viele Politiker und Kommentatoren in Europa äußerten sich häufig kritisch über Donald Trump und vor allem über seine Ansichten zu Einwanderung. Die Ironie ist, dass mittlerweile die europäische Wählerschaft in Bezug auf dieses Problem deutlich rechts von den Amerikanern steht. Eine 2017 durchgeführte Umfrage ergab, dass ein »unerwartet hoher« Anteil der holländischen Bürger (nämlich 40 Prozent) ein Einwanderungsverbot für Muslime wollte.[2] Doch das war immer noch niedriger als bei einer von dem britischen Thinktank Chatham House in zehn europäischen Ländern durchgeführten Umfrage, die zeigte, dass im Durchschnitt 55 Prozent der Befragten ein Einwanderungsverbot für Muslime befürworteten (65 Prozent in Österreich, 53 Prozent in Deutschland, 51 Prozent in Italien und 47 Prozent in Großbritannien). In Schweden wollten 2018 doppelt so viele Wähler (60 Prozent) als vor der Migrationskrise von 2015 weniger Flüchtlinge, und der Anteil derjenigen, die mehr Zuwanderung wollten, hatte sich auf 12 Prozent halbiert.[3]

Unter diesen Umständen ist es nicht überraschend, dass politische Parteien, die Maßnahmen zur Begrenzung von Zuwanderung befürworten, in Europa seit einigen Jahren im Aufwind sind. Natürlich wäre es ein Fehler, alle rechtspopulistischen Parteien als zuwanderungsfeindlich in einen Topf zu werfen, da ihre Programme sich von Land zu Land deutlich unterscheiden. So zeigen zum Beispiel Populisten in manchen Ländern viel offener als in anderen, dass sie eine feindliche Einstellung zur Europäischen Union haben. Manche Populisten – zum Beispiel die Alternative für Deutschland (AfD) – greifen offener als andere die »fortschreitende Islamisierung« an. Dennoch besteht eine gemeinsame Opposition gegen Zuwanderung, die eine breite populistische Bewegung in ganz Europa vereint.

In Frankreich ist der Rassemblement National (Nationale Sammlungsbewegung, bis Juni 2018 Front National) nach wie vor die wichtigste Oppositionspartei gegen Präsident Emmanuel Macrons La République en Marche! (Die Republik in Bewegung). Seine Chefin Marine Le Pen konnte bei den Präsidentschaftswahlen 2017 in der Stichwahl ein Drittel der Wählerstimmen auf sich vereinen. Geert Wilders, früher lediglich ein parteiloser Abgeordneter im holländischen Parlament, ist nach wie vor der führende holländische Populist, obwohl seine Partij voor de Vrijheid (Partei für die Freiheit) bei den Provinzwahlen 2019 schlecht abschnitt und Boden verlor an das neue Forum voor Democratie (Forum für Demokratie). In der eher ruhigen und beständigen deutschen Parteienlandschaft errang die Alternative für Deutschland bei den Bundestagswahlen 2017 quasi aus dem Stand 13 Prozent der Wählerstimmen. Ohne die Bedrohung durch die britische UK Independence Party (UKIP) ist kaum vorstellbar, dass Premierminister David Cameron seine konservative

Regierung auf das Ergebnis einer Volksabstimmung über die britische EU-Mitgliedschaft verpflichtet hätte; der Nachfolger der UKIP, die Brexit Party, bleibt eine wichtige politische Kraft am rechten Rand. Obwohl der Brexit ein Problem mit vielen Facetten ist, steht außer Frage, dass Zuwanderung ein zentrales Thema der erfolgreichen »Leave«-Kampagne im Jahr 2016 war. Die von Matteo Salvini geführte populistische Lega in Italien bildete nach den Wahlen 2018 eine Regierung mit den Linkspopulisten des Movimento 5 Stelle (Fünf-Sterne-Bewegung) und machte prompt die Begrenzung von Zuwanderung zum wichtigsten Fokus der Regierungspolitik. Die Sverigedemokraterna (Schwedendemokraten), die zunächst von den etablierten Parteien im Riksdag ausgegrenzt wurden, entwickelten sich zu einer legitimen Kraft und konnten bei den Wahlen von 2018 mit 17,5 Prozent der Stimmen die Zahl ihrer Sitze im Parlament verdreifachen. Der dramatische Aufstieg dieser und anderer populistischer Parteien aus dem Nichts zeigt, wie ernst die europäischen Wähler das Problem Zuwanderung nehmen.

Bei den aktuellsten nationalen Wahlen gewannen rechtspopulistische Parteien in 14 europäischen Ländern über 10 Prozent der Stimmen.

Tabelle 15: Rechtspopulistische Parteien in Europa, Mai 2019

Land	Partei	Stimmenanteil bei den neuesten nationalen Wahlen (%)
Ungarn	Fidesz	49,0
Ungarn	Jobbik	19,0
Österreich	Freiheitliche Partei Österreichs	26,0
Schweiz	Schweizerische Volkspartei	25,8
Dänemark	Dänische Volkspartei	21,0
Belgien	Neu-Flämische Allianz	20,4
Estland	Konservative Volkspartei	17,8
Finnland	Die Finnen	17,7
Schweden	Schwedendemokraten	17,6
Italien	Lega	17,4
Spanien	Vox	15,0
Frankreich	Rassemblement National	13,0
Niederlande	Partei für die Freiheit	13,0
Deutschland	Alternative für Deutschland	12,6
Tschechische Republik	Freiheit und direkte Demokratie	11,0

Quelle: Entnommen aus »Europe and Right-Wing Nationalism: A Country-by-Country Guide«, BBC News, 13. November 2019, https://www.bbc.com/news/world-europe-36130006.

Gleichwohl kann es sein, dass diese jüngsten Wahlergebnisse die Unterstützung der jeweiligen Bevölkerung für Maßnahmen zur Begrenzung von Zuwanderung noch als zu schwach darstellen. In den Wahlen zum Europäischen Parlament haben populistische Parteien im Großen und Ganzen besser abgeschnitten. Dennoch sind kaum zuwanderungsfeindliche Populisten tatsächlich an der Macht. Matteo Salvini wurde 2019 abgewählt, nachdem er aufgrund einer falschen

Einschätzung der Stimmung im Land Neuwahlen ausgerufen hatte. Im Mai 2019 musste die Freiheitliche Partei Österreichs die Koalition mit der konservativen Österreichischen Volkspartei verlassen, nachdem ihr Chef dabei gefilmt worden war, wie er einer vorgeblichen russischen Geschäftsfrau als Gegenleistung für unzulässige Investitionen und Spenden Aufträge anbot. Doch der Druck durch Populisten hat etablierte Parteien gezwungen, restriktivere Regelungen zur Zuwanderung einzuführen. Der ehemalige australische Premierminister John Howard hat einmal gesagt: »Wann immer es so aussieht, als ob eine Regierung den Zustrom von Migranten unter Kontrolle hat, wächst die öffentliche Unterstützung für Zuwanderung; wenn das Gegenteil der Fall ist, wächst dagegen die Ablehnung von Zuwanderung.« Seit 2015, wenn nicht schon vorher, gilt das für die meisten europäischen Länder. In Dänemark fiel der Stimmenanteil der populistischen Dänischen Volkspartei von 20 Prozent im Jahr 2015 auf 9 Prozent im Jahr 2019, weil die Sozialdemokratische Partei sich für strengere Grenzkontrollen und konsequentere Rückführung von Migranten eingesetzt hatte. Die sozialdemokratische Ministerpräsidentin Mette Frederiksen sagte dazu schlicht: »Die Wähler, die uns in den vergangenen Jahren den Rücken gekehrt haben, weil sie meinten, unsere Einwanderungspolitik sei falsch, sind dieses Mal zurückgekommen.«[4]

Mithilfe von Meinungsumfragen können die Stimmungsumschwünge in Bezug auf Zuwanderung erfasst werden. In Deutschland wurde die AfD erst 2013 gegründet. Bis Ende 2015 konnte sie nie mehr als 8 Prozent Unterstützung gewinnen, und im August 2015 fiel sie sogar auf 3 Prozent zurück. Aber schon gut ein Jahr später, als die weit reichenden Folgen der Migrationskrise klar geworden waren, stiegen ihre Umfragewerte auf 14 Prozent. Nachdem sie 2017 an Boden verloren hatte, wurde die AfD 2018 und 2019 wieder stärker, holte im September 2018 zu den Sozialdemokraten auf und hatte sie laut Umfragen im November 2019 mit 14 Prozent eingeholt. In Thüringen landete die AfD bei Landtagswahlen im Oktober 2019 auf dem zweiten Platz, nach der Linksaußenpartei Die Linke, aber vor Kanzlerin Merkels Christdemokraten. Freilich sollte auch erwähnt werden, dass Bündnis 90/Die Grünen sich im vergangenen Jahr deutlich besser geschlagen haben als die AfD, was darauf hindeutet, dass den deutschen Wählern Umweltprobleme immer wichtiger werden.[5]

Was die Populisten wollen

Die Lehre aus den vergangenen zehn Jahren scheint klar zu sein: Wenn Progressive, die Zuwanderung befürworten, sich weigern, die Sorgen von Bürgern ernst zu nehmen oder sie als Rassismus abtun, finden rechtspopulistische Parteien ein Publikum. Daniel Schwammenthal vom Transatlantic Institute des American Jewish Committee sagte mir 2018 in Belgien: »Die eiserne Regel der Politik: Wenn es echte gesellschaftliche Probleme gibt und die verantwortlichen Parteien sich nicht darum kümmern, werden sich die unverantwortlichen Parteien darauf stürzen.«[6]

Populistische Parteien sind sehr gut darin, die Unzufriedenheit von Wählern zu artikulieren, wenn außer ihnen niemand bereit ist, das zu tun. Doch die Populisten kennen sich kaum mit den parlamentarischen Spielregeln aus, die in Europa im Wesentlichen bedeuten, Koalitionen zu bilden. Selbst in der Opposition fällt es Populisten schwer, ihre Glaubwürdigkeit zu etablieren. So stimmte zum Beispiel der Erste Parlamentarische Geschäftsführer der AfD-Bundestagsfraktion versehentlich gegen eine Gesetzesvorlage, mit der die Familienzusammenführung für Migranten eingeschränkt werden sollte.[7]

Jedenfalls sind Versprechungen, illegale Migranten »rauszuschmei-
ßen« oder »die Boote aufzuhalten«, leichter gemacht als umgesetzt.
Die »Grenzen dicht!«-Mentalität wird den Zustrom von ausländischen Migranten nicht aufhalten, solange nicht die Kontrollen an
den südlichen EU-Außengrenzen massiv verstärkt und massive Ver-
besserungen der wirtschaftlichen Lebensbedingungen in der islamischen Welt erreicht werden; und noch unwahrscheinlicher ist, dass
sie die Integrationsprobleme innerhalb Europas lösen kann. Aus Erfahrung wissen wir, dass die meisten der unlängst nach Europa gekommenen Migranten sich auf Dauer niederlassen werden, ganz so
wie die Gastarbeiter zwei Generationen vor ihnen, selbst wenn die
meisten ihrer Asylanträge abgelehnt werden und selbst wenn sie von
Rechts wegen abgeschoben werden müssten. Das ist der Grund, warum Europa sich den Tatsachen stellen und die richtigen Anreize
schaffen muss, damit Migranten und einheimische Bevölkerungen
erfolgreich zusammenleben können.

Das Multikulti-Drama

Wie Paul Scheffer in seinem Essay *The Multicultural Drama* schrieb,
sind es die Menschen der Arbeiterschicht, welche die Auswirkungen
der Zuwanderung zu spüren bekommen, wenn neu zuziehende Migranten sich in ihren Wohnvierteln niederlassen. Sie sind es, die sich
Sorgen machen wegen der verschärften Konkurrenz um knappe Ar-
beitsplätze und Ressourcen. Bislang konnten sie sich darauf verlassen, dass die nach dem Zweiten Weltkrieg eingerichteten sozialen
Sicherungssysteme ihnen von der Wiege bis zur Bahre Sicherheit
boten, doch heute müssen sie befürchten, ein kleineres Stück vom
Kuchen abzubekommen, wenn immer mehr Migranten, die nichts
in diese Systeme eingezahlt haben, sie in Anspruch nehmen. Im Jahr

2018 schränkte eine gemeinnützige Tafel in Deutschland, die Essener Tafel, die Ausgabe von Lebensmitteln an Migranten ein, weil deren Nutzung des Angebots sich verdreifacht hatte. Jörg Sartor, der Chef der Tafel, erklärte, das sei notwendig geworden, da viele der Seniorinnen und alleinerziehenden Mütter, die früher gekommen seien, sich nicht mehr hätten blicken lassen. Es dauerte nicht lang, bis das Wort »Nazis« auf die Lieferwagen der Tafel gesprayt wurde.[8]

Begriffe wie »rassistisch«, »intolerant« und »fremdenfeindlich« werden heute überstrapaziert, um jede Diskussion abzuwürgen. Als ich in den Niederlanden zum ersten Mal für die Mitte-rechts-Partei Volkspartij voor Vrijheid en Democratie (Volkspartei für Freiheit und Demokratie, VVD) Wahlkampf machte, wurde ich gewarnt, dass die Wähler, denen ich begegnen würde, rassistisch seien. Aber die Leute, die ich dann tatsächlich traf, waren alles andere als intolerant. Sie hatten Gemeinschaftssinn, engagierten sich ehrenamtlich in der örtlichen Schule und hielten ihre Nachbarschaft penibel sauber. Als sie mir von ihren Sorgen wegen Immigration und Integration erzählten, brachten sie nie die Hautfarbe oder Religion von Migranten zur Sprache. Vielmehr waren es bestimmte soziale Verhaltensweisen, an denen sie sich störten. Der britische Autor David Goodhart schätzt, dass etwa 3 bis 5 Prozent der britischen Bevölkerung wirklich fremdenfeindlich sind und dass dieser Prozentsatz bei bestimmten Problemen vielleicht auf 7 bis 10 Prozent steigt. »Aber die weitaus meisten Menschen sind, wenn sie gefragt werden, gegen Massenzuwanderung«, sagte er mir. »Sie sind nicht davon überzeugt, dass sie wirtschaftlich oder kulturell davon profitieren, und wahrscheinlich haben sie mit diesen beiden Punkten recht.«[9]

Echte »White Supremacists«, die Verfechter der Idee einer Überlegenheit der Weißen, wollen Nichtweiße versklaven, unterjochen oder vernichten – ganz ähnlich wie echte Dschihadisten, die glauben, dass jeder, der sich nicht dem Islam unterwerfen will, sterben sollte.

Gewöhnliche Europäer, die ihre Sorge zum Ausdruck bringen, dass die Wartelisten für ein Krankenhausbett oder eine Mietwohnung umso länger werden, je mehr Migranten ins Land kommen, sind keine White Supremacists. Wenn jedoch ihre Sorgen einfach ignoriert oder sie als Rassisten abgestempelt werden, wird das nur politische Gelegenheiten schaffen für echte Rassisten.

Ich bin eine Nutznießerin des Asylsystems und eines erfolgreichen Integrationsprogramms gewesen. Ich bin zweimal in meinem Leben ausgewandert. Ich wäre eine monströse Heuchlerin, wenn ich die Befürworter von Abschiebungen und Zuwanderungsgrenzen unterstützen würde. Ich wünsche mir nur, dass viele andere, die einen ähnlichen Weg gegangen sind wie ich, die gleichen Chancen bekommen und die Möglichkeit, einen Beitrag zu leisten zum Gedeihen der offenen Gesellschaften im Westen – so wie es mir selbst meiner Ansicht nach gelungen ist. Doch ohne drastische Reformen der Einwanderungs- und Integrationssysteme Europas wird das nicht passieren.

KAPITEL 18

Eine neue Integrationsstrategie

Wenn die führenden Politiker Europas weiterhin die Köpfe in den Sand stecken, werden, so glaube ich, innerhalb von ein bis zwei Jahrzehnten die Frauenrechte ein ganzes Stück zurückgedrängt werden. Der öffentliche Raum wird merklich anders aussehen. Wir werden keine Frauen mehr sehen, die selbstbewusst und unbegleitet durch die Straßen gehen oder allein mit öffentlichen Verkehrsmitteln fahren. Die Einschränkungen werden nicht mehr nur für Frauen aus bestimmten Minderheiten gelten; vielmehr wird ein großer Teil aller Frauen sie zu spüren bekommen – wenn auch unterschiedlich intensiv, je nachdem, wo sie leben.

Die treibende Kraft für diese Veränderungen wird Massenzuwanderung aus mehrheitlich muslimischen Ländern sein, wo die Menschen mit einem radikal anderen Frauenbild aufwachsen. Doch eine ebenso wichtige Ursache dieser Veränderungen wird Europas fehlgeleitete Einwanderungs- und Integrationspolitik sein. Dadurch, dass sie es als nebensächliches Problem behandelt und hofft, dass es von selbst verschwindet, hat die europäische Führungsebene es zugelassen, dass die Zuwanderung zu einer der dominierenden politischen Fragen unserer Zeit wird. Und das wohl in zunehmendem Maße. Mein Ziel mit diesem Buch ist es, die Europäer davon zu überzeugen, ihre Politik zu ändern, bevor es zu spät ist. Die europäische Führungselite behauptet, sie wolle Flüchtlingen helfen. Doch sie weigert sich, vor Ort die Bedingungen zu schaffen, die es Flüchtlingen ermöglichen würden, in einer europäischen Gesellschaft zu gedeihen.

Die jetzt geltenden politischen Leitlinien können und sollten von Grund auf geändert werden. Etliche europäische Führungspersönlichkeiten des späten 20. Jahrhunderts hatten einen Traum von einem vereinten Europa. Es gelang ihnen, die politischen Institutionen des Kontinents zu transformieren. Meine Kritik an der heutigen Führung ist, dass sie angesichts des Problems Zuwanderung eine Politik der kleinen Schritte betreibt, welche die ohnehin schon komplexe Lage noch komplizierter macht. Wir könnten eine ganze Bibliothek füllen mit den Einwanderungsgesetzen und -richtlinien der verschiedenen europäischen Länder. Das System ist so kompliziert, in sich widersprüchlich und verwirrend, dass es dringend reformiert werden muss. Wir brauchen die alte Art des visionären Denkens zu Europa, um es auf dieses neue und drängende Problem anzuwenden, das die ursprünglichen Unterzeichner der Römischen Verträge noch kaum auf dem Schirm hatten. Hier sind meine Vorschläge für die Reformen, die in Angriff genommen werden sollten:

1. Aufhebung des vorhandenen Asylrahmens

Das globale Asyl- und Flüchtlingssystem ist nicht mehr geeignet für seinen erklärten Zweck. Als Nutznießerin dieses Systems mache ich mir eine solche Aussage nicht leicht. Doch die Realität ist, dass dieses überholte Asylsystem die Herausforderungen, die heute durch massenhafte Gewalt und globale Migration entstehen, nicht mehr bewältigen kann.

Seit 1951, als das Abkommen über die Rechtsstellung der Flüchtlinge (auch als Genfer Flüchtlingskonvention bekannt) auf einer UN-Sonderkonferenz in Genf verabschiedet wurde, hat sich die Weltbevölkerung verdreifacht. Die Konvention entstand in einem weltpolitischen Kontext, der sich fundamental von der heutigen Lage unterscheidet. Sie wurde nach der massenhaften Vertreibung und dem versuchten Völkermord an den europäischen Juden im Zweiten Weltkrieg konzipiert, um den relativ wenigen Menschen eine sichere Zuflucht zu bieten, die vor offensichtlicher und nachgewiesener politischer Verfolgung durch eine Regierung flohen. Sie war als eine vorübergehende Lösung für ein Problem der Nachkriegszeit gedacht, nicht als langfristiges System.

Im Jahr 1967 wurden die bis dahin geltenden zeitlichen und räumlichen Einschränkungen der Genfer Flüchtlingskonvention aufgehoben, so dass fortan nicht nur Menschen, die einer persönlichen Verfolgung durch einen Staat ausgesetzt waren, das Recht auf Asyl hatten, sondern auch alle, die in einer gefährlichen Umgebung lebten. Heute gilt das für viele Millionen Menschen, potenziell hunderte von Millionen. Laut Statistiken des Hochkommissariats der Vereinten Nationen für Flüchtlinge (UNHCR) gab es 2018 fast 20 Millionen Flüchtlinge, und darüber hinaus 3,5 Millionen Asylbewerber, die auf eine Entscheidung über ihren Antrag warteten.[1] Infolgedessen ist die Unterscheidung zwischen Migrant und Asylbewerber dermaßen verwischt, dass sie nicht mehr nützlich ist. Wenn wir einen Schritt zurücktreten und uns leidenschaftslos einen Überblick verschaffen, wird klar, dass wir besser definieren müssen, welche Menschen Flüchtlinge sind und wie ihnen am besten geholfen werden kann. Der erste Schritt muss daher sein, die jetzt geltenden Asylgesetze aufzuheben und sie durch einen wesentlich einfacheren Rechtsrahmen zu ersetzen.

Als eine Frau, die ein Asylverfahren durchlaufen und für Dutzende andere Asylbewerber übersetzt hat, weiß ich ganz genau, wie verlockend es ist, sich auf Asyl als Rechtsgrund für Migration zu berufen. Aber was ist falsch daran, ein Wirtschaftsmigrant auf der Suche nach einem besseren Leben zu sein? Es ist klar, dass wir die künstlichen Kriterien, nach denen zwischen Asylbewerbern, Flüchtlingen und Wirtschaftsmigranten unterschieden wird, ändern müssen.

Meiner Meinung nach sollte das Hauptkriterium für eine Niederlassungserlaubnis nicht sein, aus welchem Land ein Mensch kommt und mit welchen Motiven er es verlassen hat, sondern vielmehr seine Bereitschaft, sich an die Gesetze der Aufnahmegesellschaft zu halten und ihre Werte anzunehmen. Für Menschen wie mich wäre es besser gewesen, die Möglichkeit zu erhalten, unsere Anpassungsfähigkeit zu beweisen, als unsere Lebensgeschichte in den Rechtsrahmen der Genfer Flüchtlingskonvention zwängen zu müssen. Anstatt es einer bürokratischen Lotterie zu überlassen, sollten Migranten danach beurteilt werden, mit welcher Wahrscheinlichkeit sie sich im Westen anpassen und ein gedeihliches Leben führen werden. Das wären dann Menschen, die am wahrscheinlichsten Arbeit finden würden, statt auf Sozialtransfers angewiesen zu sein, und die den ehrlichen Wunsch haben, Holländer, Franzose oder Brite zu werden und unter ihren Mitbürgern – und nicht nur in deren Nähe – zu leben.

Heute bearbeiten ganze Armeen von Beamten Asylanträge und stellen Asylbewerbern lächerliche Fragen. Sie verbringen Stunden damit, deren Geschichten zu prüfen, um herauszufinden, ob die Person die Wahrheit sagt über ihre Identität, ihr Alter, ihr Herkunftsland und wie sie in den Westen gekommen ist. Sie fragen, auf welchem Sitz sie im Flugzeug gesessen hat, wie der Schaffner im Zug gekleidet war und so weiter und so fort. Anstatt viel Zeit auf solcherlei formalistische Detektivarbeit zu verschwenden, sollten Beamte Migranten fragen, was sie über die Kultur, die Gesetze und die Verhaltensnormen der Gesellschaft wissen, in der sie künftig leben wollen. Sie sollten herausfinden, welche Qualifikationen sie mitbringen und ein offenes Gespräch mit ihnen führen, wie ein Leben in Deutschland oder Frankreich für sie wäre. Sie sollten ihnen ein Gefühl vermitteln für die Realität, die auf sie zukommt, und erklären, wie schwierig es werden wird, emotional, wirtschaftlich und psychisch. Wenn Asylbewerber einer Gesundheitsprüfung unterzogen werden, sollten sie auch von einem Psychologen beurteilt werden, um ihre Anpassungsfähigkeit einzuschätzen.

Migranten, die nicht bereit sind, sich zu den Gesetzen und Werten der Aufnahmegesellschaft zu bekennen, sollte eine vernünftige Frist gesetzt werden, um ihre erfolgreiche Anpassung an ein Leben im Westen zu demonstrieren, vielleicht ein Jahr oder zwei, und falls das nicht gelingt, sollten sie ausgewiesen oder abgeschoben werden. Anstatt ihr Leben in Aufnahmezentren zu verbringen, wo sie jahrelang auf Transferleistungen angewiesen sind, während ihre Asylanträge – und Rechtsmittel gegen eine etwaige Ablehnung – bearbeitet werden, könnten Neuankömmlinge ihre Eignung für ein Leben im Westen beweisen.

2. Probleme, die angepackt werden müssen: die Push-Faktoren ...

Es ist nicht möglich, das Asylsystem zu reformieren oder eine gescheiterte Integrationspolitik zu verbessern, ohne zuerst die Ursachen von Massenzuwanderung zu bekämpfen. Westliche Länder werden investieren müssen, um die Sicherheits- und wirtschaftlichen Probleme in Ländern in Angriff zu nehmen, aus denen Migranten kommen, da sonst weitere Millionen ihr Leben riskieren werden, um das Mittelmeer oder den Ärmelkanal zu überqueren. Die Europäische

Union und einzelne Staaten unterhalten schon jetzt Beziehungen zu zahlreichen Ländern, aus denen Migranten kommen. Handelsabkommen, Entwicklungshilfe und diplomatischer Druck sollten eingesetzt werden, um Fortschritte bei Problemen zu erzielen, die mit Migration zu tun haben. Zum Beispiel sollten die Herkunftsländer unter Druck gesetzt werden, die Rückkehr ihrer abgeschobenen Bürger zu akzeptieren. In Länder, die von Milizen und Schlepperbanden überrannt wurden, sollten die Europäer militärische und zivile Einsatzkräfte entsenden, um zu helfen, funktionierende Institutionen und Rechtsstaatlichkeit wieder aufzubauen.

Zweitens muss Europa aufhören, so zu tun, als wäre die Stabilisierung der muslimischen Welt ein Problem der anderen. Es wird mehr gebraucht als »Soft Power«, um in den Ländern, aus denen so viele Zuwanderer kommen, die gesellschaftliche Ordnung wiederherzustellen. Die unausgegorene transatlantische Intervention in Libyen und die verspätete und inadäquate US-Intervention in Syrien hatten katastrophale Folgen, ebenso wie der fast vollständige Rückzug aus dem Irak, der erneut am Rande der Anarchie steht. Die EU-Mitgliedsländer müssen bereit sein, eine führende Rolle zu übernehmen und, falls erforderlich, militärisch zu intervenieren, um in internationalen Konfliktregionen wieder Ordnung herzustellen, anstatt sich weiter darauf zu verlassen, dass die Vereinigten Staaten sich um jede einzelne Krise kümmern werden. In Anbetracht der rapide eskalierenden Gewalt in den Regionen südlich und östlich des Mittelmeers sind die europäischen Verteidigungsetats heute ungerechtfertigt niedrig. Trotz wiederholter Kritik der USA geben heute nur sieben europäische NATO-Mitgliedsländer (darunter Großbritannien) mehr als 2 Prozent ihres Bruttoinlandsprodukts für Verteidigung aus, während es in den Vereinigten Staaten gut 3,4 Prozent sind.

Auch der Grenzschutz in Europa ist unterfinanziert. Ohne sichere Grenzen und ein wirkungsvolles Abschiebungssystem werden Europas

Zuwanderungspolitik und seine Interventionen zur Bekämpfung von Push-Faktoren scheitern. Im Jahr 1985 weigerte sich Premierministerin Margaret Thatcher, den Beitritt Großbritanniens zum Schengener Abkommen zu unterzeichnen. Sie sagte dazu: »Es ist eine Frage des gesunden Menschenverstands, dass wir Grenzkontrollen nicht völlig abschaffen können, solange wir auch unsere Bürger vor Kriminalität schützen und den Zuzug illegaler Einwanderer stoppen wollen.« Ihre Beurteilung der Lage war richtig. Heute sind die Schengen-Länder nicht in der Lage, ihre Grenzen zu schützen. Im Jahr 2018, während Österreich den Vorsitz im Rat der Europäischen Union innehatte, sorgte es dafür, dass 10 000 EU-Soldaten eingesetzt werden sollen, um Frontex beim Schutz der EU-Außengrenzen gegen regelwidrige Zuwanderung zu unterstützen.[2] Im Unterschied zur deutschen Kanzlerin 2015 war der politische Wille dazu vorhanden, und die Truppen sollen spätestens 2021 vor Ort sein.[3] Aber das ist nur ein Anfang.

3. ... und auch die Pull-Faktoren

Ein entscheidendes Element der Reformen muss sein, die Attraktivität der großzügigen Sozialleistungen in den Ländern Westeuropas zu überdenken. Dort, wo das soziale Sicherungssystem eine große Zahl von Leistungsempfängern unterstützen muss, deren Familien nie einen Beitrag zum System geleistet haben, bricht der Gesellschaftsvertrag zwischen Bürger und Staat zusammen. Das ursprüngliche Konzept des Sozialstaats beruht auf dem Prinzip der Gegenseitigkeit, aber für Neuankömmlinge sieht es eher so aus wie ein bedingungsloses Grundeinkommen. Der Wirtschaftsnobelpreisträger Milton Friedman hat einmal gesagt, man könne offene Grenzen haben oder einen Wohlfahrtsstaat – aber nicht beides.[4] Ein Wohlfahrtsstaat ist national, nicht universal. Und darum muss es effektive Grenzen geben für das, was Außenseiter nur deswegen beanspruchen können, weil sie es geschafft haben, die Grenze eines Staates zu überqueren.

Die österreichische Regierung ist scharf kritisiert worden, weil sie versucht, dieses Prinzip der Gegenseitigkeit wieder in die sozialen Sicherungssysteme einzuführen. Seit 2018 müssen Zuwanderer eine Integrationsvereinbarung unterschreiben, mit der sie erklären, dass sie bestimmte Verpflichtungen erfüllen werden, um weiterhin Hilfen vom Staat zu bekommen und ihren Aufenthaltsstatus in Österreich zu behalten. Diejenigen, die diese Integrationsverpflichtungen – etwa deutsche Sprachkenntnisse, Abschluss eines Werte- und Orientierungskurses sowie die Bereitschaft zum Einsatz der eigenen Arbeitskraft – nicht erfüllen, müssen mit Sanktionen rechnen. Wenn eine Person diese Verpflichtungen nach zwei Jahren nicht erfüllt hat, kann sie in ihr Heimatland zurückgeschickt werden. Diese Androhung von Strafen – in Form von Kürzungen der Sozialleistungen – funktioniert. Als mein Rechercheteam einige Monate, nachdem die Integrationserklärung in Kraft getreten war, den Österreichischen Integrationsfonds (ÖIF) in Wien besuchte, waren im ganzen Gebäude und vor den Eingangstüren lange Warteschlangen von Menschen zu sehen, die sich für Integrations- und Sprachkurse registrieren wollten. In einem Kurs für Neuankömmlinge saßen etwa 30 Männer und Frauen unterschiedlicher Altersgruppen und Nationalitäten auf Stühlen im Kreis und unterhielten sich mit der Dozentin über Beziehungen zwischen Mann und Frau in Österreich. Manche Teilnehmer, vor allem junge Männer, grinsten und kicherten bei der Vorstellung, dass Mädchen in Österreich abends allein ausgehen dürfen, genauso wie Jungen. Andere nickten zustimmend. Am Ende des Gesprächs nahm eine Frau schweigend ihr Kopftuch ab. Für mich symbolisierte ihre subtile Geste genau das, was ein Integrationskurs erreichen soll: die Werte der neuen Gesellschaft zu vermitteln – und auch das Selbstvertrauen, sie selbst zu übernehmen.

Das allumfassende Wesen der Sozialstaaten Westeuropas macht es relativ leicht, Integrationsreformen über »Zuckerbrot und Peitsche« umzusetzen. So sorgt zum Beispiel in Dänemark der Staat für Wohnraum, Bildung, medizinische Versorgung und Sozialhilfe in Form von finanziellen Zuwendungen. Indem die Regierung solche Transferleistungen vom Verhalten der Empfänger abhängig macht, versucht sie, die sozialen und kulturellen Prägungen zu überwinden, die letzten Endes so viele muslimische Migranten aus der offenen Gesellschaft ausschließen. Heute müssen Kinder aus Migrantenwohnsiedlungen mindestens 25 Stunden pro Woche außerhalb ihrer Familie verbringen und dänische Werte erlernen, andernfalls wird ihren Eltern die Sozialhilfe gekürzt.[5] Außerdem sollte durch eine Ausgangssperre ab 20 Uhr für Teenager unter 18 die Wahrscheinlichkeit minimiert werden, dass sie in Kontakt mit Streetgangs kommen.[6] Doch dieser Vorstoß wurde dann blockiert, weil eine solche Maßnahme ein zu drastischer Eingriff gewesen wäre.

4. Wiederherstellen der Herrschaft des Rechts

Die Regierungen vieler europäischer Länder müssen auch ihre Strafjustizsysteme überprüfen, da sie gegenüber Gewalttätern einfach zu nachsichtig sind und für Migranten unerträgliche Ausnahmen von der Herrschaft des Rechts zulassen.

Ich habe lange über das scheinbare Paradox nachgedacht, illiberale Mittel zum liberalen Zweck einzusetzen, doch die Herrschaft des Rechts ist, wenn sie nicht durchgesetzt wird, eine schlichte Missherrschaft. Heute kann ja die Herrschaft des Rechts nicht mehr nur durch eine hinreichende physische Polizeipräsenz durchgesetzt werden, sondern auch durch geschicktere Methoden. Es sind ja nicht nur autoritäre Regierungen wie die von China, die Überwachungskameras, automatische Gesichtserkennung und künstliche Intelligenz einsetzen können, um ihre Bevölkerung zu überwachen. In einem erstaunlichen Ausmaß beruht schon heute die Sicherheit im öffentlichen Raum sowohl in Großbritannien als auch in Israel auf einer Überwachung mit Hilfe solcher Kameras. Diese Lösungen mögen den datenschutzbesessenen Deutschen unerträglich vorkommen, doch es lassen sich gute Argumente für ihren begrenzten Einsatz in problematischen Gegenden finden. Als die Einwohner von Tübingen von der Stadtverwaltung befragt wurden, ob sie Videoüberwachung und mehr Polizeipräsenz akzeptieren würden, befürwortete eine überwältigende Mehrheit solche Maßnahmen.[7]

Technologie hat durchaus eine Rolle zu spielen, doch es gibt keinen Ersatz für Menschen mit Erfahrung und Fachkompetenz. Nationale und kommunale Polizeikräfte brauchen Sondereinheiten, die darauf spezialisiert sind, Frauen und Mädchen zu schützen – ganz zu schweigen von der jüdischen Minderheit, der LGBTQ-Community und Islamkritikern.

5. Auf erfolgreiche Einwanderer hören

Während ich für dieses Buch recherchierte, ist mir immer wieder aufgefallen, dass erfolgreich integrierte Immigranten diejenigen sind, die am meisten dafür tun, diese Debatte in Gang zu bringen. Ich meine, dass wir daher viel mehr jenen Menschen zuhören sollten, die aus der muslimischen Welt eingewandert sind und dann zu gut angepassten, liberalen Europäern geworden sind. Auf jeden Fall sollten Politiker ihren Rat bedenken.

Im deutschsprachigen Raum sind das zum Beispiel Hamed Abdel-Samad, der Sohn eines ägyptischen Imams; Düzen Tekkal und Seyran Ateş, zwei Türkinnen, die in Deutschland aufwuchsen; sowie

Efgani Dönmez, ein türkisch-österreichischer Politiker. Mustafa Panshiri stammt aus Afghanistan, Tino Sanandaji hat iranische Wurzeln und die stellvertretende Abgeordnete im Riksdag Gulan Avci kurdische – diese Schweden setzen sich dafür ein, Migranten liberale Werte nicht nur anzubieten, sondern sie darauf zu verpflichten. Frauen, die kein Blatt vor den Mund nehmen, etwa die im Iran geborene Dänin Jaleh Tavakoli, die aus Burkina Faso stammende belgische Politikerin Assita Kanko und die jemenitisch-schweizerische Politologin und Autorin Elham Manea, sind sich allesamt darüber einig, dass Religion und Kultur ihrer Heimatländer nicht ohne Weiteres vereinbar sind mit dem westlichen Ideal von individuellen Freiheiten. Die pakistanischstämmigen Briten Nazir Afzal, Rumy Hasan und Maajid Nawaz, der Gründer des britischen Thinktanks Quilliam, sind der Meinung, dass muslimische Immigranten durch eigens für sie gemachte Ausnahmen nur davon abgehalten werden, sich zu integrieren.

Hinsichtlich der notwendigen Voraussetzungen für eine erfolgreiche Integration von Muslimen in europäische Gesellschaften stimme ich jedem von ihnen zu. Im Wesentlichen sagen sie – und ich –, dass wir unsere liberalen Werte energischer verteidigen müssen, dass die Herrschaft des Rechts durchgesetzt werden muss, dass individuelle Verantwortlichkeit entscheidend ist und dass die Tabuisierung einer offenen Debatte diese Probleme nur verschlimmert hat, vor allem für Frauen.

Anstatt erfolglose Integrationsprogramme zu stützen und »Sprechern« nichtrepräsentativer islamistischer Verbände entgegenzukommen, sollten westliche Regierungen ihre Ressourcen umschichten, um die Vorschläge solcher erfolgreichen Anpasser umzusetzen. Die Integrationsinfrastruktur sollte daraufhin optimiert werden, den Anpassungsprozess zu beschleunigen. Es genügt nicht, dass Migranten einfach nur die Rudimente der Landessprache lernen und sich Hilfs-

jobs suchen; sie müssen auch bereit sein, die Werte des Landes anzunehmen, das ihnen Zuflucht bietet. Die Regierung steht in der
Pflicht, dafür zu sorgen, dass Migranten diese Werte vermittelt bekommen und dass sie von Dozenten unterrichtet werden, denen klar
ist, was auf dem Spiel steht.

6. Sexualkundeunterricht für alle Kinder

Nazir Afzal ist ein mutiger ehemaliger Staatsanwalt, der in den ersten
Grooming-Gang-Fällen in Großbritannien die Anklage führte. Er
ist geradeheraus und seit langem ein energischer Vorkämpfer für
Frauenrechte. Er spricht offen über die Probleme, die »Ehrenkultu-
ren« mit sich bringen. Bei seinen Ermittlungen gegen einige der
Grooming-Gang-Täter fiel Nazir auf, dass sie sich selbst nach ihrer
Verurteilung keinerlei Schuld bewusst waren. Er hat es so erklärt:

> Sie kommen aus strengen Familien. Sie leben häufig in einer er-
> zwungenen oder arrangierten Ehe und fühlen sich in ihrem
> häuslichen Leben eingeengt. Sie sehnen sich nach Freiheit. Und
> sie haben keine Schulbildung genossen; in vielen dieser Min-
> derheiten gibt es keinen Sexualkunde- oder Beziehungsunter-
> richt für junge Männer. Sie wissen nicht, was eine gute Bezie-
> hung ist oder wie man eine aufbaut. Daher ist es für sie ganz
> natürlich, sich einem Mädchen zu nähern und es anzufassen,
> widerrechtlich und gegen dessen Willen.

Nazir ist der Meinung, dass der erste Schritt, um gegen solche Prägungen anzugehen, obligatorischer Sexualkunde- und Beziehungsunterricht für alle Kinder sein müsse. Ich fragte ihn, ob denn innerhalb der muslimischen Gemeinde irgendwelche Ansätze zu erkennen

seien, die Tabuisierung von Sex aufzugeben. Er gab zu, dass es ein schwieriger Kampf sei.

> Ein Imam sprach mich an, hier in Großbritannien. Er war entsetzt über die Grooming-Gang-Fälle und wollte deswegen etwas tun. Also bot er in seiner Moschee in Rochdale Sexualkundeunterricht an. Doch er stellte fest, dass es unmöglich ist, Kinder zur Teilnahme zu bewegen; ihre Eltern erlaubten es nicht. Und das, obwohl er Imam ist, Respekt und Autorität genießt. Dieses Problem kann nur dadurch gelöst werden, dass Sexualkunde- und Beziehungsunterricht obligatorisch gemacht wird.[8]

Die Art Sexualkundeunterricht, die Nazir vorschwebt, umfasst mehr als die mechanischen Details von Geschlechtsverkehr und Fortpflanzung. Es müsste ein Unterricht über gesunde Beziehungen, über Einvernehmen und Gewalt sein und über die schädlichen Einflüsse, denen Kinder und junge Leute ausgesetzt sein können. Kindern sollte beigebracht werden, dass es normal ist, dass sie in jungen Jahren ihren Körper erkunden, dass sie sich vielleicht verlieben und Sex haben wollen, und dass Sex auch Verantwortung mit sich bringt – nicht nur wegen der Möglichkeit, ein Baby zu zeugen, sondern auch wegen des Risikos, Krankheiten zu übertragen, und der Notwendigkeit, dass alle Beteiligten einverstanden sind. Jungen Männern und Frauen muss beigebracht werden, gegenseitig ihre körperlichen Grenzen zu respektieren und im Zweifelsfall aufzuhören, auf sexuellen Kontakt zu drängen. Jungen muss das Bewusstsein vermittelt werden, dass Mädchen gleichberechtigte Mitmenschen sind, die das gleiche Recht auf sexuelle Selbstbestimmung haben: »Nein heißt Nein.«

Jess Phillips, eine kämpferische Feministin und Parlamentsabgeordnete in Großbritannien, fordert obligatorischen Sexualkunde- und Beziehungsunterricht für alle Kinder. Als ich sie in ihrem Büro im Unterhaus anrief, sagte sie mir in ihrem starken Birmingham-Dialekt:

> Ich habe an hunderten Schulen und mit unzähligen Eltern darüber gesprochen. In meinem Wahlkreis habe ich straßenweise an die Haustüren von ausschließlich britisch-pakistanischen Familien geklopft, und niemand hat mir gesagt, sie wollen keinen Sexualkundeunterricht für ihre Kinder. Sie wollen einfach nur, dass ihnen gesagt wird, was sie zu tun und zu lassen haben – ob sie den Nikab tragen dürfen oder nicht, ob ihre Kinder am Sexualkundeunterricht teilnehmen müssen oder nicht. Sie wollen Gewissheit, und um die zu schaffen, muss Sexualkunde zum Pflichtfach gemacht werden.

Ich fragte Jess, warum Politiker wie sie das nicht längst umgesetzt hätten. Ihre Antwort: »Es sind die ›zwölf Männer‹, die keinen obligatorischen Beziehungsunterricht wollen.«[9] Mit den »zwölf Männern« meint Jess die selbsternannten Sprecher der muslimischen Gemeinschaft. Die »zwölf Männer« vertreten allerdings in der Regel nicht den Standpunkt ihrer Gemeinde, sondern jenen einer Minderheit von religiösen Konservativen. Sie intervenieren im Namen der Migrantengemeinschaft und behaupten, deren Mitglieder seien noch nicht so weit, ihr Verhalten zu ändern, oder dass es schädlich wäre, ihre Kultur an die geltenden Normen anzupassen. Auch ich habe die »zwölf Männer« am Werk gesehen während meiner politisch aktiven Zeit in den Niederlanden. Seit ich 2018 mit Jess gesprochen habe, ist es ihr und ihren Kollegen tatsächlich gelungen, Sexualkunde- und Beziehungsunterricht zu einem Pflichtfach zu machen.

Politische Reformen sind nur die eine Hälfte der Lösung; die andere Hälfte sind die Eltern. Es obliegt den Müttern und Vätern der muslimischen Gemeinschaft, dafür zu sorgen, dass Gespräche über

Sex und Beziehungen nicht mehr tabuisiert werden. Manche Muslime nehmen das gesellschaftliche Wohlergehen ihrer Gemeinschaft wichtiger als religiöses Dogma, und sie fangen an, das Problem zur Sprache zu bringen. Eine Frau, die genau das tut, ist eine kanadische Bloggerin, die unter einem merkwürdigen Label auftritt: »Die salafistische Feministin«.[10] Im Nikab über ihrer Leder-Motorradkluft ist Zainab bint Younus eine widersprüchliche Figur, und ihre Ansichten sind ebenso widersprüchlich wie ihre Erscheinung. Sie spricht sich für Polygamie aus und behauptet, der Nikab sei ein feministisches Statement. Aber sie will auch, dass Frauen in der Moschee zu Wort kommen und vorne bei den Männern sitzen.

Als ersten Schritt fordert Younus »islamische Sexualkunde«, um Kindern zu helfen, die Veränderungen ihres Körpers zu verstehen und sich vor sexueller Ausbeutung zu schützen. In einem Vortrag vor den Frauen ihrer Gemeinschaft kam sie auf den Kern der Sache zu sprechen und forderte Eltern auf, ihren Söhnen Respekt vor Mädchen als eigenständigen Individuen beizubringen – »und wenn sie ›Nein‹ sagt, lässt du sie in Ruhe. (…) Und es ist völlig egal, wie sie angezogen ist.« Younus weiter:

Ein weiterer sehr wichtiger Aspekt ist, Kindern beizubringen, dass es ein Unterschied ist, eine Person zu mögen oder sie zu kontrollieren. (…) Wir müssen ihnen erklären, was es bedeutet, mit Konflikten umzugehen, mit Kommunikation umzugehen, und emotionale Reife ist wieder ein Thema für sich, das vor allem Jungs beigebracht werden muss. (…) Junge Männer, Teenager, sie können sich so viel erlauben. Wir sagen ihnen: »Jungs sind nun mal so«, wir finden so viele Entschuldigungen für sie, ohne uns bewusst zu machen, dass wir uns damit selbst schaden, dass wir ihnen schaden und dass wir der *Umma* insgesamt schaden, wenn wir solche Einstellungen durchgehen lassen.[11]

Für mich ist der Begriff »salafistische Feministin« ein Widerspruch in sich. Trotz ihres Anspruchs, Feministin zu sein, empfiehlt Younus, sich an die Buchstaben des Korans zu halten, wenn es zum Beispiel darum geht, dass Frauen im Umgang mit dem anderen Geschlecht den Blick senken sollten oder dass Mädchen keine männlichen Freunde haben dürfen. Immerhin spricht sie offen über das Thema, und ich glaube, dass sie auf dem richtigen Weg ist. Im Vergleich zur Herangehensweise der »zwölf Männer« bringt sie frischen Wind.

Westliche Feministinnen könnten mit dem Geld, den Netzwerken und der Lobbymacht, die ihnen zur Verfügung stehen, eine konstruktive Rolle dabei spielen, dafür zu sorgen, dass der Westen die individuelle Autonomie von Frauen verteidigt und nicht zulässt, dass sie durch ein importiertes »Anstandsgebot« untergraben wird. Doch das wird von ihrer Seite mehr Bereitschaft erfordern, nichtwestliche Kulturen, Gesellschaften und religiöse Gebote, die Frauen unterdrücken, infrage zu stellen und zu kritisieren, sie offen zur Sprache zu bringen und konstruktive Veränderungen vorzuschlagen. Seyran Ateş regt an, Studentinnen der Fachrichtungen Gender Studies und Frauenforschung auf Studienreisen nach Afghanistan, in den Iran oder nach Pakistan zu schicken; dort würden sie selbst erleben, wie es ist, wenn einer Frau ausschließlich aufgrund ihres Geschlechts fundamentale Menschenrechte verweigert werden. Das ist wohl kein realistischer Vorschlag, aus offensichtlichen Gründen. Aber vielleicht gibt es andere Möglichkeiten, Feministinnen die Augen zu öffnen über die unerfreulichen Begleiterscheinungen kulturellen Rückschritts.

Schlusswort:
Auf dem Weg nach Gilead

So sehr wir uns das auch wünschen mögen, Fortschritt geschieht nicht automatisch. Revolutionen provozieren Konterrevolutionen, und Rechte können leichter widerrufen als errungen werden. Im Laufe meines Lebens habe ich beobachtet, wie im Nahen und Mittleren Osten und in Afrika die Freiheiten von Frauen in erschreckendem Tempo beschnitten wurden. Die Kraft, die am meisten dafür getan hat, Frauenrechte zurückzudrängen, geht von patriarchalischen Institutionen aus, untermauert von islamistischer Ideologie.

Im Jahr 1985 veröffentlichte Margaret Atwood ihren dystopischen Roman *The Handmaid's Tale* (deutsche Ausgabe: *Der Report der Magd*), um davor zu warnen, dass es evangelikalen Christen eines Tages gelingen könnte, ein patriarchalisches Regime in den Vereinigten Staaten zu errichten – oder zumindest in einigen Bundesstaaten, da ihr »Gilead« Neuengland nachempfunden ist.[1] Den meisten ihrer Leser scheint die Tatsache entgangen zu sein, dass in der muslimischen Welt bereits etwas sehr Ähnliches stattgefunden hatte, als nämlich in den 1970er- und 80er-Jahren in Afghanistan, im Iran, in Saudi-Arabien und in Somalia religiöse Ideologen die Macht an sich rissen. Seither haben islamische Dystopien die Lebensumstände von Frauen in diesen Ländern ganz real verändert – vor allem für ehemals bessergestellte Frauen in den größeren Städten, die in den 1950er-

und 60er-Jahren zumindest einige der Freiheiten von Frauen im Westen genossen hatten. Islamisten drehten für Frauen die Uhr zurück, indem sie den öffentlichen Raum über einen religiösen Erlass für Männer in Anspruch nahmen. Frauen dagegen wurden auf die Rolle bloßer Gebärmaschinen für Söhne reduziert.

Es ist schon darüber geschrieben worden, doch es lohnt sich, noch einmal einen Blick auf die Fotos von Frauen im Kabul der 1960er-Jahre zu werfen.[2] Diese Bilder sind heute Relikte aus einer Zeit, bevor die Freiheiten von Frauen durch die religiöse Unterdrückung der Taliban zunichtegemacht wurden. Sie zeigen junge Frauen in eng sitzenden Sweatern; Frauen in Etuikleidern mit nackten Armen, die Beine unterhalb der Knie sichtbar; Frauen, die unbegleitet auf die Straße gehen, mit auftoupierter Frisur im Stil der 1960er-Jahre oder mit Pagenschnitt wie Jackie Onassis; Mädchen, die an Schulen und Universitäten im Unterricht neben Jungen sitzen. Nachdem in den 1990er-Jahren eine islamische Autokratie errichtet worden war, wurden Mädchen aus den Schulen verbannt, durch Belästigung von den Straßen vertrieben, in Burkas gehüllt und ins Haus gesperrt, um dort die nächste Dschihadisten-Generation zur Welt zu bringen. Für afghanische Frauen drehten die Taliban die Zeit zurück.

Etwas Ähnliches hatte sich auch im Iran vollzogen, wo 1979 mit der Islamischen Revolution die Rechte der iranischen Frauen hinweggefegt wurden. Unter dem Schah-Regime – das natürlich auf andere Weise autokratisch und repressiv war – hatten reiche persische Frauen in Schlaghosen und Hotpants zu psychedelischer Popmusik getanzt. Sie konnten sich unverschleiert in den Straßen von Teheran frei bewegen. Heute werden ihre Töchter und Enkelinnen von der *Basidsch-e Mostaz'afin* (der Religionspolizei) gejagt und ins Gefängnis geworfen, wenn sie im öffentlichen Raum den Hidschab ablegen oder tanzen.

Ältere Frauen in Saudi-Arabien erinnern sich noch, dass sie allein ausgehen konnten, mit unbedecktem Haar, und dass sie in Restaurants mit Männern am selben Tisch saßen. Doch Saudi-Arabiens König Chalid ibn Abd al-Aziz – durch den Aufstieg der schiitischen Theokratie im Iran und die misslungene millenaristische Revolte in Mekka 1979 beunruhigt – erweiterte die Macht der wahhabitischen Geistlichen. Die Freiheiten von Frauen waren eine Provokation für die fanatischen, bärtigen Männer der *Muṭawwiʿ*, der islamischen Religionspolizei.

Ganz ähnlich machten auch in Ägypten die Frauenrechte einen Schritt vor und zwei zurück. Als Präsident Gamal Abdel Nasser 1958 einem ägyptischen Publikum erzählte, die Muslimbruderschaft wolle alle Frauen zwingen, in der Öffentlichkeit den Hidschab zu tragen, erntete er schallendes Gelächter.[3] Nur wenige Jahrzehnte später ist Realität, was damals wie ein Witz erschien. Weiter südlich, in Somalia, spielte sich die gleiche Geschichte ab. In meiner Kindheit in den 1970er-Jahren gingen dort Männer und Frauen, die nach italienischer Mode gekleidet waren oder im transparenten, bauchfreien Kleid, recht zwanglos miteinander um. Als die 1990er-Jahre anbrachen, hatte die Muslimbruderschaft das System der Madrassas und Koranschulen übernommen und war von den Rändern bis in den Mainstream vorgedrungen. Unter frommen somalischen Männern setzte sich arabische Kleidung durch, wobei ihre spindeldürren Beine und ihre dünnen Bärte sie zum Ziel von spöttischen Vergleichen mit ihren arabischen Brüdern machten. Weniger amüsant war ihre Gepflogenheit, Frauen auf der Straße mit Stromkabeln auszupeitschen, falls irgendein Teil ihres Körpers zu sehen war. Zwei Jahrzehnte später sind somalische Frauen aus dem öffentlichen Raum verdrängt, oder sie zeigen sich nur voller Angst und von Kopf bis Fuß bedeckt.

Zweifellos hinkten all diese Gesellschaften in den 1970er-Jahren dem Westen weit hinterher. Die oben beschriebenen Beispiele vergangener Befreiung beziehen sich fast alle auf Frauen, die der gesellschaftlichen Elite in Systemen angehört hatten, die alles andere als politisch liberal waren. Doch zumindest einige Frauen konnten studieren und arbeiten, sich kleiden, wie sie wollten, und ungezwungenen Umgang mit Männern pflegen.

Natürlich sage ich nicht voraus, die europäischen Frauen werde das gleiche Schicksal erwarten. Es ist unwahrscheinlich, dass das Rad der Geschichte in Schweden oder Deutschland ebenso weit zurückgedreht wird, wie es im Iran und in Somalia geschehen ist. Es wäre übertrieben, wenn man behaupten wollte, Europa werde in Richtung Scharia-Recht abrutschen. Doch die aktuelle Welle von sexueller Gewalt und Belästigung in Europa führt dazu, dass sich das Leben von europäischen Frauen und Mädchen auf subtile, aber unbestreitbare Weise zum Schlechteren verändert. Das Versagen Westeuropas, sich gegen eine eindringende chauvinistische Kultur zu wehren, verdrängt Frauen in bestimmten Wohngegenden von Stockholm, Berlin und Paris aus dem öffentlichen Raum. Wollen wir wirklich ein Europa, in dem vor 2015 gemachte Fotos vom Alltag der Frauen zu Objekten der Faszination werden, wie die Bilder in den Büchern, die die zentrale Figur in Atwoods *The Testaments*, der Fortsetzung zum *Report der Magd*, zensiert? Wenn wir das verhindern wollen, müssen wir uns das alte Europa als Gilead vorstellen. Schon jetzt ist es dieser Dystopie ähnlicher als Neuengland.

Manche Frauen werden
in der Vergangenheit zurückgelassen

Wie gesagt zeigen die oben erwähnten Fotos das Leben von städtischen Eliten in Kabul, Teheran und Kairo, in ländlichen Regionen und in strenggläubigen Familien hatten Frauen nicht annähernd die gleichen Rechte und Freiheiten wie Männer. Doch damals strebten Feministinnen noch danach, die Frauenemanzipation auf alle Frauen auszudehnen. Sie wollten nicht akzeptieren, dass manchen Frauen, nur weil diese in eine patriarchalische Religion hineingeboren worden waren, die Freiheiten, für die sie selbst kämpften, nicht zustanden. Die heutigen, von Multikulti-Ideologie erfüllten Feministinnen entschuldigen dagegen die Ungleichheit, die Frauen in der gesamten muslimischen Welt aufgezwungen wird, auch in den Parallelgesellschaften Europas. Demonstrativ »respektieren« sie diese frauenfeindliche Kultur, anstatt dafür zu kämpfen, dass sie sich weiterentwickelt. Im Endeffekt haben sie ihre muslimischen Schwestern in die Vergangenheit verbannt. Als wären sie Schlafwandlerinnen, sehen sie nicht, wie ihre eigenen Rechte allmählich untergraben werden.

Wir dürfen eines nicht vergessen: Schon das bloße Konzept, dass Frauen und Männer gleichberechtigt sind, ist relativ neu. Es entwickelte sich nur im Westen, und ungeachtet seiner Errungenschaften – vom Wahlrecht für Frauen bis hin zum Schutz vor Diskriminierung am Arbeitsplatz – ist die völlige Gleichberechtigung, die Feministinnen anstreben, noch nicht erreicht. Diese fragile Beinahegleichberechtigung, die zwar im Gesetz existiert, aber nicht in jedem Haushalt und Arbeitsumfeld, gibt es erst seit einem winzigen Bruchteil der Menschheitsgeschichte. Und diese Geschichte hat gezeigt, dass solche Errungenschaften im Handumdrehen wieder zunichte gemacht werden können. Auch die kommunistischen Regime in der Sowjetunion und in China versprachen Frauen Gleichberechtigung, als Bestandteil ihrer Revolution, doch die von ihnen geschaffenen Realitäten waren weit davon entfernt.

Der mythische »Bogen der Geschichte«, von dem Progressive annehmen, er beuge sich zum menschlichen Fortschritt hin, lässt sich besser als Pendel beschreiben – zumindest, wenn es um Frauenrechte geht. Es ist vor- und zurückgeschwungen, hat Frauen neue Freiheiten gewährt und sie wieder aufgehoben, abhängig von der jeweils vorherrschenden Ideologie. Im Viktorianischen Zeitalter war Religiosität nicht der einzige Grund, warum europäische Frauen ein unfreieres Leben führten; in England zum Beispiel war diese Entwicklung eine Reaktion auf den empfundenen Verfall der Sitten und die Laxheit des 18. Jahrhunderts. Wie in vielen muslimischen Gesellschaften der jüngeren Vergangenheit wurden Frauen mit der Drohung, im öffentlichen Raum in Gefahr zu sein – durch Gewalt in Form von Missbrauch und Vergewaltigung –, in die private Sphäre verbannt.[4] Frauen kleideten sich »züchtiger«, reduzierten ihren Umgang mit Männern, wurden von der Polizei aus bestimmten Stadtvierteln ferngehalten und lebten ein räumlich eingeschränkteres Leben als in den Jahrzehnten zuvor. Es war ein Backlash, der den Philosophen John Stuart Mill und seine Mitstreiterin und Frau Harriet Taylor Mill entsetzte. In ihrem 1861 fertiggestellten Essay *The Subjection of Women (Die Hörigkeit der Frau)* führten sie aus:

> Diese Ansicht, welche ich begründen will, ist die, daß das Prinzip, nach welchem die jetzt existierenden sozialen Beziehungen zwischen den beiden Geschlechtern geregelt werden – die gesetzliche Unterordnung des einen Geschlechtes unter das andere –, an und für sich ein Unrecht und gegenwärtig eines der wesentlichsten Hindernisse für eine höhere Vervollkommnung der Menschheit sei, und daß es deshalb geboten erscheine, an Stelle dieses Prinzips das der vollkommenen Gleichheit zu setzen, welches von der einen Seite keine Macht und kein Vorrecht zuläßt und von der andern keine Unfähigkeit voraussetzt.[5]

Mill veröffentlichte dieses Essay 1869, nach dem Tod Harriets. In der gesamten westlichen Welt sind viele der Rechte, für die er und seine Frau sich so überzeugend einsetzten, langsam, aber sicher eingeführt worden, wenn auch bislang noch keine perfekte Gleichberechtigung erreicht wurde. Doch ich befürchte, dass heute vieles von dem, was in den vergangenen 150 Jahren erreicht wurde, um die Rechte von Mädchen und Frauen zu verbessern und zu schützen, infolge einer unzureichend bewältigten Zuwanderung in Gefahr ist.

Während Europa sich verändert, um den Kulturen von Migranten entgegenzukommen, schwingt das Pendel der Geschichte zurück in Richtung Frauenfeindlichkeit. Anpassung findet statt, aber in umgekehrter Richtung. Fortschritt ist nicht nur nicht unaufhaltsam; in diesem Fall kehrt er sich zum Rückschritt um.

Während ich dieses Buch schrieb, bin ich zu dem Schluss gekommen, dass wir eine neue Frauenbewegung brauchen. Eine Bewegung, welche die Welt nicht in Begriffen von Multikulturalismus und Intersektionalität sieht, sondern universell, und die – im Geiste von John Stuart und Harriet Taylor Mill – bereit ist, für die Rechte aller Frauen zu kämpfen.

Der Schutz von Frauen vor raubtierhaften Männern ist das Problem, zu dessen Bekämpfung sich alle wahren Feministinnen vereinen und ihre Rechte verteidigen müssen.

Wir Frauen können und müssen uns dagegen wehren, wie in der Vergangenheit – und wie ich es selbst erlebt habe – auf den Status einer Beute reduziert zu werden.

Ich hoffe, dass Sie mir helfen werden, diesen Kampf zu gewinnen.

Dank

Dieses Buch wäre bedeutungslos ohne die westliche Kultur. Sie ermöglicht Freiheiten und Rechte wie keine andere Kultur. Das leidenschaftliche Verlangen, sie zu bewahren, brachte mich dazu, dieses Buch zu schreiben.

Im Verlauf des letzten Jahrzehnts habe ich mich mit jenen Problemen beschäftigt, die die Normen und Werte des Westens infrage stellen und die auf diesen Seiten erörtert werden. Ich habe gesehen, wie das Vertrauen in und der Stolz auf unsere Werte zerfallen. Ich habe westliche Länder gesehen, die zu unsicher sind, um Stellung zu beziehen und kulturelle Praktiken zu bekämpfen, die mit dem Leben in einer freiheitlichen Gesellschaft unvereinbar sind – zu unsicher, um jene Frauen und Mädchen zu verteidigen, die nicht für sich selbst kämpfen können. Dieses Buch wurde zu Ehren aller Verteidiger der westlichen Kultur und jener Riesen geschrieben, auf deren Schultern wir stehen.

Dieses Buch wäre auch nicht entstanden ohne die tapferen Frauen, die mit mir gesprochen haben, einschließlich der Opfer gewissenloser Angriffe (einige von ihnen überlebten eine Vielzahl von Attacken), von denen einige unbeirrbar blieben in ihrer Akzeptanz von Einwanderern, Flüchtlingen und Menschen, die anders sind als sie selbst.

Die männlichen Einwanderer, die mit mir sprachen, haben Kritik und öffentliche Anprangerungen aus den eigenen Reihen zurückgewiesen, denen sie ausgesetzt waren, weil sie im und für das europäische System gearbeitet haben. Sie sind den Frauen und Mädchen, die von diesen gewalttätigen Angriffen betroffen waren, als Kavaliere und mit Liebenswürdigkeit begegnet. Diese Männer sind Verkörperungen des Mutes. Ganz besonders danke ich Hamed Abdel-Samad, Mustafa Panshiri und Nazir Afzal.

Viele europäische Institutionen haben auf vielfältige Weise versagt, aber es gibt eine ganze Gruppe von Menschen, denen ich gerne meine Anerkennung erweisen möchte und die allzu oft ohne Anerkennung bleiben: die Polizei, die Sozialarbeiter, die Forensiker, die Richter- und die Lehrerschaft.

Danken möchte ich auch meinem Team, das gewaltige Datenmengen sichtete, Texte zu fürchterlichen Fällen las und unermüdlich arbeitete, um mich zu unterstützen. Ich möchte Leonie Phillips für ihr außergewöhnliches Arbeitsethos und ihre Geduld danken, mit der sie durch Europa reiste, die »grundlegenden Wahrheiten« recherchierte und Textentwürfe schrieb. Ich möchte Jurgen Reinhoudt für unermüdliche Recherchen und das Verifizieren von Fakten danken, auch nach der Aktualisierung von Daten oder der Änderung von Definitionen. Und ich möchte Alex Still für die tausende von Stunden danken, die sie den verschiedenen Fassungen dieses Buches widmete. Mit unendlichem Charme sorgte sie dafür, dass wir alle bei Verstand blieben.

Dankbar bin ich auch Susanna Lea, meiner Agentin, und, was noch wichtiger ist, meiner lieben Freundin; und ein Dank geht an mein Team bei Harper Collins, Eric Nelson, Hannah Long und alle anderen hinter den Kulissen. Ihr hattet die Geduld und Ausdauer, dieses Buch bis zur Fertigstellung zu begleiten.

Meine von ganzem Herzen kommende Dankbarkeit möchte ich allen bekunden, die mein Buchmanuskript prüften und kommentierten und es allesamt auf ihre eigene Art stärkten. Meine besondere

Anerkennung gilt hier Elizabeth Cobbs, Chris DeMuth, Kyle Kinnie, Paulina Neuding, Amanda Parker, Andrew Roberts, Dan Seligson und Robert Wickers.

Danken möchte ich außerdem Christopher Caldwell, Dame Louise Casey, Senator Tom Cotton, Megyn Kelly, Dr. Henry Kissinger, Mark Levin, Andrew McCarthy, Douglas Murray, Andrew Norfolk, Trevor Phillips, Peter Robinson, Senator Ben Sasse und Christina Hoff Sommers für die Lektüre und Unterstützung des Buches.

Dieses Buch wäre nicht möglich gewesen ohne meinen Ehemann Niall Ferguson, der das Manuskript las und lektorierte, und unsere Kinder, die mir die Zeit ließen, in der ich nicht bei ihnen war.

Anmerkungen

Kapitel 1: Die Uhr geht rückwärts

1 Rainer Bauböck/Milena Tripkovic (Hg.), *The Integration of Migrants and Refugees: An EUI Forum on Migration, Citizenship and Demography,* European University Institute, 2017, https://cadmus.eui.eu/bitstream/handle/1814/45187/Ebook_IntegrationMigrants Refugees2017.pdf?sequence=3&isAllowed=y, S. 93.

2 »Violence Against Women«, World Health Organization, 29. November 2017, https://www.who.int/news-room/fact-sheets/detail/violence-against-women.

3 »So reagiert die Politik auf den Mordfall Maria«, in: *Bild,* 4. Dezember 2016, https://www.bild.de/politik/inland/todesfall/studentin-vergewaltigt-ermordet-49066016.bild.html.

Kapitel 2: Die fünfte Welle

1 Peter Gatrell, *The Unsettling of Europe: How Migration Reshaped a Continent,* New York: Basic Books 2019.

2 »Migratory Map«, Frontex 2019, https://frontex.europa.eu/along-eu-borders/migratory-map/.

3 »Data Explorer«, Europäische Union, https://appsso.eurostat.ec.europa.eu/nui/.

4 Bojan Pancevski, »Steady Flow of Refugees Fuels Nationalist Gains in Europe«, in: *Wall Street Journal,* 30. April 2019, https://www.wsj.com/articles/steady-flow-of-refugees-fuels-nationalist-gains-in-europe-11556628273.

5 »Abschiebungen in andere EU-Staaten auf Höchststand«, in: *Spiegel Online,* 21. Januar 2019, https:///www.spiegel.de/politik/deutschland/fluechtlinge-abschiebungen-in-andere-eu-staaten-auf-hoechststand-a-1249008.html.

6 »The Dublin System in the First Half of 2018: Key Figures from Selected European Countries«, European Council on Refugees and Exiles, Oktober 2018, http://asylumineurope.org/sites/default/files/aida_2018halfupdate_dublin.pdf, S. 6.

7 Pancevski, »Steady Flow of Refugees Fuels Nationalist Gains in Europe«. Peter Cluskey, »Most Fleeing to Europe Are ›Not Refugees‹, EU Official Says«, in: *Irish Times,*

26. Januar 2016, https://www.irishtimes.com/news/world/europe/most-fleeing-to-europe-are-not-refugees-eu-official-says-1.2511133.

8   Valérie Boyer, »Assemblee Nationale, Constitution du 4 October 1958«, http://www.assemblee-nationale.fr/dyn/15/rapports/cion_afetr/l15b2303-tvii_rapport-avis.pdf.

9   Michèle Tribalat, micheletribalat.fr, und persönliche Korrespondenz.

10 Yue Huang/Michael Kvasnicka, »Immigration and Crimes Against Natives: The 2015 Refugee Crisis in Germany«, IZA Institute of Labor Economics Discussion Paper Series, Nr. 12469, Juli 2019, http://ftp.iza.org/dp12469.pdf.

11 »Interactive Data Table: World Muslim Population by Country«, Pew Research Center, 17. November 2017, https://www.pewforum.org/chart/interactive-data-table-world-muslim-population-by-country.

12 »Asylum and First Time Asylum Applicants by Citizenship, Age and Sex Annual Aggregated Data (Rounded)«, Eurostat, 12. März 2019, http://appsso.eurostat.ec.europa.eu/nui/show.do?dataset=migr_asyappctza&lang=en.

13 »Asylum and Migration in the EU: Facts and Figures«, Europäisches Parlament, 22. Juli 2019, http://www.europarl.europa.eu/news/en/headlines/society/20170629STO78630/asylum-and-migration-in-the-eu-facts-and-figures.

14 Ebenda.

15 Phillip Connor/Jeffrey S. Passel, »Europe's Unauthorized Immigrant Population Peaks in 2016, Then Levels Off«, Pew Research Center, 13. November 2019, https://www.pewresearch.org/global/2019/11/13/europes-unauthorized-immigrant-population-peaks-in-2016-then-levels-off.

16 Ebenda.

17 Ebenda.

18 »Europe's Growing Muslim Population«, Pew Research Center, 29. November 2017, https://www.pewforum.org/2017/11/29/europes-growing-muslim-population.

Kapitel 3: Sexuelle Gewalt in Zahlen

1   Weltgesundheitsorganisation (WHO), Global and Regional Estimates of Violence against Women: Prevalence and Health Effects of Intimate Partner Violence and Non-Partner Sexual Violence, Genf: WHO 2013, https://apps.who.int/iris/bitstream/handle/10665/85239/9789241564625_eng.pdf?sequence=1&isAllowed=y.

2   Ebenda, S. 4.

3   Ebenda, S. 31. https://www.who.int/news-room/fact-sheets/detail/violence-against-women.

4   Ebenda, S. 8.

5   »Gender Equality Index 2017: Measuring Gender Equality in the European Union 2005–2015–Report«, European Institute for Gender Equality, 10. Oktober 2017, https://eige.europa.eu/publications/gender-equality-index-2017-measuring-gender-equality-european-union-2005-2015-report.

6   »Recorded offences by offence category – Police Data«, Eurostat, S. 5,
    https://ec.europa.eu/eurostat/documents/64346/10008371/Recorded_offences_by_
    offence_category_2017.pdf.

7   »Recorded Offences by Offence Category – Police Data«, Eurostat, 29. Oktober 2019,
    http://appsso.eurostat.ec.europa.eu/nui/show.do?query=BOOKMARK_DS559176_
    QID_1727C2DE_UID_-3F171EB0&layout=ICCS,L,X,0;UNIT,L,X- ,1;GEO,L,Y,0;TI
    ME,C,Z,0;INDICATORS,C,Z,1;&zSelection=DS-559176T IME,2015;DS-
    559176INDICATORS,OBS_FLAG;&rankName1=INDICATORS_1_2_-1_2&rankNa
    me2=TIME_1_0_0_0&rankName3=ICCS_1_2_0 _0&rankName4=UNIT_1_2_1_0
    &rankName5=GEO_1_2_0_1&rStp=&cStp=&rDCh=&cDCh=&rDM=true&cDM=t
    rue&footnes=false&empty=false&wai=- false&time_mode=ROLLING&time_most_
    recent=true&lang=EN&cfo=%23%23%2 3%2C%23%23%23.%23%23%23.

8   »LIGEBP1: Victims of Offenses Against the Person by Type of Offence, Age and Sex«,
    Statistics Denmark, https://www.statbank.dk/statbank5a/SelectVarVal/Define.asp?-
    MainTable=LIGEPB1&PLanguage=1&PXSId=0&wsid=cftree.

9   »Sexual offences in England and Wales: Year Ending March 2017«, Office for National
    Statistics, 8. Februar 2018, https://www.ons.gov.uk/peoplepopulationandcommunity/
    crimeandjustice/articles/sexualoffencesinenglandandwales/yearendingmarch2017.

10 Matt Watts/Ross Lydall, »Half of Women Feel at Risk of Harassment on London
    Public Transport«, in: *Evening Standard,* 19. Mai 2016, https://www.standard.co.uk/
    news/transport/half-of-women-feel-at-risk-of-harassment-on-london-public-transport-
    a3252051.html.

11 Französisches Innenministerium (Ministère de l'Intérieur), »Insécurité et délinquance
    en 2018: premier bilan statistique«, 31. Januar 2019, https://www.interieur.gouv.fr/
    Interstats/Actualites/Insecurite-et-delinquance-en-2018-premier-bilan-statistique.

12 Amandine Lebugle, »Young Women in Large Cities are the Main Victims of Violence
    in Public Space«, in: *Population & Societies* 550 (Dezember 2017), https://www.ined.fr/
    fichier/s_rubrique/27216/550_ang_population.societies.decembre.violence.en.pdf.

13 *Gewalt gegen Frauen: eine EU-weite Erhebung. Ergebnisse auf einen Blick,* Wien: Agentur
    der Europäischen Union für Grundrechte 2014, https://fra.europa.eu/sites/default/
    files/fra-2014-vaw-survey-at-a-glance-oct14_de.pdf.

14 Zoe Tabary, »220,000 Women Sexually Harassed on Public Transport in France:
    Study«, *Reuters,* 21. Dezember 2017, https://www.reuters.com/article/us-women-
    france-sexcrimes/220000-women-sexually-harassed-on-public-transport-in-france-
    study-idUSKBN1EF2J2.

15 Alle Daten entstammen der »Polizeilichen Kriminalstatistik«, Bundeskriminalamt
    (Hg.), https://www.bka.de/DE/AktuelleInformationen/StatistikenLagebilder/
    PolizeilicheKriminalstatistik/pks_node.html.

16 Brottsförebyggande Rådet, »Våldtäkt och sexualbrott«, Brå, 14. Oktober 2019,
    https:// www.bra.se/statistik/statistik-utifran-brottstyper/valdtakt-och-sexualbrott.html.

17 Swedish Crime Survey 2016 (Stockholm: The Swedish National Council for Crime Prevention, 2017), https://www.bra.se/bra-in-english/home/publications/archive/publications/2017-02-15-swedish-crime-survey-2016.html.

18 Ebenda.

19 Ebenda.

20 Betsy Stanko/Emma Williams, »Reviewing Rape and Rape Allegations in London: What Are the Vulnerabilities of the Victims Who Report to the Police?«, in: Miranda Horvath/Jennifer Brown (Hg.), *Rape: Challenging Contemporary Thinking,* Cullompton/GB: Willan 2009, S. 207–255.

21 »Sexual Offences in England and Wales: Year Ending March 2017«, Office for National Statistics [Anm. 9]. Laura Backes/Anna Clauss/Maria-Mercedes Hering et al., »Faktencheck: Stimmen die Meldungen über vergewaltigende Flüchtlinge?«, in: *Spiegel Online,* 6. Januar 2018, https://www.spiegel.de/spiegel/stimmen-die-meldungen-ueber-vergewaltigende-fluechtlinge-a-1186254.html. Michael Planty/Lynn Langton/Christopher Krebs et al., »Female Victims of Sexual Violence, 1994–2010«, US-Justizministerium, Office of Justice Programs, 31. Mai 2016, https://www.bjs.gov/content/pub/pdf/fvsv9410.pdf, S. 4. Det Kriminalpræventive Råd, 2016.

22 Brottsförebyggande Rådet, »Rape and Sexual Offences«, Brå, https://www.bra.se/bra-in-english/home/crime-and-statistics/rape-and-sex-offences.html. Brottsförebyggande Rådet, *Våldtäkt mot personer 15 år och äldre: Utveecklingen under åren 1995–2006,* Stockholm: Brå 2008, https://www.bra.se/download/18.cba82f7130f475 a2f180008010/1371914724593/2008_13_valdtakt_mot_personer_over_15_ar.pdf.

23 Bundesministerium für Familie, Senioren, Frauen und Jugend, *Lebenssituation, Sicherheit und Gesundheit von Frauen in Deutschland: Eine repräsentative Untersuchung zu Gewalt gegen Frauen in Deutschland* (Lang- und Kurzfassung), Berlin 2004, https://www.bmfsfj.de/bmfsfj/studie--lebenssituation--sicherheit-und-gesundheit-von-frauen-in-deutschland/80694?view=DEFAULT, S. 6 f. (Seitenangaben beziehen sich auf die Kurzfassung).

24 Ebenda, S. 7, S. 11 f.

25 Ebenda, S. 9.

26 Ebenda, S. 12.

27 Ebenda, S. 21 f.

28 Ebenda, S. 26.

29 Deborah F. Hellmann/Max W. Kieninger/Sören Kliem, »Sexual Violence Against Women in Germany: Prevalence and Risk Markers«, in: *International Journal of Environmental Research and Public Health* 15, Nr. 1613, Juli 2018, S. 1–19, https://doi.org/10.3390/ijerph15081613.

30 Ebenda, S. 8 f.

31 Ich danke Renée DiResta vom Stanford Internet Observatory für diese Information.

32 Backes et al., »Stimmen die Meldungen über vergewaltigende Flüchtlinge?«

33 Ebenda.

34 *Kriminalitätsbericht: Statistik und Analyse, 2017,* Bundesministerium für Inneres, Republik Österreich, 2017, https://www.bmi.gv.at/508/files/SIB_2017/03_SIB_2017-Kriminalitasetsbericht_web.pdf.

35 Ebenda.

36 »LIGEBP1: Victims of Offenses Against the Person by Type of Offence, Age, and Sex«.

37 Paulina Neuding, »Sweden's Sexual Assault Crisis Presents a Feminist Paradox«, in: *Quillette,* 10. Oktober 2017, https://quillette.com/2017/10/10/swedens-sexual-assault-crisis-presents-feminist-paradox/.

38 Ebenda.

39 Ebenda.

40 Joachim Kerpner/Kerstin Weigl/Alice Staaf, »Unik granskning: 112 pojkar och män dömda för gruppvåltäkt«, in: *Aftonbladet,* 6. Mai 2018, https://www.aftonbladet.se/nyheter/a/rLKwKR/unik-granskning-112-pojkar-och-man-domda-for-gruppvaldtakt.

41 Ebenda.

42 »UG-referens: Dömda för våldtäkt«, in: *SVT Nyheter,* 11. Oktober 2018, https://www.svt.se/nyheter/granskning/ug/domda-for-valdtakt-1.

43 David Crouch, »Swedish Police Accused of Covering Up Sex Attacks by Refugees at Music Festival«, in: *The Guardian,* 11. Januar 2016, https://theguardian.com/world/2016/jan/11/swedish-police-accused-cover-up-sex-attacks-refugees-festival.

44 Mattis Wikstrom/Kim Malmgren, »De är män som våldtar kvinnor tillsammans«, in: *Expressen,* 20. März 2018, https://www.expressen.se/nyheter/brottscentralen/qs/de-ar-mannen-som-valdtar-tillsammans/.

45 Französisches Innenministerium, »Insécurité et délinquance en 2018: premier bilan statistique«, »Fiche #3, Violences Sexuelles«, S. 77 [Anm. 11].

46 Reality Check: Are Migrants Driving Crime in Germany?«, *BBC News,* 13. September 2018, https://www.bbc.com/news/world-europe-45419466.

47 Marcel Leubecher, »Gewalt von Zuwanderern gegen Deutsche nimmt zu«, in: *Die Welt,* 9. April 2019, https://www.welt.de/politik/deutschland/article191584235/BKA-Lagebild-Gewalt-von-Zuwanderern-gegen-Deutsche-nimmt-zu.html.

48 *Bundeslagebild Kriminalität im Kontext von Zuwanderung 2017,* Bundeskriminalamt, 8. Mai 2018, https://www.bka.de/SharedDocs/Downloads/DE/Publikationen/JahresberichteUndLagebilder/KriminalitatImKontextVonZuwanderung/KriminalitaetImKontextVonZuwanderung_2017.pdf.

49 Ebenda.

50 Christian Pfeiffer/Dirk Baier/Sören Kliem, *Zur Entwicklung der Gewalt in Deutschland. Schwerpunkte: Jugendliche und Flüchtlinge als Täter und Opfer,* Institut für Delinquenz und Kriminalprävention, Zürcher Hochschule für Angewandte Wissenschaften, Januar 2018, https://pdfs.semanticscholar.org/8cf4/655e7090ac6b11a7a0f02f8530dd1ae5676e.pdf, S. 71–91.

51 Yue Huang/Michael Kvasnicka, »Immigration and Crimes Against Natives: The 2015 Refugee Crisis in Germany«, Forschungsinstitut zur Zukunft der Arbeit (IZA, Institute of Labor Economics), Diskussionspapier-Serie, Nr. 12469, Juli 2019, http://ftp.iza.org/dp12469.pdf, Abstract.

52 Ebenda, S. 3.

53 Ebenda, S. 25.

54 Ebenda, S. 34.

55 Ebenda, S. 21 f.

56 Ebenda, S. 25.

57 Ebenda.

Kapitel 4: Taharrush dschama'i (das Vergewaltigungs-Spiel) kommt nach Europa

1   Susi Wimmer, »Joggerinnen attackiert und vergewaltigt: 28-Jähriger vor Gericht«, in: *Süddeutsche Zeitung,* 25. März 2018, https://www.sueddeutsche.de/muenchen/2.220/prozessauftakt-joggerinnen-attackiert-und-vergewaltigt-28-jaehriger-vor-gericht-1.3918813.

2   »Nach sexuellem Übergriff auf Spaziergängerin: Täter festgenommen«, in: *Münchner Merkur,* 3. September 2017, https://www.merkur.de/lokales/garmisch-partenkirchen/garmisch-partenkirchen-ort28711/sexueller-uebergriff-auf-garmisch-partenkirchnerin-taeter-gefasst-8643128.html.

3   »Strullendorf: Somalier (17) vergewaltigt 43-Jährige im Fußgängertunnel«, *TV Oberfranken (TVO),* 14. März 2017, https:///www.tvo.de/strullendorf-teenager-vergewaltigt-43-jaehrige-im-fussgaengertunnel-234536.

4   Ebenda.

5   »Drei Männer vergewaltigen 16-jähriges Mädchen auf offener Straße«, in: *Die Welt,* 16. September 2017, https://welt.de/vermischtes/article168708906.

6   »POL-HH:190128-4. Zeugenaufruf nach Sexualdelikt in Hamburg-Bramfeld«, Polizei Hamburg, 27. Januar 2019, https://www.presseportal.de/blaulicht/pm/6337/4178172.

7   Silvia Zöller, »»Weil er Sex wollte‹«: 19-Jähriger gesteht versuchte Vergewaltigung von 74-Jähriger«, in: *Mitteldeutsche Zeitung,* 8. Januar 2019, https://www.mz-web.de/halle-saale/weil-er-sex-wollte-19-jaehriger-gesteht-versuchte-vergewaltigung-von-74-jaehriger-31842548.

8   »Verraten die Angeklagten heute den 12. Verdächtigen?«, in: *Bild,* 26. Juni 2019, https://www.bild.de/regional/stuttgart/stuttgart-aktuell/freiburg-prozessauftakt-nach-gruppenvergewaltigung-vor-disco-62879682.html.

9   »Gruppenvergewaltigung einer 18-Jährigen in Freiburg: Elf junge Männer auf Anklagebank«, in: *Focus Online,* 26. Juni 2019, https://www.focus.de/politik/gerichte-in-deutschland/verbrechen-erschuetterte-deutschland-gruppenvergewaltigung-in-freiburg-prozess-gegen-elf-junge-maenner-beginnt_id_10860345.html.

10 Christine Kensche, »›Das ist doch nur eine Frau‹, sagte Hussein K.«, in: *Die Welt,*
    25. Januar 2018, https://www.welt.de/vermischtes/article172868730/Mordprozess-in-
    Freiburg-Das-ist-doch-nur-eine-Frau-sagte-Hussein-K.html.

11 »Hussein K. Give Life Sentence for Rape and Murder of Freiburg Student«, *The Local.de,*
    22. März 2018, https://www.thelocal.de/20180322/hussein-k-given-life-sentence-for-
    rape-and-murder-of-freiburg-student.

12 »Weder Reue noch Mitgefühl«, in: *Frankfurter Allgemeine Zeitung,* 10. Juli 2019,
    https://www.faz.net/aktuell/rhein-main/im-mordfall-susanna-bekommt-ali-bashar-
    lebenslange-haft-16277361.html.

13 Wiebke Ramm, »In seinen Augen war sie seins«, in: *Spiegel Online,* 5. Februar 2019,
    https://www.spiegel.de/panorama/justiz/flensburg-mord-an-mireille-warum-das-
    gericht-ahmad-s-schuldig-sprach-a-1251740.html.

14 Alessandra Ziniti, »Pensionata violentata in spiaggia ad Ortona da un rifugiato.
    ›Credevo che volesse uccidermi‹«, in: *La Repubblica,* 15. November 2018, https://www.
    repubblica.it/cronaca/2018/11/15/news/donna_violentata_in_spiaggia_ad_ortona_da_
    un_somalo_aveva_appena_ottenuto_la_protezione_sussidiaria-211710833.

15 »Ragazza di 16 anni attirata in una trappola e stuprata dal branco degli stranieri«,
    in: *Leggo,* 6. September 2018, https://www.leggo.it/italia/cronache/ragazza/stuprata_
    branco_stranieri_avezzano-3956226.html.

16 »Four indicted for homicide of girl in Rome ›drug den‹«, 21. Oktober 2019,
    https://www.ansa.it/english/news/2019/10/21/4-indicted-for-desiree-murder_
    ca0dae5d-7c8e-4691-aee6-7b4d364cdab3.html.

17 Roland Gauron, »Une interprète violée et un journaliste agressé aux abords de la
    ›jungle‹ de Calais«, in: *Le Figaro,* 18. Oktober 2016, http://www.lefigaro.fr/actualite-
    france/2016/10/18/01016-20161018ARTFIG00122-une-interprete-
    violee-et-un-journaliste-agresse-aux-abords-de-la-jungle-de-calais.php.

18 Edouard de Mareschal, »Calais: un migrant érythréen mis en examen pour viol
    aggravé«, in: *Le Figaro,* 3. November 2017, http://www.lefigaro.fr/actualite-
    france/2017/11/03/01016-20171103ARTFIG00260-calais-un-mig-
    rant-erythreen-mis-en-examen-pour-viol-aggrave.php.

19 Samuel Cogez, »Croisilles: Six mois de prison pour le migrant qui s'était frotté à une
    fille de 11 ans«, in: *La Voix du Nord,* 13. Juli 2018, https://www.lavoixdunord.fr/
    416074/article/2018-07-13/six-mois-de-prison-pour-le-migrant-qui-s-etait-frotte-une-
    fille-de-11-ans.

20 »Un migrant soupçonné d'agressions sexuelles sur deux adolescentes de 14 ans«, in:
    Valeurs Actuelles, 12. Oktober 2017, https://www.valeursactuelles.com/faits-divers/
    un-migrant-soupconne-dagressions-sexuelles-sur-deux-adolescentes-de-14-ans-89687.

21 »Våldtog och hotade ›skära halsen‹ av flicka – nu döms Mohemed till ett par veckors
    ungdomstjänst«, *Fria Tider,* 16. Juli 2018, https://www.friatider.se/v-ldtog-och-hotade-
    sk-ra-halsen-av-flicka-nu-d-ms-mohomed-till-ett-par-veckors-ungdomstj-nst.

22 »Man häktad för fyra år gammal dubbelvåldtäkt«, in: *Aftonbladet,* 21. November 2019, https://www.aftonbladet.se/nyheter/a/K3KvxG/man-haktad-for-fyra-ar-gammal-dubbelvaldtakt.

23 Alison Smale, »Migrant Crimes Add Volatile Element to Austria's Election«, in: *New York Times,* 21. Mai 2016, https://nytimes.com/2016/05/22/world/europe/migrant-crimes-add-volatile-element-to-austrias-election.html.

24 »Vergewaltigung: Täter ist kein Unbekannter«, in: *Heute,* 20. Juni 2018, http://www.heute.at/s/vergewaltigung-tater-ist-kein-unbekannter-57896221.

25 »Wien: Frau im Beisein von zwei Kleinkindern sexuell missbraucht«, in: *Kurier,* 14. Februar 2017, https://kurier.at/chronik/wien/mutter-im-beisein-von-zwei-kleinkindern-auf-der-wiener-donauinsel-sexuell-missbraucht/246.520.687. Rebecca Perring, »Afghan Migrant Sexually Assaults Mother-of-Two as She Pushes Young Children in Pram«, in: *Express,* 14. Februar 2017, https://express.co.uk/news/world/767301/Afghan-migrant-sex-attack-mother-pram-children-Austria. Cheryl Benard, »I've Worked with Refugees for Decades. Europe's Afghan Crime Wave Is Mind-Boggling«, in: *The National Interest,* 11. Juli 2017, https://nationalinterest.org/feature/ive-worked-refugees-decades-europes-afghan-crime-wave-mind-21506.

26 Smale, »Migrant Crimes Add Volatile Element to Austria's Election«.

27 Gábor Sarnyai, »Budapest Police Hunt for Man Accused of Sexual Assault«, *Hungary Today,* 10. September 2018, https://hungarytoday.hu/budapest-police-hunt-for-man-accused-of-sexual-assault/. László János Szemàn, »Tiz évet kaphat az erőszakoló afgán«, in: *Magyar Nemzet,* 30. April 2019, https://magyarnemzet.hu/belfold/tiz-evet-kaphat-az-eroszakolo-afgan-6876137.

28 Ulrik Bachmann, »Afghansk dreng vil frifindes for voldtægt af 14-årig: ›Satan fristede mig‹«, in: *Ekstra Bladet,* 30. Oktober 2018, https://ekstrabladet.dk/112/afghansk-dreng-vil-frifindes-for-voldtaegt-af-14-aarig-satan-fristede-mig/7374771.

Kapitel 5: Wie Frauenrechte ausgehöhlt werden

1 »Written submission from a member of the public (SP0005)«, zitiert in: *Sexual harassment of women and girls in public places: Sixth Report of Session 2017–19,* http://data.parliament.uk/writtenevidence/committeeevidence.svc/evidencedocument/women-and-equalities-committee/sexual-harassment-of-women-and-girls-in-public-places/written/76790.html.

2 Evie Burrows-Taylor, »Women in Paris Tell Their Stories of Being Groped, Pestered and Sexually Harassed«, in: *The Local.fr,* 30. Juli 2018, https://www.thelocal.fr/20180730/women-in-paris-tell-their-stories-of-sexual-harassment.

3 Aude Bariéty, »L'agresseur de Marie Laguerre condamné à six mois de prison ferme«, in: *Le Figaro,* 4. Oktober 2018, http://www.lefigaro.fr/actualite-france/2018/10/04/01016-20181004ARTFIG00344-l-agresseur-de-marie-laguerre-condamne-a-six-mois-de-prison-ferme.php. Louis Chahuneau, »Affaire

Marie Laguerre: son agresseur condamné à 6 mois de prison ferme«, in: *Le Point,* 4. Oktober 2018, https://www.lepoint.fr/societe/affaire-marie-laguerre-le-harcelement-de-rue-en-proces-04-10-2018-2260206_23.php.

4   Tatjana Hörnle, »The New German Law on Sexual Assault and Sexual Harassment«, in: *German Law Journal* 18 (November 2017) 6, S. 1309–1330, https://www.cambridge.org/core/journals/german-law-journal/article/new-german-law-on-sexual-assault-and-sexual-harassment/C8FAD908DD7B6ECC28C6CF36BD9603BE. Dies., »Das Gesetz zur Verbesserung des Schutzes sexueller Selbstbestimmung«, in: *Neue Zeitschrift für Strafrecht* 37 (2017) 1, S. 13-21. *Bundesgesetzblatt,* Jg. 2016, Teil I, Nr. 52, 9. November 2016, »Fünfzigstes Gesetz zur Änderung des Strafgesetzbuches: Verbesserung des Schutzes der sexuellen Selbstbestimmung«, https://www.bmjv.de/SharedDocs/Gesetzgebungsverfahren/DE/SchutzSexuelleSelbstbestimmung.html.

5   »Dramatisk ökninig av trakasserier mot Migrationsverkets personal«, *SVT Nyheter,* 12. November 2016, https://www.svt.se/nyheter/inrikes/hot-vanligaste-incidenten-hos-migrationsverket.

6   Isabelle Nordström, »Ringde 166 gånger till kvinnlig anställd och skrek könsord«, in: *Aftonbladet,* 5. Oktober 2017, https://www.aftonbladet.se/nyheter/samhalle/a/rooOR/ringde-166-ganger-till-kvinnlig-anstalld-och-skrek-konsord.

7   Paulina Neuding, »Social oro ger stök på bibblan«, in: *Svenska Dagbladet,* 16. Mai 2015, https://www.svd.se/social-oro-ger-stok-pa-bibblan.

8   »Refugee Women and Children Face Heightened Risk of Sexual Violence amid Tensions and Overcrowding at Reception Facilities on Greek Islands«, UNHCR, 9. Februar 2018, https://data2.unhcr.org/en/news/20607.

9   Maria von Welser, *Kein Schutz – nirgends: Frauen und Kinder auf der Flucht,* München: Ludwig 2016. Laura Backes et al., »Faktencheck: Stimmen die Meldungen über vergewaltigende Flüchtlinge?« [Kap. 3, Anm. 21].

10 Jörg Diehl, »Hunderte Opfer, fast keine Täter«, in: *Spiegel,* 11. März 2019, https://www.spiegel.de/panorama/justiz/koelner-silvesternacht-crnuechternde-bilanz-der-justiz-a-1257182.html

11 »Schwerpunkt: Silvester und die Folgen«, in: *Emma* 2/2016, 25. Februar 2016, S. 22–45, https://www.emma.de/artikel/koeln-die-folgen-dieser-nacht-331595.

12 Georg Mascolo/Britta von der Heide, »1200 Frauen wurden Opfer von Silvester-Gewalt«, in: *Süddeutsche Zeitung,* 10. Juli 2016, https://www.sueddeutsche.de/politik/uebergriffe-in-koeln-1200-frauen-wurden-opfer-von-silvester-gewalt-1.3072064.

13 »Merkel zur Silvesternacht in Köln: ›Serientäter müssen die Härte des Rechts spüren‹«, in: *Focus Online,* 9. Januar 2016, https://www.focus.de/politik/deutschland/merkel-zur-silvesternacht-koeln-serientaeter-muessen-die-haerte-des-rechts-spueren-id5199111.html. Marina Koren, »Angela Merkel's Response to the New Year's Eve Assaults«, in: *The Atlantic,* 12. Januar 2016, https://www.theatlantic.com/international/archive/2016/01/cologne-refugees-migrants-merkel/423708/.

14 »Sexuelle Übergriffe bei Karneval der Kulturen in Köln«, *Deutsche Welle*, 15. Mai 2016, https://www.dw.com/de/sexuelle-uebergriffe-bei-karneval-der-kulturen-in-berlin/ a-19259682. »Mindestens acht Frauen bei Karneval der Kulturen belästigt«, in: *Berliner Morgenpost*, 17. Mai 2016, https://www.morgenpost.de/berlin/article 207572929/Mindestens-acht-Frauen-bei-Karneval-der-Kulturen-belaestigt.html.

15 Alison Smale, »Women Report Assaults at German Music Festival«, in: *New York Times*, 31. Mai 2016, https://www.nytimes.com/2016/06/01/world/europe/ darmstadt-germany-migrants-assaults.html.

16 »Frauen bei Open-Air-Festival in Bremen sexuell belästigt«, in: *Die Welt*, 18. Juli 2016, https://www.welt.de/vermischtes/article157139678/Frauen-bei-Open-Air-Festival-in-Bremen-sexuell-belaestigt.html.

17 »Utredning av polisens agerande i samband med ungdomsfestivalen We Are Sthlm, sommaren 2015«, Polisregion Stockholm, 23. Februar 2016, https://tino.us/ wp-content/uploads/2016/08/avskrivning-WAS-2015-final.pdf.

18 Johan Furusjö, »Massövergreppen i Kungsträdgården: Vad viv et«, in: *Aftonbladet*, 13. Januar 2016, https://www.aftonbladet.se/nyheter/a/jProgn/massovergreppen-i-kungstradgarden-vad-vi-vet.

19 Nicola Frank, persönliches Gespräch, 28. November 2018.

20 Christian Pfeiffer/Dirk Bayer/Sören Kliem, *Zur Entwicklung der Gewalt in Deutschland*, S. 71–91 [Kap. 3, Anm. 50].

21 Paulina Neuding, persönliches Gespräch, 6. April 2018.

22 Belgische Frau, interviewt im Film *La Femme de la Rue*, 2012 [vgl. Anm. 26].

23 Cécile Beaulieu, »Paris: des femmes victimes de harcèlement dans les rues du quartier Chapelle-Pajol«, in: *Le Parisien*, 18. Mai 2017, http://www.leparisien.fr/paris-75018/ harcelement-les-femmes-chassees-des-rues-dans-le-quartier-chapelle-pajol-18-05-2017-6961779.php.

24 Ebenda.

25 Nadia Remadna, persönliches Gespräch, 25. August 2018. https://pjmedia.com/ trending/2016/12/15/shocking-video-muslim-immigrants-ban-women-from-entire-neighborhoods-in-france/2/.

26 Sofie Peeters, *Femme de la Rue*, 2012.

27 Sofie Peeters, persönliches Gespräch, 31. März 2018.

28 »Documentary-Maker Dresses like a Whore«, *VRT News*, 3. August 2012, http:// deredactie.be/cm/vrtnieuws.english/News/1.1389654#.

29 »Meine Tochter hat am Linzer Bahnhof Angst«, in: *Kronen Zeitung*, 12. Februar 2016, https://www.krone.at/495747.

30 Ulrich Mendelin, »Flüchtlingskriminalität am Bahnhof Sigmaringen: Die Stimmung ist angespannt«, in: *Schwäbische Zeitung*, 29. März 2018, https://www.schwaebische. de/landkreis/landkreis-sigmaringen/sigmaringen_artikel,-fluechtlingskriminalitaet-am-bahnhof-sigmaringen-die-stimmung-ist-angespannt-_arid,10843541.html.

31 Seyran Ateş, persönliches Gespräch, 5. April 2018.

32 »Kontroverse um Frauenabteile in der Regionalbahn«, in: *Süddeutsche Zeitung,* 24. März 2016, https://www.sueddeutsche.de/reise/mitteldeutsche-regiobahn-kontroverse-um-frauenabteile-in-der-regionalbahn-1.2921856. Barney Henderson, »German Rail Operator Launches Women-Only Train Carriages Following Sex Attacks«, in: *The Telegraph,* 28. März 2016, https://www.telegraph.co.uk/news/2016/03/28/german-rail-operator-launches-women-only-train-carriages-followi/.

33 »POL-ST: Lienen, Dorfkirmes, sexuelle Belästigung und Körperverletzungsdelikte durch Zuwanderer«, Polizei Steinfurt, 4. März 2018, https://www.presseportal.de/blaulicht/pm/43526/3882290.

34 »Activity Inequality Project«, Stanford University, 2017, http://activityinequality.stanford.edu.

35 *Gewalt gegen Frauen: eine EU-weite Erhebung. Ergebnisse auf einen Blick,* Wien: Agentur der Europäischen Union für Grundrechte 2014 [Kap. 3, Anm. 13].

36 »Better Life Index – Edition 2017«, Organisation für wirtschaftliche Zusammenarbeit und Entwicklung (OECD), 2017, https://stats.oecd.org/index.aspx?DataSetCode=BLI.

37 »100 Women: The ›Right Amount‹ of Panic for Women in Public«, *BBC News,* 16. Oktober 2017, https://www.bbc.com/news/world-41614720.

38 »Boom in Demand for Self-Defence Weapons«, *The Local.at,* 13. Januar 2016, https://www.thelocal.at/20160113/boom-in-demand-for-weapons-in-vienna-and-styria.

39 Leonie Phillips, persönliches Gespräch, April 2018.

40 Lavanya Ramanathan, »Locking Panties and Man-Repelling Bracelets: Is This What the Women of 2018 Need?«, in: *Washington Post,* 19. Januar 2018, https://www.washingtonpost.com/lifestyle/style/locking-panties-and-man-repelling-bracelets-is-this-what-the-women-of-2018-need/2018/01/18/c74a2abe-f6fc-11e7-b34a-b85626af34ef_story.html?noredirect=on&utm_term=.57ca43246239.

41 Lin Taylor, »In wake of #MeToo, anti-rape shorts aim to ease assault fears«, *Reuters,* 23. Februar 2018, https://www.reuters.com/article/us-women-rape/in-wake-of-me-too-anti-rape-shorts-aim-to-ease-assault-fears-idUSKCN1G7218.

Kapitel 6: Sind die Gesetze unzureichend?

1 Brottsförebyggande Rådet, *Våldtäkt mot personer 15 år och äldre* [Kap. 3, Anm. 22]. Brottsförebyggande Rådet, »Våldtäkt och sexualbrott« [Kap. 3, Anm. 16].

2 Maximiliane Koschyk, »Vergewaltigungen in Bayern: Was hinter den Zahlen steckt«, *Deutsche Welle,* 20. September 2017, https://www.dw.com/de/vergewaltigungen-in-bayern-was-hinter-den-zahlen-steckt/a-40593620. »Kriminalstatistik 2014 vorgestellt: Mehr Täter, mehr Taten!«, Bund Deutscher Kriminalbeamter, 6. Mai 2015, https://www.bdk.de/der-bdk/aktuelles/pressemitteilungen/krimin<alstatistik-2014-vorgestellt-mehr-taeter-mehr-taten.

3　Andy Myhill/Jonathan Allen, *Rape and Sexual Assault of Women: The Extent and Nature of the Problem. Findings from the British Crime Survey,* London: Home Office Research, Development and Statistics Directorate 2002, https://www.sericc.org.uk/pdfs/1211_homeoffice2372002.pdf.

4　Brottsförebyggande Rådet, *Våldtäkt mot personer 15 år och äldre* [Kap. 3, Anm. 22]. Janet Phillips/Malcolm Park, »Measuring Domestic Violence and Sexual Assault Against Women: A Review of the Literature and Statistics«, Parliament of Australia 2006, https://www.aph.gov.au/about_parliament/parliamentary_departments/parliamentary_library/publications_archive/archive/violenceagainstwomen.

5　Miranda Horvath/Jennifer Brown (Hg.), *Rape: Challenging Contemporary Thinking,* Cullompton/UK: Willan 2009, S. 77.

6　Brottsförebyggande Rådet, »Rape and Sexual Offences« [Kap. 3, Anm. 22]. *Sexual Harassment of Women and Girls in Public Places,* London: House of Commons Women and Equalities Committee 2018, https://publications.parliament.uk/pa/cm201719/cmselect/cmwomeq/701/701.pdf. [Kap. 5, Anm. 1].

7　Paulina Neuding, »Sweden's Sexual Assault Crisis Presents a Feminist Paradox« [Kap. 3, Anm. 37].

8　»France Urges Women to Report World Cup Sexual Assaults – but Victims Have No Faith in the System«, *Agence France-Presse,* 19. Juli 2018, https://www.scmp.com/news/world/europe/article/2155908/france-urges-women-report-world-cup-sexual-assaults-victims-have. »›Me Too Football‹: Women in France Denounce Sexual Assaults During World Cup Celebrations«, in: *The Local.fr,* 17. Juli 2018, https://www.thelocal.fr/20180717/me-too-football-women-in-france-denounce-sex-assaults-during-world-cup-celebrations.

9　Lizzie Dearden, »Grooming Gangs Abused More than 700 Women and Girls Around Newcastle After Police Appeared to Punish Victims«, in: *Independent,* 23. Februar 2018, https://www.independent.co.uk/news/uk/crime/grooming-gangs-uk-britain/newcastle-serious-case-review-opertation-sanctuary-shelter-muslim-asian-a8225106.html.

10　Jody Raphael, *Rape is Rape: How Denial, Distortion, and Victim Blaming Are Fueling a Hidden Acquaintance Rape Crisis, Chicago:* Chicago Review Press 2013.

11　Jörg Diehl, »Hunderte Opfer, fast keine Täter«, in: *Spiegel,* 11. März 2019, https://www.spiegel.de/panorama/justiz/koelner-silvesternacht-ernuechternde-bilanz-der-justiz-a-1257182.html.

12　Ebd.

13　Ruud Koopmans, persönliches Gespräch, 10. April 2018.

14　Country Coordinator Portugal, »Portugal: How to Collect Data on Ethnicity and Race?«, European Web Site on Integration, European Commission, 5. Februar 2018, https://ec.europa.eu/migrant-integration/news/portugal-how-to-collect-data-on-ethnicity-and-race?lang.de.

15 Valerie Hudson, persönliches Gespräch, 14. Mai 2018.

16 »German Legal Research Guide«, Georgetown Law Library, http://guides.ll.georgetown. edu/c.php?g=363443&p=2455532. Auszug aus der Strafprozessordnung: »Auskünfte und Akteneinsicht zu Forschungszwecken«, https://dejure.org/gesetze/StPO/476.html

17 Susi Wimmer, »Joggerinnen attackiert und vergewaltigt: 28-Jähriger vor Gericht« [Kap. 4, Anm. 1]. »Trial Starts of Asylum Seeker over Brutal Rape in Munich's English Garden«, *The Local.de*, 26. März 2018, https://www.thelocal.de/20180326/trial-starts-of-asylum-seeker-over-brutal-rape-in-munichs-english-garden. Zum Urteil in diesem Verfahren: »Vergewaltiger vom Englischen Garten muss 14 Jahre in Haft«, in: *Die Welt*, 27. Juni 2018, https://welt.de/regionales/bayern/article178348828/Muenchen-Vergewaltiger-vom-Englischen-Garten-muss-14-Jahre-in-Haft.html.

18 »Polizeiliche Kriminalstatistik 2018«, Polizei Hamburg, 2018, https://www.polizei. hamburg/daten-und-fakten/12140070/pks-2018/, S. 42.

19 Auszug aus dem Protokoll der Verhandlung gegen Ali D., 2017, Landgericht Hamburg (vorläufige Rückübersetzung). Martin Jenssen, »Nach der Tat flüchtet er ins Ausland – nun folgt die Strafe«, in: *Die Welt*, 26. Juni 2017, https://www.welt.de/regionales/ hamburg/article165966971/Nach-der-Tat-fluechtet-er-ins-Ausland-nun-folgt-die-Strafe.html.

Kapitel 7: Handlungen haben Folgen

1 Robin Alexander, *Die Getriebenen: Merkel und die Flüchtlingspolitik. Report aus dem Innern der Macht*, München: Siedler 2017, S. 30–32 (Zitat: S. 31). »Merkel im Bürgerdialog: Das ungeschnittene Gespräch mit dem Flüchtlingsmädchen Reem«, https://www.youtube.com/watch?v=iWPZuZU5t44.

2 »Merkel: ›Multikulti ist gescheitert‹ und ›Wir schaffen das‹ (Chemnitz, 16. November 2019)«, https://www.youtube.com/watch?v=4FwJCS6URJA&feature=emb_logo. »Merkel says German multicultural society has failed«, *BBC*, 17. Oktober 2010, https://bbc.com/news/world-europe-11559451; https://www.npr.org/sections/ thetwo-way/2015/07/16/423554204/watch-merkels-awkward-interaction-with-tearful-palestinian-girl.

3 Robin Alexander, persönliches Gespräch, 30. April 2018.

4 »Entwicklung der Asylantragszahlen seit 1953«, in: *Aktuelle Zahlen zu Asyl*, September 2018, BAMF, S. 3, https://www.bamf.de/SharedDocs/Anlagen/DE/Statistik/ AsylinZahlen/aktuelle-zahlen-zu-asyl-september-2018.pdf?__blob=publication File&v=6.

5 Ayla Albayrak, »Drop in Asylum Applications Relieves European Burden«, in: *Wall Street Journal*, 1. Februar 2018, https://www.wsj.com/articles/drop-in-asylum-applications-relieves-european-burden-1517504475.

6 Rainer Bauböck/Milena Tripkovic (Hg.), *The Integration of Migrants and Refugees*, S. 8 [Kap. 1, Anm. 1].

7 Mahmoud Darwesh/Nawas Darraji, »Interview: Libyan Official Says 1.5 Mln Illegal Immigrants Outside Immigrant Shelters«, *Xinhuanews*, 12. Mai 2018, http://www.xinhuanet.com/english/2018-05/12/c_137173055.htm.

8 »World Population Prospects 2019«, United Nations Department of Economic and Social Affairs, https://population.un.org/wpp/DataQuery.

9 David Pilling, »Migration Is as Old as Humanity and Should Be Welcomed«, in: *Financial Times,* 10. April 2019, https://www.ft.com/content/fb9600c8-5b68-11e9-939a-341f5ada9d40.

10 Steven Smith, *La ruée vers L'Europe: La jeune Afrique en route pour le Vieux Continent,* Paris: Grasset 2018 (engl. Titel: *The Scramble for Europe: Young Africa on its Way to the Old Continent,* Cambridge: Polity 2019).

11 Neli Esipova/Anita Pugliese/Julie Ray, »More Than 750 Million Worldwide Would Migrate if They Could«, Gallup, 10. Dezember 2018, https://news.gallup.com/poll/245255/750-million-worldwide-migrate.aspx.

12 »Europe Is Sending African Migrants Home. Will They Stay?«, in: *The Economist,* 28. März 2018, https://www.economist.com/middle-east-and-africa/2018/03/28/europe-is-sending-african-migrants-home-will-they-stay. »About Half or More in Several sub-Saharan African Countries Would Move to Another Country«, Global Attitudes Survey, Frühling 2017, Q140. »At Least a Million Sub-Saharan Africans Moved to Europe Since 2010«, https://www.pewresearch.org/global/2018/03/22/at-least-a-million-sub-saharan-africans-moved-to-europe-since-2010.

13 Guy Delauney, »Migrant Crisis: Explaining the Exodus from the Balkans«, *BBC News,* 8. September 2015, https://www.bbc.com/news/world-europe-34173252. Shirin Hakimzadeh, »Iran: A Vast Diaspora Abroad and Millions of Refugees at Home«, Migration Policy Institute, 1. September 2006, https://www.migrationpolicy.org/article/iran-vast-diaspora-abroad-and-millions-refugees-home. »Pakistan«, Amnesty International, https://www.amnesty.org/en/countries/asia-and-the-pacific/pakistan/.

14 Michael Jansen, »Syria, Iraq and Eritrea: Why People Are Fleeing«, in: *Irish Times,* 11. September 2015, https://www.irishtimes.com/news/world/europe/syria-iraq-and-eritrea-why-people-are-fleeing-1.2347795.

15 Ebenda. Patricia Grossman, »Dispatches: Why Afghans are Leaving«, Human Rights Watch, 16. September 2015, https://www.hrw.org/news/2015/09/16/dispatches-why-afghans-are-leaving. Melissa Fleming, »Six Reasons Why Syrians Are Fleeing to Europe in Increasing Numbers«, in: *The Guardian,* 25. Oktober 2015, https://www.theguardian.com/global-development-professionals-network/2015/oct/25/six-reasons-why-syrians-are-fleeing-to-europe-in-increasing-numbers.

16 »Asyl und Migration: Zahlen und Fakten«, Europäisches Parlament, 18. Juli 2019, https://www.europarl.europa.eu/news/de/headlines/society/20170629STO78630/asyl-und-migration-zahlen-und-fakten.

17 Elian Peltier/Eloise Stark, »Rescuing Migrants Fleeing Through the Frozen Alps«, in: *New York Times,* 22. Februar 2018, https://www.nytimes.com/interactive/2018/02/22/ world/europe/alpine-rescue.html.

18 »Latest: France Says Some Aid Groups Help Smugglers«, *Associated Press,* 5. April 2019, https://www.apnews.com/255e2e1baf5f45309fd9ed9e70834a62. »Iraqi Migration to Europe: IOM Report«, International Organization for Migration, 16. August 2016, https://www.iom.int/news/iraqi-migration-europe-iom-report. Fleming, »Six Reasons Why Syrians Are Fleeing to Europe in Increasing Numbers«.

19 Tino Sanandaji, persönliches Gespräch, 7. April 2018.

20 Jonathan Eyal, »Migrants' Integration Woes Spook Europe«, in: *Straits Times,* 14. Januar 2018, https://www.straitstimes.com/world/europe/migrants-integration- woes-spook-europe.

21 Dominik Schreiber, »So kriminell sind Ausländer wirklich«, in: *Kurier,* 7. März 2017, https://kurier.at/chronik/oesterreich/so-kriminell-sind-auslaender-wirk- lich/250.253.044.

22 Boris Palmer, persönliches Gespräch, 18. Juni 2018.

23 »Gesetz zur erleichterten Ausweisung von straffälligen Ausländern und zum erweiterten Ausschluss der Flüchtlingsanerkennung bei straffälligen Asylbewerbern«, in: *Bundes- gesetzblatt,* Jg. 2016, Teil I, Nr. 12, 16. März 2016, S. 394 f., https://www.bmi.bund. de/SharedDocs/downloads/DE/gesetzestexte/erleichterte-ausweisung-auslaendischer- straftaeter.html.

24 Carla Bleiker/Ben Knight/Jefferson Chase, »Wer wird wann aus Deutschland abgeschoben?«, *Deutsche Welle,* 3. Januar 2019, https://www.dw.com/de/wer-wird- wann-aus-deutschland-abgeschoben/a-46952667.

25 Simon Gosvig, »Rigsadvokaten kritiserer fejl i voldtægtssager«, Anklagemyndigheden, 20. November 2017, https://anklagemyndigheden.dk/da/rigsadvokaten-kritiserer-fejl-i- voldtaegtssager.

26 Urteil des Obersten Gerichtshofs Schwedens (Högsta domstolen) B5931-18, Paragraph 26, S. 9, https://www.domstol.se/globalassets/filer/domstol/hogstadomstolen/ avgoranden/2019/b-5931-18.pdf. »Sweden's Supreme Court Overturns Deportation Decision for Convicted Rapist«, *The Local.se,* 25. April 2019, https://www.thelocal.se/ 20190425/swedens-supreme-court-overturns-deportation-decision-for-convicted- rapist.

27 »A Year in Review: First 12 Months of the European Border and Coast Guard Agency«, Frontex, 2017, https://frontex.europa.eu/assets/Publications/General/A_Year_in_ Review.pdf.

28 Bojan Pancevski, »Steady Flow of Refugees Fuels Nationalist Gains in Europe« [Kap. 2, Anm. 4]. Matthew Karnitschnig, »German Far Right Fuels Muslim ›Takeover‹ Fears«, in: *Politico,* 19. April 2019, https://www.politico.eu/article/germany-islam-chemnitz- far-right-demonstration/. »Migration Enforcement in the EU – Latest Figures«,

Eurostat, 9. Juli 2018, https://ec.europa.eu/eurostat/web/products-eurostat-news/-/
DDN-20180709-1?inheritRedirect=true&redirect=%2Feurostat%2Fweb%2Fmain.

29 Udo Bauer, »Listicle: Wird in Deutschland bald mehr abgeschoben?«, *Deutsche Welle,*
31. Juli 2019, http://www.dw.com/de/listicle-wird-in-deutschland-bald-mehr-
abgeschoben/a-49604945.

30 Maria Repitsch, »Tusentals avviker från utvisningar«, *Sveriges Radio,* 2. Mai 2018,
https://sverigesradio.se/sida/artikel.aspx?programid=83&artikel=6944493.

31 David Wood, persönliches Gespräch, 26. Juni 2019.

32 https://ec.europa.eu/eurostat/statistics-explained/index.php/Enforcement_of_
immigration_legislation_statistics#Latest_developments_in_enforcement_statistics

33 Erik Magnusson, »Malmös bidrag till papperslösa blir fråga för finansministern«, in:
Sydsvenskan, 29. Mai 2018, https://www.sydsvenskan.se/2018-05-29/malmos-bidrag-
till-papperslosa-blir-fraga-for.

34 Pancevski, »Steady Flow of Refugees Fuels Nationalist Gains in Europe«[Kap. 2, Anm. 4].

35 Karnitschnig, »German Far Right Fuels Muslim ›Takeover‹ Fears« [Anm. 28].

36 »English Channel Migrant Crossings«, Home Affairs Committee (Innenausschuss des
Parlaments, Großbritannien), 26. Februar 2019, https://www.parliamentlive.tv/Event/
Index/30d138ae-13f4-478e-9786-54fb8b132fe0.

37 *Refugees in Europe: Review of Integration Practices & Policies,* European Foundation for
Democracy, 2018, https://www.europeandemocracy.eu/wp-content/
uploads/2019/03/2018-Refugees-In-Europe-Full-Version.pdf; dass., dies.,
https://www.europeandemocracy.eu/wp-content/uploads/2019/03/2018-Refugees-in-
Europe-Abridged-Version.pdf (gekürzte Fassung).

38 Fazlur Rahman Raju, »Germany Deported 31 Undocumented Bangladeshis Under
Repatriation Agreement«, in: *Dhaka Tribune,* 17. April 2018, https://www.dhakatribune.
com/bangladesh/2018/04/17/germany-deported-31-undocumented-bangladeshis-
repatriation-agreement/.

39 »EUTF for Africa«, European Union, 15. Mai 2019, https://ec.europa.eu/trustfund
forafrica/sites/euetfa/files/facsheet_eutf_generic_long_online_publication_15.5.19.pdf.

40 »Europe is Sending African Migrants Home. Will They Stay?« [Anm. 12].

41 »EUTF for Africa«.

42 David Brown, »Deportee ›Saved‹ by Airline Passengers Raped Teenager«, in: *The Times,*
15. Oktober 2018, https://www.thetimes.co.uk/article/deportee-saved-by-airline-
passengers-raped-teenage-girl-zf216xkg6.

43 »Hundra demonstrerar mot tvångsutvisningarna i Kållered«, in: *Dagens Nyheter,*
9. April 2018, https://www.dn.se/nyheter/sverige/hundra-demonstrerar-mot-
tvangsutvisningarna-i-kallered.

44 »Stockholm – fjärde veckan av de afghanska barnfamiljernas sittstreik«, happytogo-
battle, 30. Juli 2019, https://happytogobattle.wordpress.com/2019/07/30/stockholm-
fjarde-veckan-av-de-afghanska-barnfamiljernas-sittstrejk.

45 Daniel Dollinger/Thomas Hilgendorf, »30 Festnahmen nach Großeinsatz in Donauwörth«, in: *Augsburger Allgemeine,* 15. März 2018, https://www.augsburger-allgemeine.de/donauwoerth/30-Festnahmen-nach-Grosseinsatz-in-Donauwoerth-id50646771.html.

46 Polizeipräsidium Aalen, POL-AA: Ellwangen: Abschiebung aus der LEA mit Gewalt verhindert«, Presse-Portal, 2. Mai 2018, https://www.presseportal.de/blaulicht/pm/110969/3932909. »200 Migrants in South German Town Prevent Deportation of Man«, in: *The Local.de,* 2. Mai 2018, https://www.thelocal.de/20180502/200-migrants-in-south-german-town-prevent-deportation-of-man-to-congo. (Die im Link angegebene Ortsbezeichnung »Congo« ist falsch, was am Schluss der Meldung klargestellt wird.)

47 »Talking Migration Data: Data on African Migration to Europe«, Migration Data Portal, 20. Februar 2019, https://migrationdataportal.org/blog/talking-migration-data-data-african-migration-europe.

48 Karnitschnig, »German Far Right Fuels Muslim ›Takeover‹ Fears« [Anm. 28].

49 »Rapport D'Information«, Nr. 1014, Assemblée Nationale, 31. Mai 2018, http://www.assemblee-nationale.fr/dyn/15/rapports/cec/l15b1014_rapport-information.pdf, S. 22. »Collomb: ›Autour de 300.00‹ étrangers en situation irrégulière«, France 24, 11. August 2017, https://www.france24.com/fr/20171108-collomb-autour-300000-etrangers-situation-irreguliere.

50 Aljoscha-Marcello Dohme, »Trotz Prämien: 2017 verließen Deutschland wieder weniger Asylbewerber«, in: *Kölner Stadt-Anzeiger,* 27. März 2018, https://ksta.de/politik/trotz-praemien-2017-verliessen-deutschland-wieder-weniger-asylbewerber-29933874.

51 David Wood, *Controlling Britain's Borders: The Challenge of Enforcing the UK's Immigration Rules,* London: Civitas 2019, http://www.civitas.org.uk/content/files/controllingbritainsborders.pdf.

52 Vgl. hierzu zum Beispiel »I Sold All I Had to Go to Europe – Now I'm Home, and Broke«, *BBC News,* 7. Mai 2018, https://www.bbc.com/news/stories-44007932.

53 Patrick Kingsley, »Libya's People Smugglers: Inside the Trade That Sells Refugees Hopes of a Better Life«, in: *The Guardian,* 24. April 2015, https://www.theguardian.com/world/2015/apr/24/libyas-people-smugglers-how-will-they-catch-us-theyll-soon-move-on. Will Huddleston/Aysem Biriz Karacay/Marina Nikolova, *Study on Smuggling of Migrants: Characteristics, Responses and Cooperation with Third Countries: Case Study 4: Nigeria – Turkey – Bulgaria,* European Commission, DG Migration & Home Affairs, https://ec.europa.eu/home-affairs/sites/homeaffairs/files/case_study_4_nigeria_-_turkey_-_bulgaria.pdf.

54 Celia Mabroukine, »French Police Clear out Paris Migrants Camp«, *Reuters*, 30. Mai 2018, https://www.reuters.com/article/us-europe-migrants-paris-evacuation/french-police-clear-out-paris-migrants-camp-idUSKCN1IV0FE.

55 »Exposed Areas: Social Order, Criminal Structure and Challenges for the Police«, National Operational Department of Intelligence Unit, schwedische Polizei, Juni 2017, https://polisen.se/siteassets/dokument/ovriga_rapporter/utsatta-omraden-social-ordning-kriminell-struktur-och-utmaningar-for-polisen-2017.pdf, S. 32.

56 Bojan Pancevski, »An Ice-Cream Truck Slaying, Party Drugs and Real-Estate Kings: Ethnic Clans Clash in Berlin's Underworld«, in: *Wall Street Journal*, 17. Oktober 2018, https://www.wsj.com/articles/ethnic-crime-families-provoke-german-crack-down-1539604801.

57 Ebenda.

Kapitel 8: Die zerbrochenen Fenster der liberalen Justiz

1 Hannes Heine, »Wir müssen unsere Regeln durchsetzen«, in: *Der Tagesspiegel*, 7. März 2018, https://www.tagesspiegel.de/berlin/andreas-geisel-zu-angstraeumen-in-berlin-wir-muessen-unsere-regeln-durchsetzen/21041726.html.

2 Judy Raphael, *Rape Is Rape* [Kap. 6, Anm. 10].

3 Mustafa Panshiri, persönliches Gespräch, 25. Mai 2018.

4 Soeren Kern, »Deutschland: Polizisten werden immer öfter von Migranten angegriffen«, Gatestone Institute, 2. Dezember 2017, https://de.gatestoneinstitute.org/11475/deutschland-migranten-polizisten-angriff.

5 Mustafa Panshiri, persönliches Gespräch, 25. Mai 2018. Vgl. außerdem Jens Ganman/Mustafa Panshiri, *Det lilla landet som kunde*, Stockholm: Vulkan 2018, S. 88.

6 Ulrich Rosenhagen, »From Stranger to Citizen? Germany's Refugee Dilemma«, in: *Dissent*, Sommer 2017, https://www.dissentmagazine.org/article/from-stranger-to-citizen-germanys-refugee-dilemma-integration.

7 Polizei Essen, »POL-E: Essen: Polizeibeamtin bei Einsatz schwer verletzt – Bürger greifen beherzt ein – Kontrolle einer Shisha-Bar eskaliert«, Presseportal Polizei Nordrhein-Westfalen, 9. September 2018, https://www.presseportal.de/blaulicht/pm/11562/4056309.

8 *Bundeslagebild Kriminalität im Kontext von Zuwanderung 2016*, Bundeskriminalamt, 24. April 2017, https://www.bka.de/SharedDocs/Downloads/DE/Publikationen/JahresberichteUndLagebilder/KriminalitaetImKontextVonZuwanderung/KriminalitaetImKontextVonZuwanderung_2016.html.

9 Jörg Diehl/Ansgar Siemens, »So schätzen Polizisten die Sicherheitslage ein«, in: *Spiegel Online*, 18. November 2018, https://www.spiegel.de/panorama/justiz/kriminelle-migranten-was-sagen-polizisten-und-wie-ist-das-einzuschaetzen-a-1237348.html.

10 »›Mehr Respekt‹ – Notruf einer Polizistin«, Hildegard Michel-Hamm (Red.), Thomas Spahn (Interview), *Deutsche Welle*, 7. August 2016, https://www.dw.com/de/mehr-respekt-notruf-einer-polizistin/av-19227540.

11 Ebenda.

12 Ellen Barry/Christina Anderson, »Hand Grenades and Gang Violence Rattle Sweden's Middle Class«, in: *New York Times,* 3. März 2018, https://www.nytimes. com/2018/03/03/world/europe/sweden-crime-immigration-hand-grenades.html.

13 Damien McElroy, »Swedish Policeman Pins Violent Crime on Migrants«, in: *The Sunday Times,* 26. Februar 2017, https://www.thetimes.co.uk/article/swedish-policeman-pins-violent-crime-on-migrants-8xm609l9n.

14 »Exposed Areas: Social Order, Criminal Structure and Challenges for the Police«, National Operational Department of Intelligence Unit, schwedische Polizei, Juni 2017, https://polisen.se/siteassets/dokument/ovriga_rapporter/utsatta-omraden-social-ordning-kriminell-struktur-och-utmaningar-for-polisen-2017.pdf, S. 29.

15 »›It's a Massacre‹: One French Police Officer Commits Suicide Every Four Days«, *The Local.fr,* 9. April 2019, https://www.thelocal.fr/20190409/its-a-massacre-one-french-police-officer-commits-suicide-every-four-days.

16 »Exposed Areas«, S. 36.

17 Bojan Pancevski, »Teens Roam Streets with Rifles as Crime Swamps Sweden«, in: *The Sunday Times,* 21. Januar 2018, https://www.thetimes.co.uk/article/teens-roam-streets-with-rifles-as-crime-swams-sweden-q83g055k9.

18 Jürgen Lauterbach, »Sex mit Gewalt, aber keine Vergewaltigung«, in: *Märkische Allgemeine,* 20. April 2017, https://www.maz-online.de/Lokales/Brandenburg-Havel/Sex-mit-Gewalt-aber-keine-Vergewaltigung.

19 Aude Bariéty, »L'aggresseur de Marie Laguerre condamné à six mois de prison ferme« [Kap. 5, Anm. 3].

20 Samuel Cogez, »Croisilles: Six mois de prison pour le migrant qui s'était frotté à une fille de 11 ans« [Kap. 4, Anm. 19].

21 »Bub vergewaltigt – Iraker kommt in Kürze frei!«, in: *Kronen Zeitung,* 23. Mai 2017, www.krone.at/570811. »Theresienbad-Sextäter zu 7 Jahren Haft verurteilt, in: *Kronen Zeitung,* 13. Dezember 2016, www.krone.at/543898.

22 Katrin Bennhold, »A Girl's Killing Puts Germany's Migration Policy on Trial«, in: *New York Times,* 17. Januar 2018, https://www.nytimes.com/2018/01/17/world/europe/germany-teen-murder-migrant.html.

23 «Germany: Asylum-seeker who killed Kandel teen found dead in prison cell«, *Deutsche Welle,* 11. Oktober 2019, https://www.dw.com/en/germany-asylum-seeker-who-killed-kandel-teen-found-dead-in-prison-cell/a-50769693.

24 Michael Zgoll, »Messerattacke: Fünf Jahre Haft für 17-jährigen Syrer«, in: *Hannoversche Allgemeine Zeitung,* 14. September 2018, https://www.haz.de/Hannover/Aus-der-Stadt/Landgericht-Hannover-urteilt-nach-Tat-in-Grossburgwedel-Fuenf-Jahre-Haft-fuer-syrischen-Messerstecher.

25 Ebenda.

26 »Messerattacke in Burgwedel: Jugendhaft für 17-jährigen, der Vivien K. ein Messer in den Bauch rammte«, RTL.de, 11. September 2018, https://www.rtl.de/cms/

messerattacke-in-burgwedel-jugendhaft-fuer-17-jaehrigen-der-vivien-k-ein-messer-in-den-bauch-rammte-4220010.html.

«Messerattacke: Fünf Jahre Haft für den 17-jährigen Syrer», in: *Hannoversche Allgemeine*, 14. September 2018, https://www.haz.de/Hannover/Aus-der-Stadt/Landgericht-Hannover-urteilt-nach-Tat-in-Grossburgwedel-Fuenf-Jahre-Haft-fuer-syrischen-Messerstecher.

27 Diamant Salihu/Åse Asplid/Michael Syrén, »Här är anmälningarna från ›We are Sthlm‹«, in: *Expressen*, 13. Januar 2016, https://www.expressen.se/nyheter/har-ar-anmalningarna-fran-we-are-sthlm.

28 Ebenda.

29 Kate Connolly/Mark Tran, »Cologne Police ›Struggled to Gain Control During Mass Sexual Assaults‹«, in: *The Guardian*, 7. Januar 2016, https://www.theguardian.com/world/2016/jan/07/cologne-police-struggled-to-gain-control-of-mass-sexual-assaults-new-years-eve.

30 Christoph Hasselbach, »Kölner Silvesternacht: Wer war schuld?«, *Deutsche Welle*, 31. März 2017, https://www.dw.com/de/koelner-silvesternacht-wer-war-schuld/a-38234961. Mara Bierbach, »Parliamentary Report: Police Could Have Prevented Cologne New Year's Eve Attacks«, *Deutsche Welle*, 31. März 2017, https://www.dw.com/en/parliamentary-report-police-could-have-prevented-cologne-new-years-eve-attacks/a-38226193.

31 Alice Schwarzer, »Silvester: Ein Jahr danach noch unter Schock«, in: *Emma*, Nr. 1/2017 (Januar/Februar 2017), S. 44–48 (Zitat: S. 46).

32 Ben Knight, »Cologne Sexual Assault Case Collapses«, in: *The Guardian*, 6. Mai 2016, https://www.theguardian.com/world/2016/may/06/cologne-sex-assault-attacks-case-collapses.

33 Rick Noack, »Leaked Document Says 2,000 Men Allegedly Assaulted 1,200 German Women on New Year's Eve«, in: *Washington Post*, 11. Juli 2016, https://www.washingtonpost.com/news/worldviews/wp/2016/07/10/leaked-document-says-2000-men-allegedly-assaulted-1200-german-women-on-new-years-eve/. Rainer Wendt, »Die Täter lachen doch über uns!«, in: *Emma*, Nr. 6/2016 (November/Dezember 2016), S. 26 f.

34 »Being Christian in Western Europe«, Pew Research Center, 29. Mai 2018, http://www.pewforum.org/2018/05/29/being-christian-in-western-europe.

35 Brottsförebyggande Rådet (Rat für Verbrechensvorbeugung), Stockholm 2018, S. 16 [Kap. 3, Anm. 22]. Swedish Crime Survey 2017.

Kapitel 9: Das Lehrbuch des Leugnens

1 »Three Refugees Charged for Groping at Danish Festival«, in: *The Local.dk*, 1. August 2016, https://www.thelocal.dk/20160801/three-asylum-seekers-charges-for-groping-girl-at-festival.

2 Paulina Neuding, »Sweden's Violent Reality Is Undoing a Peaceful Self-Image«, *Politico*, 16. April 2016, https://www.politico.eu/article/sweden-bombings-grenade-attacks-violent-reality-undoing-peaceful-self-image-law-and-order.

3 Maria von Welser, *Kein Schutz – nirgends*. [Kap. 5, Anm. 9].

4 Mattis Wikström/Kim Malmgren, »De är män som våltar kvinnor tillsammans« [Kap. 3, Anm. 44].

5 Joachim Kerpner/Kerstin Weigel/Alice Staaf, »Unik granskning: 112 pojkar och män dömda för gruppvåltäkt« [Kap. 3, Anm. 40].

6 Christian Pfeiffer/Dirk Baier/Sören Kliem, *Zur Entwicklung der Gewalt in Deutschland. Schwerpunkte: Jugendliche und Flüchtlinge als Täter und Opfer* [Kap. 3, Anm. 50]. Maximiliane Koschyk, »Vergewaltigungen in Bayern: Was hinter den Zahlen steckt« [Kap. 6, Anm. 2].

7 Brottsförebyggande Rådet, *Våldtäkt mot personer 15 år och äldre: Utveecklingen under åren 1995–2006* [Kap. 3, Anm. 22]. Ronet Bachman/Linda E. Saltzman, »Violence Against Women: Estimates from the Redesigned Survey«, Washington, DC: Office of Justice Programs, U.S. Department of Justice 1995, https://www.bjs.gov/content/pub/pdf/FEMVIED.PDF.

8 Laura Backes et al., »Faktencheck: Stimmen die Meldungen über vergewaltigende Flüchtlinge?« [Kap. 3, Anm. 21].

9 Vilija Blinkevičiūtė, »Mano parlamentinė veikla«, Darbas Europos Parlamente, http://www.blinkeviciute.eu/darbas-europos-parlamente/mano-parlamentine-veikla.

10 Interview mit einem Beamten der österreichischen Regierung, Wien, 21. Juni 2018.

11 Eliza Gray, »Swedish Feminists Thread Needle Between Sexism and Racism in Migrant Controversy«, in: *Time*, 19. Januar 2016, https://time.com/4182186/swedish-feminists-sexual-assault-refugees.

12 »›Anti-Abschiebe-Industrie‹ ist das Unwort des Jahres 2018«, *Deutsche Welle*, 15. Januar 2019, https://www.dw.com/de/anti-abschiebe-industrie-ist-das-unwort-des-jahres-2018/a-47088923.

13 Kate Connolly, »Populist Talkshows Fuel Rise of Far Right, German TV Bosses Told«, in: *The Guardian*, 13. Juni 2018, https://www.theguardian.com/world/2018/jun/13/populist-talkshows-fuel-rise-of-far-right-german-tv-bosses-told. Claudia Tieschky, »Schweigejahr für Plasberg und Co?«, in: *Süddeutsche Zeitung*, 9. Juni 2018, https://www.sueddeutsche.de/medien/talkshows-und-populismus-schweigejahr-fuer-plasberg-und-co-1.4007675.

14 Deutscher Presserat, Pressekodex, https://www.presserat.de/pressekodex.html. Soeren Kern, »Deutschlands Migranten-Vergewaltigungskrise: Wo bleibt die Empörung der Öffentlichkeit?«, Gatestone Institute, 26. Oktober 2016, https://de.gatestoneinstitute.org/9208/migranten-vergewaltigung-empoerung.

15 »Neunter Tatverdächtiger festgenommen« und »Anmerkung der Redaktion«, in: *Süddeutsche Zeitung*, 30. November 2018, https://www.sueddeutsche.de/panorama/freiburg-gruppenvergewaltigung-festnahme-1.4233772.

16 »Zum Geleit«, in: *Süddeutsche Zeitung,* 6. Oktober 1945, S. 1, http://www.sueddeutscher-verlag.de/assets/sv_geschichte/451006_sz_erstausgabe.pdf.

17 James Dennison/Teresa Talò, »Explaining Attitudes to Immigration in France«, Working Paper RSCAS 2017/25, Migration Policy Centre, Robert Schuman Centre for Advanced Policy Studies, Mai 2017, https://cadmus.eui.eu/bitstream/handle/1814/46245/RSCAS_2017_25.pdf?sequence_1&isAllwowed=y, dort: »Executive summary«, S. 7.

18 Anthony Heath/Lindsay Richards, »How Do Europeans Differ in Their Attitudes to Immigration? Findings from the European Social Survey, 2002/03-2016/17«, OECD Social, Employment and Migration Working Papers Nr. 222, OECD Publishing 2019, https://pdfs.semanticscholar.org/02e8/28a5fad3cbd36b695d8c4b160c154b2ef442.pdf. Richard Wike/Bruce Stokes/Katie Simmons, »Europeans Fear Wave of Refugees Will Mean More Terrorism, Fewer Jobs«, Pew Research Center, 11. Juli 2016, https://www.pewresearch.org/global/2016/07/11/europeans-fear-wave-of-refugees-will-mean-more-terrorism-fewer-jobs.

19 Miriam Ticktin, »Sexual Violence as the Language of Border Control: Where French Feminist and Anti-Immigrant Rhetoric Meet«, in: *Signs: Journal of Women in Culture and Society* 33 (2008) 4, S. 863–889.

20 Ruud Koopmans, persönliches Gespräch, 10. April 2019.

21 Kamel Daoud, »Cologne, lieu de fantasmes«, in: *Le Monde,* 29. Januar 2016 (dt. unter dem Titel »Cologne, Ort der Fantasmen« in: *Emma,* Nr. 2/2016 (März/April 2016), S. 34–36. Hugh Schofield, »Algerian Novelist Kamel Daoud Sparks Islamophobia Row«, *BBC News,* 7. März 2016, https://www.bbc.com/news/world-europe-35653496.

22 »Sarrazin vs the Saracens«, in: *The Economist,* 1. September 2010, https://www.economist.com/newsbook/2010/09/01/sarrazin-vs-the-saracens.

23 »Suhrkamp-Verlag distanziert sich vom ›Turm-Autor‹«, in: *Frankfurter Allgemeine Zeitung,* 10. März 2018, https://www.faz.net/aktuell/feuilleton/suhrkamp-distanziert-sich-von-seinem-autor-uwe-tellkamp-15487159.html.

24 Hamed Abdel-Samad, persönliches Gespräch, 27. Juni 2018.

25 Bill de Blasio/Anne Hidalgo/Sadiq Khan, »Our Immigrants, Our Strength«, in: *New York Times,* 20. September 2016, https://www.nytimes.com/2016/09/20/opinion/our-immigrants-our-strength.html.

26 Ursula Scheer, »Frauen, versteckt euch!«, in: *Frankfurter Allgemeine Zeitung,* 6. Januar 2016, https://www.faz.net/aktuell/feuilleton/debatten/henriette-rekers-unverschaermter-vorschlag-mit-der-armlaenge-13999586.html. Marina Koren, »Angela Merkel's Response to the New Year's Eve Assaults«, in: *The Atlantic,* 12. Januar 2016, https://www.theatlantic.com/international/archive/2016/01/cologne-refugees-migrants-merkel/423708.

27 »Norway Educates Migrants on Treatment of Women« (Video), *VOA (Voice of America) Europe,* 15. Januar 2016, https://www.voanews.com/episode/norway-educates-migrants-treatment-women-3709921.

28 »Three Refugees Charged for Groping at Danish Festival« [Anm. 1].

29 Johan Furusjö, »Massövergreppen i Kungsträdgården: Vad viv et« [Kap. 5, Anm. 18].

30 Hartwig Pautz, »Constructing the ›Immigrant‹: Germany's Radical Left in the Refugee Crisis«, in: *German Politics* 27 (2017) 3, S. 424–441, https://www.tandfonline.com/doi/abs/10.1080/09644008.2017.1312351?af=R&journalCode=fgrp20.

Kapitel 10: Die feministische Zwickmühle

1 Eliza Gray, »Swedish Feminists Thread Needle Between Sexism and Racism in Migrant Controversy« [Kap. 9, Anm. 11].

2 Sofie Peeters, persönliches Gespräch, 31. März 2018.

3 Ebenda.

4 »›Reality Check‹: Police Union Head Criticizes Uni After String of Sexual Assaults«, in: *The Local.de*, 5. Februar 2018, https://www.thelocal.de/20180205/reality-check-police-union-head-criticizes-uni-after-string-of-sexual-assaults. Daniel Gräber, »Uni warnt vor Sex-Täter auf dem Campus«, in: *Frankfurter Neue Presse,* 3. Februar 2018, https://www.fnp.de/frankfurt/warnt-sex-taeter-campus-10425606.html.

Kapitel 11: Das Anstandsgebot

1 Brottsförebyggande Rådet, *Våldtäkt mot personer 15 år och äldre: Utvecklingen under åren 1995–2006* [Kap. 3, Anm. 22].

2 *Bundeslagebild Kriminalität im Kontext von Zuwanderung 2017*, Bundeskriminalamt, 8. Mai 2018, https://www.bka.de/SharedDocs/Downloads/DE/Publikationen/JahresberichteUndLagebilder/KriminalitaetImKontextVonZuwanderung/KriminalitaetImKontextVonZuwanderung_2017.pdf.

3 »Asylum and First Time Asylum Applicants by Citizenship, Age and Sex Annual Aggregated Data (Rounded)«, Eurostat, 12. März 2019, http://appsso.eurostat.ec.europa.eu/nui/show.do?dataset=migr_asyappctza&lang=de.

4 Valerie Hudson, »Europe's Man Problem«, *Politico*, 6. Januar 2016, https://www.politico.eu/article/europes-man-problem.

5 Andrea Den Boer/Valerie Hudson, *Bare branches: the security implications of Asia's surplus male population*, Cambridge: MIT Press, 2005.

6 Hudson, »Europe's Man Problem«.

7 Louisa Leontiades/Dalia Gazah/Jörg Luyken, »Life in Suspense: The Refugees in Germany Who Can't Reunite with Their Families«, in: *The Local.de*, 16. November 2017, https://www.thelocal.de/20171116/life-in-suspense-the-refugees-in-germany-who-cant-reunite-with-their-families.

8 »Reality Check: Are migrants driving crime in Germany?«, *BBC News*, 13. September 2018: https://www.bbc.com/news/world-europe-45419466.

9 Laura Backes/Anna Clauss/Maria-Mercedes Hering et al., »Fact-Check: Is There Truth to Refugee Rape Reports?«, in: *Spiegel Online*, 17. Januar 2018, https://www.spiegel.de/international/germany/is-there-truth-to-refugee-sex-offense-reports-a-1186734.html.

10 Christian Pfeiffer/Dirk Baier/Sören Kliem, *Zur Entwicklung der Gewalt in Deutschland. Schwerpunkte: Jugendliche und Flüchtlinge*, Zürcher Hochschule für Angewandte Wissenschaften, Januar 2018, https://www.deutschlandfunk.de/studie-zur-entwicklung-der-gewalt-in-deutschland.media.22ba294e98b633c0939fef3aff7b4a01.pdf. Siehe den vollen Bericht unter https://www.bmfsfj.de/blob/jump/121226/gutachten-zur-entwicklung-der-gewalt-in-deutschland-data.pdf.

11 Camille Paglia, *Sexual Personae: Art and Decadence from Nefertiti to Emily Dickinson*, Vol. 1, New Haven, CT: Yale University Press, 1990, S. 23.

12 Barney Zwartz/Sarah Smiles, »Melbourne Sheik Backs Calls to Legalise Polygamy«, in: *Sydney Morning Herald*, 26. Juni 2008, https://www.smh.com.au/national/melbourne-sheik-backs-calls-to-legalise-polygamy-20080625-2wv9.html.

13 Anne McCants/Dan Seligson, »Polygamy, the Commodification of Women, and the Erosion of Trust«, unveröffentlichtes Manuskript, August 2019, http://pseweb.eu/ydepot/seance/513535_McCants_Seligson_Polygamy_Sversion.pdf.

14 Walter Scheidel, »Monogamy and Polygyny, Version 1.0«, Princeton/Stanford Working Papers in Classics, Januar 2009, http://www.princeton.edu/~pswpc/pdfs/scheidel/010903.pdf.

15 Dan Seligson, persönliches Gespräch, 11. Juni 2018.

16 Knut S. Vikør, *Between God and the Sultan: A History of Islamic Law*, Oxford, UK: Oxford University Press, 2005, S. 324.

17 Abdullahi Ahmed An-Na'im, *Toward an Islamic Reformation: Civil Liberties, Human Rights, and International Law*, Syracuse, NY: Syracuse University Press, 1990, S. 161–181, vor allem S. 171.

18 Imad Ad-Din (228-230), zitiert in: Francesco Gabrieli (Hg.), *Arab Historians of the Crusades*, Dorset Press, 1989 [1957], S. 204.

19 Rudolph Peters, *Crime and Punishment in Islamic Law: Theory and Practice from the Sixteenth to the Twenty-first Century*, Cambridge, UK: Cambridge University Press, 2005, S. 14–15, S. 177. Arafat Mazhar, »Raped Women Should Keep Quiet«, in: *The Express Tribune* (Pakistan), 9. Juli 2011, https://tribune.com.pk/story/206049/raped-women-should-keep-quiet.

20 Vikør, *Between God and the Sultan*, S. 283.

21 »Women and *Hajj*, Rapists, and Minors«, Islamic Research Foundation International, Inc., 8. Mai 1999, https://www.irfi.org/questions_answers/women_and_hajj.htm.

22 Mona Eltahawy, *Headscarves and Hymens: Why the Middle East Needs a Sexual Revolution*, New York: HarperCollins, 2015, S. 52 [Deutsche Ausgabe: *Warum hasst ihr uns so? Für die sexuelle Revolution der Frauen in der islamischen Welt*, München: Piper, 2015, S. 51].

23 Riazat Butt, »Our Dirty Little Secret«, in: *The Guardian*, 21. April 2008, https://www.theguardian.com/commentisfree/2008/apr/21/ourdirtylittlesecret. Siehe auch Dilshad Ali, »The Trifecta of Rape Culture, Sexual Abuse and Muslim Communities –

Debunking False Statements«, Patheos, 11. Oktober 2018, https://www.patheos.com/blogs/altmuslim/2018/10/the-trifecta-of-rape-culture-sexual-abuse-and-muslim-communities.

24 Judy Bachrach, »Twice Branded: Western Women, Muslim Lands«, in: *World Affairs* 172, Nr. 1 (Sommer 2009), S. 84–92.

25 Amena Bakr, »Dubai Jails Norwegian Woman for Illicit Sex After She Reports Rape«, in: *The Star* (Toronto), 21. Juli 2013, https://www.thestar.com/news/world/2013/07/21/dubai_jails_norwegian_woman_for_illicit_sex_after_she_reports_rape.html.

26 »Oh, Boy: Are Lopsided Migrant Sex Ratios Giving Europe a Man Problem?«, in: *The Economist*, 16. Januar 2016, https://www.economist.com/europe/2016/01/16/oh-boy.

27 Bachrach, »Twice Branded: Western Women, Muslim Lands«.

28 Eltahawy, *Headscarves and Hymens*.

29 Ebenda, S. 76–77. [Deutsche Ausgabe: S. 19 und 70].

30 Lorraine Brown/Hanaa Osman, »The Female Tourist Experience in Egypt as an Islamic Destination«, in: *Annals of Tourism Research* 63 (März 2017), S. 12–22.

31 *Understanding Masculinities: Results from the International Men and Gender Equality Survey (IMAGES)–Middle East and North Africa*, UN Women and Promundo-US, 2017, https://promundoglobal.org/wp-content/uploads/2017/05/IMAGES-MENA-Multi-Country-Report-EN-16May2017-web.pdf.

32 Marnia Lazreg, *Questioning the Veil: Open Letters to Muslim Women*, Princeton, NJ: Princeton University Press, 2009.

33 »Egyptian Lawyer Jailed for Saying Women in Ripped Jeans Should Be Raped«, *BBC News*, 2. Dezember 2017, https://www.bbc.com/news/world-middle-east-42209755.

34 Vivian Yee/Hwaida Saad, »For Lebanese Women, a Beach of Their Own«, in: *New York Times*, 10. September 2018, https://www.nytimes.com/2018/09/10/world/middleeast/lebanon-women-beach.html.

35 Janice Dickson, »Refugee Women Live in Fear, Avoiding Washrooms Because of Sexual Harassment«, in: *National Post*, 15. Oktober 2018, https://nationalpost.com/pmn/news-pmn/canada-news-pmn/refugee-women-live-in-fear-avoiding-washrooms-be-cause-of-sexual-harassment.

36 Maria von Welser, *No Refuge for Women: The Tragic Fate of Syrian Refugees*, Vancouver: Greystone Books, 2017 [Deutsche Ausgabe: Maria von Welser, *Kein Schutz – nirgends. Frauen und Kinder auf der Flucht*, München: Ludwig, 2016].

37 *Desperate and Dangerous: Report on the Human Rights Situation of Migrants and Refugees in Libya*, United Nations Support Mission in Libya and Office of the High Commissioner for Human Rights, 20. Dezember 2018, https://www.ohchr.org/Documents/Countries/LY/LibyaMigrationReport.pdf, S. 31.

38 Rumy Hasan, *Multiculturalism: Some Inconvenient Truths*, London: Politico's Publishing, 2010, S. 217. Jaclyn Friedman/Jessica Valenti (Hrsg.), *Yes Means Yes! Visions of Female Sexual Power and a World Without Rape*, Berkeley: Seal Press, 2008.

39 Brad Perry, »Hooking Up with Healthy Sexuality: The Lessons Boys Learn (and Don't Learn) About Sexuality, and Why a Sex-Positive Rape Prevention Paradigm Can Benefit Everyone Involved«, in: Friedman/Valenti (Hrsg.), *Yes Means Yes!*, S. 193–207.

40 Alia Amer, »Sex in Islam: What Every Muslim Teenager and Adult Needs to Know about Sexuality«, Zawaj.com, https://www.zawaj.com/articles/teenager_know.html.

41 Isabel Teotonio, »Parents Experiencing Back-to-School Jitters About Sex-Ed Rollback«, in: *The Star* (Toronto), 4. September 2018, https://www.thestar.com/news/gta/2018/09/04/parents-experiencing-back-to-school-jitters-amid-sex-ed-rollback.html.

42 Nazia Parveen, »Birmingham Primary School to Resume Modified LGBT Lessons«, in: *The Guardian*, 3. Juli 2019, https://www.theguardian.com/world/2019/jul/03/birmingham-primary-school-to-resume-modified-lgbt-lessons.

43 Oliver Harvey, »Worlds Collide as Gay Assistant Head Teaches Kids about Homosexuality in 98 Per Cent Muslim Community«, in: *The Sun*, 4. Februar 2019, https://www.thesun.co.uk/news/8334977/homosexuality-birmingham-saltley-islam.

44 Forum-Dialog auf ummah.com, 29. September 2018, https://www.ummah.com/forum/forum/islam/jinns-ruqya-unseen/12580704-chronic-wet-dreams-issue; Forum-Dialog auf ummah.com, 12. August 2010, https://www.ummah.com/forum/forum/lounge-v2/286898-who-is-to-blame-for-a-man-s-lust-for-women; Forum-Dialoge auf ummah.com, 28. Juli 2016, https://www.ummah.com/forum/forum/misc/anonymous-posting-counselling-forum/488482-my-hormones-can-t-handle-all-the-women-in-public.

45 Kamel Daoud, »The Sexual Misery of the Arab World«, in: *New York Times*, 12. Februar 2016, https://www.nytimes.com/2016/02/14/opinion/sunday/the-sexual-misery-of-the-arab-world.html.

46 Lara Logan, persönliches Gespräch, 5. November 2018.

47 Alice Schwarzer, »Was war da los?«, in: *Emma*, Nr. 2/2016 (März/April 2016).

48 Magdi Abdelhadi, »Cairo Street Crowds Target Women«, *BBC News*, 1. November 2006, http://news.bbc.co.uk/2/hi/middle_east/6106500.stm.

49 Angie Abdelmonem, »Reconceptualizing Sexual Harassment in Egypt: Longitudinal Assessment of *el-Taharrush el-Ginsy* in Arabic Online Forums and Anti-sexual Harassment Activism«, in: *Kohl: A Journal for Body and Gender Research* 1 (2015), S. 23–41, https://s3-eu-west-1.amazonaws.com/harassmap/media/uploaded-files/reconceptualizing-sexual-harassment-in-egypt-1.pdf.

50 Eltahawy, *Headscarves and Hymens*.

51 Marina Koren, »Angela Merkel's Response to the New Year's Eve Assaults«, in: *The Atlantic*, 12. Januar 2016, https://www.theatlantic.com/international/archive/2016/01/cologne-refugees-migrants-merkel/423708.

52 Alison Smale, »As Germany Welcomes Migrants, Sexual Attacks in Cologne Point to a New Reality«, in: *New York Times*, 14. Januar 2016, https://www.nytimes.com/

2016/01/15/world/europe/as-germany-welcomes-migrantssexual-attacks-in-cologne-point-to-a-new-reality.html.

53 Alice Schwarzer, »Der Schock – die Silvesternacht in Köln«, in: *Emma*, Nr. 1/2017 (Januar/Februar 2017).

54 Ebenda. Jürgen Mathies und Alice Schwarzer im Gespräch mit der Autorin, 30. Dezember 2016.

Kapitel 12: Kulturschock

1 Samuel Huntington, »The Clash of Civilizations?«, in: *Foreign Affairs*, Sommer 1993, https://www.foreignaffairs.com/articles/united-states/1993-06-01/clash-civilizations.

2 Bastien Chabé-Ferret/Joël Machado/Jackline Wahba, »Remigration Intentions and Migrants' Behavior«, in: *Regional Science and Urban Economics* 68 (Januar 2018), S. 56–74.

3 Ebenda.

4 Antje Röder, »Immigrants' Attitudes Toward Homosexuality: Socialization, Religion, and Acculturation in European Host Societies«, *International Migration Review* 49, no. 4 (2015): 1042–70.

5 World Values Survey, http://www.worldvaluessurvey.org/wvs.jsp.

6 »Live Cultural Map over Time 1981 to 2015«, World Values Survey, http://www.worldvaluessurvey.org/WVSContents.jsp?CMSID=Findings.

7 »Asylum and First Time Asylum Applicants by Citizenship, Age and Sex Annual Aggregated Data (Rounded)«, Eurostat, 12. März 2019, http://appsso.eurostat.ec.europa.eu/nui/show.do?dataset=migr_asyappctza&lang=de.

8 »How Important Is Religion in Respondent's Life«, World Values Survey V9, http://www.worldvaluessurvey.org/wvs.jsp. »Justifiable: For a Man to Beat His Wife«, World Values Survey V208, http://www.worldvaluessurvey.org/wvs.jsp [»Online analysis« anklicken, »2010–2014« auswählen, Länder und dann Fragen auswählen].

9 Sofie Peeters, persönliches Gespräch, 31. März 2018.

10 Cai Berger, persönliches Gespräch, 6. April 2018.

11 Efgani Dönmez, persönliches Gespräch, 22. Juni 2018.

12 Joachim Kerpner/Kerstin Weigl/Alice Staaf, »Unik granskning: 112 pojkar och män dömda för gruppvåldtäkt«, in: *Aftonbladet*, 6. Mai 2018, https://www.aftonbladet.se/nyheter/a/rLKwKR/unik-granskning-112-pojkar-och-man-domda-for-gruppvaldtakt.

13 Mustafa Panshiri, persönliches Gespräch, 25. Mai 2018.

14 »Youmo in Practice«, Myndigheten för ungdoms-och civilsamhällesfrågor, 11. Oktober 2018, https://www.mucf.se/publikationer/youmo-practice.

15 »Tonårselev mördade sin lärarinna efter sexrelation«, GT, 11. Oktober 2019, https://www.expressen.se/gt/ung-man-atalas-for-lararmordet-i-kil-/.

16 Hamed Abdel-Samad, persönliches Gespräch, 27. Juni 2018.

17 Agnès Leclair, »Dans la Manche, l'affaire du réfugié acquitté d'un viol fait polémique«, in: *Le Figaro*, 23. November 2018, https://www.lefigaro.fr/actualite-france/2018/11/23/01016-20181123ARTFIG00310-acquitte-d-un-viol-car-il-n-avait-pas-les-codes-culturels.php.

18 Ebenda, »Selon lui, l'accusé ›considère les femmes françaises comme des p****, il a un comportement de prédateur‹« (Übersetzung der Autorin).

19 Jess Phillips, persönliches Gespräch, 15. Mai 2018.

20 Jody Raphael, *Rape Is Rape: How Denial, Distortion, and Victim Blaming Are Fueling a Hidden Acquaintance Rape Crisis*, Chicago: Chicago Review Press, 2013, S. 55.

21 Rhiana Wegner/Antonia Abbey/Jennifer Pierce et al., »Sexual Assault Perpetrators' Justifications for Their Actions: Relationships to Rape Supportive Attitudes, Incident Characteristics and Future Perpetration«, in: *Violence Against Women* 21, Nr. 8 (August 2015), S. 1018–1037, https://www.ncbi.nlm.nih.gov/pmc/articles/PMC4491036.

22 Nazir Afzal, persönliches Gespräch, 28. März 2018.

23 »Immigrant Sex Fiend Claims He ›Did Not Know It Was Illegal to Grope Women‹«, in: *Express*, 26. Juli 2018, https://www.express.co.uk/news/world/994736/Immigrant-grope-illegal-Germany. Hans H. Nibbrig, »Mann soll 13 Frauen in U-Bahnen sexuell belästigt haben«, in: *Berliner Morgenpost*, 24. Juli 2018, https://www.morgenpost.de/berlin/article214924057/Mann-soll-13-Frauen-in-U-Bahnen-sexuell-belaestigt-haben.html.

24 Jalal Baig, »The Perils of #MeToo as a Muslim«, in: *The Atlantic*, 21. Dezember 2017, https://www.theatlantic.com/international/archive/2017/12/tariq-ramadan-me-too/548642.

25 Ella Hill, »As a Rotherham Grooming Gang Survivor, I Want People to Know About the Religious Extremism Which Inspired My Abusers«, in: *Independent*, 18. März 2018, https://www.independent.co.uk/voices/rotherham-grooming-gang-sexual-abuse-muslim-islamist-racism-white-girls-religious-extremism-a8261831.html.

26 Richard Kerbaj, »Muslim Leader Blames Women for Sex Attacks«, in: *The Australian*, 26. Oktober 2006, https://www.theaustralian.com.au/news/nation/muslim-leader-blameswomen-for-sex-attacks/news-story/...a183c6a976752cb07be532543afd.

27 Mark Hughes/Jerome Taylor, »Rape ›impossible‹ in marriage, says Muslim cleric«, in: *Independent*, 14. Oktober 2010, https://www.independent.co.uk/news/uk/home-news/rape-impossible-in-marriage-says-muslim-cleric-2106161.html. Mikael Jalving, »Dansk imam taget med bukserne nede, men var det en hunhund?«, in: *Jyllands Posten*, 5. März 2013, https://web.archive.org/web/20130311122604/http://blogs.jp.dk/frontalt/2013/03/05/dansk-imam-taget-med-bukserne-nede-men-var-deten-hunhund.

28 Iris Andriessen/Henk Fernee/Karin Wittebrood, *Perceived Discrimination in the Netherlands*, The Hague: Netherlands Institute for Social Research, 2014.

29 Ahu Alanya/Marc Swyngedouw/Veronique Vandezande/Karen Phalet, »Close Encounters: Minority and Majority Perceptions of Discrimination and Intergroup

Relations in Antwerp, Belgium«, in: *International Migration Review* 51, Nr. 1 (Frühjahr 2017), S. 191–217, https://onlinelibrary.wiley.com/doi/full/10.1111/imre.12203.

30 *Refugees in Europe: Review of Integration Practices & Policies*, European Foundation for Democracy, 2018, https://europeandemocracy.eu/wp-content/uploads/2018/05/2018-Refugees-In-Europe-Full-Version.pdf, S. 31.

31 Olga Khazan, »Inherited Trauma Shapes Your Health«, in: *The Atlantic*, 16. Oktober 2018, https://www.theatlantic.com/health/archive/2018/10/trauma-inherited-generations/573055.

32 »How France's Regions Reflect the Country's Diversity«, in: *The Economist*, 7. Oktober 2017, https://www.economist.com/special-report/2017/10/02/how-frances-regions-reflect-the-countrys-diversity.

33 Mohammed Qasim, *Young, Muslim and Criminal: Experiences, Identities and Pathways into Crime*, Bristol: Policy Press, 2018, S. 49.

34 Nazir Afzal, »Fear of Racism That Let Jihadis Flourish in the UK«, in: *Daily Mail*, 6. Juni 2017, https://www.dailymail.co.uk/news/article-4575452/Prosecutor-NAZIR-AFZAL-UK-deals-extremism.html.

35 Akbar Ahmed, *Journey into Europe: Islam, Immigration, and Identity*, Washington, DC: Brookings Institution Press, 2018, S. 477.

36 Camille Paglia, *Free Women, Free Men: Sex, Gender, Feminism*, New York: Pantheon, 2017, S. XXV. [Deutsche Ausgabe: *Frauen bleiben, Männer werden: Sex, Gender, Feminismus*, Schnellroda: Verlag Antaios, 2017].

37 Hamed Abdel-Samad, persönliches Gespräch, 27. Juni 2018.

38 »Europe Is Sending African Migrants Home. Will They Stay?«, in: *The Economist*, 28. März 2018, https://www.economist.com/middle-east-and-africa/2018/03/28/europe-is-sending-african-migrants-home-will-they-stay.

39 Paulina Neuding, »Social oro ger stök på bibblan«, *Svenska Dagbladet*, May 16, 2015, https://www.svd.se/social-oro-ger-stok-pa-bibblan. Cheryl Benard, »I've Worked with Refugees for Decades. Europe's Afghan Crime Wave Is Mind-Boggling«, in: *The National Interest*, 11. Juli 2017, https://nationalinterest.org/feature/ive-worked-refugees-decades-europes-afghan-crime-wave-mind-21506. Bassam Tibi, »Syrien und Deutschland«, in: *Der Schock – Die Silvesternacht von Köln*, mit Beiträgen von Kamel Daoud, Necla Kelek, Bassam Tibi u. a. Köln: Kiepenheuer & Witsch, 2016.

40 Bernard Lewis, »Europe and Islam«, The Tanner Lectures on Human Values, Brasenose College, Oxford University, February 26, March 5 and 12, 1990, https://tannerlectures.utah.edu/_documents/a-to-z/l/Lewis98.pdf, 134.

Kapitel 13: Warum Integration nicht stattgefunden hat

1 Bernard Lewis, »Europe and Islam«, The Tanner Lectures on Human Values, Brasenose College, Oxford University, 26. Februar, 5. und 12. März 1990, https://tannerlectures.utah.edu/_documents/a-to-z/l/Lewis98.pdf, S. 139.

2   Bill de Blasio/Anne Hidalgo/Sadiq Khan, »Our Immigrants, Our Strength«, in: *New York Times*, 20. September 2016, https://www.nytimes.com/2016/09/20/opinion/our-immigrants-our-strength.html.

3   Laura Backes/Anna Clauss/Maria-Mercedes Herin et al., »Fact-Check: Is There Truth to Refugee Rape Reports?«, *Spiegel Online*, 17. Januar 2018, https://www.spiegel.de/international/germany/is-there-truth-to-refugee-sex-offense-reports-a-1186734.html.

4   Doug Saunders, *Myth of the Muslim Tide: Do Immigrants Threaten the West?*, Toronto: Knopf Canada, 2012 [Deutsche Ausgabe: *Mythos Überfremdung: eine Abrechnung*, München: Karl Blessing Verlag, 2012].

5   Thomas Liebig/Kristian Rose Tronstad, »Triple Disadvantage?: A First Overview of the Integration of Refugee Women«, OECD Social, Employment and Migration Working Papers No. 216, 2018, https://www.oecd-ilibrary.org/docserver/3f3a9612-en.pdf.

6   Bojan Pancevski, »An Ice-Cream Truck Slaying, Party Drugs and Real-Estate Kings: Ethnic Clans Clash in Berlin's Underworld«, in: *Wall Street Journal*, 17. Oktober 2018, https://www.wsj.com/articles/ethnic-crime-families-provoke-german-crack-down-1539604801.

7   Thomas Sowell, *Migrations and Cultures: A World View*, New York: Basic Books, 1996.

8   Ebenda, S. 47.

9   Ebenda, S. 142, S. 180.

10   Ebenda, S. 179.

11   Ebenda.

12   Ebenda, S. 181.

13   Ebenda.

14   Hamed Abdel-Samad, persönliches Gespräch, 27. Juni 2018.

15   Ruud Koopmans, *Das verfallene Haus des Islam. Religiöse Ursachen von Unfreiheit, Stagnation und Gewalt*, München: C. H. Beck, 2020.

16   Dan Seligson, persönliches Gespräch, 11. Juni 2018.

17   Ayaan Hirsi Ali, *The Challenge of Dawa: Political Islam as Ideology and Movement and How to Counter It*, Stanford, CA: Hoover Institution Press, 2017, https://www.hoover.org/sites/default/files/research/docs/ali_challengeofdawa_final_web.pdf.

18   Christian Pfeiffer/Dirk Baier/Sören Kliem, *Zur Entwicklung der Gewalt in Deutschland Schwerpunkte: Jugendliche und Flüchtlinge als Täter und Opfer*, Institut für Delinquenz und Kriminalprävention, Zürcher Hochschule für Angewandte Wissenschaften, Januar 2018, https://pdfs.semanticscholar.org/8cf4/655e7090ac6b11a7a0f02f8530dd1ae5676e.pdf, S. 57.

19   »Muslim Girls in TIGHT Clothes!!! [MUST WATCH]«, *Naseeha Sessions*, YouTube, 24. Oktober 2016, https://www.youtube.com/watch?v=2GGYU4QZLSQ. »For Sisters Who Don't Pray [PLEASE WATCH]«, *Naseeha Sessions*, YouTube, 30. April 2016, https://www.youtube.com/watch?v=L0VVD6YBry4.

20 Antje Röder, »Explaining Religious Differences in Immigrants' Gender Role Attitudes: The Changing Impact of Origin Country and Individual Religiosity«, in: *Ethnic and Racial Studies* 37, Nr. 14 (2014), S. 2615–2635.

21 *A Review of Survey Research on Muslims in Britain*, Ipsos MORI Social Research Institute, Februar 2018, https://www.ipsos.com/sites/default/files/ct/publication/ documents/2018-03/a-review-of-survey-research-on-muslims-in-great-britain-ipsos-mori_0.pdf.

22 Mieke Maliepaard/Richard Alba, »Cultural Integration in the Muslim Second Generation in the Netherlands: The Case of Gender Ideology«, in: *International Migration Review* 50, Nr. 1 (Frühjahr 2016), S. 70–94.

23 Efgani Dönmez, persönliches Gespräch, 22. Juni 2018.

24 *Refugees in Europe: Review of Integration Practices & Policies*, European Foundation for Democracy, 2018, https://www.europeandemocracy.eu/wp-content/ uploads/2019/03/2018-Refugees-In-Europe-Full-Version.pdf, S. 32.

25 Seyran Ateş, persönliches Gespräch, 5. April 2018.

26 Efgani Dönmez, persönliches Gespräch, 22. Juni 2018.

27 Jacqueline Stevenson/Sean Demack/Bernie Stiell et al., *The Social Mobility Challenges Faced by Young Muslims*, Social Mobility Commission, 2017, https://assets.publishing. service.gov.uk/government/uploads/system/uploads/attachment_data/file/642220/ Young_Muslims_SMC.pdf, S. 6.

28 »Gender Equality Index 2017: Measuring Gender Equality in the European Union 2005–2015 – Report«, European Institute for Gender Equality, 10. Oktober 2017, https://eige.europa.eu/publications/gender-equality-index-2017-measuring-gender-equality-european-union-2005-2015-report. *The Gallup Coexist Index 2009: A Global Study of Interfaith Relations*, Gallup, 2009, http://www.euro-islam.info/wp-content/ uploads/pdfs/gallup_coexist_2009_interfaith_relations_uk_france_germany.pdf. *Settling in 2018: Indicators of Immigrant Integration*, OECD Publishing and European Union, 2018, https://www.oecd-ilibrary.org/docserver/9789264307216-en.pdf. Rainer Bauböck/Milena Tripkovic (Hrsg.), *The Integration of Migrants and Refugees: An EUI Forum on Migration, Citizenship and Demography*, European University Institute, 2017, https://cadmus.eui.eu/bitstream/handle/1814/45187/Ebook_IntegrationMigrants Refugees2017.pdf.

29 Saunders, *Myth of the Muslim Tide*.

30 Yassine Khoudja/Fenella Fleischmann, »Labor Force Participation of Immigrant Women in the Netherlands: Do Traditional Partners Hold Them Back?«, in: *International Migration Review* 51, Nr. 2 (Juni 2017), S. 506–541.

31 Bauböck/Tripkovic, *The Integration of Migrants and Refugees*.

32 »Gender Equality Index 2017«.

33 *Settling in 2018*.

34 Ebenda.

35 »›Rivers of Blood‹: The Lasting Legacy of a Poisonous Speech«, in: *The Economist*, 19. April 2018, https://www.economist.com/britain/2018/04/19/rivers-of-blood-the-lasting-legacy-of-a-poisonous-speech.

36 Liebig/Tronstad, »Triple Disadvantage?«.

37 »›Rivers of Blood«.

38 *Settling in 2018.*

39 Khoudja/Fleischmann, »Labor Force Participation of Immigrant Women in the Netherlands«. Maliepaard/Alba, »Cultural Integration in the Muslim Second Generation in the Netherlands«.

40 *Settling in 2018.* Liebig/Tronstad, »Triple Disadvantage?«.

41 *Integrated Communities Strategy Green Paper: Building Stronger, More United Communities*, HM Government, London, 2018, https://assets.publishing.service.gov.uk/government/uploads/system/uploads/attachment_data/file/696993/Integrated_Communities_Strategy.pdf.

42 Erik Bergström/Kalle Wannerskog, »Parallellt samhälle i utsatta områden«, *Sveriges Radio*, 21. Juni 2017, https://sverigesradio.se/sida/artikel.aspx?programid=83&artikel=6722015.

43 Bojan Pancevski, »Teens Roam Streets with Rifles as Crime Swamps Sweden«, in: *The Sunday Times*, 21. Januar 2018, https://www.thetimes.co.uk/article/teens-roam-streets-with-rifles-as-crime-swamps-sweden-q83g055k9. Mikkel Andersson, persönliches Gespräch, 8. April 2018.

44 Mohammed Qasim, *Young, Muslim and Criminal: Experiences, Identities and Pathways into Crime*, Bristol: Policy Press, 2018, S. 34.

45 Cai Berger, persönliches Gespräch, 6. April 2018.

46 Omar Makram, persönliches Gespräch, 28. Januar 2019.

47 Rumy Hasan, persönliches Gespräch, 20. März 2018.

48 Assita Kanko, persönliches Gespräch, 30. März 2018.

49 Ebenda.

50 *Integrated Communities Strategy Green Paper.*

51 »Netherlands: Teachers See Evidence of Increasing Segregation«, European Commission, 1. Februar 2017, https://ec.europa.eu/migrant-integration/news/netherlands-teachers-see-evidence-of-increasing-segregation.

52 Bergström/Wannerskog, »Parallellt samhälle i utsatta områden«.

53 »Exposed Areas: Social Order, Criminal Structure and Challenges for the Police«, National Operational Department of Intelligence Unit, Polizei Schweden, Juni 2017, S. 32, https://polisen.se/siteassets/dokument/ovriga_rapporter/utsatta-omraden-social-ordning-kriminell-struktur-och-utmaningar-for-polisen-2017.pdf.

54 Qasim, *Young, Muslim and Criminal.*

55 Paul Collier, *Exodus: How Migration Is Changing Our World*, Oxford, UK: Oxford University Press, 2013.

56 Andrea Thomas, »German Towns Filled with Refugees Ask, ›Who is Integrating Whom?‹«, in: *Wall Street Journal*, 15. Oktober 2017, https://www.wsj.com/articles/german-towns-filled-with-refugees-ask-who-is-integrating-whom-1508074522.

57 Ebenda.

58 »Results and Country Profiles: Muslims in Europe: integrated, but not accepted?«, Bertelsmann Stiftung, S. 6, https://www.bertelsmann-stiftung.de/en/publications/publication/did/results-and-country-profiles-muslims-in-europe.

59 Unni Wikan, *In Honor of Fadime: Murder and Shame*, Chicago: University of Chicago Press, 2008.

60 Johanna Edström, »Larm: Ökatförtryck mot tjejer«, Mitt i Stockholm, 4. Juli 2016, https://mitti.se/nyheter/larm-okatfortryck-mot-tjejer.

61 Mikkel Andersson, persönliches Gespräch, 8. April 2018.

62 Edström, »Larm: Ökatförtryck mot tjejer«.

63 Helen Pidd, »Study by Ann Coffey MP calls for recognition of ›real and ongoing problem‹ of abuse as a priority public health issue«, *The Guardian*, October 30, 2014, https://www.theguardian.com/society/2014/oct/30/child-sexual-exploitation-norm-greater-manchester-ann-coffey-report.

64 Ehrenmorde in Deutschland, *Max-Planck-Institut*, https://csl.mpg.de/de/forschung/projekte/ehrenmorde-in-deutschland; »Preliminary Examination of so-called ›Honour Killings‹ in Canada«, *Canada: Department of Justice*, https://www.justice.gc.ca/eng/rp-pr/cj-jp/fv-vf/hk-ch/p2.html.

65 Ric Curtis, Sheyla Delgado, Evan Misshula et al., »A Comparative Approach to Estimating the Annual Number of Honor Killings in the United States Among People from Middle Eastern, North African, and Southeast Asian (MENASA) Countries«, unveröffentlichtes Manuskript, John Jay College of the City of New York, 2014, https://csl.mpg.de/de/forschung/projekte/ehrenmorde-in-deutschland, https://www.justice.gc.ca/eng/rp-pr/cj-jp/fv-vf/hk-ch/p2.html.

66 Nazir Afzal, persönliches Gespräch, März 2018.

67 Hollie McKay, »Honor killing in America: DOJ report says growing problem is hidden in stats«, Fox News, 3. Mai 2016, https://www.foxnews.com/us/honor-killing-in-america-doj-report-says-growing-problem-is-hidden-in-stats.

68 »Streitende Familie greift Polizisten an«, in: *Frankfurter Allgemeine Zeitung*, 10. September 2018, https://www.faz.net/aktuell/rhein-main/streitende-familie-greift-polizisten-an-15780679.html.

69 Statistikbanken, Danmarks Statistik, https://www.statistikbanken.dk/statbank5a/default.asp?w=1440.

70 »Forced Marriage in Immigrant Communities in the United States: 2011 National Survey Results«, Tahirih Justice Center, September 2011, http://preventforcedmarriage.org/wp-content/uploads/2014/07/REPORT-Tahirih-Survey-on-Forced-Marriage-in-Immigrant-Communities-in-the-United-States-September-201151.pdf.

71 Jennifer Ludden, »Thousands of young women in U.S. forced into marriage«, NPR, 2015, https://www.npr.org/sections/goatsandsoda/2015/04/14/399337562/ thousands-of-young-women-in-u-s-forced-into-marriage.

72 Eskild Dahl Pedersen, persönliches Gespräch, 9. April 2018.

Kapitel 14: Die Integrationsindustrie und ihr Versagen

1 Rainer Bauböck/Milena Tripkovic (Hrsg.), *The Integration of Migrants and Refugees: An EUI Forum on Migration, Citizenship and Demography*, European University Institute, 2017, https://cadmus.eui.eu/bitstream/handle/1814/45187/Ebook_ IntegrationMigrantsRefugees2017.pdf?sequence=3&isAllowed=y.

2 »European Countries Should Make It Easier for Refugees to Work«, in: *The Economist*, 21. April 2018, https://www.economist.com/international/2018/04/21/european-countries-should-make-it-easier-for-refugees-to-work?frsc=dg%7Ce.

3 »Netherlands: Refugees have more difficulties to integrate than other migrant groups«, Europäische Kommission, 23. Juni 2017, https://ec.europa.eu/migrant-integration/ news/netherlands-refugees-have-more-difficulties-to-integrate-than-other-migrant-groups. »Meeste Syrische asielzoekers hebben eigen woonruimte«, Central Bureau voor de Statistiek, 22. Juni 2017, https://www.cbs.nl/nl-nl/artikelen/nieuws/2017/25/ meeste-syrische-asielzoekers-hebben-eigen-woonruimte.

4 Tom Kornstad, »6 av 10 menn selvforsørget etter 8 år«, Statistisk Sentralbyrå, 2016, 14. Dezember 2016, https://www.ssb.no/inntekt-og-forbruk/artikler-og-publikasjoner/ 6-av-10-menn-selvforsorget-etter-8-ar.

5 Ebenda.

6 Bauböck/Tripkovic, *The Integration of Migrants and Refugees*.

7 Chris Cottrell, »Many Refugees in Germany Lack Training or Education: Report«, DW, 20. Juli 2016, https://www.dw.com/en/many-refugees-in-germany-lack-training-or-education-report/a-19414051.

8 Bauböck/Tripkovic, *The Integration of Migrants and Refugees*.

9 Ebenda.

10 *Immigrants in Denmark 2017*, Kopenhagen: Danmarks Statistik, 2018, S. 97.

11 Frank Bovenkerk/Tineke Fokkema, »Crime Among Young Moroccan Men in the Netherlands: Does Their Regional Origin Matter?«, in: *European Journal of Criminology* 13, Nr. 3 (Mai 2016), S. 352-371.

12 Mohammed Qasim, *Young, Muslim and Criminal: Experiences, Identities and Pathways into Crime*, Bristol: Policy Press, 2018.

13 »Exposed Areas: Social Order, Criminal Structure and Challenges for the Police«, National Operational Department of Intelligence Unit, Police Sweden, Juni 2017, S. 18, https://polisen.se/siteassets/dokument/ovriga_rapporter/utsatta-omraden-social-ordning-kriminell-struktur-och-utmaningar-for-polisen-2017.pdf.

14 Christian Pfeiffer/Dirk Baier/Sören Kliem, *Zur Entwicklung der Gewalt in Deutschland. Schwerpunkte: Jugendliche und Flüchtlinge als Täter und Opfer*, Institut für Delinquenz und Kriminalprävention, Zürcher Hochschule für Angewandte Wissenschaften, Januar 2018, https://pdfs.semanticscholar.org/8cf4/655e7090ac6b11a7a0f02f8530dd1 ae5676e.pdf.

15 Sarah Carpentier/Karel Neels/Karel Van den Bosch, »Do First-and Second-Generation Migrants Stay Longer in Social Assistance than Natives in Belgium?«, in: *Journal of International Migration and Integration* 18, Nr. 4 (November 2017), S. 1167–1190.

16 Bauböck/Tripkovic, *The Integration of Migrants and Refugees.*

17 Assaf Razin/Jackline Wahba, »Welfare Magnet Hypothesis, Fiscal Burden, and Immigration Skill Selectivity«, Norface Migration Discussion Paper No. 212-36, 2012, http://norface-migration.org/publ_uploads/NDP_36_12.pdf.

18 »The Progressive Case for Immigration«, in: *The Economist*, 18. März 2017, https://www.economist.com/finance-and-economics/2017/03/18/the-progressive-case-for-immigration.

19 »Onderzoek Integratiebeleid«, Tweede Kamer der Staten-Generaal, 19. Januar 2004, https://zoek.officielebekendmakingen.nl/kst-28689-9.html.

20 »Action Plan on the Integration of Third Country Nationals«, Europäische Kommission, 7. Juni 2016, https://ec.europa.eu/home-affairs/sites/homeaffairs/files/ what-we-do/policies/european-agenda-migration/proposal-implementation-package/ docs/20160607/communication_action_plan_integration_third-country_nationals_ en.pdf, S. 4.

21 »Netherlands: New Integration Policies Fail Migrants & Society, Research Shows«, Europäische Kommission, 24. Januar 2017, https://ec.europa.eu/migrant-integration/ news/netherlands-new-integration-policies-fail-migrants-society-research-shows.

22 Ulrich Rosenhagen, »From Stranger to Citizen? Germany's Refugee Dilemma«, in: *Dissent*, 2017, https://www.dissentmagazine.org/article/from-stranger-to-citizen-germanys-refugee-dilemma-integration.

23 »Auswertung der Befragung zur Sicherheit in Tübingen«, Universitätsstadt Tübingen, 2018, https://www.tuebingen.de/gemeinderat/vo0050.php?__kvonr=12512.

24 Österreichischer Integrations Fonds, persönliches Gespräch, 21. Juni 2018.

25 Mathias Énard, *Jahresbericht 2017*, Deutscher Akademischer Austauschdienst, 2017, https://www.daad.de/medien/daad_jahresbericht_2017.pdf.

26 »›One-Euro Job‹ Program for Refugees Off to a Slow Start in Germany«, DW, 2. Dezember 2016, https://www.dw.com/en/one-euro-job-program-for-refugees-off-to-a-slow-start-in-germany/a-36618371.

27 »Germany to Cut Funding for Its One-Euro Job Refugees Scheme«, Europost, 21. April 2017, http://www.europost.eu/en/a/view/Germany-to-cut-funding-for-its-one-euro-job-refugees-scheme.

28 *VI Justitie en Veiligheid Rijksbegroting 2019*, Ministerie van Justitie en Veiligheid, 2019, https://www.rijksoverheid.nl/ministeries/ministerie-van-justitie-en-veiligheid/documenten/begrotingen/2018/09/18/vi-justitie-en-veiligheid-rijksbegroting-2019, S. 76.

29 Ebenda, S. 41.

30 »Overview of Federal Budgetary and Financial Data Up to and Including December 2018«, Bundesministerium der Finanzen, Deutschland, 31. Januar 2019, https://www.bundesfinanzministerium.de/Content/EN/Standardartikel/Press_Room/Publications/Monthly_Report/Key_Figures/2019-01-federal-budget.html.

31 Andrea Thomas, »Germany Puts Migration-Related Costs at over $86 Billion over Next Four Years«, in: *Wall Street Journal*, 1. Juli 2016, https://www.wsj.com/articles/germany-puts-migration-related-costs-at-over-86-billion-over-next-four-years-1467392402.

32 Albéric de Montgolfier, *Rapport général, fait au nom de la commission des finances sur le project de loi de finances sur le projet de loi de finances, adopte par l'assemblee nationale, pour 2019*, Tome III, Sénat, Frankreich, 2018, http://www.senat.fr/rap/l18-147-316/l18-147-3161.pdf.

33 Roderick Ackermann/Nicolò Franceschelli/Lucie Debornes, *Democratic Accountability and Budgetary Control of Non-governmental Organisations Financed from the EU Budget – Update*, Europäisches Parlament, 21. Juni 2019, http://www.europarl.europa.eu/RegData/etudes/STUD/2019/621798/IPOL_STU(2019)621798_EN.pdf, S. 26.

34 Robin Alexander, persönliches Gespräch, 30. April 2018.

35 Miriam Mechel/Gregor Peter Schmitz, »Angela Merkel will ›Wir schaffen das‹ nicht wiederholen«, in: *WirtschaftsWoche*, 17. September 2016, https://www.wiwo.de/politik/deutschland/fluechtlingskrise-angela-merkel-will-wir-schaffen-das-nicht-wiederholen-/14556964.html.

Kapitel 15: Grooming Gangs

1 Anoosh Chakelian, »›Grooming Rings Are the Biggest Recruiter for the Far Right‹: Rochdale and Telford Prosecutor«, in: *New Statesman*, 19. März 2018, https://www.newstatesman.com/politics/uk/2018/03/child-sexual-abuse-grooming-rings-are-biggest-recruiter-far-right-rochdale-and-telford-prosecutor.

2 Alexis Jay, OBE, *Independent Inquiry into Child Sexual Exploitation in Rotherham, 1997–2013*, Rotherham Metropolitan Borough Council, 21. August 2014, https://www.rotherham.gov.uk/downloads/file/279/independent-inquiry-into-child-sexual-exploitation-in-rotherham.

3 Jane Martinson, »Why the Rochdale ›Grooming Trial‹ Wasn't About Race«, in: *The Guardian*, 9. Mai 2012, https://www.theguardian.com/society/2012/may/09/rochdale-grooming-trial-race.

4 Haras Rafiq/Muna Adil, »Group-Based Child Sexual Exploitation: Dissecting

›Grooming Gangs‹«, Quilliam, Dezember 2017, https://www.quilliaminternational.
com/shop/e-publications/group-based-child-sexual-exploitation-dissecting-grooming-
gangs, S. 53.

5 Ebenda.

6 Ebenda, S. 32.

7 Rafiq/Adil, »Group-Based Child Sexual Exploitation«.

8 Ella Hill, »As a Rotherham Grooming Gang Survivor, I Want People to Know About
the Religious Extremism Which Inspired My Abusers«, in: *Independent*, 18. März
2018, https://www.independent.co.uk/voices/rotherham-grooming-gang-sexual-abuse-
muslim-islamist-racism-white-girls-religious-extremism-a8261831.html.

9 Rafiq/Adil, »Group-based Child Sexual Exploitation«.

10 Nazir Afzal, persönliches Gespräch, 28. März 2018.

11 Martinson, »Why the Rochdale ›Grooming Trial‹ Wasn't About Race«.

12 Ann Cryer, persönliches Gespräch, 27. März 2018.

13 Allison Pearson, »Rotherham: In the Face of Such Evil, Who Is the Racist Now?«, in:
The Telegraph, 27. August 2014, https://www.telegraph.co.uk/news/uknews/
crime/11059138/Rotherham-In-the-face-of-such-evil-who-is-the-racist-now.html.

14 Martinson, »Why the Rochdale ›Grooming Trial‹ Wasn't About Race«.

15 Andrew Norfolk, »Sarah Champion Interview: ›I'd Rather Be Called a Racist than Turn
a Blind Eye to Child Abuse‹«, in: *The Sunday Times*, 2. September 2017, https://www.
thetimes.co.uk/article/sarah-champion-mp-i-d-rather-be-called-a-racist-than-turn-a-
blind-eye-to-child-abuse-96s0fbm22.

16 Ebenda.

17 Jay, *Independent Inquiry into Child Sexual Exploitation in Rotherham 1997–2013*.
https://www.rotherham.gov.uk/downloads/file/1407/independent_inquiry_cse_in_
rotherham.

18 Julie Bindel, »Why Are So Many Left-Wing Progressives Silent About Islam's
Totalitarian Tendencies?«, UnHerd, April 3, 2018, https://unherd.com/2018/04/
many-left-wing-progressives-protest-pope-silent-islams-totalitarian-tendencies-victims-
cowardice-overwhelmingly-women/.

19 Louise Casey, DBE, CB, »The Casey Review: A Review into Opportunity and
Integration«, Department for Communities and Local Government, London, Dezember 2016, https://assets.publishing.service.gov.uk/government/uploads/system/uploads/
attachment_data/file/575973/The_Casey_Review_Report.pdf, S. 159–160.

20 Helen Pidd, »Report Says Child Sexual Exploitation ›Normal in Parts of Greater
Manchester‹«, in: *The Guardian*, 30. Oktober 2014, https://www.theguardian.com/
society/2014/oct/30/child-sexual-exploitation-norm-greater-manchester-ann-coffey-
report.

21 Jay, *Independent Inquiry into Child Sexual Exploitation in Rotherham 1997–2013*.

22 Ebenda.

23 Ann Cryer, persönliches Gespräch, 27. März 2018.

24 Dearden, »Grooming Gangs Abused More than 700 Women and Girls Around Newcastle After Police Appeared to Punish Victims« [Kap. 6, Anm. 9].

25 Nick Parker, »Aid for Paedos: Rochdale Paedophile Gang Handed £1m in Legal Aid to Fight Deportation«, in: *The Sun*, 10. Februar 2019, https://www.thesun.co.uk/news/8398308/rochdale-child-sex-abuse-gang-legal-aid.

26 Ann Cryer, persönliches Gespräch, 27. Juni 2018.

27 »Åklagaren yrkar sex års fängelse för gruppvåldtäkten i Fittja«, Botkyrka Direkt, 6. Dezember 2017, https://www.stockholmdirekt.se/nyheter/aklagaren-yrkar-sex-ars-fangelse-for-gruppvaldtakten-i-fittja/repqld!jy2xyF5K5JtTtkv7wxQd7w/.

28 »The woman who reported five men for a group violence in Fittja in August 2016 has withdrawn her appeal, reports Omni. This means that the verdict of the District Court is fixed« (übersetzt), in: »Åklagaren yrkar sex års fängelse för gruppvåldtäkten i Fittja«.

29 »Åklagaren yrkar sex års fängelse för gruppvåldtäkten i Fittja«.

30 Ann Cryer, persönliches Gespräch, 27. März 2018.

31 »Nazir Afzal Pledges to Make Wales ›Safest Place for Women‹«, *BBC News*, 21. Januar 2018, https://www.bbc.com/news/uk-wales-42765231.

Kapitel 16: »Für dich, der du mit einem Kind verheiratet bist«

1 »Refugee Host School Bans Revealing Clothes«, *The Local.de*, 26. Juni 2015, https://www.thelocal.de/20150626/refugee-school-calls-for-uniform-modesty. »Miniröcke könnten zu Missverständnissen führen«, in: *Die Welt*, 26. Juni 2015, https://www.welt.de/vermischtes/article143128131/Miniroecke-koennten-zu-Missverstaendnissen-fuehren.html.

2 »Police criticized for reaction to brutal rape of jogger in Leipzig park«, *The Local.de*, 4. September 2017, https://www.thelocal.de/20170904/police-criticized-for-reaction-to-brutal-rape-of-jogger-in-leipzig.

3 Richard Orange, »Police Warn Women Not to Go Out Alone in Swedish Town After Spate of Sex Attacks«, in: *The Telegraph*, 8. März 2016, https://www.telegraph.co.uk/news/worldnews/europe/sweden/12188274/Police-warn-women-not-to-go-out-alone-in-Swedish-town-after-spate-of-sex-attacks.html.

4 »Malmöpolisens råd till kvinnor: Gå inte ut ensamma«, *FriaTider*, 17. Dezember 2017, http://www.friatider.se/malm-polisens-r-d-till-kvinnor-g-inte-ut-ensamma-0.

5 »Swedish police to hand out anti-groping armbands«, *The Local.se*, 29. Juni 2016, https://www.thelocal.se/20160629/swedish-police-to-hand-out-anti-groping-armbands.

6 Cameron Holbrook, »Sweden's Bråvalla Festival Shut Down for Good«, Mixmag, 26. Juni 2018, https://mixmag.net/read/swedens-bravalla-festival-has-been-shut-down-for-good-news.

7 Tino Sanandaji, persönliches Gespräch, 7. April 2018.

8 »Sweden's Bråvalla Music Festival Cancelled Next Year After Sex Attacks«, in: *The Guardian*, 3. Juli 2017, https://www.theguardian.com/world/2017/jul/03/swedens-bravalla-music-festival-cancelled-next-year-after-sex-attacks.

9 Christina Anderson/Ceylan Yeginsu, »Tired of Sexual Assault, Music Festival for Women Stresses a ›Safe Zone‹«, in: *New York Times*, 1. September 2018, https://www.nytimes.com/2018/09/01/world/europe/sweden-statement-festival-women.html.

10 Frank Jordans, »German Police Union Chief Slams NYE ›Safe Zone‹ for Women«, *Associated Press*, 30. Dezember 2017, https://www.apnews.com/84215e6e5ceb49d794e7e775e87b8339.

11 Flemming Rose, persönliches Gespräch, 9. April 2018.

12 »Information till dig som är gift med ett barn«, Migrationsverket (Einwanderungsbehörde), 2018.

13 Tomas Löwemo, »Flicka blev gravid med 20-årig make«, in: *Östra Småland Nyheterna*, 21. Dezember 2017, http://www.ostrasmaland.se/kalmar/flicka-blev-gravid-med-20-arig-make.

14 »Barnäktenskap orsak till bråk«, *SVT Nyheter*, 9. Januar 2017, https://www.svt.se/nyheter/lokalt/smaland/barnaktenskap-orsak-till-brak.

15 Unchained at Last, »Child Marriage – Shocking Statistics«, https://www.unchainedatlast.org/child-marriage-shocking-statistics.

16 *Emma*, November/Dezember 2016, https://www.emma.de/lesesaal/61385.

17 »German Parliament Passes Law Ending Child Marriage«, *The Local.de*, 2. Juni 2017, https://www.thelocal.de/20170602/german-parliament-passes-law-ending-child-marriage.

18 Machteld Zee, *Choosing Sharia? Multiculturalism, Islamic Fundamentalism & Sharia Councils*, Den Haag: Eleven International Publishing, 2016, S. 97.

19 *Integrated Communities Strategy Green Paper: Building Stronger, More United Communities*, HM Government, London, 2018, https://assets.publishing.service.gov.uk/government/uploads/system/uploads/attachment_data/file/696993/Integrated_Communities_Strategy.pdf, S. 56.

20 »Släng ut Sharia ur våra svenska domstolar«, in: *Kristianstadsbladet*, 5. März 2018, http://www.kristianstadsbladet.se/ledare/slang-ut-sharia-ur-vara-svenska-domstolar.

21 »Gender Segregation Not ›Alien to Our Culture‹, Says Universities UK Chief«, in: *The Guardian*, 12. Dezember 2013, https://www.theguardian.com/society/2013/dec/12/gender-segregation-not-alien-culture-universities-chief.

22 May Bulman, »Top University Accepts Islamic Society's Gender-Segregated Event Was ›Unlawful‹«, in: *Independent*, 28. September 2017, https://www.independent.co.uk/news/uk/home-news/london-university-islamic-society-gender-segregated-event-unlawful-london-school-economics-lse-a7972311.html.

23 Elin Hofverberg, »Sweden: Separate Swimming Hours by Gender Justifiable«, Global Legal Monitor, 12. Januar 2017, http://www.loc.gov/law/foreign-news/article/sweden-separate-swimming-hours-by-gender-justifiable.

24 Rüdiger Franz, »Neues Bonner Bad soll Vorhang für Musliminnen bekommen«, in: *General-Anzeiger*, 22. Januar 2018, https://www.general-anzeiger-bonn.de/bonn/ stadtbonn/neues-bonner-bad-soll-vorhang-fuer-musliminnen-bekommen_aid-43624061.

25 »Muslime fordern eigene Schwimmzeiten«, IslamiQ, 14. Januar 2015, http://www.islamiq.de/2015/03/14/muslime-fordern-eigene-schwimmzeiten.

26 Filippa Bohlin, »Kvinnor ofredad på Vattenpalatset«, *Ttela*, 31. Januar 2016, http://www.ttela.se/nyheter/v%C3%A4nersborg/kvinnor-ofredade-p%C3%A5-vattenpalatset-1.1256579.

27 Emma Lidman, »Pool Makes Splash with Gender Jacuzzi Split«, *The Local.se*, 8. Januar 2016, https://www.thelocal.se/20160108/swimming-hall-split-pools-between-men-and-women.

28 Richard Orange, »Sweden's Swimming Pool Vigilantes Accused of Neo-Nazi Links«, in: *The Telegraph*, 1. März 2016, https://www.telegraph.co.uk/news/worldnews/europe/ sweden/12179830/Swedens-swimming-pool-vigilantes-accused-of-neo-Nazi-links.html.

29 Paulina Neuding, »Sweden's Sexual Assault Crisis Presents a Feminist Paradox«, in: *Quillette*, 10. Oktober 2017, https://quillette.com/2017/10/10/swedens-sexual-assault-crisis-presents-feminist-paradox.

30 »Town bans male refugees from pools amid complaints«, *The Local.de*, 15. Januar 2016, https://www.thelocal.de/20160115/town-bans-asylum-seekers-from-pools-after-spate-of-harassment.

31 »Teenage Girls Touched at WEM Water Park, Man Charged with 6 Counts of Sexual Assault«, *CBC News*, 8. Februar 2017, https://www.cbc.ca/news/canada/edmonton/ west-edmonton-mall-wem-water-park-sexual-assault-1.3972344.

32 Mikolai, persönliches Gespräch, 19. Juni 2018.

33 Lizzie Dearden, »German Nudists Outraged at New Rules Ordering Them to Wear Swimwear as Refugee Shelter Arrives on Lake«, in: *Independent*, 22. Juni 2016, https://www.independent.co.uk/news/world/europe/german-nudists-outraged-at-new-rules-ordering-them-to-wear-swimwear-as-refugee-shelter-arrives-on-a7096001.html.

34 Allan Hall, »Muslim Gang Insults ›Sluts and Infidels‹ at German Nudist Pool«, in: *The Times*, 28. Juli 2016, https://www.thetimes.co.uk/article/muslim-gang-insults-sluts-and-infidels-at-german-nudist-pool-zk5pjqmfx.

35 »Das sagen Deutschlands Nackte zur FKK-Krise«, in: *Bild*, 9. August 2017, https:// www.bild.de/news/inland/fkk/bild-hoerte-sich-an-fkk-straenden-in-deutschland-um-52814134.bild.html.

36 »Topless, naturisme … un retour de la pudeur? Observatoire mondial de la nudité feminine«, IFOP, 7. August 2017, https://www.ifop.com/wp-content/ uploads/2018/03/3827-1-study_file.pdf.

37 Cecilia Rodriguez, »Nudity in Germany Losing Its Appeal«, in: *Forbes*, 17. Juli 2014, https://www.forbes.com/sites/ceciliarodriguez/2014/07/17/nudity-losing-its-appeal-in-germany/#30f51bd24d79.

38 Antje Röder, »Explaining Religious Differences in Immigrants' Gender Role Attitudes: The Changing Impact of Origin Country and Individual Religiosity«, in: *Ethnic and Racial Studies* 37, Nr. 14 (2014), S. 2615–2635.

39 »Being Christian in Western Europe«, Pew Research Center, 29. Mai 2018, https://www.pewforum.org/2018/05/29/being-christian-in-western-europe.

40 Haras Rafiq/Muna Adil, »Group-Based Child Sexual Exploitation: Dissecting ›Grooming Gangs‹«, in: *Quilliam*, Dezember 2017, https://www.quilliaminternational.com/shop/e-publications/group-based-child-sexual-exploitation-dissecting-grooming-gangs, S. 53.

41 Daniel Schwammenthal, persönliches Gespräch, 30. März 2018.

42 Til Biermann, »Weil Liam antisemitisch gemobbt wurde, flüchtet er nach Israel«, in: *BZ*, 7. April 2018, https://www.bz-berlin.de/berlin/charlottenburg-wilmersdorf/weil-liam-antisemitisch-gemobbt-wurde-fluechtet-er-nach-israel.

43 »Antisemitsche Vorfälle 2018: Ein Bericht der Recherche- und Informationsstelle Antisemitismus Berlin (RIAS)«, RIAS, 2019, https://report-antisemitism.de/media/bericht-antisemitischer-vorfaelle-2018.pdf.

44 »Germany's Jews Urged Not to Wear Kippahs After Attacks«, *BBC News*, 24. April 2018, https://www.bbc.com/news/world-europe-43884075.

45 Cnaan Liphshiz, »In Downtown Brussels, Once Vibrant Synagogues Are Now Dying or Sold«, Jewish Telegraphic Agency, 5. Februar 2019, https://www.jta.org/2019/02/05/global/in-downtown-brussels-once-vibrant-synagogues-are-now-dying-or-sold.

46 Tino Sanandaji, *Mass Challenge: Economic Policy Against Social Exclusion and Antisocial Behavior*, Kuhzad Media, 2017, S. 81. Thomas C. Schelling, »Dynamic Models of Segregation«, in: *Journal of Mathematical Sociology* 1 (1971), S. 143–186, https://www.stat.berkeley.edu/~aldous/157/Papers/Schelling_Seg_Models.pdf.

47 Paulina Neuding, »Violent Crime in Sweden Is Soaring. When Will Politicians Act?«, in: *The Spectator*, 10. Februar 2018, https://www.spectator.co.uk/2018/02/violent-crime-in-sweden-is-soaring-when-will-politicians-act.

48 »Paketjätten stoppar sina leveranser till Rosengård«, in: *Kvällsposten*, 23. Februar 2019, https://www.expressen.se/kvallsposten/paketjatten-stoppar-sina-leveranser-till-rosengard.

49 Paulina Neuding, »Social oro ger stök på bibblan«, in: *Svenska Dagbladet*, 16. Mai 2015, https://www.svd.se/social-oro-ger-stok-pa-bibblan.

50 Neuding, »Violent Crime in Sweden Is Soaring«.

51 Sanandaji, *Mass Challenge*, S. 171.

52 Cai Berger, persönliches Gespräch, 6. April 2018.

53 Robert Mackey, »Paris Mayor Plans to Sue Fox over False Reports of ›No-Go Zones‹«, in: *New York Times*, 20. Januar 2015, https://www.nytimes.com/2015/01/21/world/europe/paris-mayor-plans-to-sue-over-news-of-no-go-zones.html.

54 Bill de Blasio/Anne Hidalgo/Sadiq Khan, »Our Immigrants, Our Strength«, in: *New York Times*, 20. September 2016, https://www.nytimes.com/2016/09/20/opinion/our-immigrants-our-strength.html.

55 »Merkel Says Germany Has ›No-Go Areas‹; Gov't Won't Say Where«, *Associated Press*, 28. Februar 2018, https://apnews.com/438bb0ac98d04459ab2e392f3c4fc5ef.

56 Allan Hall, »›Come here at night? I would rather order a taxi straight to hell!‹: Women forced to run gauntlet of migrants at the Austrian station so risky it's been dubbed ›the terminus of fear‹«, in: *Daily Mail*, 23. Februar 2016, https://www.dailymail.co.uk/news/article-3454897/Come-night-order-taxi-straight-hell-Women-forced-run-gauntlet-migrants-Austrian-station-risky-s-dubbed-terminus-fear.html.

57 Boris Palmer, persönliches Gespräch, 18. Juni 2018.

58 Henrik Dahl, persönliches Gespräch, 10. April 2018.

59 Seyran Ateş, *Der Islam braucht eine sexuelle Revolution. Eine Streitschrift*, Berlin: Ullstein, 2011.

60 »Death threats will not deter me from fighting extremism with enlightenment«, Seyran Ateş, *New European*, 11. September 2017, https://www.theneweuropean.co.uk/top-stories/muslim-feminist-seyran-ates-1-5189908.

61 Seyran Ateş, persönliches Gespräch, 5. April 2018.

62 Ebenda.

63 Efgani Dönmez, persönliches Gespräch, 22. Juni 2018.

64 Eskild Dahl Pedersen, persönliches Gespräch, 9. April 2018.

65 Düzen Tekkal, persönliches Gespräch, 10. Mai 2018.

66 Hamed Abdel-Samad, persönliches Gespräch, 27. Juni 2018.

67 Jaleh Tavakoli, persönliches Gespräch, 4. Oktober 2017.

Kapitel 17: Das Problem Populismus

1 »The European Commission's Eurobarometer Surveys«, GESIS, https://www.gesis.org/eurobarometer-data-service/home.

2 »Netherlands: Support for ›Migration Ban‹ from Muslim Countries Larger than Expected«, Europäische Kommission, 2. Juni 2017, https://ec.europa.eu/migrant-integration/news/netherlands-support-for-migration-ban-from-muslim-countries-larger-than-expected.

3 »Six Out of Ten Voters in Sweden Want Fewer Refugees: poll«, *The Local.se*, 21. April 2018, https://www.thelocal.se/20180421/six-out-of-ten-voters-in-sweden-want-fewer-refugees-poll.

4 Charlie Duxbury, »Danish Social Democrats Win National Election«, in: *Politico*, 5. Juni 2019, https://www.politico.eu/article/denmarks-social-democrats-on-course-to-win-election.

5 »Poll of Polls: Germany«, in: *Politico*, https://www.politico.eu/europe-poll-of-polls/germany.

6 Daniel Schwammenthal, persönliches Gespräch, 30. März 2018.

7 »Head of Far-Right AfD ›Mistakenly‹ Votes for Refugees to Bring Families to Germany«, *The Local.de*, 2. Februar 2018, https://www.thelocal.de/20180202/head-of-far-right-afd-mistakenly-votes-for-refugees-to-bring-families-to-germany.

8 »Chancellor Merkel enters ›Germans only‹ food bank furore«, *BBC News*, 27. Februar 2018, https://www.bbc.com/news/world-europe-43210596.

9 David Goodhart, persönliches Gespräch, 11. Juni 2018.

Kapitel 18: Eine neue Strategie zur Integration

1 »UNHCR Statistics – The World in Numbers«, United Nations High Commission for Refugees, http://popstats.unhcr.org/en/overview#_ga=2.143759100.879876265. 1575587550511618711.1575587550.

2 »Austria to Propose Soldiers for Frontex«, *ANSA*, 29. August 2018, https://www.ansa.it/english/news/general_news/2018/08/29/austria-to-propose-soldiers-for-frontex_3a6f44ac-7fdf-4322-8c43-83f8b4c172cc.html.

3 Irina Angelescu/Florian Trauner, »10,000 Border Guards for Frontex: Why the EU Risks Conflated Expectations«, European Policy Centre, 21. September 2018, https://www.ies.be/files/pub_8745_frontex.pdf ; »Stärkung der EU-Außengrenzen«, Europäischer Rat, https://www.consilium.europa.eu/de/policies/strengthening-external-borders/#.

4 »Milton Friedman – Illegal Immigration – PT 1«, LibertyPen, YouTube, 11. Dezember 2009, https://www.youtube.com/watch?v=3eyJIbSgdSE.

5 Ellen Barry/Martin Selsoe Sorensen, »In Denmark, Harsh New Laws for Immigrant ›Ghettos‹«, in: *New York Times*, 1. Juli 2018, https://www.nytimes.com/2018/07/01/world/europe/denmark-immigrant-ghettos.html.

6 »Some proposals have been rejected as too radical, like one from the far-right Danish People's Party that would confine ›ghetto children‹ to their homes after 8 p.m.«. Ellen Barry/Martin Selsoe Sorensen, »In Denmark, Harsh New Laws for Immigrant ›Ghettos‹«.

7 »Auswertung der Befragung zur Sicherheit in Tübingen«, Universitätsstadt Tübingen, 2018, https://www.tuebingen.de/gemeinderat/vo0050.php?__kvonr=12512.

8 Nazir Afzal, persönliches Gespräch, 28. März 2018.

9 Jess Phillips, persönliches Gespräch, 15. Mai 2018.

10 »Zainab bint Younus from Canada«, Muslima, http://muslima.globalfundforwomen.org/stories/i-am-salafi-feminist.

11 The Salafi Feminist, http://thesalafifeminist.blogspot.com/p/index-of-articles.html (Blog nicht mehr verfügbar).

Schlusswort: Der Weg nach Gilead

1 Margaret Atwood, *The Handmaid's Tale*, Brilliance Audio, 2014 [Deutsche Ausgabe: *Der Report der Magd*, Düsseldorf: Claassen, 1987].

2 Alan Taylor, »Afghanistan in the 1950s and '60s«, in: *The Atlantic*, 2. Juli 2013, https://www.theatlantic.com/photo/2013/07/afghanistan-in-the-1950s-and-60s/ 100544.

3 »Egyptian Leader Gamal Abdel Nasser Laughing at Hijab Requirement in 1958 (Subtitled)«, Videoclip, YouTube, 13. Dezember 2015, https://www.youtube.com/ watch?v=_ZIqdrFeFBk.

4 Anna Clark, *Women's Silence, Men's Violence: Sexual Assault in England 1770–1845*, London: Pandora Press, 1987.

5 John Stuart Mill, »The Subjection of Women (1869)« in: *Essays on Equality, Law and Education*, John M. Robson (Hg.), Einführung von Stefan Collini, Toronto: University of Toronto Press, 1984, *[Collected works of John Stuart Mill, Vol. XXI]*, S. 261 [Deutsche Ausgabe: *Die Hörigkeit der Frau*, Berlin: F. Berggold, 1872, S. 1, https://books.google.com/books/about/Die_H%C3%B6rigkeit_der_Frau.html?id= MRI2Uxci2CoC].

Namens- und Sachregister

Abdel-Samad, Hamed 180 f., 234, 251, 332, 354

Abdul D. 83, 167

Abdullah A. 167 f.

Abschiebung 33, 41, 135, 140–149, 155, 298, 344, 349

Abstammungsprinzip (Jus sanguinis) 34

Abwanderung 324

»Abwimmeln« 174 f.

Adamson, Göran (Soziologe) 67, 332

Adil B. 119 f.

Afghanistan/Afghanen 37 f., 73 ff., 100, 119, 134, 137 f., 144, 146 f., 155, 171, 213, 227, 229, 233, 319 f., 360 f.

Afzal, Nazir 237, 294, 300, 355 ff.

Agentur der Europäischen Union für Grundrechte 113 f.

Ågren, Peter 101, 183

Ägypten/Ägypter 214 f., 220–223, 238, 258, 329, 363

Ägyptisches Fatwa-Amt, Zentrum für islamische Rechtsfragen 329

AHA Foundation 271

Ahmad S. 84

Ahmed 168 f.

Ahmed, Shabir 237, 298

Ahmed, Yaqub 146 f.

AJC Transatlantic Institute (Brüssler American Jewish Committee) 341

Albanien/Albaner 138, 229

Alexander, Robin 133 f., 289

Algerien/Algerier 74, 82, 110, 119, 136, 170, 214, 222, 274

Alhaw, Ahmad 145

Ali D. 126 ff.

Almaleki, Noor 272

Alt-Right(-Bewegung) 14 f.

Alternative für Deutschland (AfD) 28, 337, 340 f.

Amir A. 165 f.

Amnesty International 273

Amri, Anis 134 f., 145

»Anti-Abschiebe-Industrie« 177

Antisemitismus 250, 322 f.

Arabischer Frühling 136, 246, 289

Assad, Baschar al- 34

Asylbewerber 33–37, 41, 44 f., 70, 73 f., 80, 82, 96 f., 100, 112, 121, 124, 134, 136 f., 140 f., 174, 198, 200, 213, 229, 240, 278, 283, 312, 317, 347 ff.
abgelehnte – 35 f., 41 f., 71, 80, 136, 139, 142 ff., 146–151, 177

Asylbewerberinnen 96

Asylbewerberunterkünfte 80, 83 f., 88, 96 f., 147 f., 150 f., 242, 320, 258, 317

Ateş, Seyran 112 f., 258, 329 ff., 354, 360

Attin, Mats (Polizeikommissar) 305

Atwood, Margaret 361

Aurélie 106 f.

Australien 116, 251, 260

Avci, Gulan (schwed. Politikerin) 355

Bahrain 214

Baier, Dirk 201

#BalanceTonPorc 192 f.

Ban Ki-moon 47

Bangladesch/Bangladeschi145, 229, 235, 252, 293

Barsheen 156 f.

»Bart-Kinder« 167, 234

Baschar, Ali 83

Belgien 96, 108, 184, 240, 257, 262 f., 335 Brüssel 108 ff., 263 f., 323, 327

Benard, Cheryl 236

Benz, Wolfgang 175

Berger, Cai (schwed. Pastor) 231, 325 f.

Bertelsmann Stiftung 267

Better Life Index (OECD) 114

Bindel, Julie 296

BMFSFJ siehe Bundesministerium für Familie, Senioren, Frauen und Jugend

Border Agency (UK) 143

Boughey, Chris 272

Brandt, Willy 133

Bråvalla Festival (schwed. Musikfestival) 305

Breminale (Open-Air-Festival, Bremen) 100

Bridges, Ruby (Bürgerrechtlerin) 330

La Brigade des mères (franz. Organisation) 107

»Broken-Windows«-Strategie (NYC) 154

Bundesagentur für Arbeit (BA) 279 f., 287

Bundesamt für Migration und Flüchtlinge (BAMF) 36, 261, 285

Bundeskriminalamt (BKA) 69 f., 135, 158 Kriminalstatistik 75 f.

Bundeslagebild Kriminalität im Kontext von Zuwanderung 2017 (Bundeskriminal-amt Wiesbaden) 73

Bundesministerium für Arbeit und Soziales (BAS) 287

Bundesministerium für Familie, Senioren, Frauen und Jugend (BMFSFJ) 59 f., 74

Butt, Riazat 212

Caldwell, Christopher 288 f.

Cameron, David 337 f.

Casey, Louise 296

Centers for Disease Control and Prevention (USA) 276

Chaib, Hicham 111

Chalid ibn Abd al-Aziz (König) 363

Champion, Sarah 296, 333

Charbonnier, Stéphane 309

Charlie Hebdo (Satirezeitung) 309, 324

Chatham House (brit. Thinktank) 336

Chesler, Phyllis 204, 212

China/Chinesen 249, 281, 307, 353 f., 365

Chinese Exclusion Act (1882) 249

Clan(s) 209, 240 arabische/kurdische – 247

The Clash of Civilizations? (S. Huntington) 225

Collier, Paul (Ökonom) 266

Collomb, Gérard 149

Cordula M. 171

Cox, Caroline (Baroness) 313

Cryer, Ann 294 f., 297 f., 300

Da 'wa (Ruf zum Islam) 247, 253 f., 256 f.

Dahl, Henrik (dän. Abgeordneter) 328

Dandridge, Nicola 314

Dänemark 52 f., 55, 59, 66, 79, 89, 140 f., 157, 183, 239, 257, 273, 277, 280, 282, 323, 335, 340, 352

Dänische Volkspartei (Dansk Folkeparti, DF) 340

Daoud, Kamel 180, 209, 219

Dar al-Ifta al-Misriyyah *siehe* Ägyptisches Fatwa-Amt, Zentrum für islamische Rechtsfragen

On Death and Dying (E. Kübler-Ross) 173

Demokratische Republik Kongo 136

Deutsche Polizei (Zeitschrift) 159 f.

deutsche Wiedervereinigung 45, 289

Deutscher Kulturrat 177

Deutschland 36 f., 42–45, 55, 57–63, 78, 106, 112 f., 116, 121, 128, 132–136, 140, 142 f., 145, 148 ff., 152, 157 f., 167, 175, 177, 180, 184, 198 ff., 223, 234, 247, 251, 254, 257, 267, 271, 276, 282, 286–290, 312, 317–320, 335 f., 343

  Bayern 74, 122

  Berlin 100, 112, 134, 145, 152 f., 238, 247, 323

  Niedersachsen 74, 105, 200, 254 f.

Deutschland im Blaulicht: Notruf einer Polizistin (T. Kambouri) 159

Deutschland schafft sich ab (Th. Sarrazin) 180

Diyanet İşleri Başkanlığı *siehe* Präsidium für Religionsangelegenheiten

Dönmez, Efgani 232, 257 f., 331, 355

Dresselhuys, Cisca 188

Dschibuti 146

Dschihadismus/Dschihadisten 254, 327, 329, 343, 362

»Dschungel von Calais« 85, 106, 151

Dubai 214

Dubliner Übereinkommen (1990) 32, 132

  Dublin-II-Verordnung 32 f., 132

  Dublin-III-Verordnung 32 f., 35 f., 132, 289

Duldung 142, 149

Ehrengewalt/Ehrenmord(e)) 47, 270–273, 311

Ehrenkriminalität 163, 245

Ehrenkultur(en) 268, 311, 329, 356

Eibye, Sisi 183

Einwanderer 21 ff., 35, 40 f., 49, 65, 67 f., 77, 112 f., 137–140, 175, 224 ff., 280, 283, 325, 343, 347 ff.

  Einstellung zu Frauen 227

  illegale – 33 f., 42 f., 144 f., 148 f., 151 f., 303, 342, 351

  Integration/soziale Einbindung 15, 120 f., 146, 155, 233, 243, 245 ff., 249 ff., 253, 259, 263 f., 266 ff., 284 f., 288, 304, 344, 354 f.

  Kriminalität 67, 76, 158, 161 f., 257, 280 f.

  legale – 33

  männliche – 154, 193, 199, 316 f., 319, 329

  minderjährige – 81–84, 86, 135, 146, 166

  muslimische – 12, 14, 39, 90, 179, 242, 245, 249, 251 f., 273, 353, 355

  ohne Ausweispapiere 144

  Sozialhilfe(empfänger) 35 f., 242, 247 f., 267, 277, 279, 282 f., 286, 288, 342 f., 348, 351,   353

  türkische – 251

  Verpflichtungen 352 f.

  Wirtschaftsmigranten 348

Einwanderung *siehe* Migration

11. September 2001 329

El-Hussein, Omar 256 f.

Elmotalkil, Mustafa 165

Eltahawy, Mona 212, 214

Emma (Zeitschrift) 99

Emrah T. 79 f., 122–125

En Marche! *siehe* La République en Marche!

England *siehe* Großbritannien

Eritrea 80 f., 85, 138, 213, 229

Essener Tafel 343

Eul, Alexandra 98

Europäische Freihandelsassoziation (EFTA) 32, 42

Europäische Union (EU) 31–35, 40, 42, 44, 132, 138, 145, 280, 288 f., 335 f.

European Foundation for Democracy 257

Eurostat 31, 36, 42, 52, 143, 148

Expressen (schwed. Tageszeitung) 68 f.

Faruk B. 170 f.

Feldmann, Susanna Maria 83

feministische Bewegung *siehe* Frauenbewegung

Feministiskt initiativ (Feministische Initiative, schwed. Partei) 176, 189

Femme de la rue (Film v. S. Peeters) 109 ff., 190, 230

FGM *siehe* Genitalverstümmelung

Firas M. 164 f.

Fischer, Kurt (Deutscher Verband für Freikörperkultur) 321

Fitna 202

Flüchtling(e) 32 f., 41, 64, 68, 77, 100, 134, 175, 235, 257 f., 278 ff., 304, 346 ff.

weibliche – 217, 258, 260 f., 279

Flüchtlingskrise 2015 24, 76 f., 112, 114, 131 f., 135, 181, 184 f., 285

Flüchtlingslager 64, 106, 199, 216, 223

Flüchtlingsunterkünfte *siehe* Asylbewerberunterkünfte

Flüchtlingswelle *siehe* Massenmigration(en)

Forced Marriage Unit (UK) 274

Fox News 326

Fragile States Index 136

Frank, Nicola 101–105

Frankreich 36, 42 ff., 52, 57, 79, 85, 95 f., 118, 121, 149, 165, 184, 257, 262, 267, 274, 276, 283, 288, 323

Franziska W. 81

Frauen 15, 19 ff., 27, 203, 205, 214, 228, 235, 303, 314, 360–365

Gewalt gegen – 23, 26, 47 f., 366

in Europa 11 f., 14, 21 f., 230 f., 364

jesidische – 211

Minderwertigkeit von – 204, 227, 229

muslimische – 12, 207–217, 253, 268 ff.

– als Ware 205, 252, 275

»Frauen: Eine bedrohte Spezies im Herzen von Paris« (Petition) 106

Frauenbewegung 186 ff., 191, 193, 217, 365, 367

liberale – 189

Frauenforschung 189

Frauenrechte 21, 23, 110, 187 ff., 229, 235, 304, 307, 310, 321 f., 345, 361, 363, 365, 367

Frederiksen, Mette (dän. Politikerin) 340

Freiheitliche Partei Österreichs (FPÖ) 340

Friedman, Milton 351

Front National *siehe* Rassemblement National

Frontex 31, 36 ff., 142, 288, 351

Fünf-Sterne-Bewegung 338

Gaddafi, Muammar al- 35

Gambia 147

Gastarbeiter 30, 45, 132, 245, 342

Geburtsortsprinzip (Jus soli) 34

Gellner, Ernest 253

Genfer Flüchtlingskonvention 32, 347 f.

Genitalverstümmelung (FGM, female genital mutilation) 24, 47, 275 f., 311

Geschlechtertrennung 111, 216, 264, 306, 314 f.

»Gewalt legitimierende Männlichkeitsnormen« 105

Ghana/Ghanaer 138

Gleichberechtigung/-stellung d. Geschlechter 23, 29, 51, 186, 188f., 199, 217, 235, 254, 307, 314, 316, 365f.

Goethe-Universität Frankfurt 192

Goodhart, David 343

Griechenland 42, 52

Grooming Gangs 237, 239, 291–300, 356f.

Großbritannien 43f., 55, 59, 94, 114, 117f., 143ff., 149f., 184, 239, 241, 252, 256, 259f., 262, 264f., 267, 270, 275, 281, 291ff., 313, 322f., 336, 354
  England 53, 55, 276, 366
  Wales 53, 55

The Handmaid's Tale (M. Atwood) 261

Harki(s) 30

Hasan, Rumy 355

Hassan T. 171

Hellmann, Deborah F. 62

Herman, Benjamin (Attentäter v. Lüttich) 157

Herrmann, Joachim 74

Hidalgo, Anne 326

Hikel, Martin 247

Hobbes, Thomas 213

Hoher Flüchtlingskommissar der Vereinten Nationen (UNHCR) 136f., 347

Hoher Kommissar der Vereinten Nationen für Menschenrechte (OHCHR) 217

Holland siehe Niederlande

Holocaust 30, 180, 250

Homosexualität 184, 218, 265, 322

Die Hörigkeit der Frau (J. S. Mill) 306, 366

Howard, John (austral. Politiker) 340

Huang, Yue 75f.

Hudson, Valerie (Politologin) 121f., 198f.

Humanitarian Aid Relief Trust (Baroness Cox) 313

Huntington, Samuel P. 225

Hussein A. 171

Hussein, Saddam 157

Ibn-Rushd-Goethe-Moschee (Berlin) 258

Identitätspolitik 14, 225

Immigration Enforcement (UK) 143

Indien/Inder 252, 281, 293

Individualisierung 229, 240

Informationskrieg 63

Institut zur Zukunft der Arbeit (IZA) 75

Integrated Communities Strategy Green Paper (Bericht d. brit. Regierung) 313f.

Integration von Einwanderern siehe Einwanderer

Integrationsindustrie 279, 284–288, 291

Interpol 57

Intersektionalität 188f., 255, 367

Interviews mit Sterbenden (E. Kübler-Ross) 173

Irak/Iraker 34, 37f., 73ff., 80, 82, 119, 126, 137f., 144, 155, 165, 171, 211, 213, 229, 273, 319, 350

Iran/Iraner 34, 138, 211, 229, 307, 329, 360–363

»Irreführung« 176

Islam 11, 28, 197f., 204, 209–213, 217, 228, 239f., 242, 244, 247, 253f., 257, 269, 322
  Sunnitentum 209

Der Islam braucht eine sexuelle Revolution (S. Ateş) 329

Islamic Family and Social Services Association (Kanada) 318

Islamic Society (University of Leicester) 314

Islamische Revolution (Iran) 362

Islamischer Scharia-Rat (UK) 239

Islamischer Staat (IS) 34, 134, 147, 211, 332

Islamisches Recht *siehe* Scharia
Islamismus/Islamisten 180, 184, 213,
    253–256, 304, 329 f., 362
    Hisbollah 34
    Hizb ut-Tahrir 256
    ISIS 256
    Muslimbruderschaft 256, 363
    Taliban 362
    Terror(anschläge) 134, 248, 256, 327,
    329
Island 61
Israel 324, 354
Italien/Italiener 35, 43 f., 79, 85, 198, 252,
    283, 335 f.

Jay, Alexis 296
Jemen/Jemeniten 136, 274 f.
John Jay College of Criminal Justice (USA)
    271
Jordanien 226
Jörgensen, Mia (Psychologin) 232
Juden (europäische) 250, 322 ff., 347
jugoslawischer Bürgerkrieg (1990er Jahre)
    13, 160
Jus sanguinis *siehe* Abstammungsprinzip
Jus soli *siehe* Geburtsortsprinzip
Jyllands-Posten (dän. Tageszeitung) 308

Kalter Krieg 225
Kambouri, Tania (Polizistin) 159 ff.
Kampf der Kulturen? (S. Huntington) 225
Kanada 116, 271, 318
Kanko, Assita 263, 355
Karin P. 171
Karneval der Kulturen (Straßenfest, Berlin)
    100
Kennedy Onassis, Jackie 362
Khavari, Hussein 82 f.
Kinderehe(n) 12, 311 f.
Kinninger, Max W. 62

Kliem, Sören 62, 201
Kohl, Helmut 133
Kongo *siehe* Demokratische Republik
    Kongo
Koopmans, Ruud (Soziologe) 121, 179,
    251 f.
Kriminologisches Forschungsinstitut
    Niedersachsen (KFN) 63, 199, 201
Kübler-Ross, Elisabeth 173
Kudlacek, Dominic 199 f.
Kuwait 214
Kvasnicka, Michael 75 f.

La République en Marche! (franz. Partei)
    337
Ladenburger, Maria 82
Laguerre, Marie 95, 164
Långström, Niklas 174
Laqueur, Walter (Historiker) 288 f.
Lazreg, Marnia 215
Le Parisien (Tageszeitung) 106
Le Pen, Marine 337
*Lebenssituation, Sicherheit und Gesundheit
    von Frauen in Deutschland: Eine
    repräsentative Untersuchung zu Gewalt
    gegen Frauen in Deutschland* (Studie
    des BMFSFJ, 2004) 60 ff.
Lega Nord 338
Lesotho 214
Leviathan (Th. Hobbes) 213
Lewis, Bernard (Historiker) 243 f.
LGBTQ(-Community) 258, 322 f.
Libanon/Libanesen 215 f., 239, 251 f.,
    281
Libyen/Libyer 37, 119, 136, 145 f., 214,
    217, 350
Lina 274 f.
linke Parteien 184 f.
Logan, Lara 220, 237
Lohse, Freddi 156

London School of Economics 314 f.
Loverboy(s)-Methode 299 f.

Macron, Emmanuel 337
Majid H. 81 f.
Mali 146
Malta 335
Manea, Elham (jem-schweiz. Politologin) 355
Maria *siehe* Ladenburger
Mariottini, Desirée 85
Marokko/Marokkaner 74, 85, 100, 108, 110, 119, 136, 165, 214 f., 259, 274, 281, 299
Maslow, Abraham 191
Massenmigration(en) 30 f., 42, 44, 84 f., 132, 303, 324, 328, 334, 343, 345, 349
   erste Welle 30
   zweite Welle 30
   dritte Welle 30 f.
   vierte Welle 31
   fünfte Welle 31 ff., 44 ff., 334
Mathies, Jürgen 223
Mauretanien 146
Max-Planck-Institut zur Erforschung von Kriminalität, Sicherheit und Recht 271
Mazyek, Ayman 182
McCants, Anne 204
Mein Abschied vom Himmel (H. Abdel-Samad) 180 f.
Mengelkoch, Arnold 153
Menschenrechte 47, 252, 311, 360
Merkel, Angela 77, 99, 131–135, 288 ff., 327, 341, 351
#MeToo(-Bewegung) 15, 26, 57, 93, 96, 110, 192 f.
Mia V. 83, 167
Migranten *siehe* Einwanderer

Migration (globale) 28, 65, 75, 105, 142, 175, 334 ff., 347 f., 350
Migrationswelle *siehe* Massenmigration(en)
Mill, John Stuart 306, 366 f.
Mireille 84
Mohamad A. 167 f.
Mohomed 86
Le Monde (Tageszeitung) 180
Moradi, Arif 86 f.
Morteza 146
Movimento 5 Stelle *siehe* Fünf-Sterne-Bewegung
»The Multicultural Drama« (Essay v. P. Scheffer) 342
Multikulturalismus/Multikulti 132, 188, 264, 365, 367
Münz, Rainer 148 f.
muslimische Gesellschaften 28, 163, 207, 214, 218, 282, 366

Nasser, Gamal Abdel 363
National Crime Agency (UK) 144
National Public Radio (USA) 274
Nationaler Rat für Verbrechensvorbeugung in Schweden (Brå) 59, 67 f.
Nawaz, Maajid 355
»Nein heißt Nein« 120, 357
Neuding, Paulina (Journalistin) 105 f, 317
New York Times 181
Nichtwahrhabenwollen 173–185, 193, 303
Niederlande 36, 121, 150, 184, 240, 256 f., 259, 272, 276, 278 f., 281, 287, 299, 329
   Holland 22, 97, 111, 260, 265, 273, 284, 324
Niger 146
Nigeria/Nigerianer 37 f., 85, 137 f., 211, 229, 242 f.
»No-go-Zonen« 106, 108, 112, 114, 267, 325 f.
Norwegen 278 f.

Observatoire national de la délinquance et
   des réponses pénales (ONDRP) 57
Office français de l'immigration et de
   l'intégration (OFII) 36
OHCHR *siehe* Hoher Kommissar der
   Vereinten Nationen für Menschenrechte
Onassis, Jackie *siehe* Kennedy
Opfer 12, 67, 91, 118, 163, 183, 189, 211,
   214, 223, 237 f., 240, 272, 294, 297
   -komplex 240
   -mentalität 242
   -rolle(n) 14
Österreich 36, 43, 65 f., 79, 88, 112, 114,
   157, 165, 176, 257, 267, 282, 327,
   335 f., 351 f.
Österreichischer Integrationsfonds (ÖIF)
   352

Paglia, Camille 201, 241
Pakistan/Pakistaner 37 f., 100, 137 f., 229,
   237, 252, 293, 298, 360
Palästina 214 f., 276
Palmer, Boris 139 f.
Panshiri, Mustafa 146, 154–157, 159,
   232 ff., 281, 355
Parallelgesellschaft(en) 152, 245, 248,
   261 f., 264–267, 269 f., 282, 286, 309,
   313, 365
Partij voor de Vrijheid (PVV, Partei für die
   Freiheit, G. Wilders) 27, 337
Pedersen, Eskild Dahl 276 f., 282, 331
Peeters, Sofie 109 ff., 190, 230
Pew Research Center (USA) 42 f., 139
Pfeiffer, Christian 201
Phillips, Jess 236, 357 f.
Pieds-noirs 30
PISA-Ergebnisse 280
Polizei/PolizistInnen 155–162, 169 f.

Polizeiliche Kriminalstatistik (Deutschland)
   69 f., 72 f.
Polygamie 12, 198, 202–207, 219, 256
   McDermott-Polygynie-Skala 204 f.
Polygynie *siehe* Polygamie
Portugal 335
Präsidium für Religionsangelegenheiten
   (Türkei) 330
Pressekodex 177
   Richtlinie 12.1 177
Putin, Wladimir 14, 166

Quilliam Foundation (UK) 293, 355

Ramadan, Tariq 238
Rassemblement National 27, 337
Rassismus/Rassist(en) 27, 98, 101, 103 f.,
   110, 161, 180, 183, 189, 223, 284,
   295 f., 307, 309, 341, 343 f.
Recherche- und Informationsstelle
   Antisemitismus (RIAS) 323
Reinfeldt, Fredrik 181
Reker, Henriette 182
Remadna, Naida 107
Repatriierung 15, 135
Der Report der Magd (M. Atwood) 261,
   364
Report der schwedischen Migrationsbe-
   hörde (Migrationsverket) 96
Rettenberger, Martin 200, 244
Römische Verträge (1957) 31 f., 346
Rose, Flemming 307 ff.
Rosenberg, Tiina 189
Rote Armee 13, 26
Russland 63, 307, 365

Safe Shorts 114
»safety work« (»Sicherungsarbeit«) 114
»salafistische Feministin« *siehe* Younus,
   Zainab bint

Salman, Mohammed bin 216
Salvini, Matteo 338 ff.
Sanandaji, Tino (Ökonom) 138, 305, 355
Sarnecki, Jerzy 174 f.
Sarrazin, Thilo 180
Sartor, Jörg 343
Saudi-Arabien 16, 211, 216, 306, 361 ff.
Saunders, Doug 245
Sawhil, Reem 131 f.
Sayah, Aziza 107
Scharia 209 ff., 214, 247, 309, 314, 364
    -Gerichte 12, 213, 313 f.
    -Räte 313 f.
Scheffer, Paul (niederl. Soziologe) 288 f.,
    342
Scheinforschung 178 f.
Schengen-Raum 35, 84, 148, 351
Schengener Abkommen 31, 351
    Schengen I (1985) 32
»schlechte Ratschläge und Scheinlösungen«
    182
Schutzsuchende 70
Schwammenthal, Daniel 341
Schwarzer, Alice 98, 223
Schweden 52 f., 58, 61, 67 f., 79, 86, 96,
    105 f., 116 ff., 121, 140–144, 146 f.,
    149, 154 f., 157, 167 ff., 171, 183 f.,
    198 f., 231 ff., 257 f., 262, 269,
    281 f., 299 f., 309 ff., 315 f., 325 f.,
    335 ff.
Die Schwedendemokraten (Sverigedemo-
    kraterna, SD) 101, 183, 338
Schweiz 36, 43, 267
Schyman, Gudrun 176
Segregation 20, 265, 306
Seilz, Sandra 114
Seligson, Dan 204 ff.
»semantisches Durcheinander« 176 f.
Senegal 85
Sexismus 189 f.

Sexualität 203 f.
    männliche 202
Sexualkunde- und Beziehungsunterricht
    356–359
Sexualstraftäter 67, 69, 72, 117, 154,
    164 f., 232, 239
    Vergewaltiger 13, 82, 141 f., 154, 169,
    214, 217
Sexualverbrechen 25, 55, 58 f., 64, 66–71,
    73, 76 f., 88, 93, 101, 116, 118, 126,
    140, 175, 198, 254, 291
    Zunahme von–63, 65
sexuelle Aufklärung 218 f., 234
sexuelle Belästigung 21 f., 26, 51 ff., 57, 78,
    93–96, 106, 110 f., 192, 207, 214 f.,
    219, 304, 364
    Banden 162
    Strafverfolgung von–117, 164
sexuelle Gewalt 21 f., 25 f., 48, 50–55,
    58 f., 69, 78, 89 f., 94, 116, 211 f.,
    223, 236 f., 364
    Bestrafung von–162–171
    – im öffentlichen Raum 97 ff., 111
    Opfer von–27, 193
    religiös sanktionierte–239
    Statistiken zu–116 f.
    Strafverfolgung von–118 f., 161 f.
    Zunahme d.–55, 57, 65, 75, 77, 175,
    197
sexuelle Selbstbestimmung 58, 89, 163,
    229, 357
Sharia4Belgium (Salafisten-Gruppe) 111
Silvesternacht 2015 (Deutschland/Köln)
    95, 97 ff., 114, 119 f., 169, 174, 177,
    180, 182, 222 f., 236, 327
Sociaal en Cultureel Planbureau (SCP,
    Niederländ. Institut für Sozialfor-
    schung) 240
Social Mobility Commission (UK) 253,
    259

Soleiman, Hajj Soleiman 318

Somalia/Somalier 16, 28, 80 f., 85 f., 111, 136 f., 141, 146, 155 f., 168, 213, 229, 239, 273, 276, 281, 322, 361, 363

Sowell, Thomas 249

soziale Medien 21, 95, 99

Spanien 52, 336

Der Spiegel 64, 158

Springare, Peter (Polizist) 160 f.

Statement-Festival (Göteborg) 306

Statistics Denmark 66

Storch, Beatrix von 64

The Subjection of Women (J. S. Mill) 306, 366

Sudan 86, 137, 214

Süddeutsche Zeitung 177 f.

Südsudan 136

Suhrkamp Verlag 180

Syrien/Syrer 34, 37 f., 73 ff., 81 f., 136 ff., 144, 147, 155, 167, 213 f., 229, 273, 281, 289, 304, 318, 323, 350

Taharrusch dschama'i siehe Vergewaltigungsspiel

Tavakoli, Jaleh 332, 355

Taylor Mill, Harriet 306, 366 f.

Tekkal, Düzen 331, 354

Tellkamp, Uwe 180

The Testaments (M. Atwood) 364

Thalhammer, Martin (Schuldirektor) 304

Thatcher, Margaret 351

Togo/Togolesen 148

Transatlantic Institute siehe AJC Transatlantic Institute

Tribalat, Michèle 36

Trump, Donald 313, 336

Tunesien/Tunesier 74, 110, 136, 164, 222

Türkei/Türken 34 f., 37, 45, 108, 137, 251, 257 f., 274, 329

Uganda 137

UK Independence Party (UKIP) 337 f.

Ummah.com 219, 314

Ungarn 79, 89, 151, 336

»Ungleichheit von Aktivitäten« (»activity inequality«, Untersuchung d. Stanford University) 113

UNHCR siehe Hoher Flüchtlingskommissar der Vereinten Nationen

Vereinigte Staaten 59, 93, 120, 162, 237, 249 f., 271, 274, 312, 350, 361

Vergewaltiger siehe Sexualstraftäter

Vergewaltigung 55, 58 f., 67 f., 70, 75, 90, 97, 128, 164, 175, 193, 209, 211, 237, 239, 366

Gruppen- 68, 83, 85, 90, 114, 147, 169, 219, 239, 292, 299, 305

Massen- 26

Vergewaltigungsspiel 219 f., 222 f.

Vertrag von Amsterdam (1997) 33

Vertrag von Lissabon (2007) 33

Victim Blaming 236–239

Vielehe siehe Polygamie

Vietnam/Vietnamesen 251, 253

Vivien K. 167 f.

VluchtelingenWerk Nederland 287

»Völkerwanderung« 35, 62, 95, 138, 290

Volkspartei für Freiheit und Demokratie (Volkspartij voor Vrijheid en Democratie, VVD) 343

Wales siehe Großbritannien

Wall Street Journal 266

We Are Sthlm (schwed. Musikfestival) 68 f., 100 f., 168

Welser, Maria von 199, 216 f.

Die Welt (Tageszeitung) 133

Weltgesundheitsorganisation (WHO) 25, 47 f.

Bericht zu sex. Gewalt 48–51, 60

Wendt, Rainer 192

Werte 188, 225 f., 235, 245, 356

    Grund- 184, 254

    islamische – 245, 269

    kulturelle – 227

    -ordnung(en) 141, 228

Wertvorstellungen 24, 179, 226, 228 f.,
245

»White Flight« (»Flucht der Weißen«) 324

White Supremacist(s) 307, 343 f.

Wilders, Geert 337

Willkommenskultur 290

»Windrush«-Generation 30

Wood, David 143

World Values Survey 227 f.

Younus, Zainab bint 359 f.

Zee, Machteld 313

Zentralamt für Gesundheits- und
    Sozialwesen (Socialstyrelsen,
    Schweden) 310 f.

Zentralrat der Muslime in Deutschland
    (ZMD) 182

Ziyaoddin O. 88

Zuwanderer 11, 23 ff., 70 f., 73, 125, 197,
229, 250, 332

    männliche – 198 f.

    muslimische – 26, 244, 252, 254, 276,
298

Zuwanderung 23, 77, 197, 316, 332, 338,
340 f., 345 f., 367

    Begrenzung von– 337, 339 f., 344

    illegale – 336, 351

    legale – 138

    – von Muslimen 28, 246, 303

Zwangsheirat 12, 24, 28, 245, 270, 274 ff.,
314

Zweiter Weltkrieg 13, 26, 30, 254, 342,
347

»zwölf Männer« 358, 360

Das wichtigste Buch zur Islamdebatte

Die aus Somalia stammende Bestsellerautorin Ayaan Hirsi Ali ist eine der wichtigsten Stimmen in der Debatte über den Islam. Sie fordert uns alle heraus: den Westen, der eine klare Position gegen die freiheits- und frauenfeindlichen, antisemitischen und gewaltbereiten Positionen beziehen soll. Die Muslime, die ihre Religion reformieren und sich mit den aufklärerischen Kräften verbünden müssen.